TODOS OS HOMENS DO KREMLIN

OS BASTIDORES DO PODER NA RÚSSIA DE VLADIMIR PUTIN

TODOS OS HOMENS DO KREMLIN

Mikhail Zygar

OS BASTIDORES DO PODER NA RÚSSIA DE VLADIMIR PUTIN

TRADUÇÃO: Rogério Bettoni

1ª reimpressão

VESTÍGIO

Copyright © 2016 Mikhail Zygar
Copyright © 2018 Editora Vestígio

Título original: *All the Kremlin's Men: Inside the Court of Vladimir Putin*

Todos os direitos reservados pela Editora Vestígio. Nenhuma parte desta publicação poderá ser reproduzida, seja por meios mecânicos, eletrônicos, seja via cópia xerográfica, sem a autorização prévia da Editora.

GERENTE EDITORIAL
Arnaud Vin

EDITOR ASSISTENTE
Eduardo Soares

ASSISTENTE EDITORIAL
Pedro Pinheiro

PREPARAÇÃO
Pedro Pinheiro

REVISÃO
Eduardo Soares

CAPA
Diogo Droschi
(sobre imagem de Antoine Gyori/Corbis/ Gettyimages)

DIAGRAMAÇÃO
Larissa Carvalho Mazzoni

Dados Internacionais de Catalogação na Publicação (CIP)
Câmara Brasileira do Livro, SP, Brasil

Zygar, Mikhail
 Todos os homens do Kremlin : os bastidores do poder na Rússia de Vladimir Putin / Mikhail Zygar ; tradução Rogério Bettoni. -- 1. ed.; 1. reimp. -- São Paulo : Vestígio, 2023.

 ISBN 978-85-8286-417-3

 Título original: *All the Kremlin's men: inside the court of Vladimir Putin*
 Bibliografia.

 1. Presidentes - Rússia (Federação) 2. Putin, Vladimir Vladimirovich, 1952- 3. Rússia (Federação) - História - 1991 4. Rússia (Federação) - Política e governo - 1991- I. Título.

18-14704   CDD-947.08620922

Índices para catálogo sistemático:
1. Presidentes : Rússia : História, 1991- 947.08620922
Maria Paula C. Riyuzo - Bibliotecária - CRB-8/7639

A **VESTÍGIO** É UMA EDITORA DO **GRUPO AUTÊNTICA**

São Paulo
Av. Paulista, 2.073 . Conjunto Nacional,
Horsa I, Sala 309 . Bela Vista
01311-940 . São Paulo . SP
Tel.: (55 11) 3034 4468

Belo Horizonte
Rua Carlos Turner, 420
Silveira . 31140-520
Belo Horizonte . MG
Tel.: (55 31) 3465 4500

www.editoravestigio.com.br
SAC: atendimentoleitor@grupoautentica.com.br

SUMÁRIO

7   Introdução

PARTE UM – PUTIN I, CORAÇÃO DE LEÃO

11   *Capítulo 1* – Em que Alexander Voloshin, estrategista do Kremlin, aprende a tolerar Lenin

29   *Capítulo 2* – Em que o exilado político Boris Berezovski não é convidado para o casamento real

52   *Capítulo 3* – Em que o homem mais rico da Rússia, Mikhail Khodorkovski, perde os negócios e a liberdade, e a Família desaparece

PARTE DOIS – PUTIN II, O MAGNÍFICO

73   *Capítulo 4* – Em que Dimitri Medvedev, chefe de gabinete do Kremlin, cria uma nova classe russa

86   *Capítulo 5* – Em que Viktor Medvedchuk, chefe de gabinete do governo ucraniano, é definido como o último ucraniano a desfrutar da confiança de Putin

99   *Capítulo 6* – Em que o vice-chefe de gabinete Vladislav Surkov defende o sitiado Kremlin

117   *Capítulo 7* – Em que o vice-primeiro-ministro Igor Shuvalov planeja transformar a Rússia mais uma vez em um império

128   *Capítulo 8* – Em que o vice-primeiro-ministro Serguei Ivanov se convence de que é o herdeiro do trono

PARTE TRÊS – PRÍNCIPE DIMITRI

147 *Capítulo 9* – Em que Mikheil Saakashvili, presidente da Geórgia, mantém o poder – e algo muito mais valioso

166 *Capítulo 10* – Em que Barack Obama se torna o melhor e o pior amigo do Kremlin

173 *Capítulo 11* – Em que o vice-primeiro-ministro Igor Sechin se torna um Che Guevara russo

185 *Capítulo 12* – Em que a princesa russa Tatiana Iumasheva cria um novo partido democrático

199 *Capítulo 13* – Em que Alexei Navalni, líder da oposição, acha que pode levar o povo para o Kremlin

PARTE QUATRO – PUTIN, O TERRÍVEL

221 *Capítulo 14* – Em que o patriarca Cirilo dá um conselho paternal ao gabinete de ministros da Rússia

230 *Capítulo 15* – Em que o estrategista do Kremlin Viacheslav Volodin inventa uma nova ideia nacional

243 *Capítulo 16* – Em que Dimitri Peskov, secretário de Imprensa de Putin, entende como é inútil tentar agradar o Ocidente

261 *Capítulo 17* – Em que o ministro de Defesa Serguei se vinga em nome do Afeganistão e de Nicolau I

282 *Capítulo 18* – Em que Alexei Kudrin perde a batalha para o coração e a mente do presidente

298 *Capítulo 19* – Em que Ramzan Kadirov faz uma viagem de ida e volta para Dubai

312 *Capítulo 20* – Em que a Bashar al-Assad se torna a imagem de Putin

324 *Conclusão* – Putin IV, O Santo
331 Lista de personagens
341 Notas

Introdução

Quando comecei a escrever este livro, pensei que narraria o período da história da Rússia sob o governo de Vladimir Putin, detalhando as mudanças ocorridas na mentalidade e na visão de mundo tanto dele quanto de seus assessores mais próximos. Achei que escreveria um relato de como essa história começou e aonde ela levou.

À medida que avançava na escrita, fui percebendo que as pessoas envolvidas nos eventos descritos não se lembravam totalmente do que havia de fato acontecido. As pessoas tendem a criar memórias que as retratem como respeitáveis, heroicas e, mais importante, sempre corretas. Durante os anos que passei pesquisando, entrevistei dezenas de pessoas ligadas a Vladimir Putin: equipe administrativa, membros do governo, parlamentares da Duma, empresários cujos nomes apareciam nas páginas da *Forbes* e uma boa quantidade de políticos estrangeiros. Quase todos me contaram uma história que divergia em alguns aspectos do que disseram outras testemunhas: as pessoas que entrevistei esqueceram fatos, misturaram datas e horários e até reinterpretaram suas próprias ações e palavras. De modo geral, pediram para não ser identificadas. No entanto, como consegui reunir uma variedade grande de entrevistas, o quadro que obtive é claro o suficiente.

Se analisado friamente, esse quadro é o de um homem que se tornou rei por acaso. Sua ideia inicial era se agarrar ao trono, mas, ao perceber que a sorte estava do seu lado, decidiu se tornar um reformador-cruzado: vamos chamá-lo de Vlad, Coração de Leão. Ele queria entrar para a história. Em seguida, seduzido pelo aparato da realeza, transformou-se em Vlad, o Magnífico. Depois, cansado e sem energia, tudo o que queria era descanso. Mas descansar ele não podia, pois agora fazia parte da história: havia se tornado Vlad, o Terrível.

De que maneira todas essas mudanças se deram num só homem? Elas se devem principalmente à sua comitiva, um séquito diversificado que fez o papel de "mão oculta do rei". Esse grupo de influências o acolheu e o levou adiante, manipulando seus medos e desejos ao longo do caminho, até um lugar além de todas as expectativas.

Hoje, como conhecemos o resultado e podemos traçar a origem dos acontecimentos, a história parece lógica, talvez até dotada de um propósito, um plano, como se nada pudesse ter acontecido de outra forma. Retroativamente, seus protagonistas inventam motivos para justificar as próprias ações. Encontram uma causa onde não existiu nenhuma, constroem uma lógica num piscar de olhos.

E lógica é justamente o que falta à Rússia da era Putin. A cadeia de eventos que consegui ligar revela a falta de um plano ou estratégia claros por parte do próprio Putin ou de seus cortesãos. Tudo o que é feito são passos táticos, respostas em tempo real aos estímulos externos desprovidas de objetivo final.

Um exame minucioso das ações e das motivações dos políticos russos nos últimos quinze anos, pelo menos, expõe a insensatez de todas as teorias conspiratórias. Na dúvida quanto a se determinado acontecimento foi fruto de intenção maligna ou de erro humano, escolha sempre a segunda opção.

Em 2000, será que os líderes russos tinham alguma previsão de aonde o país chegaria depois de quinze anos de governo? Não. Em 2015, será que sabiam o que o ano lhes reservava? Mais uma vez, não.

Escrevi "líderes" mesmo, no plural, não foi um deslize do teclado. É amplamente aceito que as decisões na Rússia são tomadas por um único homem, Vladimir Putin. Mas isso é parcialmente verdadeiro. Todas as decisões são de fato tomadas por Putin, mas Putin não é uma única pessoa. Ele (ou isso) é uma enorme mente coletiva. Todos os dias, dezenas de pessoas, talvez até centenas, tentam predizer quais decisões Vladimir Putin precisa tomar. O próprio Vladimir Putin pensa bastante a respeito das decisões que precisa tomar para continuar popular – para ser entendido e aprovado pela vasta entidade que é o coletivo Vladimir Putin.

Com o passar dos anos, esse coletivo estruturou sua memória de modo a provar que estava correto em todos os casos, para se convencer de que suas ações são lógicas e sustentadas por um plano estratégico. Ele não cometeu e não pode cometer qualquer erro. Tudo o que foi feito ou que deixou de ser feito é consequência de uma guerra punitiva e incessante contra inimigos implacáveis.

Meu livro é a história dessa guerra imaginária que não tem fim. Pois se tivesse, seria a prova definitiva de que ela nunca foi real.

PARTE UM

—

Putin I, Coração de Leão

CAPÍTULO 1

Em que Alexander Voloshin, estrategista do Kremlin, aprende a tolerar Lenin

Alexander Voloshin parece um capitalista modelo. Com a barba grisalha e o olhar frio e penetrante, sua aparência lembra um pouco Tio Sam como retratado nos desenhos animados soviéticos. Só falta o chapéu de estrelas e listras, o saco de dólares pendurado no ombro e a bomba na mão atrás das costas.

O escritório de Voloshin fica no centro de Moscou, perto da estação de metrô Polyanka, a uma caminhada de dez minutos do Kremlin. O interior é austero, quase monástico. Tem somente o necessário, nada mais. Não há luxo – o governante secreto do mundo não precisa disso.

Voloshin não é orador. Sua voz é calma e ele fala com uma leve gagueira quando está nervoso. No entanto, gosta de salpicar seu discurso em russo com palavras emprestadas do inglês, especialmente do linguajar dos negócios. "A situação na Ucrânia não é muito...", começa ele em sua língua nativa, terminando com a palavra manejável em inglês. "É preciso sempre ter em mente uma... agenda." "O que temos é um total... impasse." "As opiniões mais importantes pertencem aos principais... stakeholders." Não é nada intencional; ele só acha mais fácil falar assim. Afinal, ele é mais empresário do que político.

Voloshin acredita ter cumprido sua missão primordial: "Levar a Rússia de um estado de revolução permanente para um estado de evolução". Em outras palavras, antes de renunciar ao governo em outubro de 2003, conseguiu levar a estabilidade política e o capitalismo para a Rússia. Ele diz que não lamenta sua atual incapacidade de influenciar a política.

Sobre esse tema, aliás, prefere falar em termos puramente empresariais: "Os Estados Unidos construíram a melhor economia do mundo através da competição. Mas, de alguma forma, esqueceram que a política mundial também precisa de concorrência. É por isso que sua política internacional é um fracasso". Apesar de criticar os Estados Unidos algumas vezes, ele o faz com carinho e com detalhes *inesperados: "...então dei de cara com Jeb Bush" "...foi então que vi minha velha conhecida Condoleezza Rice, mas decidi não a cumprimentar".*

Basta mencionar a Ucrânia, no entanto, para que ele fique furioso; as palavras inglesas no final das frases são substituídas por expletivos russos. Para ele, tudo o que o governo ucraniano faz é crime. "E se os canadenses tratassem os francófonos em Quebec dessa maneira [como a Ucrânia faz com os russófonos]? Se tivessem feito isso, teriam acabado numa situação muito pior."

ADEUS, LENIN

Em 1999, o Kremlin tinha um plano claro para o sepultamento tardio de Lenin. Sem nenhum alarde, seu corpo seria retirado do mausoléu na Praça Vermelha e levado a São Petersburgo, na calada da noite, em segredo absoluto. Na manhã seguinte, o país acordaria com a notícia de que Lenin não jazia mais na Praça Vermelha.

Seria uma repetição da cerimônia de retirada do corpo de Stalin, ocorrida 38 anos antes, numa noite de outono em 1961. A jornada até seu novo lugar de descanso foi curta, estendendo-se apenas até o muro adjacente do Kremlin. Mas, para o líder soviético Nikita Khrushchev, foi o símbolo da desestalinização e da desmitificação do culto à personalidade do Tio Joe.

O enterro de Lenin aconteceria "com dignidade e sem vulgaridade", diz Voloshin. Durante duas semanas, um cordão de isolamento seria montado em volta do cemitério de Volkovo, em São Petersburgo (onde a mãe e a irmã de Lenin estão enterradas e onde o fundador do Estado soviético supostamente queria ser enterrado), e nada mais. Esperava-se que o Partido Comunista protestasse durante vários meses, mas, depois disso, os ânimos se acalmariam. O plano era demolir o mausoléu e erguer em seu lugar um monumento às vítimas do totalitarismo para que ninguém tivesse coragem de contestar. Acontecendo oito anos depois da dissolução da União Soviética, seria um golpe decisivo contra os restos da ideologia comunista, o que impediria qualquer possibilidade de revanchismo soviético e ressurgimento dos comunistas.

Como chefe de gabinete no Kremlin, Voloshin ocupava um escritório no mausoléu a poucos metros do sarcófago de Lenin. "Minha mesa ficava perto da janela; a distância que me separava do cadáver não chegava a quinze metros em linha reta. Ele ficava deitado de lá enquanto eu trabalhava de cá. Não nos incomodávamos", diz Voloshin, irônico. Na verdade, Lenin causou um incômodo enorme. O presidente Boris Ieltsin estava ansioso para romper com o passado. Para ele, o enterro de Lenin seria um símbolo da nova era e das mudanças irreversíveis que ocorreram, assim como o enterro de Stalin havia sido para Khrushchev. A primeira proposta para enterrar Lenin foi feita em 1991 pelo primeiro prefeito de São Petersburgo, Anatoli Sobchak. Mas nem na época, nem nos anos que se seguiram Ieltsin conseguiu cumprir o planejado, pois não queria provocar um conflito desnecessário com os comunistas.

Para Voloshin, no entanto, Lenin era mais um protagonista bem atuante no dia a dia da política do que um símbolo propriamente dito. A luta entre o Partido Comunista e os reformistas de Ieltsin, ligados ao mercado, gerava uma inquietação diária. Lenin era uma inconveniência, mas, ao mesmo tempo, uma carta na manga – a chance de pegar o inimigo de surpresa. Como os comunistas se tornaram a principal força no parlamento, conseguiram impedir o avanço de reformas vitais. Além disso, desde a crise financeira russa de 1998, eles também controlavam efetivamente o governo, liderados na época por Ievgeni Primakov, de 69 anos, ex-membro candidato do politburo do Partido Comunista da União Soviética (ou seja, membro que participava dos debates, mas não era elegível ao voto) e ex-ministro das Relações Exteriores da Federação Russa.

Faltava pouco mais de 18 meses para Boris Ieltsin completar seu segundo mandato como presidente. Enquanto isso, os comunistas pareciam mais fortes do que nunca e até abriram contra Ieltsin um processo de *impeachment* fundamentado em cinco alegações: o colapso da União Soviética, a dispersão do parlamento em 1993, a guerra na Chechênia, a desintegração do exército e o genocídio do povo russo. O primeiro-ministro Primakov, escolhido por unanimidade pelos parlamentares comunistas em setembro de 1998, encabeçou as pesquisas entre políticos em todo o país e parecia o candidato mais provável a ocupar a presidência.

Primakov era particularmente conhecido por sua inequívoca postura antiamericana. Em 24 de março de 1999, ele sobrevoava o Atlântico a caminho de Washington quando recebeu um telefonema de Al Gore, vice-presidente dos Estados Unidos, informando-lhe que o país havia iniciado uma campanha de bombardeio contra a Iugoslávia para acabar com o conflito em Kosovo. Indignado, Primakov ordenou que o avião retornasse imediatamente a Moscou – gesto que foi aplaudido pelo povo russo, cujo orgulho nacional havia sido ferido pela queda da União Soviética e pelo caos que se seguiu. Em contrapartida, a imprensa russa, que era pró-Kremlin e liberal (no contexto russo, isso é o mesmo que pró-democracia), acusou Primakov de populismo e de flertar com eleitores comunistas. O *Kommersant*, principal jornal diário da Rússia dedicado aos negócios, afirmou que a exibição política de Primakov custou 15 bilhões de dólares ao país como resultado de acordos que Washington não assinaria mais: "Ao agir dessa maneira, o primeiro-ministro russo fez uma escolha. Ele escolheu ser comunista, um bolchevique, alheio aos interesses de seu povo e de seu país para favorecer o internacionalismo, algo concebível apenas para si e para ex-membros do Partido Comunista", criticou o jornal.¹

A meia-volta no Atlântico foi o primeiro ato de antiamericanismo estatal cometido pela Rússia dos anos 1990. Também marcou o início da batalha decisiva pelo poder entre os antiocidentais conservadores, sob a bandeira de Primakov, e as forças liberais e pró-ocidentais dispostas a impedir o revanchismo soviético. Estas não tinham um líder *per se*, mas contavam com um coordenador secreto: o chefe de gabinete de Boris Ieltsin, Alexander Voloshin.

Era preciso desestabilizar os comunistas, e o enterro de Lenin certamente cumpriria esse papel. Mas, de acordo com a lei vigente, o corpo só poderia ser movido sob uma das seguintes condições: (1) se o deslocamento fosse um desejo claramente expresso pelos descendentes de Lenin (mas todos eram terminantemente contra); (2) se as autoridades locais – como o prefeito de Moscou, Iuri Lujkov – o decretassem como necessário "por razões sanitárias e ambientais" (mas Lujkov não tinha qualquer intenção de entrar na luta de poder ao lado do Kremlin e dos liberais); ou (3) se o túmulo obstruísse o transporte público. Era impossível mudar o corpo de lugar somente com um decreto presidencial. A violação dessa lei era considerada um crime e acrescentaria o vandalismo à lista comunista de acusações contra Ieltsin. Era muito arriscado. Desse modo, o Kremlin decidiu tentar uma abordagem diferente – o alvo não seria Lenin, mas Primakov.

Em 12 de maio de 1999, três dias antes do voto de *impeachment* contra Ieltsin na Duma (câmara baixa do parlamento russo), Primakov foi demitido sob a alegação oficial de "falta de dinamismo na continuidade de reformas para resolver problemas econômicos". Em 15 de maio, os comunistas não obtiveram os 300 votos necessários para iniciar processos de *impeachment*. A administração presidencial trabalhou bem próximo dos parlamentares da Duma e quase todos os deputados independentes votaram contra. Um trunfo tático para Voloshin, mas que não resolveu a questão de como evitar que a aliança entre Primakov e os comunistas garantisse a vitória no ano seguinte, quando o segundo mandato presidencial de Ieltsin acabaria.

O cerne da questão era que o círculo do presidente não continha praticamente nenhum político com índice de aprovação significativo. Até mesmo o do velho Ieltsin estava incrivelmente baixo, principalmente devido a acusações da imprensa e da oposição (principalmente comunista) contra sua família. Os jornalistas na época se referiam à "Família" de Ieltsin, usando *F* maiúsculo para sugerir que os queridos e protegidos do presidente tinham uma influência especial e muitas vezes desproporcional nos assuntos do Estado e talvez até nos negócios. A Família de Ieltsin incluía, em primeiríssimo lugar, Tatiana (Tania) Borisovna Diachenko, sua filha, e Valentin (Valia)

Iumashev, ex-chefe de sua administração. Os dois acabaram estreitando os laços quando se casaram em 2001. Em sentido mais amplo, a Família também contava com os oligarcas mais próximos de Tania e Valia: Boris Berezovski e Roman Abramovich. O último membro da Família era seu "representante pessoal", Alexander Voloshin, chefe de gabinete de Ieltsin, que também ficou encarregado de resgatar o Kremlin da terrível situação em que se encontrava.

Vindo do mundo dos negócios e tendo trabalhado na década de 1990 para dezenas de empresas de reputações diversas, Voloshin era considerado um estadista dedicado. Ele sustentou os interesses do Estado da maneira como os via. Para ele, uma economia de mercado parecia absolutamente vital, enquanto os direitos humanos e a liberdade de expressão eram um detalhe supérfluo e muitas vezes inconveniente. Quem estava dentro do Kremlin às vezes se referia a Voloshin como "homem de gelo", devido a sua frieza para resolver assuntos que lhe pareciam de fundamental importância.

GERINDO A SUCESSÃO

A Família enfrentou uma forte oposição de Iuri Lujkov, prefeito de Moscou. Lujkov vinha sendo considerado havia muito tempo o sucessor natural da presidência russa, apesar – ou por causa – de sua imagem como antítese de Ieltsin (assim como o prefeito de Paris, Jacques Chirac, que teve um papel semelhante em relação a François Mitterrand, presidente francês já de certa idade). Lujkov era conhecido em todo o território russo não como liberal ou conservador, mas simplesmente por ser um bom gestor.

Lujkov queria o poder para si e raramente escondia suas ambições. Sua aposta na presidência começou em 1998 com a criação do movimento "Pátria" – partido que reunia um grupo de governadores regionais com experiência na burocracia soviética. Ele tinha um grupo próprio de apoiadores dentro do Kremlin, que tentava convencer Ieltsin a escolhê-lo como sucessor. Mas Ieltsin nunca gostou de Lujkov.

O então prefeito lembra que a Família lhe enviou uma mensagem através de Boris Berezovski: ele seria escolhido para suceder a Ieltsin sob duas condições – garantia de imunidade para toda a Família e garantia da inviolabilidade dos resultados da privatização. Lujkov não aceitou o acordo; como consequência (em suas próprias palavras), tornou-se alvo de uma campanha de difamação.

Ele tinha certeza de que a Família estava num beco sem saída. Segundo rumores, o chefe do Departamento de Investigações da Procuradoria-Geral já havia assinado os mandados de prisão de Tania e Valia. Quem não acreditava na ação fez apenas uma pergunta: "Será que eles terão tempo para chegar ao aeroporto?". Naturalmente, Lujkov relutou em se juntar à luta ao lado de quem ele considerava perdedor. Ele queria se associar aos vencedores.

Voloshin, novo chefe de gabinete do Kremlin, numa tentativa de bajulação, fez algumas visitas a Lujkov para tomarem chá. Mas nem todo o chá do mundo conquistaria seu apoio. Ele percebia muito bem a fraqueza espiritual e se preparava para tirar proveito dela. No entanto, o bate-boca público entre ele e a Família reduziu drasticamente seu índice de aprovação. Baseado nisso, o prefeito de Moscou foi astucioso: apoiou Primakov e ficou esperando nos bastidores, deixando o velho patriarca da nação ocupar o centro dos holofotes. Ele concluiu que sua vez chegaria dali a quatro anos.

O Kremlin não tinha ninguém de peso que se equiparasse a Primakov. Admitindo a derrota, a Família começou imediatamente a procurar um sucessor, que só foi encontrado em agosto de 1999. O nome dele era Vladimir Putin, diretor da FSB (sucessora da KGB). Esse jovem e desconhecido agente da inteligência tinha sido braço direito de Anatoli Sobchak, prefeito de São Petersburgo de 1991 a 1996, e um popular democrata da primeira onda.

Dois dias antes da nomeação de Putin como primeiro-ministro, militantes da Chechênia invadiram a República do Daguestão, no norte do Cáucaso. Diferente de seus predecessores, constantemente atormentados por tragédias econômicas, Putin conseguiu ganhar pontos políticos levando a luta a um inimigo externo. Um mês depois, terroristas explodiram dois prédios residenciais em Moscou, fato que enfraqueceu o prefeito Lujkov e fortaleceu ligeiramente Putin.

Mesmo assim, era impossível imaginar que a Família, tamanho seu descrédito, pudesse realmente prevalecer nas eleições presidenciais. Ievgeni Kiseliov, importante apresentador de televisão na Rússia e diretor-geral do canal NTV, declarou ao vivo em setembro de 1999 que Primakov estava "destinado a vencer". Primakov encabeçou as pesquisas e aproveitou o apoio não só de Lujkov, mas também de quase todos os governadores regionais da Rússia. Ele foi financiado pelas duas maiores petrolíferas do país, Lukoil e Yukos, bem como pelo "Bill Gates russo", Vladimir Ievtushenkov. Recebeu apoio da companhia elétrica Gazprom e do figurão da mídia no país, Vladimir Gusinski, dono da NTV, emissora de TV mais respeitável da Rússia na época.

Mas isso não é nem metade da história. Ainda faltavam três meses para as eleições parlamentares. Desde 1990, nenhum partido pró-Kremlin se saía bem nelas, e dessa vez a situação era ainda pior: o Kremlin sequer tinha um partido próprio. Primakov, por outro lado, tinha um partido preparado para vencer a Duma Federal. Ele incluía quase todos os governadores regionais do país, o que dava a Primakov uma alavancagem administrativa em todo o país. O bloco político Pátria-Toda Rússia (OVR em russo, doravante PTR), formado pelo movimento Pátria de Lujkov, era o favorito.

O sonho de enterrar Lenin teve de ser adiado mais uma vez. A luta contra o legado comunista foi colocada de lado. Antes de qualquer coisa, a Família e seu candidato tinham de derrotar o ex-comunista Ievgeni Primakov.

CONTO DE FADAS DE ANO-NOVO

Em 31 de dezembro, Alexander Voloshin, chefe de gabinete de Ieltsin, escreveu uma carta de demissão. Uma hora depois, seu superior, o presidente Ieltsin, também renunciou, levando à nomeação do primeiro-ministro Vladimir Putin como presidente interino. Isso marcou a conclusão bem-sucedida da transferência de poder – o que os jornalistas descreveram como "Operação Sucessor".

Ao ver a carta de demissão de Voloshin, Putin perguntou: "Qual o motivo disso?". Voloshin respondeu com um sorriso que havia sido nomeado chefe de gabinete do Kremlin pelo ex-presidente e que Putin deveria ele mesmo nomear outra pessoa. Putin sorriu de volta e pediu que Voloshin continuasse no cargo. O novo senhor do Kremlin e seu velho e mais recente estrategista político trocaram mesuras e se despediram.

Doze dias antes, as eleições parlamentares resultaram no triunfo de Voloshin e de sua criação, o bloco político Unidade, conseguindo superar seu principal oponente, o Pátria-Toda Rússia, liderado por Primakov e Lujkov – algo que, três meses antes, parecia impossível.

A Comissão Central Eleitoral havia registrado o PTR nas eleições no início de setembro. Trinta por cento dos entrevistados numa pesquisa nacional disseram que apoiariam o PTR, dando-lhe uma vantagem ampla em relação aos outros partidos, o que o colocou 10 pontos na frente até dos comunistas. Tudo parecia bem. Foi então que Alexander Voloshin, três meses antes das eleições, começou a formar um novo partido para arruinar os planos de Primakov.

O padrinho do Unidade era Boris Berezovski, a quem a imprensa russa batizou de "eminência parda" do Kremlin. Ex-matemático e acadêmico, Berezovski tinha uma genialidade imprevisível que se manifestava numa erupção de ideias, as quais o Kremlin explorava. Embora tivesse a influência de Tania e Valia, carecia da confiança de Ieltsin, que nunca o recebeu para uma reunião particular. Mas Berezovski compensava essa falta fazendo a imprensa entender que todas as diretrizes do Kremlin eram obra sua.

Berezovski era realmente o manancial do Unidade. Ele visitou pessoalmente vários governadores para convencê-los a abandonar Lujkov e Primakov e apoiar o Kremlin. Mas não demorou para que perdesse o interesse no trabalho rotineiro de construção partidária e acabasse transferindo a responsabilidade ao jovem Vladislav Surkov, vice de Voloshin, que logo se tornaria vice-chefe de gabinete. Seria a primeira campanha eleitoral de Surkov, o futuro estrategista político de Putin.

O novo projeto do Kremlin conseguiu atrair o apoio de 39 governadores regionais, deixando Primakov com 45 no bloco PTR. Em seguida, era preciso definir um líder. Colocar Putin nesse papel era perigoso, pois qualquer falha eleitoral o impossibilitaria de suceder a Ieltsin na disputa presidencial. Desse modo, como rede de segurança, escolheu-se outro candidato popular: o ministro das Situações de Emergência Serguei Choigu. A manchete "Choigu para Salvar a Rússia" apareceu nos jornais pró-Kremlin antes mesmo de ele concordar em concorrer. Por fim, ele teve que ser convencido pelo próprio Ieltsin.

O financiamento para o Unidade veio principalmente de Berezovski e Abramovich, embora também houvesse dinheiro arrecadado de alguns financiadores de Primakov, empresários interessados em proteger seus investimentos. O valor médio dos cheques dos oligarcas foi de 10 milhões de dólares – com isso, o Unidade arrecadou cerca de 170 milhões de dólares.

Voloshin também cortejou a comunidade liberal, explicando que o PTR representava o passado, o revanchismo soviético e a tentativa da KGB de recuperar o poder. Primakov havia sido nomeado primeiro vice-diretor da KGB nos últimos anos da perestroika, durante o governo de Gorbatchov, mas nunca tinha servido como agente da inteligência.

A mensagem que o Kremlin transmitia através de Voloshin era que os liberais, os reformadores e as pessoas que defendiam a mudança deveriam estar todos ao lado do Unidade e de Putin. Na verdade, o Unidade estava cheio do mesmo tipo de oportunistas regionais do PTR, basicamente aqueles que o PTR não conseguia acolher. Só que o Unidade começou bem. O principal problema de Primakov era a idade, que o deixava mais parecido com o enfermo Ieltsin. Putin e Choigu, por outro lado, eram jovens e cheios de vida. No início de outubro, apenas 20% dos possíveis eleitores entrevistados planejavam apoiar o PTR, taxa que antes era de 30%, e o apoio ao Unidade cresceu de zero para 7%. Questionados sobre em quem votariam na eleição presidencial, 15% dos entrevistados escolheram Putin, contra 20% que se manifestaram a favor de Primakov.

Os dois meses e meio seguintes viram a campanha eleitoral mais suja da história russa. No centro da disputa estavam os dois estrategistas políticos que lideravam as campanhas, um lutando para aniquilar o outro. Representando o Kremlin estava Vladislav Surkov; do outro lado, representando Primakov, Viacheslav Volodin, um jovem consultor político de Saratov. Foi a primeira de suas muitas brigas. Os dois passariam os próximos quinze anos lutando para ter influência sobre Putin.

No dia das eleições, o Unidade de Surkov garantiu 23% dos assentos parlamentares no sistema de representação proporcional baseado em listas de partidos (1% atrás dos comunistas) e 13% dos assentos foram ocupados pelo PTR, de Volodin. Mas mais significativo foi que o índice de aprovação de Putin subiu para 30%, enquanto o de Primakov continuou estagnado em 20%.

A derrota inesperada nas eleições de 19 de dezembro desestimulou o grupo de Primakov e Lujkov. No entanto, para a base do PTR, como faltavam seis meses para as eleições presidenciais, ainda havia muito jogo pela frente. Além disso, o PTR acreditava que seus novos deputados da Duma podiam formar uma coalizão com os comunistas, que tinham mais cadeiras, e que o presidente da Duma seria ninguém menos que o próprio Primakov. Nessa posição, ele poderia disputar o cargo de presidência com Putin, o primeiro-ministro. Os membros da futura equipe de campanha de Primakov, aliás, começaram a distribuir entre si as tarefas relacionadas à tomada de decisões. Todos estavam confiantes de que não haveria mudanças significativas antes do Ano-Novo. Depois dos esforços dos últimos meses, era hora de descansar.

Mas as coisas aconteceram de forma diferente. Em 31 de dezembro de 1999, quando Boris Ieltsin anunciou sua renúncia como presidente e a nomeação de Vladimir Putin como seu sucessor, ele assegurou que a eleição presidencial seria realizada em março, e não em junho (sob a constituição, era preciso convocar novas eleições no período de três meses após a renúncia do presidente). Isso significou que Primakov, Lujkov e outros oponentes do Kremlin teriam pouco tempo para organizar sua oposição. Eles mal teriam tempo para se recuperar da derrota nas eleições parlamentares. Uma manobra sombria do Kremlin, mas que proporcionaria o resultado necessário.

Ninguém entendeu de imediato que o jogo tinha acabado. Enquanto a equipe de Primakov se ocupava da distribuição de papéis de campanha, Voloshin, chefe de gabinete do Kremlin, ainda trabalhando diariamente a 15 metros de distância de Lenin e sonhando com o dia em que se separaria dele, pensava no impensável: um acordo com os comunistas. O principal objetivo do Kremlin era simples: dividir a aliança entre os comunistas e os apoiadores de Primakov. "O mais importante é ameaçar o Pátria", disse uma fonte interna do Kremlin. "O partido apela aos oportunistas. Precisamos mostrar que, se eles continuarem com Primakov e Lujkov, estarão pegando um atalho para lugar nenhum."

Em 18 de janeiro, na primeira sessão da nova Duma, revelou-se que, durante o recesso de Ano-Novo, o Unidade e os comunistas fecharam um acordo: o presidente da Duma se tornaria membro do Partido Comunista, enquanto as presidências de todos os comitês seriam compartilhadas. Os outros partidos, incluindo o PTR, não ficariam com nada. Para a comitiva de Primakov, foi um golpe devastador. Eles achavam que sua entrada na Duma serviria para fazerem política e construir carreiras próprias, mas Voloshin deixou claro que, se eles se opusessem ao Kremlin, continuariam sendo deputados comuns em partidos minoritários. Para os reacionários oportunistas, foi um desastre. Ao perceber que a sorte havia abandonado Primakov, um terço dos promissores membros do PTR desertou para outros partidos na primeira sessão. "Isso é uma conspiração!", gritou Primakov da tribuna, deixando a câmara imediatamente em protesto.

Como consequência, ele nem se candidatou à presidência. Deixou a Duma dezoito meses depois, passando o bastão do PTR ao seu protegido, o promissor deputado Viacheslav Volodin. Mas este rapidamente jurou fidelidade a Putin, e disso surgiu uma fusão entre o PTR e o Unidade, promovida no final de 2001. O novo partido da situação se chamaria Rússia Unida e, dez anos depois, Volodin se tornaria o principal estrategista político do Kremlin.

SOVIÉTICOS SIBARITAS

A quantidade de dinheiro que as empresas privadas doaram para a campanha de eleição de Putin foi vergonhosamente grande. Acredita-se que Serguei Pugachev, banqueiro íntimo da Família e agora amigo de Putin, tenha promovido uma campanha de arrecadação entre os colegas dos altos negócios, aparentemente em nome de Putin. Ao que parece, no entanto, o rumo dado ao dinheiro não foi sua campanha oficial.

Serguei Pugachev foi bem acolhido no Kremlin durante algum tempo. Em 1996, foi um dos principais patrocinadores da campanha de Ieltsin. Pugachev, como muitos outros empresários influentes, conhecia Putin de São Petersburgo e não demorou a fazer amizade com o sucessor de Ieltsin. Inicialmente, Putin deu a impressão de ser bastante solitário em Moscou, uma vez que seus amigos pessoais ainda não haviam se mudado para a capital. "Não havia sinal dos Iakunin, Kovalchuk e Rotenberg naquela época", diz Pugachev, falando dos amigos íntimos de Putin que se tornariam empresários e bilionários dentro de uma década.

Putin e Pugachev eram vizinhos em Rubliovka, o bairro mais sofisticado de Moscou. Juntos, os dois percorreram os domínios do Departamento de Assuntos Presidenciais para encontrar uma residência para o novo primeiro-ministro. Estabeleceram-se na antiga residência de Mikhail Gorbatchov em Novo-Ogariovo, nos arredores de Moscou. De acordo com Pugachev, o que mais impressionou Putin foi a piscina de cinquenta metros.*

---

* Aliás, os principais funcionários do Kremlin viveram em casas antes ocupadas por líderes soviéticos. Voloshin, por exemplo, morava numa casa que pertencera ao secretário-geral Iuri Andropov.

Pugachev percebeu que Putin estava gostando de sua nova vida. Por um lado, ele não aspirava à presidência. Por outro, se deixou seduzir pelos privilégios de ser presidente, principalmente por terem aumentado seu conforto doméstico. Naquela época, a grande maioria das autoridades, incluindo Putin como diretor da FSB, vivia modestamente; mansões, iates e jatinhos particulares faziam parte do domínio inatingível dos oligarcas. Para Putin, a principal vantagem de sua inesperada ascensão a primeiro-ministro e presidente interino foi a melhoria de suas condições de vida.

Pugachev continuou sendo amigo íntimo de Putin durante um bom tempo. Eles conviviam bastante, saíam para beber ou frequentavam saunas a vapor, e seus filhos foram criados juntos. Contudo, por mais que Pugachev não tivesse obtido vantagens políticas de sua amizade com o presidente, aparentemente ele agia em nome de Putin ao fechar acordos comerciais. Talvez a superexploração dessa amizade tenha sido decisiva na vida do banqueiro dez anos depois.

O PRIMEIRO AMIGO

Em 11 de março de 2000, o Teatro Mariinsky foi palco de uma *première* em diferentes sentidos. No salão principal acontecia uma produção suntuosa da ópera *Guerra e paz*, de Serguei Prokofiev, dirigida por Andrei Konchalovski, que tinha acabado de voltar de Hollywood. E a audiência daquela noite representava o primeiro encontro, num mesmo espaço, da futura elite política da Rússia. A equipe do teatro olhava para o público com espanto: nunca tinha visto tanta gente de telefone celular na mão.

No camarote real, ao lado de Vladimir Putin, estava sentado Tony Blair, primeiro-ministro britânico. Havia um mês e meio que Putin assumira o cargo de presidente interino e aquela era sua estreia internacional – a primeira vez que recebia um líder estrangeiro, com toda pompa e circunstância.

Dois meses antes, em uma coletiva de imprensa no Fórum Econômico de Davos, a jornalista norte-americana Trudy Rubin surpreendera a delegação russa com uma pergunta direta: "Quem é o sr. Putin?". Parecia que ninguém sabia nada sobre o sucessor de Boris Ieltsin. Quais eram suas motivações, crenças, esperanças e chances de sucesso? Qual era seu histórico político, seu nível de autonomia e seus temores? Ele queria uma reforma ou tinha sede de vingança? O povo russo tampouco sabia muita coisa, pois foi apresentado a um "cara durão", o exato oposto do frágil Boris Ieltsin. Para os ocidentais, Putin e sua equipe escolheram a imagem do "cara inteligente": um advogado jovem e cheio de energia, competente e autoconfiante, mas ao mesmo tempo aberto e amigável. Seu modelo, na verdade, era Tony Blair. Desse modo, era natural que Blair fosse o primeiro líder com quem Putin tentaria estabelecer uma relação amigável.

As palavras de Margaret Thatcher durante seu encontro com Mikhail Gorbatchov, ocorrido 16 anos antes, ainda estavam frescas na memória das pessoas: "Podemos fazer negócios juntos". Putin não queria ser um segundo Gorbatchov, mas contava com a construção de uma máquina de relações públicas externas igual à do último secretário-geral e presidente da União Soviética. Basicamente, Putin queria ser popular. E assim começou a cortejar Blair com o mesmo zelo dos agentes quando recrutam um alvo.

O primeiro-ministro britânico foi convidado a São Petersburgo, a cidade de Putin, onde o líder russo poderia parecer mais régio – e certamente mais europeu – do que em Moscou. Primeiro ele teve uma reunião com Blair em Peterhof, antigo palácio de verão czarista, localizado fora da cidade. Em seguida, levou o primeiro-ministro britânico para uma visita pessoal ao museu Hermitage. Por fim, ao anoitecer, os líderes e suas respectivas esposas compareceram à estreia no Mariinsky.

Perto da entrada do teatro, havia um pequeno grupo de manifestantes com cartazes que diziam "Putin significa guerra" (isto é, a guerra na Chechênia).[2] A ópera que os dois líderes estavam prestes a assistir, *Guerra e paz*, conta a história de um período luminoso na história das relações anglo-russas, quando os dois impérios eram aliados e derrotaram um inimigo comum. O imperador Alexandre I aparece no palco no primeiro ato, segurando um poodle. Além de Alexandre lembrar um pouco a figura de Putin, os russos na plateia identificaram imediatamente a referência a Tosya, poodle de estimação de Putin.[*]

Blair ficou impressionado com a verdadeira recepção czarista no teatro Mariinsky. Antes de qualquer *première* em Londres, Blair era obrigado a trocar sorrisos e apertos de mão com todo mundo. Mas no Mariinsky foi diferente. "Eu notei que as pessoas recuavam quando ele se aproximava, não por medo ou algo parecido, mas por admiração e reverência. Era um momento quase czarista, e pensei: hum, a política deles não é nada como a nossa", disse Blair dez anos depois em suas memórias, maravilhando-se.[3] Mas em 2000 ele escolheu suas palavras com mais cuidado: "Nós nos sentimos confortáveis com a visão de futuro dele", disse Blair em uma entrevista ao retornar a Londres. "Putin tem uma agenda muito clara de modernizar a Rússia. Quando fala de

---

[*] Alexandre I é uma das figuras mais enigmáticas da história russa. Tendo derrotado Napoleão, declarou que eles tinham "terra suficiente" e não tentou expandir o Império Russo, uma atitude inédita na história da Rússia. Uma lenda conta que ele renunciou ao trono em seus últimos anos, fingiu a própria morte e foi para a Sibéria usando o nome de um *stárets* – ou monge ancião –, o ortodoxo Fiódor Kuzmich. Em 2014, após a anexação da Crimeia e o início da guerra na Ucrânia, Vladimir Putin ergueu um monumento em homenagem a Alexandre I nas muralhas do Kremlin.

uma Rússia forte, ele se refere não a uma força ameaçadora, mas à capacidade política e econômica de se defender, um objetivo perfeitamente benéfico".[4] Putin passara no primeiro teste, causando uma impressão indelével sobre Blair. No mesmo dia, a assessoria de imprensa de Blair informou que, ao retornar à Downing Street, o primeiro-ministro britânico telefonou para os colegas do G7 para compartilhar sua opinião positiva sobre Putin.

Duas semanas depois, Putin ganhou as eleições presidenciais na Rússia e nomeou as pessoas que ocupariam todos os cargos do governo e da administração presidencial. O chefe de gabinete permaneceu o mesmo, Alexander Voloshin. Por ter acompanhado a suave transferência de poder de Ieltsin para Putin, Voloshin se tornou o arquiteto político do Kremlin para o primeiro mandato de Putin e um canal para as primeiras reformas do presidente.

Putin começou sua presidência convencido de que poderia construir boas relações com o Ocidente, em especial com os Estados Unidos. Ele acreditava que os ocidentais simplesmente não entendiam as peculiaridades da Rússia, por isso os russos precisariam explicar quem são, onde estão, quais são seus problemas. Putin recebeu todos os líderes ocidentais e ministros estrangeiros que visitaram a Rússia e se reuniu com eles durante muito mais tempo do que exigia o protocolo.

Com Blair, tudo parecia estar em ordem. O primeiro-ministro britânico não fazia muitas críticas à ação militar do Kremlin na Chechênia e aparentemente aceitava as explicações cuidadosas de Putin a respeito dessa mesma ação: que a Segunda Guerra Chechena havia começado quando militantes vaabitas da Chechênia, sob o slogan "Alá acima de nós, cabras abaixo de nós", invadiram a vizinha República do Daguestão. "As cabras seriam todos nós", esbravejava Putin.

Putin e Blair se reuniram cinco vezes em 2000. Em abril, eleito, mas ainda sem tomar posse, ele foi a Londres em sua primeira viagem ao exterior. Sua primeira coletiva de imprensa após as eleições também aconteceu lá, junto com Blair. Os dois se tratavam por "Vladimir" e "Tony".

Em novembro, o primeiro-ministro britânico visitou novamente a Rússia, dessa vez indo a Moscou. Putin o levou ao restaurante Pivnushka, onde beberam vodca (Putin já tinha averiguado que Blair gostava de destilados fortes), beliscaram batatas, arenque e cogumelos em conserva, e discutiram como construir relações com os Estados Unidos sob a nova administração. As eleições presidenciais norte-americanas haviam ocorrido duas semanas antes, mas o resultado ainda era desconhecido. Os votos passavam por recontagem e não estava claro se o nome do novo presidente seria anunciado antes do Ano-Novo. Putin e Blair, ambos eleitos com vitórias esmagadoras, acabaram rindo da situação nos Estados Unidos.

O MILAGRE DO CRUCIFIXO

A Rússia teve um papel importante na campanha presidencial dos Estados Unidos em 2000. Os republicanos acusaram o presidente que estava de saída, Bill Clinton, e seu vice-presidente, Al Gore, que agora era o candidato democrata, de "perder a Rússia". As eleições coincidiram com a publicação de um relatório especial intitulado *A estrada da corrupção da Rússia: como a administração Clinton exportou governo em vez de livre iniciativa e frustrou o povo russo*, que afirmava que o governo Clinton havia sido reprovado terrivelmente na Rússia.[5] O relatório fazia uma comparação entre 1945 e 1991, o fim da Segunda Guerra Mundial e da Guerra Fria, respectivamente. Os Estados Unidos venceram nas duas guerras, mas, no primeiro caso, o governo Truman conseguiu evitar o sentimento de revanchismo na Europa implementando o Plano Marshall, que ressuscitou a economia europeia (particularmente a da Alemanha) e recolocou o continente nos trilhos da normalidade, fazendo aliados dos países europeus no processo; no segundo caso, no entanto, o governo Clinton fez o contrário. O dinheiro do Fundo Monetário Internacional (FMI) destinado à restauração da economia russa foi roubado com a suposta conivência do governo norte-americano, não houve dessovietização na Rússia (ao contrário da desnazificação da Alemanha após a Segunda Guerra Mundial) e, na virada do novo milênio, o antiamericanismo russo chegava a novos patamares – um contraste impressionante com o clima do início dos anos 1990. A grande popularidade entre os russos da qual desfrutavam os Estados Unidos na época do colapso da União Soviética havia se dissipado dez anos depois. O povo russo, dizia o relatório, culpou os Estados Unidos pela pobreza e pela corrupção que varriam o país. O governo Clinton desperdiçara uma oportunidade histórica de ajudar a Rússia a se tornar um Estado democrático porque confiou num círculo de líderes muito estreito: o presidente Boris Ieltsin, o primeiro-ministro Viktor Chernomirdin e o vice-primeiro-ministro Anatoli Chubais, arquiteto das reformas pró-democracia. A culpa disso tudo, de acordo com o relatório, pesava sobre três indivíduos envolvidos pessoalmente nas questões russas: o vice-presidente, Al Gore; o vice-secretário do Tesouro, Larry Summers; e o vice-secretário de Estado, Strobe Talbott. Não há dúvida de que o relatório era uma manobra pré-eleitoral típica para desacreditar Gore – o grupo responsável pela escrita era liderado pelo congressista republicano Christopher Cox. Aliás, a parte final do relatório dizia que nem tudo estava perdido: o novo presidente russo, Vladimir Putin, estava tentando realizar as reformas necessárias, e ajudá-lo era fundamental. Seria a última chance tanto para a Rússia quanto para os Estados Unidos. O relatório não dizia isto explicitamente, mas dava a entender que uma tarefa tão importante não poderia ser confiada a um governo comandado por Gore.

Putin e especialmente seu braço direito, Voloshin (que falava excelente inglês), eram parceiros potencialmente desejáveis para Washington. De acordo com transcrições de conversas telefônicas entre Clinton e Blair, divulgadas em 2015, o presidente dos Estados Unidos achava que Putin tinha "um potencial enorme. Ele é muito inteligente e ponderado. Podemos fazer muita coisa boa com ele". Depois, acrescentou: "Ele costuma ter objetivos honráveis e diretos, mas ainda não se decidiu. Poderia ceder um pouco à pressão da democracia".[6]

Alexander Voloshin se dava muito bem com Larry Summers, melhor ainda com Strobe Talbott, e sabia como construir relações com um possível governo de Gore. Muito menos se conhecia sobre o candidato republicano, George W. Bush. Desse modo, Voloshin decidiu enviar uma grande delegação do Unidade para participar da Convenção Nacional do Partido Republicano em agosto de 2000, em que Bush seria nomeado como candidato republicano. Voloshin explicou à delegação que os políticos republicanos eram mais pragmáticos e construtivos, não tão "ideologizados" e menos preocupados com direitos humanos, e deixou claro que as relações entre a Rússia e os Estados Unidos sempre foram muito mais fáceis durante os governos republicanos. Foi marcada uma reunião entre os americanos e o grupo do Unidade, e tanto Bush quanto sua conselheira de política externa, Condoleezza Rice, causaram uma boa impressão nos enviados de Putin e Voloshin. Em janeiro de 2001, o vitorioso Bush convidou os representantes do Unidade para participar de sua posse.

Ao conhecer Bush, a abordagem de Putin foi tão meticulosa quanto havia sido com Blair. Antes de seu primeiro encontro na capital eslovena, Liubliana, Putin examinou um dossiê minucioso sobre o novo presidente, repleto de detalhes pessoais. O que mais lhe chamou a atenção foi que Bush adorava álcool na juventude, mas aos 40 anos tinha parado de beber e se tornado profundamente religioso. Assim, durante a conversa inicial no encontro em Liubliana, Putin contou uma história pessoal para Bush. Disse que já tivera uma *dacha* nos arredores de São Petersburgo, que alguns anos antes fora destruída por um incêndio – felizmente, nenhum familiar tinha se ferido. Como por milagre, o único objeto que sobreviveu ao fogo foi um crucifixo que sua mãe lhe dera de presente. O incidente o convenceu de que milagres acontecem, concluiu Putin. Bush, temente a Deus, se sentiu profundamente comovido: "Olhei bem nos olhos dele. Para mim, um homem honesto e confiável, e tivemos um diálogo muito bom. Consegui sentir a alma dele", diria Bush depois daquele primeiro encontro memorável.[7]

O novo presidente dos Estados Unidos também achava necessário se envolver com Putin em nome de boas relações futuras. Bush pensava que a Rússia poderia se tornar um país europeu típico como a Alemanha – não uma superpotência como os Estados Unidos ou a China, mas uma nação próspera normal.

Em meados de 2000, Putin tomou a decisão de fechar todas as bases militares no exterior que a Rússia havia herdado da União Soviética, incluindo as do Vietnã e de Cuba. Agentes militares e de inteligência ficaram chocados, mas ele explicou pacientemente que as bases tinham se tornado obsoletas havia muito tempo. O ministro das Relações Exteriores da Rússia, Igor Ivanov, explicou o raciocínio do Kremlin: "Durante dez anos, nossa Marinha não navegou no Oceano Índico nem usou bases navais naquela região".[8] Tampouco haviam sido usadas a estação de radar Lourdes, em Cuba, extremamente dispendiosa, nem a base naval em Cam Ranh, no Vietnã. Argumentou-se que era possível realizar muito mais coisas através da vigilância feita no espaço do que mantendo velhas bases soviéticas. Como de costume, os patriotas das forças armadas amaldiçoaram os líderes políticos por terem traído os interesses nacionais. O governo, no entanto, manteve sua decisão.*

A "DÉCADA DA ABUNDÂNCIA"

A equipe de Putin começou de fato a realizar reformas sistêmicas sem demora. Mesmo antes de tomar posse, Putin ordenou a alguns de seus antigos conhecidos de São Petersburgo – economistas liberais que trabalharam com o primeiro prefeito democrático da cidade, Anatoli Sobchak – que elaborassem um plano de reforma para o novo governo. Na direção desse grupo criativo estavam German Gref e Alexei Kudrin. Depois da eleição de Putin, os dois receberam pastas ministeriais: Desenvolvimento Econômico e Finanças, respectivamente.

Ao iniciar os planos para o futuro, eles perceberam que estavam com sorte: em 1999, quando Putin foi nomeado primeiro-ministro, o preço mundial do petróleo tinha começado a subir. Em 2000, portanto, pela primeira vez desde a perestroika, o Ministério das Finanças da Rússia, liderado por Kudrin, conseguiu atingir um superávit orçamentário. Agora era preciso tirar proveito dessa sorte, o que levou os economistas de São Petersburgo a estipular metas bem altas.

O governo fixou a taxa de imposto de renda em 13%. O número de diferentes tipos de impostos foi reduzido em dois terços, com a carga tributária restante deslocada para o setor de petróleo. A arrecadação aumentou porque mais empresas preferiram pagar impostos a evitá-los com esquemas

---

* Putin reconsideraria essa decisão em 2013, renovando o acordo com o Vietnã sobre o uso da base naval em Cam Ranh.

obscuros. Elaborou-se um novo código de terras e, pela primeira vez desde a revolução de 1917, a compra e venda de terrenos agrícolas foi permitida. Essas reformas surpreendentes foram aprovadas pela Duma. Embora o parlamento se recusasse a aprovar qualquer lei vinda do governo de Ieltsin, tudo corria bem no governo de Putin graças à nova coalizão: os antigos apoiadores de Primakov se uniram com o Unidade, dando uma maioria ao Rússia Unida, novo partido pró-Putin, com voto favorável a todos os projetos de lei propostos pelo Kremlin.

O preço do petróleo continuou subindo a um ritmo que permitiu ao governo pagar dívidas externas antes do cronograma. A população ficou mais rica – era um milagre econômico inspirado por Putin. Depois da escassez vivida na década de 1990, a Rússia deu as boas-vindas à década da abundância que começou no século XXI.

Ao lado das reformas econômicas de Gref e Kudrin, Putin e Voloshin implementaram algumas mudanças políticas radicais. Por exemplo, Voloshin teve a ideia de renovar o Conselho da Federação, a câmara alta do parlamento russo. Antes abrigando apenas governadores regionais, ele abarcaria senadores profissionais, que representariam as regiões. Em determinado momento, os cientistas políticos apelidaram a nova política de "democracia gerenciada", uma vez que, no governo Ieltsin, tudo era "não gerenciado". O primeiro passo para melhorar a capacidade de gerenciamento era um controle melhor sobre as regiões. O único objetivo era impedir que líderes regionais e lobistas empresariais atrapalhassem as reformas.

Essa reorganização foi muito impopular com os próprios governadores, que foram expulsos do parlamento e privados do direito de voto em nível federal. Particularmente insatisfeitos ficaram aqueles que juraram fidelidade a Putin e apoiaram o Unidade durante a campanha eleitoral. Por que Putin estava punindo seus aliados? Os governadores, então, pediram para Boris Berezovski comunicar ao presidente a insatisfação geral que sentiam; para início de conversa, afinal, Berezovski os persuadira a apoiar Putin. O presidente o recebeu, mas não lhe deu ouvidos.

Apesar de alguns resmungos, as reformas foram apoiadas pela maioria do parlamento. Até os antigos subordinados de Primakov votaram a favor delas. Para demonstrar sua lealdade ao novo governo, ex-membros do PTR estavam dispostos a votar em qualquer coisa. Foi então que Voloshin e Surkov, seu vice, decidiram concluir o processo de fundir o Unidade e o PTR no partido pró-Putin Rússia Unida. Concomitantemente a isso, todos os cargos na Duma seriam redistribuídos, já que o acordo anterior com os comunistas não era mais necessário. Na verdade, depois dessa derrota, os comunistas nunca se recuperaram totalmente: eles deixaram de ser uma força política e se tornaram bastante inofensivos. Voloshin, não mais ameaçado pelo espectro do comunismo, abandonou os planos de mudar Lenin de lugar.

Em vez disso, no final de 2000, o Kremlin teve a ideia de recuperar a representatividade dos símbolos do Estado russo. Ninguém cantava o hino nacional havia dez anos simplesmente porque ele não tinha letra: em novembro de 1990, o Soviete Supremo da República Socialista Federativa Soviética da Rússia (RSFSR) adotou como hino uma melodia instrumental criada pelo grande compositor russo do século XIX, Mikhail Glinka. Voloshin não gostava, tampouco Putin – para eles, a melodia era fria demais. Os dois então fizeram uma lista longa de hinos alternativos, composta principalmente de antigas marchas militares. No último minuto, no entanto, Putin descartou todas as opções: decidiu recuperar o antigo hino stalinista, mas com uma nova letra, cuja composição seria confiada ao autor da versão anterior, o poeta soviético Serguei Mikhalkov, pai de Andrei Konchalovski (que dirigiu o *Guerra e paz* no teatro Mariinsky) e Nikita Mikhalkov, também diretor de cinema.

Voloshin, que odiava os comunistas, não gostou da decisão. A Família previu que a escolha seria um golpe muito duro para Boris Ieltsin, agora aposentado, por causa de seu ódio ao comunismo e aos símbolos soviéticos. Mas Putin convenceu seus conselheiros de que o novo hino ajudaria o processo de reformas. Uma vez que era inevitável realizar reformas econômicas dolorosas (como o cancelamento planejado de uma série de concessões e privilégios para os aposentados, algo típico dos soviéticos), melhor não aborrecer o povo por algo sem importância. Que os idosos se orgulhem e o Kremlin guarde energia para reformas liberais e desregulamentação, aconselhou Putin. Voloshin concordou. Para o bem do programa de reformas, a Rússia cantaria o hino soviético.

CAPÍTULO 2

Em que o exilado político Boris Berezovski não é convidado para o casamento real

Não cheguei a conhecer Boris Berezovski pessoalmente, apesar de ter trabalhado quase dez anos para o jornal Kommersant, *do qual ele era dono nos anos 2000. Senti-me obrigado a entrevistá-lo em 2007 na época em que escrevi um livro sobre o Gazprom, mas acabei não o fazendo intencionalmente. Tive a sensação de que Berezovski poderia de alguma forma prejudicar a credibilidade do livro, já que sua reputação naquela época era no mínimo duvidosa. Além disso, eu estava convencido de que Berezovski era um mentiroso inveterado. Qual é o sentido de entrevistar alguém em quem a gente não confia?*

Um ano antes de morrer, ele deu uma longa entrevista aos meus colegas da TV Rain. Pouco depois, esclareceu eloquentemente sua versão dos fatos ocorridos no final dos anos 1990 e início dos anos 2000 durante uma ação judicial que ele moveu em Londres contra o ex-oligarca do petróleo, Roman Abramovich (hoje dono do clube inglês de futebol Chelsea). Mas o Tribunal do Comércio de Londres, em consonância com minha opinião sobre Berezovski, o considerou uma testemunha "intrinsecamente duvidosa", e ele perdeu a causa.

No entanto, Boris Berezovski tinha uma característica que o distinguia de todas as outras pessoas deste livro: ele admitiu diversas vezes que cometia erros. No final da vida (não antes), demonstrou em vários momentos ter se arrependido de suas ações. Algumas pessoas consideram seu lamento genuíno; outras não têm tanta certeza.

GOOSY PRESO

"Ontem eu estava parecendo o Berezovski", Roman Abramovich gosta de dizer em tom de brincadeira. "Marquei reuniões com pessoas diferentes no mesmo horário." Quem conheceu Berezovski em geral se lembra dele como um gênio matemático inconstante: cheio de ideias, mas incapaz de acompanhar todas elas.

Costuma-se contar uma história de como Berezovski marcou três reuniões em sua casa, no mesmo horário, com diferentes empresários: Vladimir Gusinski, da NTV, Mikhail Khodorkovski, presidente da Yukos, e Vladimir Potanin, chefe do conglomerado Interros. Conta-se que os três foram levados para salas diferentes para evitar que se vissem. Então um amigo de Berezovski chegou para visitá-lo e tomar uma sauna, o que já estava agendado. Berezovski foi para a sauna e se esqueceu dos convidados. Uma hora depois, passeando pela casa, os três empresários trombaram uns com os outros. Dirigiram-se, então, à sala de estar, onde o dono da casa, usando um roupão, se surpreendeu ao vê-los pouco tempo depois. A confusão ocorrida com Berezovski nos anos 2000 foi ainda mais surpreendente, embora também tenha sido obra sua.

Ele conheceu Putin no início dos anos 1990 e apresentou o futuro presidente à panelinha política de Boris Ieltsin. Foi o primeiro a flertar com a possibilidade de Putin como sucessor de Ieltsin, isso em meados de 1999. No final do ano, no entanto, a ideia tomou vida própria e começou a se difundir. Quanto mais desgovernada, mais ela o assombrava.

O matemático não conseguiu prever o que aconteceria. Na verdade, ele não conseguiu enxergar que não era que Putin estava fora de controle, mas sim que ele mesmo já havia perdido sua popularidade. Conta-se que, quase no final de 1999, a Família foi unânime: "Hora de nos livrarmos de Boria [Boris]". As vaidades políticas de Berezovski – especialmente suas intermináveis entrevistas e seus comentários impetuosos – estavam começando a irritar Tania, Valia, Voloshin e Abramovich, levando-os a concluir que ele estava fazendo mais mal do que bem. Quando o risco de perderem o poder e a liberdade diminuiu, os quatro começaram, pouco a pouco, a colocar o antigo amigo para escanteio.

Berezovski ficou profundamente magoado com a falta de consideração pelo seu papel na vitória de Putin e para se livrar dos inimigos da Família. Em 1996, ele e Gusinski foram recompensados por encorajar grandes empresas a apoiar Ieltsin. A NTV de Gusinski tornou-se uma rede nacional, e Berezovski foi nomeado subsecretário do Conselho de Segurança. Mas durante a campanha de 1999-2000, quando os dois disputaram em lados opostos e Gusinski – junto com Primakov, Lujkov e dezenas de governadores – foi derrotado, não houve recompensa especial para os vencedores nem qualquer retaliação particular contra os perdedores. Lujkov continuou no cargo de prefeito de Moscou. Primakov foi designado ao cargo fácil de chefe da Câmara do Comércio e da Indústria. Seus antigos apoiadores se espalharam nos postos do Partido Unidade, ligado a Putin. O único a ser punido foi Vladimir Gusinski, por ter travado uma guerra de informação contra Putin.

O que realmente deixou o Kremlin irritado foi o *Kukli* da NTV (um programa satírico de fantoches), em que Putin foi retratado como Zacarias, o anão de *Os contos de Hoffmann*. "Nada pessoal, apenas negócios", teria dito Voloshin na época. A Media Most, holding de Gusinski, devia nada mais nada menos que 1 bilhão de dólares a empresas estatais. Mas, sempre que os credores exigiam o pagamento, Gusinski usava a NTV para atacá-los, que recuavam imediatamente e ampliavam o crédito a condições preferenciais. Era muito fácil viver com dívidas.

Um mês depois da posse de Putin, no entanto, a Procuradoria-Geral abriu um processo criminal contra Gusinski, que foi preso rapidamente e colocado na infame prisão de Butyrka, em Moscou. "Talvez isso tenha sido desnecessário", admite o pessoal do Kremlin. Mas as regras do jogo estavam sendo definidas pela nova comitiva do presidente, que incluía muitos oficiais de alto escalão, tanto do serviço militar quanto dos serviços de segurança, conhecidos como *siloviki*. Berezovski ficou satisfeito. "Pegaram o Goosy!", exclamou ele, de alegria, no dia em que Gusinski foi preso. Já as grandes empresas ficaram em estado de choque. Os oligarcas escreveram uma carta conjunta exigindo a libertação de Gusinski. O único que não assinou foi Berezovski.

No momento da prisão, Putin estava numa visita oficial à Espanha. Questionado pelos jornalistas, ele respondeu que não sabia de nada, pois não conseguia "contatar o procurador-geral". Gusinski ficou preso durante três dias. Nesse período, recebeu em sua cela a visita de Mikhail Lesin, ministro das Comunicações, e os dois assinaram um acordo para que o oligarca fosse libertado em troca de entregar o controle da NTV.* Após sua libertação, Gusinski saiu imediatamente da Rússia e revelou detalhes do acordo assinado sob coação. Isso foi um golpe para a imagem internacional de Putin, que acabava de voltar de uma viagem de reconhecimento pela Europa. Gusinski começou a executar operações de relações públicas negativas, criticando abertamente o novo presidente russo. Putin foi afrontado não pela dureza da operação contra Gusinski (ele não puniu nenhum dos líderes), mas pelo escândalo. Desse modo, instruiu seus subordinados a esperar os ânimos se acalmarem antes de tomar qualquer atitude contra a emissora de TV de Gusinski.

---

* Quatro anos depois, Lesin se demitiu do ministério, mas a empresa que ele fundou, a Video International, acabou assumindo o monopólio do mercado publicitário televisivo na Rússia. Por fim, foi obrigado a deixar a empresa por causa de seu novo dono, Iuri Kovalchuk, amigo de Putin. Lesin foi encontrado morto no hotel Dupont Circle em Washington, DC, em novembro de 2015.

A prisão de Gusinski teve um efeito dominó. Quase todos os oligarcas foram submetidos a investigações, buscas e apreensões. Não foi uma operação planejada: considerando os sinais dados pela liderança, os *siloviki* ao redor de Putin simplesmente entenderam que estava na hora de restaurar a ordem.

Nos últimos anos de Ieltsin, a Procuradoria-Geral havia instaurado muitos processos penais de alto nível, com o apogeu das "guerras oligárquicas" acontecendo em fins da década de 1990. Mas a nova ofensiva teve um estilo diferente, foi um sinal dos tempos. O *Kommersant* publicou manchete atrás de manchete começando com a frase "Eles chegaram para...", uma nítida alusão aos expurgos de Stalin e às batidas na porta de madrugada. No entanto, se considerarmos cada caso isoladamente, fica claro que 2000 não foi um retorno ao estalinismo. Cada ocorrência de "Eles chegaram para..." acabava envolvendo alguma fraude corriqueira. A primeira dessa série de manchetes infames no *Kommersant* foi "Eles chegaram para pegar [Vaguit] Alekperov", diretor-executivo da Lukoil, que na época era a maior petrolífera da Rússia e financiou a aliança Primakov-Lujkov nas eleições da Duma. Embora a empresa estivesse sendo investigada, a manchete não tinha nada a ver com política. Todos os deputados que haviam sido pagos pela Lukoil e passavam o tempo no parlamento fazendo lobby em nome da empresa já tinham abandonado o barco, recusando-se a se juntar ao grupo do PTR na Duma. Eles formaram seu próprio grupo e votaram em solidariedade ao Unidade antes de serem engolidos pelo novo Rússia Unida.

Surgiram rumores de que a investigação da Lukoil havia sido iniciada por um conhecido banqueiro. Antes das eleições da Duma em 1999, ele procurou a gerência da Lukoil dizendo que coletava dinheiro em nome do Kremlin e, devido à sua amizade de longa data com Putin, embolsou 50 milhões de dólares. Para impedir que a Lukoil pedisse o dinheiro de volta depois das eleições, o arrojado banqueiro foi à Procuradoria-Geral, aproveitou os laços que mantinha com o órgão e exigiu que a empresa fosse "diretamente afetada". Seguiu-se uma breve investigação, que motivou Alekperov a não ir atrás dos 50 milhões.

A TRAGÉDIA DO *KURSK*

A falta de controle de Berezovski sobre o novo governo o deixou tão incomodado que ele decidiu ir ao extremo para conseguir a atenção de Putin. Depois de esgotar todos os meios verbais e "diplomáticos", escolheu aquele que conhecia melhor: o aventureiro.

Uma semana depois que o *Kommersant* começou a moldar a imagem da Rússia de Putin com as manchetes da série "Eles chegaram para...", Berezovski anunciou sua intenção de deixar o cargo da Duma para o qual havia sido eleito em 1999. Na época, ninguém entendeu o motivo de sua decisão. Para o público, ele declarou que planejava criar uma verdadeira força de oposição. Pouco tempo depois, travou sérios conflitos com os detentores do poder.

O primeiro grande teste de Putin foi o desastre com o submarino nuclear *Kursk*. Em 12 de agosto de 2000, nonagésimo sétimo dia de sua presidência, o navio afundou no Mar de Barents. Putin não pensou em nada naquele momento, já que as forças armadas disseram que tudo estava sob controle e que a situação seria remediada em breve. Consequentemente, ele seguiu viagem para passar as férias em Sochi. A operação de resgate só começou no dia seguinte, quando ficou claro que os 118 membros da tripulação a bordo estavam presos a 108 metros de profundidade. Apesar disso, Putin ainda demorou cinco dias para interromper as férias e voltar para Moscou, o que o levou a ser massacrado pela imprensa.

Em 22 de agosto, quando se divulgou a notícia de que os 118 marinheiros haviam morrido, Putin foi conhecer os familiares das vítimas na vila costeira de Vidjaevo, na região norte de Murmansk. O encontro não foi nada bom. Histéricos, os parentes das vítimas acusaram Putin de inércia e alegaram que as forças armadas perderam tempo e foram incompetentes por não buscar ajuda do exterior. Como resposta, Putin criticou a cobertura televisiva do incidente, dizendo três vezes que o público estava sendo "enganado" pelos jornalistas e pela imprensa. "Há indivíduos gritando e esbravejando na TV, mas foram eles que, na última década, destruíram o mesmo exército e a mesma marinha em que as pessoas estão morrendo agora", começou ele. "Hoje eles se organizam para defender as forças armadas, amanhã tentarão arruiná-las ainda mais! Eles roubaram tudo e controlam a todos! Legalizaram o roubo!" No meio da reunião, ele voltou ao assunto: "Eles roubaram dinheiro, compraram a imprensa e agora manipulam a opinião pública". E concluiu: "A lógica deles é muito simples. Concentram-se no público de massa para mostrar à liderança política e militar que nós precisamos deles, que dependemos deles e que devemos temê-los, ouvi-los e aceitar que continuarão roubando o país, o exército e a marinha. Esse é o verdadeiro propósito deles. Não podemos simplesmente mandá-los parar. Seria a coisa certa a fazer, mas, para isso, temos de ser mais sutis. Precisamos implementar nossa própria política de informação. Mas isso requer esforço, dinheiro e pessoas sensatas"[1].

Embora quaisquer dispositivos de gravação tenham sido proibidos durante a reunião, uma semana depois foi publicada uma transcrição na *Kommersant-Vlast*, revista ligada ao jornal *Kommersant*, de Berezovski. Alguns dias depois, a emissora ORT (Televisão Pública Russa, também controlada por Berezovski) exibiu um programa de notícias em horário nobre, *Vremya*, apresentado por Serguei Dorenko, que um ano antes havia ajudado Putin a se tornar presidente. Dorenko analisou as declarações de Putin sobre a tragédia do *Kursk* e o chamou de mentiroso. Entre outras coisas, exibiu parte da gravação feita no encontro com os parentes das vítimas. Seria seu último programa. Conta-se que, depois da transmissão de Dorenko, a ORT recebeu um telefonema do próprio Vladimir Putin. O presidente se sentiu traído pela emissora e nunca perdoou Berezovski.

Tirar das mãos de Berezovski o controle da ORT não exigiu muito esforço. De acordo com o depoimento de Voloshin no caso Berezovski-Abramovich em Londres, Voloshin simplesmente chamou o diretor-geral da emissora, Konstantin Ernst, e o pediu que ignorasse Berezovski mais ou menos nestas palavras: "Kostia [Konstantin], não dê ouvidos a Berezovski. Não faça o que ele diz. Do contrário, agiremos". A declaração era perfeitamente legítima, uma vez que Berezovski detinha 49% do canal, enquanto o governo tinha 51%; o principal acionista simplesmente decidiu reafirmar seus direitos e assumiu o controle do canal. "A festa acabou", disse Voloshin a Berezovski, segundo seu depoimento no tribunal de Londres. Isso significava que Berezovski não podia mais dar instruções ao canal ou influenciar sua política editorial. O único funcionário da ORT que protestou foi Dorenko, que foi prontamente demitido.

No final de agosto, Voloshin informou a Putin que Berezovski queria marcar uma reunião pessoal. Putin concordou, mais para passar um sermão do que para fazer uma reunião propriamente dita. Sem medir palavras, Putin disse a Berezovski que ele não controlava mais a ORT e que, por isso, podia continuar com suas ações na empresa ou vendê-las, o que preferisse; não faria diferença.

Isso foi mais um choque para Berezovski. Ele sempre achou que Putin acabaria perdendo a coragem e cederia. No início de setembro de 2000, publicou uma carta aberta em seu próprio jornal, o *Kommersant*: "Sr. Presidente, por favor, pare antes que seja tarde! Não espere o gênio sair da garrafa. O gênio do poder ilimitado. Ele devastou nosso país por mais de setenta anos. Você não está à altura da tarefa. Tanto você quanto a Rússia serão destruídos"[2]. Na carta ele prometeu transferir sua participação na empresa para uma equipe de jornalistas e intelectuais, mas esse plano nunca foi executado. Um mês depois, em outubro de 2000, vendeu suas ações para o velho amigo Roman Abramovich.

Doze anos depois, quando Berezovski processou Abramovich por supostamente pagar pouco por suas ações na ORT e em outras empresas (como a petrolífera Sibneft, por exemplo), os detalhes do acordo vieram a público. O tribunal de Londres publicou a transcrição de uma conversa entre Berezovski,

Abramovich e Badri Patarkatsishvili gravada clandestinamente em Le Bourget, na França, em que os três oligarcas discutiram a venda da ORT e o envolvimento pessoal do chefe do Banco Central da Rússia, Viktor Gerashchenko, na transferência do dinheiro da conta de Abramovich para a de Berezovski. Abramovich disse ao tribunal que Putin e Voloshin o aconselharam a comprar a ORT de Berezovski, que Berezovski não tinha nenhuma ação em suas empresas e que os pagamentos feitos regularmente a ele depois disso tinham como único objetivo a "proteção política".

Foi a tragédia do *Kursk* que desencadeou a luta entre Putin e os "manipuladores da opinião pública" – isto é, a imprensa não controlada pelo Estado. A estratégia não foi premeditada, mas uma reação espontânea aos estímulos externos e que não demorou a ganhar impulso próprio, uma vez que as críticas silenciosas sempre são preferíveis às ditas em voz alta. Na época, Voloshin comentou com os colegas que aquela era uma consequência necessária das reformas em curso.

O NOVO ANDROPOV

Boris Berezovski tinha uma outra preocupação comum a poucas pessoas: Vladimir Putin era ex-agente da KGB. Berezovski não confiava nos serviços de inteligência. No início, o passado de Putin não foi um grande incômodo para Berezovski, mas, quanto mais influência ele perdia, maior sua tendência de ver a marca da KGB no comportamento de Putin, o que o deixava incomodado.

Putin realmente tinha uma relação próxima com a FSB, sucessora da KGB, e contava com seu apoio. Em dezembro de 1999, uma semana e meia antes de Ieltsin nomeá-lo como presidente interino, Putin foi à sede da organização na Praça Lubianca, em Moscou, para celebrar o Dia de Cheka, que marca o aniversário de fundação do serviço secreto. Ao discursar na recepção, ele brincou dizendo que "o governo e a equipe secreta da FSB haviam vencido admiravelmente a primeira etapa da tarefa".[3] O público reagiu com uma explosão de aplausos. Quem não estava presente e viu a gravação do evento se emocionou.

Em 1999, Putin aprovou uma ampla celebração para marcar o 85º aniversário de nascimento do falecido Iuri Andropov, que se tornou secretário-geral do Partido Comunista da União Soviética (PCUS) em 1982, depois de mais de vinte anos como chefe da KGB. Ele ainda é reverenciado no serviço secreto russo como o líder mais sábio que a União Soviética já teve. Em dezembro de 1999, a placa memorial em homenagem a Andropov, que havia sido arrancada em 1991 após o colapso da União Soviética, foi restaurada e colocada no prédio da KGB/FSB na Praça Lubianca.

Cinco anos depois, por ocasião do 90º aniversário de seu nascimento, foram publicados vários livros e artigos sobre como Andropov poderia e deveria ter salvado a União Soviética da desintegração. Sua morte prematura em 1984, depois de apenas 18 meses no poder, arruinou os planos de reformas que teriam levado a União Soviética pelo mesmo caminho que a China, além de evitado a perestroika e o colapso do país. Os veteranos dos serviços de inteligência viram Putin como a reencarnação de Andropov, o homem que recuperaria das cinzas do império perdido a grandeza da União Soviética.

Embora Putin não se considerasse sucessor de Andropov, ele também não se sentia particularmente atraído pelo lendário diretor da KGB. Em contraposição, Nikolai Patrushev, vice-diretor da FSB na época de Putin, que agora ocupava a direção, considerava Andropov um modelo a seguir. Quando jovem, Andropov havia morado na República da Carélia, no norte da Rússia. Patrushev havia trabalhado lá no início dos anos 1990, chegando a ocupar o cargo de ministro da Segurança da Carélia.

Em 2004, Patrushev publicou um artigo no jornal pró-governo *Rossiyskaya Gazeta* para marcar o 90º aniversário do nascimento de Andropov. "Tanto para oficiais superiores quanto para jovens trabalhadores", escreveu Patrushev, "Andropov é um verdadeiro estadista e representante da elite estratégica do país, um homem que colocou os interesses nacionais acima de todos os outros. [...] O tempo não pode diminuir a glória de quem serviu e continua servindo à pátria com sinceridade e honestidade".[4] Em 2004, sentir orgulho do passado soviético, bem como das ferramentas de repressão soviética, estava fora de moda. Em 2014, no entanto, isso se tornaria um elemento fundamental da retórica de Putin. E Patrushev, agora chefe do Conselho de Segurança, se tornaria um dos principais arquitetos do novo isolacionismo da Rússia após a crise da Ucrânia.

HORA DA COMPENSAÇÃO

A equipe econômica de Putin entendeu que havia pouco tempo para impulsionar reformas "radicais" (isto é, dolorosas), uma vez que, durante o período pré-eleitoral, o programa de reformas seria desacelerado. Eles fizeram o que puderam para explorar o aumento do preço do petróleo e a popularidade do presidente para implementar mudanças quase revolucionárias. Os oligarcas e os intriguistas políticos, cuja influência havia diminuído após a renúncia de Ieltsin, eram considerados repugnantes pelos jovens liberais que serviam como conselheiros econômicos de Putin. Sem manifestar para os outros, esses jovens adoravam o fato de os antigos donos do poder não terem mais as chaves do Kremlin. A vida era mais simples sem eles. Também tiveram de suportar estoicamente os brados da imprensa sobre os efeitos colaterais das reformas, entendendo que as queixas seriam inevitáveis.

O que o governo liberal de Putin não esperava, no entanto, eram obstáculos do Ocidente, que havia aplaudido muito recentemente a "equipe brilhante" reunida pelo novo presidente russo. O governo estava em dívida com o Clube de Paris, fórum de credores públicos (que generosamente emprestara dinheiro à União Soviética e depois à Rússia na década de 1990), e com o Clube de Londres, fórum de investidores privados, bancos comerciais e empresas (que também concedia empréstimos altos ao governo russo). Os pagamentos para o serviço da dívida aconteceriam anualmente, chegando ao pico em 2003. Os economistas falaram com horror do "problema de 2003" e acreditavam que, naquele ano, a economia russa entraria em colapso devido ao peso da dívida.

Putin nomeou como primeiro-ministro Mikhail Kasianov, que havia ocupado o cargo de ministro das Finanças da Rússia antes de Putin entrar no governo em 1999. A principal especialidade de Kasianov era negociar com credoras internacionais. Embora tenha sido o primeiro vice-primeiro-ministro de Putin, ele não era o predileto para o cargo de primeiro-ministro, pois não havia participado do desenvolvimento das reformas econômicas. Essa tarefa havia ficado a cargo do Centro de Pesquisas Estratégicas, dirigido por German Gref. Além disso, Gref e Alexei Kudrin conheciam Putin de São Petersburgo. Só isso já tornava qualquer um dos dois a escolha mais natural para dirigir o governo. Mas Putin optou por Kasianov, em parte porque ele era mais próximo da Família e em parte porque a dívida externa da Rússia era uma questão de suma importância. Kudrin ficou com o cargo de ministro das Finanças, enquanto Gref ocupou um departamento totalmente novo, o Ministério do Desenvolvimento Econômico.

Ironicamente, era muito mais fácil garantir um acordo com os bancos privados do que com os credores públicos. Mikhail Kasianov conseguiu que mais de um terço da dívida com o Clube de Londres fosse perdoado, mas o Clube de Paris exigiu o pagamento integral, apesar de seus membros ilustres incluírem os novos amigos de Putin: George W. Bush e Tony Blair. Negócios são negócios – nada pessoal.

No final de 2001, a situação ficou tão crítica que Putin não deixou ninguém da equipe econômica passar o feriado de Ano-Novo fora de Moscou. Em 3 de janeiro de 2002, todos se reuniram no Kremlin para decidir como livrar o país de sua pilha de dívidas. Putin, Kasianov, Voloshin, Kudrin e Gref estavam lá, bem como Andrei Illarionov – conselheiro econômico de Putin, xerpa russo do G8 e novo *enfant terrible* do Kremlin, também conhecido por seu libertarismo radical e personalidade atroz.

A reunião se transformou em uma briga terrível entre Kasianov e Illarionov. O primeiro-ministro disse que o Clube de Paris teria que ser persuadido a perdoar parte da dívida, pois qualquer tentativa de reembolsá-lo integralmente faria a Rússia sangrar até morrer. Illarionov gritou que tudo deveria ser pago, porque a Rússia precisava justificar a honra da adesão ao G8 em vez de implorar pelo adiamento da dívida e sua reestruturação. Enfurecido, Kasianov retrucou que não havia nada de humilhante na reestruturação da dívida. Voloshin certamente preferia a posição radical de Illarionov: o chefe de gabinete era a favor de liquidar a dívida com a cabeça erguida, apesar de Kudrin, ministro das Finanças, balançar a cabeça e dizer que não havia dinheiro. Putin decidiu esperar um tempinho. Enviou uma carta aos credores dizendo que a Rússia estava preparada para pagar os juros da quilométrica dívida soviética, mas que queria um diferimento na soma principal.

O Clube de Paris, por sua vez, tinha outros planos. Apesar do pedido de Moscou, continuou insistindo para que a Rússia pagasse integralmente sua dívida, já que a situação econômica era favorável e os preços do petróleo estavam subindo. Em meados de janeiro, o Ministério das Finanças da Alemanha liberou um comunicado à imprensa declarando que, se a Rússia não começasse a pagar suas dívidas, Berlim se oporia à participação plena do país no G8. Naquela época, o chanceler alemão Gerhard Schroeder não era um dos aliados estrangeiros mais próximos de Putin e ficou claro que ele também falava em nome dos outros membros da organização. Para o Kremlin, foi um golpe. A entrada da Rússia no G7 em 1997 talvez tenha sido o único legado positivo que Boris Ieltsin deixara para Putin. Agora ele e seu governo corriam o risco de perder a oportunidade de oficializar a Rússia como membro pleno desse clube tão prestigiado.

Putin ficou tão enfurecido com a afirmação dos alemães que mudou de ideia imediatamente e acabou com a discussão entre Kasianov e Illarionov. E o argumento do xerpa do G8 saiu ganhando: *Somos fortes, e os fortes devem pagar*. Kudrin é que deveria encontrar o dinheiro. Kasianov ficou furioso: tantos anos de trabalho assíduo foram reduzidos a pó e Putin não lhe dava mais ouvidos. Para piorar ainda mais as coisas, e sem consultar ninguém, Illarionov deu uma entrevista coletiva anunciando que a Rússia pagaria sua dívida – e rápido. Ele sabia que tinha o apoio de Putin e mal podia esperar para humilhar Kasianov publicamente. Até aquele momento, Kasianov era considerado uma figura poderosa e altamente influente, mas agora sua imagem oscilava. Kudrin também estava numa posição difícil, pois não tinha um plano claro para levantar o dinheiro. Como resultado, todos os liberais do governo russo entraram em um desacordo que durou várias semanas, gerando um rancor para com o Ocidente por ter colocado o país contra a parede.

Mas os temores se mostraram completamente infundados. O preço do petróleo se manteve estável durante o ano todo, mais ou menos na faixa de 27 dólares o barril (na década anterior custava metade disso). De uma hora para a outra, a Rússia conseguiu o dinheiro para pagar não só o Clube de Paris, mas também o FMI. Em 2001, a Rússia registrou um superávit orçamentário e deixou de coordenar sua política econômica com o FMI. No entanto, a hostilidade entre os conhecedores da economia persistiu; Kasianov foi demitido em fevereiro de 2004 e Illarionov renunciou em dezembro de 2005.* Nem Kudrin nem Gref pensaram em interceder a favor deles para mantê-los no poder.

ESTADOS UNIDOS, RÚSSIA E SUAS RESPECTIVAS "GUERRAS CONTRA O TERRORISMO"

Em contraposição ao acidente com o *Kursk*, a operação militar na Chechênia (Segunda Guerra da Chechênia) não foi problema para Putin. Na verdade, foi um triunfo. Seu índice de aprovação presidencial subiu depois da intervenção. A única preocupação eram as inúmeras questões colocadas pelos colegas ocidentais. Para o Ocidente, a operação na Chechênia parecia uma guerra contra o povo checheno, que implicava em violações sistemáticas aos direitos humanos, crimes contra civis e tortura generalizada, acusação que já havia sido feita à Rússia durante a Primeira Guerra da Chechênia (1994-1996). No entanto, havia uma grande diferença entre as duas campanhas.

Durante a primeira guerra, os beligerantes dividiam-se em "nós" (os chechenos) e "eles" (os russos). Em 2000, Putin apostou em Akhmad Kadirov, supremo *mufti* da República da Chechênia e ex-comandante militar, que concordou em mudar de lado e apoiar a Rússia. Desse modo, "nós" e "eles" se transformou na divisão entre os apoiadores de Kadirov e os apoiadores da resistência.

Isso significava que Putin poderia colocar toda a culpa nos "terroristas", alguns deles afiliados à Al Qaeda, incluindo o jordaniano Omar Ibn al Khattab. Putin também disse que a guerra havia começado quando os vaabitas invadiram o Daguestão em agosto de 1999. No entanto, Boris Berezovski e Vladimir Gusinski, agora exilados políticos, criticaram a versão de Putin. Gusinski deu diversas entrevistas sobre abusos aos direitos humanos na Chechênia,

---

* Ironicamente, os dois adversários Kasianov e Illarionov depois se tornariam oponentes de Vladimir Putin.

enquanto Berezovski alegou que a segunda operação havia sido organizada pela comitiva de Putin como parte de sua campanha eleitoral.

Quando Putin comentou com os colegas ocidentais sobre sua guerra contra o terrorismo, eles ouviram atentamente, concordaram e disseram que fariam o que pudessem para ajudar. Mas o que aconteceu na realidade foi bem diferente. A inteligência do Kremlin revelou que funcionários da embaixada dos Estados Unidos no Azerbaijão estavam emitindo documentos falsos para grupos rebeldes chechenos. Os fatos foram levados imediatamente ao embaixador dos Estados Unidos em Moscou. Os americanos pediram desculpas e garantiram a Moscou que o culpado, provavelmente um criminoso, seria retirado de imediato da missão diplomática.

No entanto, logo ficou claro que os Estados Unidos não tinham nenhuma pressa em ajudar a Rússia na luta contra o terrorismo, pois não havia, por exemplo, proibido a atividade de organizações islâmicas acusadas por Moscou de financiar a resistência chechena. "Nós verificamos. Essas organizações estão envolvidas em atividades puramente humanitárias", afirmou Washington em um comunicado, de acordo com um funcionário do Kremlin. A propósito, após o 11 de Setembro, todas as organizações foram encerradas imediatamente. O Kremlin não gostou de Washington afirmar que os recursos dessas organizações se destinavam a fins puramente humanitários. A vida dos soldados russos não importava, mas, quando o alvo foram os cidadãos dos Estados Unidos, todas as medidas foram tomadas.

Ainda assim, o 11 de Setembro possibilitou um momento raro de unidade entre a Rússia e os Estados Unidos. Vladimir Putin foi o primeiro líder mundial a telefonar para o presidente Bush e oferecer apoio. A partir desse momento, ficou mais fácil para Putin explicar quem e o que a Rússia queria combater na Chechênia.

O Kremlin apoiou o passo seguinte de Washington: a invasão do Afeganistão. O regime talibã no Afeganistão sempre foi extremamente hostil à Rússia. Em primeiro lugar, os talibãs eram herdeiros ideológicos dos *mujahidin*, que haviam rechaçado a União Soviética na década de 1980. Em segundo lugar, eles desestabilizaram a situação no Tajiquistão e no Uzbequistão, aumentando as chances de uma guerra em grande escala nas fronteiras do sul da Rússia. Os americanos, na verdade, apoiaram tacitamente os talibãs durante toda a década de 1990, por isso a decisão de derrubar o regime foi muito bem recebida por Moscou.

Pouco antes de começar o bombardeio no Afeganistão, Washington pediu que Moscou aprovasse a instalação de uma base aérea temporária no Quirguistão para dar suporte à operação por vir – o que foi dito é que a base funcionaria no máximo por um ano, somente durante o período da campanha militar. A conselheira de segurança nacional dos Estados Unidos, Condoleezza Rice, telefonou para Alexander Voloshin depois que Bush falou diretamente com Putin. Era necessário ter o consentimento de Moscou porque as linhas de abastecimento passariam pela Rússia; além disso, o Quirguistão não concordaria em dar suporte à base sem o apoio de Moscou. Putin e Voloshin argumentaram que a luta contra o Talibã era de total interesse da Rússia, então disseram ao presidente do Quirguistão e aos americanos que não fariam qualquer objeção.

A operação militar no Afeganistão foi instantânea. Depois de apenas uma semana, o Talibã aparentemente se dissolveu, deixando o poder para o governo pró-Estados Unidos de Hamid Karzai. Alguns anos depois, é claro, os talibãs começariam a ressurgir das cavernas e montanhas, travando uma guerra de guerrilha extenuante contra as tropas da OTAN. Mas, no início de 2002, a vitória do mundo civilizado recém-unido contra um inimigo da idade da pedra parecia esmagadora.

No final de 2002, Voloshin questionou Condoleezza Rice sobre quando os Estados Unidos planejavam sair do Quirguistão, uma vez que a operação militar finalmente havia terminado. "Quer saber? Descobrimos que precisamos desta base permanentemente", foi a suposta resposta.

Putin ficou furioso. Parecia que os americanos estavam lhe passando a perna a cada passo. Além disso, eles nunca assumiam a responsabilidade pelos próprios erros, mas o tempo todo diziam ao Kremlin como deveria se comportar.

O verdadeiro ponto de virada foi a guerra no Iraque. George W. Bush, encorajado de um lado por lobistas do petróleo e de outro por sua própria ideologia neoconservadora, decidiu derrubar Saddam Hussein. A decisão foi tomada em abril de 2002, logo depois do término da operação contra o Talibã no Afeganistão. Mas, no decorrer dos meses seguintes, os representantes do governo dos Estados Unidos, liderados por Condoleezza Rice, discutiram o assunto com o Kremlin como se a decisão ainda não tivesse sido tomada, falando com eloquência sobre os horrores do regime de Saddam Hussein, seus vínculos com a Al Qaeda e seus estoques de armas químicas e biológicas. Tony Blair, primeiro-ministro britânico, também entrou na jogada.

Rice não sabia, no entanto, que seus relatos melodramáticos sobre as atrocidades de Saddam Hussein foram recebidos com ceticismo em Moscou. Os diplomatas russos conheciam Saddam muito melhor do que os interlocutores dos Estados Unidos. Ievgeni Primakov, ex-primeiro-ministro e antigo adversário de Putin, era especialista em Oriente Médio, falava árabe fluente e era praticamente amigo de Hussein, enquanto o líder comunista pseudo-oposicionista Guennadi Ziuganov e o populista Vladimir Jirinovski eram convidados frequentes em Bagdá. As empresas russas Lukoil e Zarubezhneft produziam petróleo no Iraque, e outras estavam envolvidas no programa Petróleo por Alimentos, da ONU. Se os vínculos formais entre a Rússia e o Iraque eram extensos, os informais eram mais extensos ainda. O avião que partia às segundas-feiras de Moscou para Bagdá, por exemplo, sempre tinha prostitutas a bordo para os filhos de Saddam Hussein e sua comitiva.

Alguns anos depois, uma comissão de investigação da ONU liderada por Paul Volcker, ex-presidente da Reserva Federal dos Estados Unidos, acusaria dezenas de empresas russas, bem como o Ministério de Situações de Emergência da Rússia e até a Igreja Ortodoxa, de receber petróleo como compensação pelo apoio político. E de pagar propinas altas ao governo iraquiano.[5] Volcker também acusaria vários políticos russos de suborno. Todos negaram as acusações, mas apenas Alexander Voloshin provaria à ONU que sua assinatura em vários documentos descobertos durante o inquérito tinha sido forjada.

De qualquer modo, Moscou conhecia o funcionamento interno do Iraque com uma profundidade muito maior do que Washington. O Kremlin sabia que o previsível e controlável Saddam Hussein estava cercado de corrupção, mas não de armas de destruição em massa, e por isso não tinha a menor intenção de derrubá-lo. A Rússia tinha interesses comerciais no Iraque e colocaria tudo a perder em caso de guerra. Mas Condoleezza Rice não escutou esses argumentos. Desse modo, os russos acabaram defendendo uma solução diplomática para evitar o sofrimento de civis. Mas isso também não causou nenhum efeito nos americanos.

O ano de 2002 foi dominado pelo debate sobre o Iraque. Bush e Blair continuaram mentindo para Putin sobre os perigos das supostas armas químicas e biológicas de Bagdá. Putin achava muito mais fácil lidar com Gerhard Schroeder e Jacques Chirac. Os dois também defendiam uma abordagem não violenta, apesar de sempre deixarem transparecer um egoísmo cínico. As empresas francesas tinham contratos no Iraque e supostamente haviam recebido propina, o que pode ter inspirado a postura antibélica de Chirac. O pacifismo de Schroeder também tinha uma razão oculta: os alemães iriam às urnas em outubro de 2002 e, diante da iminente derrota do SPD, o Partido Social Democrata da Alemanha, Schroeder apostou o futuro de seu partido no sentimento antiguerra dos eleitores, sabendo que cairia bem se opor aos planos de invasão dos Estados Unidos. Quanto mais "pacifista" o chanceler se tornava, mais subia seu índice de aprovação. Por fim, ele conseguiu o impossível: a reeleição. Putin se juntou a Schroeder e Chirac numa coalizão antibélica contra a aliança pró-guerra formada entre Espanha, Estados Unidos e Grã-Bretanha.

Putin, Schroeder e Chirac se uniram não só pela previsão negativa, mas também pela sincera irritação que sentiam. Todos os três ficaram indignados com o fato de Bush ter decidido ir à guerra sem nem se preocupar em pedir a opinião deles. Os líderes da Rússia, da Alemanha e da França (e, a propósito, os da Grã-Bretanha e da Espanha) não estavam a par das ações do "conselho diretivo do mundo" sobre o qual discutia Dick Cheney, vice-presidente dos Estados Unidos, junto com os presidentes das petrolíferas e os fornecedores militares sob sua proteção, o secretário de Defesa dos Estados Unidos Donald Rumsfeld, seu subsecretário Paul Wolfowitz e outros neoconservadores. A opinião deles valia mais do que a dos colegas de Washington que participavam do G8.

De acordo com os assessores do Kremlin, a guerra no Iraque mudou de forma permanente a atitude de Putin em relação aos Estados Unidos. Ele ficou particularmente ofendido com o consentimento de seu amigo Tony Blair e manifestou sua indignação em todas as reuniões que tiveram posteriormente, até mesmo durante as entrevistas coletivas. A imprensa britânica ficou confusa: ali estava Putin dando um sermão público no primeiro-ministro, que não fez mais do que sorrir sem graça, sem dizer nada. Extraordinariamente, no entanto, a amizade entre os dois não acabou.

Não foram encontradas armas químicas ou biológicas no Iraque. Alguns anos depois, o ex-secretário de Estado Colin Powell pediria desculpas públicas por ter cometido o erro de dar informações equivocadas à comunidade mundial.

UMA INIGUALÁVEL EQUIPE DE JORNALISTAS

A "luta pela paz" aumentou muito o apelo de Vladimir Putin no exterior. Em junho de 2003, o Pew Research Center publicou uma pesquisa indicando que o líder russo era o político mais popular do mundo, seguido por Chirac em segundo lugar e Schroeder em terceiro. No entanto, os três líderes haviam arruinado suas relações com os Estados Unidos.

De acordo com a imprensa norte-americana, o governo tinha soluções diferentes para cada um dos líderes "rebeldes": a França deveria ser punida, a Alemanha, ignorada e a Rússia, perdoada. Durante algum tempo, Putin foi descrito na imprensa norte-americana como "amigo de Saddam", embora ele nunca tivesse encontrado pessoalmente o líder iraquiano, ao contrário, por exemplo, de George Bush. Mas o rótulo pegou.

A reputação de Putin sofreu um dano ainda maior no exterior nas mãos de seus antigos amigos Boris Berezovski e Vladimir Gusinski. Em novembro de 2000, quando o escândalo em torno do submarino *Kursk* diminuiu, os *siloviki* russos se lembraram dos dois e começaram a persegui-los com um vigor renovado. A Procuradoria-Geral anunciou que Vladimir Gusinski corria mais uma vez o risco de ser preso, enquanto Berezovski havia sido apenas chamado para um interrogatório. Mas as declarações não passaram de ameaças, já que, naquela época, os dois já tinham saído da Rússia havia muito tempo. Gusinski estava morando na Espanha, enquanto Berezovski havia se mudado para Londres. Ambos disseram que não tinham planos de voltar à Rússia.

Em 6 de dezembro de 2000, a Interpol emitiu um mandado internacional de prisão para Gusinski; uma semana depois, a polícia espanhola o prendeu. O caso de Gusinski foi entregue ao reconhecido juiz Baltasar Garzón, que havia investigado o caso do ex-presidente chileno Augusto Pinochet. Gusinski passou onze dias numa prisão espanhola, até que Garzón o libertou sob o pagamento de uma fiança de 5,5 milhões de dólares, mas reteve seu passaporte e o manteve em prisão domiciliar.

O caso foi inteiramente investigado pelas autoridades espanholas. Em abril de 2001, Garzón determinou que as acusações contra Gusinski tinham motivação política e que ele não poderia ser extraditado. A decisão de Garzón foi influenciada pelos acontecimentos em Moscou: durante o julgamento de Gusinski na Espanha, seu principal recurso, a NTV, foi sistematicamente desmantelado. A Gazprom, que detinha o monopólio de gás natural na Rússia e havia concedido grandes empréstimos a Gusinski e comprado algumas de suas ações, resolveu assumir o controle da emissora de TV por causa das dívidas em aberto.

A tomada da NTV foi um escândalo político gigantesco no início de 2001. A Rússia foi dividida em dois grupos: o de quem acreditava que a invasão era um ataque à liberdade de expressão e o de quem dizia que a NTV servia aos interesses comerciais particulares de Gusinski e que a questão não tinha nada a ver com liberdade de expressão. Os dois pontos de vista eram parcialmente verdadeiros. No entanto, foi de particular ironia que o papel de assassino da NTV pertencesse ao liberal de destaque Alfred Koch, diretor-geral da Gazprom-Media e amigo de Anatoli Chubais, arquiteto das reformas econômicas de Ieltsin. Treze anos depois, o próprio Koch se tornaria dissidente e, para evitar acusações criminais, deixaria a Rússia para nunca mais voltar.*

---

* Poucas pessoas se lembram de que o advogado de Gusinski e da NTV, o jovem Pavel Astakhov, já tinha sido defensor fervoroso da liberdade de expressão. Dez anos depois, ele se tornaria não só o porta-voz do governo, mas também defensor do antiamericanismo populista. Como comissário de Direitos das Crianças na Rússia, ele defendeu a infame lei "antiadoção", que inicialmente proibia apenas os cidadãos dos Estados Unidos de adotar

Hoje, o saque à NTV é visto como o sombrio presságio da repressão à liberdade de imprensa que estava por vir. Naquela época, no entanto, pouca gente se preocupou com isso. Só os intelectuais mais velhos compareciam aos encontros de apoio à NTV. Enquanto isso, a classe média jovem e próspera era indiferente ao destino do canal, e muitos líderes liberais (que naqueles dias ainda tinham sua própria facção na Duma) se uniram à Gazprom, já que não podiam perdoar Gusinski e a NTV por terem apoiado a aliança entre Primakov e Lujkov nas eleições parlamentares de 1999.

Não havia o menor escrúpulo nos métodos empregados. A Procuradoria-Geral questionou a principal âncora da NTV, a corajosa e impetuosa jornalista Tatiana Mitkova, sobre um empréstimo que havia recebido para comprar um apartamento. Em resposta, sua colega Svetlana Sorokina, apresentadora de um programa de entrevistas, fez um apelo a Putin para que a emissora de TV não fosse encerrada. Poucos minutos depois de seu discurso sentimental, o presidente telefonou para a emissora e convidou as jornalistas para conversar no Kremlin. Mas a conversa não produziu uma solução.

Gusinski não conseguiu ajuda do exterior. Ele estava interessado em vender suas ações para Ted Turner, fundador da CNN, mas não conseguiu fechar o acordo.

Na noite de 13 de abril de 2001, a Gazprom substituiu os seguranças que ficavam do lado de fora do estúdio da NTV e impediu todos os jornalistas, inclusive o diretor-geral Ievgeni Kiseliov, de entrar no edifício.* Quem era leal a Gusinski foi tirado do ar, mas alguns dias depois esses profissionais foram amparados por Boris Berezovski, que, apesar de ter vendido a ORT, ainda tinha outra grande emissora, a TV-6. Ele demitiu toda a equipe jornalística e convidou a equipe da NTV para trabalhar para ele. Mas a TV-6, que estava cheia de dívidas, foi fechada um ano depois em circunstâncias semelhantes, embora desta vez o credor não fosse a estatal Gazprom, mas sim a petrolífera privada Lukoil.

Para refrear o escândalo, Voloshin decidiu dar mais uma chance à "inigualável equipe de jornalistas" da NTV, liderada por Ievgeni Kiseliov. Dez oligarcas fizeram doações para financiar um novo canal de alta qualidade a partir dos escombros da NTV e da TV-6. A emissora não pertenceria a Berezovski, a Gusinski nem a qualquer outro indivíduo. Voloshin nomeou Ievgeni

---

crianças russas, mas depois foi estendida a todos os países em que o casamento entre pessoas do mesmo sexo era legalizado.

* Alguns funcionários (inclusive Tatiana Mitkova, que havia sido interrogada) decidiram continuar no canal e trabalhar sob a gestão da Gazprom. Dez anos depois, Mitkova se tornaria símbolo da propaganda estatal.

Primakov para comandar o conselho supervisor do canal. Ele seguiu a lógica de que os jornalistas queriam Primakov como presidente, então agora ele os presidiria pessoalmente. Mas a TVS, como foi chamada a emissora, durou apenas um ano, de 2002 a 2003. Os coproprietários brigaram e começaram a comprar as ações uns dos outros, ao que a administração presidencial reagiu tirando-a do ar. De todo modo, ela nunca teve muitos espectadores.

Berezovski ainda não era um homem procurado quando agiu em prol dos jornalistas da NTV. Já Nikolai Glushkov, seu amigo íntimo, foi preso por desviar dinheiro da companhia aérea nacional Aeroflot (da qual Berezovski era acionista). Algum tempo depois, Berezovski afirmou que Glushkov simplesmente tinha o costume de pressioná-lo. Mas, no final de 2001 (logo depois de a equipe da NTV passar para a TV-6), ele também se viu em apuros.

Em setembro de 2001, a Procuradoria-Geral acusou Berezovski à revelia de ter auxiliado e estimulado fraudes e lavagem de dinheiro. Um mês depois, ele solicitou asilo político no Reino Unido. No entanto, o governo britânico não teve pressa alguma para responder, uma vez que, após o 11 de Setembro, a Rússia e a Grã-Bretanha haviam se aliado contra o terrorismo internacional.

Mas o oligarca fugitivo continuou sua luta. No início de 2002, ele financiou a publicação de um livro intitulado *A explosão da Rússia,* seguido de um documentário chamado *O assassinato da Rússia.* Ambos foram escritos pelos amigos mais próximos de Berezovski (um deles era Alexander Litvinenko, ex-agente do FSB) e ambos defendiam a teoria da conspiração de que os bombardeios realizados em Moscou e em outros lugares no final de 1999 não eram ação dos terroristas chechenos, mas dos próprios serviços de inteligência da Rússia. Tanto os autores quanto Berezovski alegaram que os ataques foram realizados para promover Putin, recém-nomeado primeiro-ministro, como defensor do povo na luta contra o terrorismo.

Depois dessas acusações contra o FSB, os ataques a Berezovski se intensificaram. A TV-6 foi fechada antes de o livro e o filme serem lançados. Berezovski enfrentou novas acusações em agosto de 2002, e logo depois, em outubro, foi emitida uma ordem internacional de prisão contra ele. As autoridades russas tinham certeza de que ele seria extraditado pela Grã-Bretanha. A controvérsia sobre o Iraque havia prejudicado a afinidade política e ideológica entre Moscou e Londres, mas Tony Blair e seu governo não queriam arruinar ainda mais as relações com seu velho amigo. Em 2 de abril de 2003, véspera do início da Guerra do Iraque, o Ministério do Interior do Reino Unido negou o asilo político de Berezovski. Agora caberia aos tribunais decidir a questão da extradição. Após a audiência, o excêntrico Berezovski posou para os fotógrafos usando uma máscara de Putin e dizendo: "Me chamem de Vladimir".

Em agosto de 2003, enquanto Berezovski lutava pelo direito de permanecer em Londres, a Procuradoria-Geral da Rússia recebeu uma boa notícia da Grécia: Vladimir Gusinski havia sido preso no Aeroporto Internacional de Atenas. Depois de ele ser libertado pelo tribunal espanhol, a Rússia apresentou novas acusações e o colocou mais uma vez na lista internacional de procurados da Interpol. A polícia grega deteve o antigo magnata da mídia e o levou para uma prisão ateniense. Acreditava-se que as chances de Gusinski ser extraditado a partir da Grécia eram muito maiores do que a partir da Espanha.

NORD-OST

Sem dúvida, um dos dias mais sombrios de Vladimir Putin na presidência da Rússia foi 23 de outubro de 2002. Naquela noite, um grupo de terroristas tomou conta de um teatro em Moscou durante a apresentação do musical *Nord-Ost*. Cerca de 850 pessoas foram mantidas como reféns. Para Putin, foi uma catástrofe. A guerra cujo fim ele havia prometido três anos antes não só não tinha acabado como havia chegado à capital.

De acordo com relatos de seus assessores mais próximos, Putin estava certo de que sua carreira havia terminado naquele momento. Uma das fontes compara seu estado de espírito com o de Stalin em junho de 1941. Stalin ficou em choque ao saber que a Alemanha tinha invadido a União Soviética e tomado Minsk sem nenhuma demora. Ele passou dias trancado em sua *dacha*. Quando membros do politburo lhe pediram para dirigir o comitê de guerra recém-formado, Stalin (de acordo com as lembranças de Anastas Mikoian) "estava encolhido na poltrona" como se esperasse ser preso.

Putin, é claro, não foi a lugar nenhum. Mas ele sabia que a sociedade jamais o perdoaria por esse ataque terrorista em Moscou. O diretor do FSB, Nikolai Patrushev, conseguiu ficar mais calmo, ainda que o livre trânsito de chechenos armados para Moscou tivesse sido resultado de uma falha de sua agência.

Pelo que se viu depois, não houve qualquer implicação política. Três dias depois do sequestro, o FSB soltou gás incapacitante no salão e invadiu o teatro. Os relatórios variam, mas entre 130 (versão oficial) e 175 (organizações de direitos humanos) pessoas morreram, a maioria devido a reações adversas ao gás e à falta de assistência médica. Os reféns inconscientes foram empilhados dentro de alguns ônibus; alguns, na verdade, não morreram por causa do gás, mas sufocaram com o próprio vômito ou foram esmagados. Todos os terroristas foram mortos durante a tentativa de resgate, portanto não havia ninguém para interrogar durante a investigação posterior. O mistério de como o ataque foi planejado continua em aberto até hoje.

Seis meses depois, a jornalista Anna Politkovskaia publicou uma entrevista com um homem que se dizia membro do grupo de terroristas que havia tomado conta do teatro.[6] Ele disse que era checheno e que havia sido recrutado pelos serviços de segurança da Rússia. Na entrevista, ele afirmou que os agentes de segurança russos sabiam de antemão do ataque em Moscou. É difícil provar a veracidade do que ele disse; o entrevistado morreu em um acidente de carro pouco depois, e a própria Anna Politkovskaia foi assassinada em 2006.

Os chefes de segurança que organizaram a operação para libertar os reféns receberam prêmios estaduais, e o primeiro vice de Patrushev, diretor do FSB, foi condecorado com a medalha de Herói da Rússia. Os únicos punidos pelo ataque terrorista no teatro foram os repórteres. A reformulada NTV foi obrigada a passar por mais uma mudança em sua administração quando o diretor-geral Boris Jordan, americano de ascendência russa, foi demitido depois de passar 18 meses ajudando a tirar o canal das mãos de Gusinski. Putin o acusou de querer "ganhar dinheiro com o sangue de seus concidadãos – quero dizer, isso se ele os considera como concidadãos".[7] O suposto motivo era que a NTV havia mostrado uma transmissão ao vivo do assalto ao teatro (embora os funcionários da NTV digam que tal transmissão nunca aconteceu).

A composição química do gás utilizado durante a tentativa de resgate permanece desconhecida. Os reféns processaram o governo russo em vários tribunais, incluindo o Tribunal Europeu dos Direitos Humanos em Estrasburgo, na França. Mas o Kremlin ainda se recusa a dizer o que o gás realmente era, mesmo que a informação seja necessária até hoje para que os ex-reféns recebam tratamento adequado.

O CASAMENTO REAL

Em 24 de junho de 2003, Vladimir Putin e sua esposa Liudmila pousaram no Aeroporto de Heathrow, em Londres, onde foram recebidos pelo príncipe Charles. De lá, foram todos juntos para a Horse Guards Parade, onde a rainha os aguardava. Não se tratava de uma visita qualquer, mas de uma visita de Estado completa, com direito a toda pompa e circunstância de uma cerimônia oficial de boas-vindas e de uma recepção suntuosa. "A relação entre nossos países nunca foi tão boa", disse Tony Blair a jornalistas russos.[8] Na verdade, era a primeira vez que um chefe de Estado russo fazia uma visita oficial ao Reino Unido desde 1896, quando o último czar russo, Nicolau II, visitou a rainha Victoria.

Chegada a hora marcada, Putin não estava lá. Ele e o príncipe Charles ficaram presos no trânsito. A rainha teve de esperar quatorze minutos, o que, em outras circunstâncias, poderia ter provocado um escândalo diplomático sem precedentes. Mas a rainha perdoou o atraso fortuito de Putin e tudo correu conforme o planejado. Os dois foram levados de carruagem até o Palácio de Buckingham. Na segunda carruagem estavam Liudmila Putin e o duque de Edimburgo; a terceira levava o príncipe Charles, herdeiro do trono, e Alexei Kudrin, ministro das Finanças da Rússia e herdeiro de ninguém.

Naquela noite, a rainha deu um banquete oficial em homenagem aos Putin, que ficaram hospedados no Palácio de Buckingham. Os líderes russos fizeram um passeio pela Abadia de Westminster e pela Torre de Londres. O presidente se reuniu com os líderes dos três maiores partidos políticos da Grã-Bretanha e voou para Edimburgo para uma viagem de um dia, na qual discursou para uma plateia de cientistas, acadêmicos e empresários de destaque.

"A Rússia é parte da Europa, disso não há dúvida", disse Putin, arrancando aplausos dos intelectuais escoceses.

> A Europa continua a leste dos Montes Urais, pois, se considerarmos as pessoas que vivem no Extremo Oriente, veremos que elas muito se assemelham aos cidadãos russos que vivem na parte europeia do país.
> Estamos falando de um potencial muito bom para o desenvolvimento futuro da Europa, mas hoje devemos ser realistas sobre os objetivos que estabelecemos. Devemos garantir que não surjam novas linhas divisórias na Europa, que as pessoas possam se comunicar entre si, que as regras do espaço Schengen não sejam percebidas como algo semelhante ao Muro de Berlim, que dividiu a Europa até alguns anos atrás.
> Devemos fazer tudo para permitir que a Rússia e a Europa ajudem uma à outra a se desenvolverem de forma harmoniosa e estável. Temos um interesse mútuo um pelo outro porque até mesmo as estruturas da economia russa e da economia europeia se complementam mutuamente.[9]

Putin não mencionou a economia gratuitamente. Ele e Blair presidiram uma conferência de energia que resultou em várias declarações de peso. Primeiro, na presença dos dois líderes, o diretor executivo da BP, lorde John Browne, e o proprietário da companhia de petróleo Tyumen (TNK), Mikhail Fridman, assinaram um acordo de fusão para criar a anglo-russa TNK-BP. A gigante britânica do petróleo comprou 50% da empresa russa, tornando-se a segunda maior petrolífera do mundo, ultrapassando a Royal Dutch Shell, sua forte rival. A notícia da negociação por vir foi divulgada em fevereiro de 2003 e os trâmites, supervisionados pessoalmente por Vladimir Putin, ocorreram sem nenhum problema. A TNK-BP foi registrada na Rússia, mas Robert Dudley, o diretor executivo, vinha da BP e era norte-americano – ou seja, um avanço digno de nota. A empresa britânica agora produzia petróleo siberiano.

Jornalistas britânicos brincaram dizendo que Putin repetiu a conquista de Alexandre II, que havia feito uma visita de Estado a Londres em 1874 com a intenção de casar sua filha com o príncipe Alfred, duque de Edimburgo. Putin havia viajado para casar sua "empresa-filha" com o lorde Browne da BP.

Foi um momento simbólico. Entre os que aplaudiram no salão não estavam apenas Putin e Blair, mas também Alexei Miller, presidente da Gazprom, e Mikhail Khodorkovski, dono da Yukos, que, naquela altura, havia superado a Lukoil como maior empresa petrolífera da Rússia. Platon Lebedev, parceiro de negócios de Khodorkovski, seria preso na Rússia uma semana depois como parte do que ficou conhecido como "caso Yukos". Dez anos depois, Fridman venderia suas ações na TNK-BP, retiraria da Rússia a maior parte de seu patrimônio e se reestabeleceria em Londres com a família. No fim, o "casamento" durou pouco e sua prole preferiu viver fora da Rússia.

A fusão entre a TNK e a BP não foi a única conquista dessa visita histórica. Putin e Blair anunciaram outro projeto ambicioso, a construção do Gasoduto do Norte da Europa (depois rebatizado como Nord Stream). Com um custo de 5,7 bilhões de dólares, o gasoduto conectaria a Rússia e a Grã-Bretanha. Os dois governos assinaram um memorando de entendimento, o que significou que os coinvestidores em questão, Gazprom e Royal Dutch Shell, poderiam prosseguir com a assinatura dos acordos necessários. Como declarou orgulhoso Tony Blair, graças a esses acordos e aos investimentos anteriores da Royal Dutch Shell no projeto Sacalina II, no Extremo Oriente Russo, a Grã-Bretanha se tornou o maior investidor estrangeiro no setor de energia russo.

O fato de Boris Berezovski também estar em Londres durante toda a permanência de Putin na cidade nem foi um problema, mesmo que a poucas quadras do Palácio de Buckingham estivesse acontecendo um festival de cinema sobre direitos humanos, no qual estreou *Assassinato da Rússia*. Os organizadores imprimiram um ingresso gigante para Putin e Blair e o exibiram alegres para a imprensa.

A visita de Estado durou quatro dias e talvez tenha sido o auge da relação da Rússia com o mundo ocidental. Depois disso, não demorou para que as rachaduras começassem a aparecer. Em 9 de setembro, o Ministério do Interior do Reino Unido revisou sua decisão original e concedeu asilo político a Berezovski. No dia seguinte, um tribunal londrino se recusou a extraditá-lo para a Rússia.

Em 14 de outubro, um tribunal grego se recusou a extraditar Gusinski. Imediatamente depois, antes que a Procuradoria-Geral da Rússia tivesse tempo de recorrer, ele pegou um avião para Israel.

Em novembro, outro tribunal londrino julgou o caso de Akhmed Zakaev, outro motivo de preocupação para Putin. As autoridades russas o consideravam um líder terrorista checheno, mas o pedido de extradição foi negado mais uma vez.

A amizade entre Putin e Blair havia sobrevivido ao Iraque, mas não resistiria ao asilo político de Berezovski e Zakaev. O presidente russo se sentiu traído. Blair garantiu a Putin que nada passava pelas mãos dele, uma vez que não tinha influência no sistema jurídico independente da Grã-Bretanha. Para Putin, no entanto, o documento do Ministério do Interior que concedia asilo político a Berezovski carregava fortes vestígios de envolvimento político.

Por sua vez, Putin esqueceria a ideia de construir um gasoduto sob o Mar Báltico até a Europa, embora três anos depois fosse retomar a ideia, mas dessa vez com um novo parceiro: Gerhard Schroeder. E, em 2006, a Royal Dutch Shell seria destituída de suas jazidas em Sacalina à medida que a temperatura da relação entre Grã-Bretanha e Rússia caía a níveis de Guerra Fria.

CAPÍTULO 3

—

Em que o homem mais rico da Rússia, Mikhail Khodorkovski, perde os negócios e a liberdade, e a Família desaparece

Conheci Mikhail Khodorkovski em 22 de dezembro de 2013, um dia depois que ele saiu da prisão, no Hotel Adlon em Berlim. Khodorkovski deu a impressão de ser um intelectual modesto e tímido – algo muito diferente de como ele era descrito antes de ser preso: um líder durão, autoritário e resoluto. Ele disse que não pretendia entrar na política, mas parecia que passava quase todos os momentos do dia conversando com a imprensa.

Respondeu a todas as perguntas de maneira precisa e sem hesitar, como se tivesse ensaiado as respostas. Quando as câmeras foram desligadas, ele é que começou a fazer perguntas, principalmente sobre o equilíbrio de forças no Kremlin. Khodorkovski estava tentando descobrir o estado geral das coisas – o que tinha mudado, quem estava no comando agora. Mais que tudo, ele estava interessado em seu inimigo de longa data, Igor Sechin, que, na época, era diretor-executivo da petrolífera Rosneft. "Você acha que Sechin se tornará primeiro-ministro?", perguntou ele.

Um ano depois de ser libertado, Khodorkovski estava fortalecido. Ele retomou as atividades de sua fundação, a Rússia Aberta, e contratou uma quantidade insana de jornalistas, que não sabiam muito bem o que o empresário queria deles.

Ele concordou prontamente em ser entrevistado para este livro, mas determinou um tempo muito limitado e toda a entrevista foi realizada via FaceTime. Um fã de tecnologia, Khodorkovski estava nitidamente satisfeito por poder usar os dispositivos tecnológicos mais recentes, mesmo enquanto estava preso.

Ao falar sobre o caso Yukos, por algum motivo ele empregou metáforas militares, e não terminologia empresarial: "Putin se comportava como um comandante militar clássico. Quando servi como oficial do exército, nos ensinaram a não gritar com os soldados em posição de sentido. Desse modo, quando notava uma desavença entre as grandes empresas, Putin localizava o centro de comando [isto é, a pessoa-chave] e o destruía. Depois disso, ninguém ousava sair da linha".

O próprio Putin teria concordado com as palavras de Khodorkovski.

MOLHO DE CHURRASCO

Em meados de 2001, Vladimir Putin reuniu uma dúzia de grandes líderes empresariais russos para um churrasco em sua casa de veraneio em Novo-Ogariovo. O encontro acabou ficando conhecido como "churrasco empresarial". Putin explicou aos oligarcas as novas regras do jogo para que pudessem evitar o destino que se abateu sobre Gusinski e Berezovski. A regra número um era simples: *Não se metam na política*. Mikhail Khodorkovski lembra que o conselho se dirigia especialmente aos magnatas da mídia. Mas todos os principais líderes empresariais tinham meios de exercer pressão política sobre as autoridades.

"A Yukos era fornecedora exclusiva de derivados do petróleo em 42 regiões da Rússia. Se eu tivesse deixado de fornecer derivados, o país pararia. As regiões se revoltariam. Ambulâncias, carros de bombeiros e todos os serviços essenciais teriam parado de funcionar três dias depois", diz Khodorkovski.

Se os oligarcas cumprissem o pedido de Putin de não tirar proveito do poder que tinham, eles não teriam problemas com as autoridades. Todos suspiraram aliviados e aceitaram de bom grado os termos do presidente.

Mas as palavras de Putin não foram tão claras quanto poderiam ter sido. Para alguns (o primeiro-ministro Mikhail Kasianov, por exemplo), Putin estava aconselhando a não financiar partidos da oposição. Outros discordaram e disseram que, naquela época, era comum patrocinar partidos políticos. A Duma era o lar de uma bancada inteira, a Regiões da Rússia, totalmente financiada pela Lukoil. A Yukos não tinha um grupo próprio, mas um de seus coproprietários, Vladimir Dubov, deputado da Duma, era considerado o principal lobista do setor de petróleo dentro do parlamento.

O início dos anos 2000 foi um bom momento para Mikhail Khodorkovski, que conseguiu transformar a Yukos na maior empresa pública da Rússia. As operações da empresa tornaram-se mais transparentes e, com isso, mais atraentes para investidores estrangeiros. Lorde Browne, chefe da BP da Grã-Bretanha, escreveu em suas memórias que, em 2002, ao planejar como conseguir acesso ao petróleo russo, considerou três opções de investimento: Yukos, Rosneft e TNK, nessa ordem.

"17 de fevereiro de 2002:

Vários carros pretos blindados pararam na porta da casa e deles saíram diversos guarda-costas", escreveu Browne em sua biografia *Beyond Business* ao descrever um encontro com Khodorkovski. "Khodorkovski, como muitos oligarcas, morava em um condomínio fechado fora de Moscou com muros altos e luzes de segurança e era paranoico com proteção. Minha casa era bem menos grandiosa, menos protegida, mas segura mesmo assim."

De acordo com o diretor executivo da BP, ele e Khodorkovski discutiram durante o almoço a compra de uma participação de 25% mais uma ação da Yukos. Browne achou que não era suficiente. Mas quando ele insinuou que queria mais, Khodorkovski respondeu: "Você pode ficar com 25%, nada mais que isso, e nenhum controle. Se ficar do meu lado, não terá com o que se preocupar".

"Quando vemos Khodorkovski de óculos no rosto e com aquela voz doce, é fácil considerá-lo um sujeito modesto", lembra-se Browne. "Mas, à medida que a conversa prosseguia, eu ia ficando cada vez mais nervoso. Ele começou a falar sobre eleger as pessoas à Duma, que poderia garantir que as petrolíferas pagassem poucos impostos e que tinha muita gente influente sob seu controle. Para mim, ele parecia poderoso demais. É fácil dizer isso hoje, em retrospectiva, mas havia algo de inconveniente no jeito dele."[1]

Mikhail Khodorkovski, que parecia "poderoso demais" para o diretor da BP, naquele momento estava no auge do sucesso. Ele não só havia transformado sua empresa na maior da Rússia, tornando-se o homem mais rico do país, como também era o queridinho de toda a *intelligentsia* liberal russa. Ele financiou a fundação Rússia Aberta, que patrocinava boa parte de todas as organizações não governamentais do país, doou dinheiro para projetos culturais e educacionais e proporcionou acesso à internet nas escolas rurais mais remotas. O próprio Khodorkovski dava palestras e discursos, demonstrando que, apesar de não ser político, estava pronto para liderar.

Putin, é claro, não podia proibir os oligarcas de serem populares com o povo, mas foi isso que ele quis dizer, em muitos aspectos, naquele "churrasco empresarial".

REPÚBLICA PARLAMENTARISTA

Khodorkovski rapidamente se tornou o líder não oficial de toda a indústria petrolífera da Rússia. Em 2002, quando o governo introduziu um imposto sobre a extração mineral, a Yukos liderou a luta contra sua cobrança. O novo imposto procurava aumentar a carga tributária sobre as companhias de petróleo. Um dia antes de as alterações serem consideradas, o ministro da Economia e do Desenvolvimento German Gref, que havia proposto as reformas, recebeu uma visita de Vasili Shakhnovski, presidente da Yukos Moskva, subsidiária da Yukos. Ele confiou ao ministro a informação de que a lei seria rejeitada pois era "contrária aos interesses da Yukos" e, se o governo insistisse, os produtores de petróleo escreveriam uma carta conjunta exigindo a renúncia de Gref e Kudrin por serem "pouco profissionais". Ele instruiu o governo a adiar a discussão do projeto de lei na Duma e esperar que a Yukos elaborasse um conjunto de contrapropostas.

Gref e Kudrin ficaram furiosos. Na manhã seguinte, os dois foram à Duma defender a proposta do imposto. Eles ainda acreditavam que a Duma, que contava com uma maioria de bancadas favoráveis ao Kremlin, não rejeitaria um projeto de lei apresentado pelo governo. No entanto, essa tentativa de aprovar o projeto fracassou miseravelmente. A derrota foi unânime, apoiada por votos tanto dos comunistas quanto de membros de outras bancadas, inclusive de grupos leais ao Kremlin.

Para os liberais do governo, foi uma amarga lição. Agora eles teriam de enfrentar mais uma potência em ascensão: Mikhail Khodorkovski. Nem Kudrin nem Gref gostaram da perspectiva. Eles ainda demoraram um ano inteiro para finalmente conseguir aprovar um imposto sobre a extração mineral.

Khodorkovski usava sua influência para favorecer leis que também beneficiavam outros ramos, não só a indústria do petróleo. Hoje ele se lembra de que, no início de 2003, ele e os membros do Rússia Unida discutiram a possibilidade de mudar a constituição para introduzir uma "República parlamentarista-presidencialista ao estilo francês": "Todos sabiam que a constituição de 1993 de Ieltsin havia reforçado os poderes presidenciais, mas as tentativas de persuadir o governo só poderiam ser feitas depois de 2004". Isso seria depois da eleição presidencial seguinte. As pessoas próximas a Khodorkovski dizem que ele se via como futuro primeiro-ministro dentro de um novo governo.

Na eleição presidencial de 2004, Vladimir Putin deveria se candidatar à reeleição para um segundo mandato. Antes disso, no entanto, aconteceriam as eleições da Duma, em dezembro de 2003. Para fazer as alterações necessárias à constituição e reduzir os poderes do presidente, Khodorkovski precisava de um parlamento flexível, até mesmo dócil. Desse modo, no ano anterior à eleição, a Yukos começou a financiar quase todos os partidos políticos da oposição, incluindo o Iabloko, a União das Forças de Direita e os comunistas.

Voloshin, chefe de gabinete de Putin, mantinha-se a par das crescentes ambições políticas de Khodorkovski. Em várias ocasiões, Khodorkovski havia discutido com Voloshin a ideia de mudar para um modelo diferente de governo. Agora o Kremlin começava a entender que a Yukos não estava de brincadeira, pois procurava obter o controle de comitês importantes da Duma e não parava de falar sobre uma república parlamentarista.

Por mais que Voloshin continuasse desprezando o Partido Comunista, não o incomodava que suas atividades fossem financiadas pela Yukos: para ele, quanto mais dinheiro os comunistas tirassem dos capitalistas, mais eles cederiam de sua "autoridade moral", sendo corroídos por dentro até deixarem de ser comunistas. Todos entenderam que o eleitorado comunista não votava em troca de dinheiro, por isso o aumento do financiamento partidário não melhoraria seus resultados. E se metade dos comunistas era composta de empresários, eles acabariam se voltando para a social-democracia, pensava Voloshin.

A NOVA ELITE

Enquanto ministros liberais influentes como Alexei Kudrin e German Gref se irritavam com a influência crescente de Khodorkovski, Alexander Voloshin e Mikhail Kasianov estavam muito mais preocupados com outra pessoa, um oponente imprevisível que eles não viram surgir no horizonte. O nome dele era Igor Sechin e ele trabalhava bem embaixo do nariz de Voloshin e sua equipe.

Nos primeiros dois anos eles nem notaram Sechin, presumindo que se tratava de um funcionário menor que recebia Putin todos os dias na porta do elevador, carregava sua maleta, organizava as reuniões e cuidava da correspondência. No entanto, em meados do primeiro mandato de Putin (e Sechin) no Kremlin, eles se deram conta de que haviam subestimado demais o secretário do presidente. Descobriu-se que esse *apparatchik* [agente do "aparato" governamental] ideal, sempre atento quando na presença do chefe de Estado, era muito respeitado pelo FSB. Através do lobby, ele conseguia marcar reuniões inesperadas com a equipe, e era o sujeito central do grupo informal de velhos amigos que haviam servido com Putin na KGB e o conheciam da época de São Petersburgo, os *siloviki*. Além de Sechin, o grupo contava com: Vladimir Ustinov, procurador-geral (ele e Sechin haviam se tornado parentes por afinidade com o casamento dos filhos); Nikolai Patrushev, diretor do FSB; Viktor Ivanov, assistente de Voloshin; e um punhado de oligarcas, incluindo Serguei Bogdanchikov, chefe da Rosneft, e o banqueiro Serguei Pugachev.*

---

* Hoje Pugachev diz que não teve nenhuma relação especial com as forças da inteligência e que, para ele, Sechin sempre foi "o homem que carregava a maleta de Putin". Ao mesmo tempo, Pugachev descreve Patrushev como amigo de toda a vida e diz que não se dava muito bem com Khodorkovski.

Voloshin e Kasianov subestimaram seriamente a proximidade entre Sechin e o presidente. Na verdade, ele trabalhou na prefeitura de São Petersburgo durante quase toda a década de 1990 como secretário particular de Putin. Ele também era bastante notável, já que Putin tinha sido o único membro da prefeitura a ter um secretário do sexo masculino. Quando Putin renunciou e foi para Moscou, atendeu ao pedido de Sechin para ir com ele. Sechin tinha a total confiança do futuro presidente.

De acordo com Stanislav Belkovski, que liderava o Conselho Estratégico Nacional, uma associação informal dos cientistas políticos mais influentes da Rússia, os liberais da administração presidencial viam Sechin como uma nova versão de Alexander Korjakov, o guarda-costas todo-poderoso de Boris Ieltsin, que também lutou com os jovens reformistas simplesmente para ser derrubado por eles nas eleições presidenciais de 1996. O novo grupo de liberais esperava ignorar Sechin de maneira semelhante.

Khodorkovski diz que todos sentiam o conflito iminente: "Os seguidores de Sechin tinham suas prioridades, enquanto nós queríamos avançar para uma economia mais transparente". E prossegue: "Todos sentiam que, em pouco tempo, Putin teria de fazer uma escolha: ou os *siloviki* ou os liberais".

Contudo, tanto "*siloviki*" quanto "liberais" são rótulos nada mais do que convenientes. Belkovski afirmou que o impasse entre eles não era ideológico e que os dois campos opostos representavam a velha elite e a nova elite. De um lado do conflito estavam a Família e seus associados, que detinham todas as alavancas do poder; do outro, estavam os jovens carreiristas, ainda sem respaldo político e financeiro. A velha elite procurou defender sua posição, enquanto a nova queria arrancar o máximo que pudesse da velha.

Para combater Sechin, diz Belkovski, Voloshin decidiu convocar o diretor da Yukos. Voloshin não tinha nenhuma intenção de se expor ao risco, por isso teve a ideia de usar Khodorkovski para derrubar Sechin, que na época era chefe do conselho diretivo da Rosneft, além do cargo que ocupava no Kremlin. Para eles, a questão era muito simples. O ataque foi marcado para 19 de fevereiro de 2003, dia em que haveria uma reunião no Kremlin entre Putin e membros da União Russa de Industriais e Empreendedores (RUIE), um grupo dos oligarcas mais influentes.

O FANTASMA DOS EMPRÉSTIMOS POR AÇÕES

Khodorkovski diz que, poucos dias antes desse encontro memorável, os membros da RUIE tiveram uma reunião com a administração presidencial para discutir a sessão seguinte. Alexander Voloshin não estava presente, então a reunião foi presidida por seu primeiro vice, Dimitri Medvedev. Os participantes concordaram em tudo, inclusive com a necessidade de discutir a corrupção e maneiras de lidar com ela. Inicialmente, Alexander Mamut, empresário próximo da Família e amigo de longa data de Roman Abramovich, estava programado para falar sobre esse assunto. Mas Mamut desistiu e Khodorkovski entrou no lugar. Ele preparou um discurso criticando a Rosneft por supostamente comprar a Northern Oil, uma empresa pequena, pagando três vezes o valor do mercado.

No dia da reunião com Putin, Khodorkovski decidiu mostrar o texto do discurso a Voloshin para saber se não estava incisivo demais e se poderia ser feito com segurança na frente da imprensa. "Melhor eu perguntar ao presidente", disse Voloshin, voltando depois para confirmar: "Sim, está tudo bem. O presidente diz que tudo pode ser filmado".

Diante das câmeras se deu uma cena dramática. Depois que Khodorkovski proferiu o discurso preparado, Putin respondeu pessoalmente. Ele defendeu o acordo da Northern Oil, dizendo que a Rosneft simplesmente não tinha reservas e que não havia nada de errado em querer aumentá-las. Mas a Yukos, continuou Putin, tinha "super-reservas", e havia dúvidas sobre como a empresa as havia conseguido. "É algo extremamente relevante para o assunto em questão", afirmou Putin, referindo-se ao tema que eles estavam discutindo – como lidar com a corrupção. Além disso, o presidente lembrou a Khodorkovski que a Yukos teve problemas com o não pagamento de impostos. "Como surgiram esses problemas? Volte e pegue a bola, ela é sua de novo", concluiu Putin, insinuando que Khodorkovski deveria tomar mais cuidado com a direção de suas calúnias.

Após a reunião, disse Pugachev, Putin o chamou em particular e perguntou, indignado, quem era Khodorkovski.

"O presidente da Yukos", respondeu Pugachev.

"E como acha que ele chegou à Yukos, hein? Depois de tudo em que se meteram, ele vem me acusar de aceitar suborno? É um descaramento querer me dar sermão na frente de todos."

No entendimento de Belkovski, o que Putin estava dizendo era essencialmente o seguinte: "Ou reconhecemos que tudo foi roubado e respeitamos o código de silêncio, ou começamos a fazer acusações. Se você vai usar a Northern Oil para me acusar, pode ter certeza, rapaz, de que eu também vou acusar você".

Para entender a irritação de Putin, vale recordar os infames leilões de empréstimos por ações, atividade que, antes de tudo, fez com que os oligarcas se tornassem o que são. Em 1995, o governo russo elaborou um plano para assegurar a reeleição de Boris Ieltsin em 1996. O plano previa que todas as principais empresas estatais, inclusive aquelas envolvidas com petróleo e outros recursos naturais, fossem privatizadas pelos maiores grupos bancários. Os bancos emprestavam dinheiro ao governo e recebiam ações das estatais como garantia. Todos sabiam que o governo jamais pagaria os empréstimos, o que significava que as empresas se tornariam propriedade dos bancos credores.

Havia alguns detalhes adicionais, como o fato de que os bancos emprestavam ao governo o dinheiro do próprio governo. Antes de cada acordo, o Ministério das Finanças abria uma conta em cada banco e nelas depositava fundos; essa conta era a fonte do empréstimo do banco para o governo.

Mas o conluio não acabava aí. Formalmente, cada leilão envolvia vários licitantes. No entanto, o resultado de cada leilão era óbvio e esperado. Em 2011, durante o processo de Berezovski contra Abramovich em Londres, Abramovich admitiu que o leilão para a venda da Sibneft era uma farsa, pois já era sabido previamente que quem ganharia seria uma estrutura ligada a Abramovich e Berezovski. Um dos licitantes foi pressionado a se retirar, enquanto outro era uma organização de fachada ligada a Khodorkovski, que, por sua vez, tinha uma aliança com Berezovski.

As maiores empresas e jazidas de recursos naturais da Rússia foram vendidas nesse esquema predeterminado, incluindo Yukos (comprada por Khodorkovski), Sibneft, Surgutneftegaz, Sidanko (posteriormente TNK), Lukoil, Norilsk Nickel, Mechel e Novolipetsk Steel. Curiosamente, vários dos maiores bancos, como o Inkombank e o Alfa Bank, ou eram excluídos dessa distribuição da propriedade estatal, ou perdiam todos os lances. Suas tentativas posteriores de contestar o resultado dos leilões também fracassaram. Mas quem se deu bem tirou mesmo a sorte grande, sobretudo Boris Berezovski, Mikhail Khodorkovski e Vladimir Potanin. Potanin, aliás, que havia sido primeiro vice-primeiro-ministro em 1996-1997, geralmente é tido como o arquiteto original dos leilões de empréstimos por ações.

Todos os leilões foram realizados em duas etapas. A primeira, em que as empresas estatais foram penhoradas, ocorreu antes da eleição presidencial de 1996. A segunda, em que os direitos de propriedade foram transferidos, aconteceu depois. Assim o governo poderia ter certeza de que todos os banqueiros cumpririam o acordo.

Desse modo, em 1995, o Banco Menatep, de Khodorkovski, adquiriu 45% de participação da Yukos por US$ 159 milhões. Em 1997, pouco depois de as ações da Yukos entrarem em negociação pública, a capitalização de mercado da empresa chegou aos US$ 9 bilhões. E, em 2003, graças a uma boa gestão e a uma política de transparência total, a capitalização foi de cerca de US$ 15 bilhões.

Anatoli Chubais, que estava por trás do movimento das privatizações e havia servido como primeiro vice-primeiro-ministro entre 1994 e 1996, disse posteriormente ao *Financial Times* que o governo "não teve de escolher entre uma privatização 'honesta' e uma 'desonesta', porque uma privatização honesta pressupõe regras claras impostas por um Estado forte que pode garantir o cumprimento de suas leis. [...] Não tivemos escolha. Se não realizássemos a privatização de empréstimos por ações, os comunistas ganhariam as eleições de 1996, que teria sido a última eleição da Rússia, porque esses caras não desistem facilmente do poder".[2]

Em 2014, em entrevista ao jornal *Vedomosti*, Khodorkovski disse o seguinte sobre os leilões:

> Em que sentido foi um conluio? Havia uma longa lista de empresas a serem privatizadas, cerca de oitocentas, e todos declararam com quais seriam capazes de lidar. O problema na época não era o dinheiro a ser pago ao governo, mas a disponibilidade de pessoal. Eu poderia ter adquirido muito mais do que adquiri; não havia restrições. O governo deu continuidade aos leilões porque de alguma forma teve que resolver a situação com os "diretores vermelhos" [os que defendiam uma economia planejada], que, na véspera da eleição, pararam de pagar o salário das pessoas, bem como os impostos. Eles [os diretores vermelhos] estavam criando pontos de estresse o tempo inteiro. Era uma questão política. Pela minha experiência administrativa, eu sabia muito bem que minha equipe tinha recursos suficientes para lidar com apenas uma empresa.[3]

No entanto, ele admitiu que, no início dos anos 2000, sentiu o peso na consciência pela privatização injusta e chegou a sugerir que se aprovasse uma lei para pagamento de indenizações: "Examinamos a experiência britânica [de privatização], preparamos um documento e enviamos a Putin pelo primeiro-ministro Kasianov. Sugerimos que o pagamento fosse no fundo de pensão para cobrir o rombo inevitável no futuro. Kasianov disse, tanto em público quanto em privado, que havia entregado o documento a Putin, cuja resposta teria sido: 'Agora não é a hora'".

Em todo caso, Putin encarou a repreensão de Khodorkovski por supostas violações relacionadas à venda da Northern Oil praticamente como um desafio a um duelo. Ele sabia que todos os líderes empresariais da Rússia adquiriram seu patrimônio praticamente como um presente do Estado. De acordo com essa lógica, as infrações no acordo da Northern Oil eram fichinha em comparação aos leilões de empréstimos por ações. Khodorkovski não tinha o direito moral de admoestar publicamente o presidente sobre danos causados pela corrupção.

ESCOLHA FEITA

Mikhail Kasianov, que se sentou ao lado de Putin durante a reunião com a RUIE, lembra que, após o encontro, Putin o surpreendeu com seu conhecimento incrivelmente preciso sobre os detalhes do acordo da Northern Oil. O presidente começou a repetir números que o próprio primeiro-ministro não conhecia. Kasianov percebeu que o contrato envolvia mais coisas do que ele tinha imaginado.

"Não podíamos adivinhar que a decisão já havia sido tomada, que a escolha já havia sido feita", diz Khodorkovski agora. Ele acredita que a aquisição da Northern Oil por parte da Rosneft foi realizada sob a supervisão pessoal de Putin e que as campanhas eleitorais de 2003 e 2004 foram financiadas com propina.

No entanto, é somente em retrospecto que o encontro de 19 de fevereiro de 2003 parece ter sido um divisor de águas. Naquela época, nenhum dos protagonistas pensou muito no assunto. Khodorkovski cuidou dos próprios negócios como se nada tivesse acontecido, fechando acordos e dando declarações ousadas.

Primeiro, ele fez uma campanha ativa em prol da operação militar iminente no Iraque, pedindo à Rússia que apoiasse os Estados Unidos contra Saddam Hussein para garantir que as petrolíferas russas ficassem com uma parcela justa dos recursos naturais do país na distribuição pós-guerra.

Além disso, ele conversou sobre fusões com Roman Abramovich e chegou a sugerir que parte da fusão Yukos-Sibneft poderia ser vendida para alguma gigante dos Estados Unidos, como ExxonMobil ou Chevron. Em suma, Khodorkovski estava a dois passos de se tornar coproprietário da maior companhia de petróleo do mundo. Mas ele sabia, é claro, que nenhum desses planos seria realizado sem o consentimento de Putin. O governo poderia facilmente impedir o acordo através do Serviço Federal Antimonopólio. Mas o Kremlin não manifestou nenhum sinal negativo e, em 22 de abril de 2003, os diretores da Yukos e da Sibneft anunciaram oficialmente a fusão.

"Nós entendemos que nenhuma gigante dos Estados Unidos gastaria US$ 20 bilhões sem a aprovação do presidente russo", diz Khodorkovski. Portanto, ele e Abramovich trabalharam para que o acordo fosse bem recebido pelas autoridades. O diretor da Sibneft, amigo íntimo de Putin, procurou o apoio do presidente, enquanto o diretor da Yukos começou a articular o acordo junto à equipe de Kasianov.

Algumas semanas depois do escândalo da RUIE, lembra Kasianov, Khodorkovski o procurou com um anteprojeto de lei para estabelecer definitivamente as privatizações da década de 1990 de modo que fosse impossível desfazê-las. De acordo com a proposta, os proprietários de empresas que foram privatizadas na década de 1990 por uma pechincha (e que no início dos anos 2000 valiam bilhões de dólares) pagariam uma compensação ao Estado em troca da garantia real de que seus direitos de propriedade seriam inalienáveis, o que, por sua vez, aumentaria a capitalização de seus ativos. Khodorkovski apresentou a proposta ao primeiro-ministro em nome dos oligarcas. A iniciativa beneficiaria a todos: o tesouro receberia um imposto inesperado, enquanto os oligarcas aumentariam o atrativo de investimento de suas empresas. Essa lei era de particular interesse para Khodorkovski e Abramovich, que queriam vender uma parte da sua futura empresa para os norte-americanos ao preço mais alto possível.

Kasianov diz que a lei poderia ter favorecido o orçamento com uma quantia entre US$ 15 e US$ 20 bilhões. Ele gostou da ideia de Khodorkovski e apresentou para Putin a lei já pronta. Mas o presidente foi irredutível. Kasianov levou embora as duas páginas de texto e nunca mais tocaram no assunto.[4]

OPERAÇÃO DE ENERGIA

Enquanto isso, os *siloviki* não estavam ociosos. Hoje Khodorkovski diz que eles estavam ocupados com uma operação que envolvia a coleta de material comprometedor sobre os diretores de todas as empresas de energia. Khodorkovski afirma que o alvo original da operação não era a Yukos, e sim o Grupo Alfa. Mas Vladimir Putin não aprovou a ação contra o Alfa, pois conhecia Piotr Aven, diretor do grupo, desde o início da década de 1990 e tinha uma dívida com ele, pois foi Aven quem o inseriu na elite do Kremlin e o apresentou a Boris Berezovski, entre outros. Além disso, o Grupo Alfa, com a bênção de Putin, estava se preparando para a fusão entre sua subsidiária TNK e a BP da Grã-Bretanha. Putin não estava disposto a arriscar esse acordo importante ou sua amizade com Tony Blair.

Desse modo, os *siloviki* dirigiram sua atenção para a Yukos. Hoje, Mikhail Khodorkovski não consegue sequer se lembrar em que momento percebeu que sua empresa estava com sérios problemas. "Sentimos a tensão no primeiro semestre de 2003, mas nunca pensei que a empresa em si estivesse ameaçada", diz ele. Mesmo a prisão de um membro do setor de segurança da Yukos, Alexei Pichugin, não serviu de presságio para o que estava prestes a acontecer. Khodorkovski simplesmente pensou que a prisão de Pichugin era um problema particular dele com as autoridades. Depois da prisão, ele teve uma reunião final com Putin na qual ele e Abramovich contaram ao presidente sobre a futura fusão. Kasianov lembra que Putin fez muitos comentários cáusticos naquele dia. "Por que vocês estão me contando isso tudo?", resmungou Putin. "Mesmo que eu não goste, vocês não vão desistir, certo?" No entanto, Putin sabia muito bem que sem o seu consentimento a fusão cairia por terra.

A gota d'água foi a prisão de Platon Lebedev, parceiro de Khodorkovski e vice-presidente da Yukos. Ele foi levado da cama de um hospital para a cela, e depois disso ficou claro que a campanha contra a Yukos tinha começado para valer.

A imprensa conectou o início da operação à publicação de um relatório misterioso intitulado "Estado e Oligarquia", elaborado pelo Conselho Estratégico Nacional, liderado por Stanislav Belkovski, autor do próprio documento. Apesar de redigido por uma fonte confiável, o relatório parece uma denúncia:

A Rússia está à beira de um arrebatador golpe oligárquico.

> Tendo completado a privatização dos principais ativos da economia nacional, os oligarcas agora tentam privatizar o espaço político da Rússia. Nesse aspecto, a instituição presidencial como base do sistema político da Rússia pós-soviética está deixando de ser a garantia de que a estabilidade esteja no topo (como no período 1992-2002) e se transformando em um obstáculo potencial para a completa monopolização e uma possível ameaça à lógica da modernização oligárquica.
>
> Em vista do exposto, deve notar-se que o modelo oligárquico da Rússia se assemelha à República de Veneza na Idade Média [de acordo com essa analogia, os oligarcas são o Conselho dos Dez, e seu presidente eleito de fato é o Doge].
>
> Também vale notar que as famílias da maioria dos oligarcas vivem permanentemente fora da Rússia: seus descendentes estão estudando no exterior. Muitos destacam o fato de que a oligarquia não vincula interesses estratégicos pessoais e familiares com a Rússia como entidade geopolítica e etnocultural.
>
> A contínua exportação de capital em larga escala feita pela Rússia se deve não só às peculiaridades do clima de investimento do país, mas a como os oligarcas basicamente entendem a estratégia familiar e pessoal. Esta estratégia costuma estar ligada ao Ocidente e quase nunca à Rússia.
>
> O sistema oligárquico de valores baseia-se em:
>
> - Hedonismo
> - Culto do dinheiro como instrumento de poder
> - Desrespeito deliberado com as pessoas que não fazem parte de suas empresas oligárquicas.[5]

Mais adiante no mesmo relatório, Belkovski fica mais específico e cita o nome dos proprietários da Russian Aluminum (Rusal) em cooperação com os líderes da Yukos e do Grupo Alfa – os quatro homens mais ricos do país – como conspiradores em potencial: Roman Abramovich, Oleg Deripaska, Mikhail Khodorkovski e Mikhail Fridman. O autor escreve que "eles dependem de recursos políticos e administrativos exclusivos, incluindo, entre outros, a influência especial sobre o primeiro-ministro Mikhail Kasianov e o chefe de gabinete Alexander Voloshin".

Para concluir, o relatório cita Mikhail Khodorkovski como líder dos conspiradores: "Ao combinar os recursos administrativos dos acionistas da Sibneft, conhecidos por sua capacidade lobista e por exercer um controle informal sobre várias agências governamentais, Mikhail Khodorkovski é capaz de atingir ambiciosos objetivos de longo prazo. Muitos analistas concordam que Khodorkovski está de olho na carreira política. Prova indireta disso é o fato de a Yukos financiar partidos que tentam entrar na Duma Federal".

O final do relatório tem o objetivo claro de assustar o presidente:

> Uma vez que a instituição do presidente, do ponto de vista da classe dominante, cumpriu sua missão histórica e por isso não é mais necessária (e é potencialmente perigosa), tomou-se a decisão de limitar os poderes do presidente da Federação Russa e transformar a Rússia de república presidencialista em república parlamentarista-presidencialista (um modelo similar ao francês). O principal idealizador desta transformação é o diretor da Yukos (Yukos Sibneft), Mikhail Khodorkovski. Ele é apoiado de maneira explícita e implícita por outras figuras-chave do grupo oligárquico (R. Abramovich, O. Deripaska, M. Fridman). Já em 2004, a Rússia poderia ter um novo governo, controlado pelo parlamento e subordinado a ele. O principal candidato para primeiro-ministro desse governo, formado de acordo com a nova constituição, é Mikhail Khodorkovski.

O relatório foi publicado em maio de 2003 e, segundo a imprensa, foi rapidamente colocado na mesa de Vladimir Putin por Igor Sechin, seu assessor e líder dos *siloviki*. Além disso, a mídia independente alegou em 2003 que o próprio relatório havia sido encomendado pelo diretor da Rosneft, Serguei Bogdanchikov (que, na época, supostamente controlava as finanças dos *siloviki*).

Hoje Belkovski afirma que ninguém encomendou o relatório. Ele admite que o tom foi provocante, mas sustenta que o relatório em si era verídico. Belkovski afirma que os próprios executivos da Yukos criaram o alarde em torno do documento, em particular Leonid Nevzlin, substituto de Khodorkovski. "A própria Yukos divulgou o relatório e chamou a atenção para ele. Eles tinham certeza de que haviam agarrado Deus pelas barbas, que seriam intocáveis caso fingissem ser 'políticos'", diz Belkovski.

De acordo com Belkovski, o que mais impressionou Putin não foi o relatório sobre o "golpe oligárquico", mas as conversas telefônicas de Khodorkovski que Sechin também apresentou: "Eles não perceberam que tudo estava sendo gravado. Em conversas com democratas que o idolatravam, Khodorkovski costumava definir Putin como um zero à esquerda sem saber que Putin acabaria descobrindo".

Além de falar sobre mudanças na constituição e a perspectiva de encabeçar o governo (o que Khodorkovski confirma), há rumores de que Sechin fez outra acusação contra Khodorkovski que Putin não poderia ignorar. A respeito do acordo pendente com a Chevron ou a ExxonMobil, presume-se que Khodorkovski teria falado com Condoleezza Rice e prometido que, como presidente, ele livraria a Rússia de seu arsenal nuclear. Khodorkovski insiste que não disse nada disso. O que importa, no entanto, é que Putin parece ter acreditado que sim.

MISSÃO COMPLETA

A prisão de Platon Lebedev foi um sinal claro de que Mikhail Khodorkovski deveria ir para o exterior como fizeram Boris Berezovski e Vladimir Gusinski. Mas ele não foi a lugar nenhum, ao contrário: saiu em viagem pela Rússia e foi preso em outubro de 2003 no aeroporto de Novosibirsk.

Stanislav Belkovski acredita que Khodorkovski tinha certeza de que não seria preso, já que tinha o apoio de Voloshin e Kasianov. Mas Voloshin não pôde ajudar porque não fazia ideia de que Khodorkovski estava prestes a ser preso. "Voloshin achava que Putin pelo menos lhe telefonaria para pedir conselho antes de agir", diz Belkovski. "Voloshin achava que Khodorkovski não seria preso porque seria uma atitude excessiva. Mas, para Putin, não havia nada de errado com atitudes excessivas."

A prisão de Khodorkovski foi um choque para muitos no Kremlin, que só souberam da notícia pelos jornais. Nesse mesmo dia, dois assessores presidenciais se reuniram: o libertário Andrei Illarionov e Vladislav Surkov, que havia começado como guarda-costas de Khodorkovski e se tornado seu relações-públicas antes de sair do banco Menatep e entrar para o Kremlin. "Slava [Vladislav]! O que vamos fazer agora?", perguntou Illarionov, em choque. "O que *você* vai fazer?"

"Quer saber, Andriusha [Andrei]?", disse Surkov com um sorriso. "A flexibilidade humana não tem limites."

No entanto, seu chefe Alexander Voloshin descobriu os limites de sua própria flexibilidade. Ele apresentou sua renúncia em 30 de outubro de 2003, cinco dias após a prisão de Khodorkovski. Pouco tempo depois, Surkov é que se tornaria o principal estrategista político do Kremlin.

"Voloshin poderia ter continuado, já que Putin não exigiu sua demissão. Mas isso indicaria que Voloshin e Abramovich teriam combinado tudo para tirar a Yukos das mãos de Khodorkovski", diz Belkovski.

Aliás, em dezembro de 2003 Belkovski não era mais diretor do Conselho Estratégico Nacional; agora ele trabalhava como conselheiro de Boris Berezovski. Em seguida, trabalhou como conselheiro de Mikhail Khodorkovski, posição que ocupou até ele ser libertado e se mudar para a Suíça. Evidentemente, o diretor da Yukos não teve nenhum ressentimento quanto ao relatório "Rússia Prepara Golpe Oligárquico".

Voloshin prefere falar sobre sua renúncia de modo mais filosófico. "Sentimos que havíamos perdido nossa motivação. Nos primeiros anos no poder, realizamos muitas coisas positivas: o imposto fixo, a propriedade privada de terras, além de outras reformas. Estava tudo progredindo gradualmente. Eu dediquei minha vida a isso. Eu pensei que estava impulsionando o país adiante. Em todos os outros aspectos, a vida no Kremlin é um desperdício. Você nunca vê seus filhos, nunca tem tempo para ler um livro. Isso não é vida, na verdade. Para gostar disso, só sendo doente mental. Ou se dividindo em vários pedaços. Há quem consiga fazer isso. Eu não consegui, continuei sendo eu mesmo, sem me dividir."

Hoje Voloshin diz que cumpriu sua missão histórica de resgatar a Rússia "da revolução permanente" na década de 1990 e ajudá-la a avançar rumo ao "desenvolvimento evolutivo". "A década de 1990 foi uma época de oportunidades para as classes intelectual e criativa, mas para o povo em geral foi um período muito difícil. As regras do jogo mudavam constantemente. O objetivo principal de todo mundo era simplesmente sobreviver. As pessoas sofreram. A transição para o período evolutivo mudou tudo: o que era branco se tornou preto, o que era preto se tornou branco. A liberdade e a economia de mercado na Rússia estão longe de serem perfeitas, mas hoje elas existem. Agora temos uma quantidade crítica de participantes. As classes intelectual e criativa tiveram de fazer sacrifícios, mas a vida como um todo é melhor. A julgar pelas aparências, a situação política e econômica é mais estável."

Em 2005, Khodorkovski foi condenado a oito anos de prisão. Em 2010 ele foi julgado de novo e teve sua sentença estendida para quatorze anos. Em 2014, no entanto, ele foi perdoado e libertado.

A FAMÍLIA SAI DE CENA

O caso Yukos foi um terremoto que mudou completamente o equilíbrio de poder na política russa. A chamada Família saiu de cena. Roman Abramovich, a última pessoa próxima da Família e de Vladimir Putin, comprou o clube inglês de futebol Chelsea e se mudou para a Inglaterra. O acordo para fundir as empresas Sibneft e Yukos fracassou, mas Abramovich nunca demonstrou publicamente qualquer ressentimento. Dois anos depois ele vendeu a Sibneft à Gazprom por um preço 150% mais caro que o valor de mercado estimado. Antes disso, ele vendeu quase todos os ativos que ainda possuía na Rússia: suas ações nas empresas Aeroflot, Rusal, Irkutskenergo, Krasnoyarsk HPP e Ruspromauto.

Assim que o plano de usar a Yukos na luta contra os *siloviki* falhou, a Família, clã político mais importante da Rússia, que havia governado o país durante as décadas anteriores, imediatamente se rendeu. O único foco de resistência surgiu na forma de um artigo publicado no *Novaya Gazeta* e na internet com o título "Consequências negativas da 'Ofensiva de Verão' da minoria opositora à política do presidente", escrito pelo renomado estrategista político Gleb Pavlovski.[6]

O grupo "minoritário" eram os *siloviki* (o relatório mencionava Igor Sechin, o procurador-geral Vladimir Ustinov, o membro do FSB Viktor Ivanov e os empresários Serguei Pugachev e Serguei Bogdanchikov). Pavlovski afirmou que esse grupo não era nada mais nada menos do que "a nova oposição sistêmica, que efetivamente criou um centro paralelo de poder e está tentando corrigir as políticas do presidente por dentro, com o suporte das agências repressoras sob o pretexto de apoiar e fortalecer o presidente 'fraco'".

O relatório não foi tão relevante para os *siloviki*, que continuaram onipotentes pelo menos durante os três anos seguintes. Para o autor, no entanto, as consequências foram desagradáveis: Serguei Pugachev o processou em US$ 1 milhão por ofensa escrita contra a honra e ganhou a causa.

No entanto, uma parte do relatório pode ser considerada profética. Eis como Pavlovski descreveu os objetivos que o "grupo de poder" estabeleceu para si em 2003:

> Primeiro: criar um novo tipo de negócio na esteira do "caso Yukos", completamente leal aos novos governantes que definem a política econômica; a desobediência será reprimida pela força; o negócio em si pode ser privado, mas o Estado deve ter papel predominante na sua gestão.
> Segundo: criar fortes monopólios estatais ou *holdings* com participação estatal nos setores mais atraentes da economia.

Terceiro: promover o crescimento econômico através da redistribuição de recursos e propriedades nos setores de combustível e matéria-prima, além de outros setores da economia, e também através da introdução de uma "renda de recursos", a criação de monopólios estatais (incluindo remonopolização da produção de álcool) e um controle mais acirrado das empresas.
Quarto: aumentar acentuadamente o aspecto violento do governo, inserindo os *siloviki* no principal e mais eficaz recurso do presidente; os *siloviki* se envolverão em todas as áreas da esfera política, desde as eleições até a vida privada dos cidadãos.
Quinto: formar uma nova plataforma ideológica "populista de esquerda" baseada em uma ortodoxia simplificada e ideologizada, voltada para as pequenas empresas, os meios de comunicação de massa "antioligárquicos" e do setor público.

Demorou muito tempo (o quinto elemento, a formação de uma nova plataforma populista de esquerda, levou dez anos), mas a profecia acabou se confirmando.

O ÚLTIMO MEMBRO DA FAMÍLIA

Seria impossível que as mudanças tectônicas no Kremlin não impactassem na política pública – ainda mais porque as próximas eleições da Duma estavam programadas para dezembro de 2003. Pela primeira vez na história russa, o partido da situação (em 2003 era o Rússia Unida, formado pela fusão do Unidade com o Pátria) era o favorito. O Partido Comunista, que encabeçava as eleições baseadas em lista de partidos havia quase dez anos, estava fadado a perder porque Voloshin, que odiava os comunistas, havia criado, antes de renunciar, um partido sintético amigável ao Kremlin chamado Rodina (Terra Natal) com o objetivo específico de arrancar os votos dos comunistas.

Por fim, os partidos pró-democracia Iabloko e União das Forças de Direita (UFD) estavam completamente desmoralizados e sem qualquer preparo para as eleições. Eles perderam o financiamento da Yukos assim que a campanha eleitoral começou e não tinham uma mensagem clara para os eleitores, já que não se arriscaram a defender Khodorkovski publicamente. Os canais nacionais de TV retrataram o caso da Yukos como uma luta entre Putin e os oligarcas que saquearam o país, ideia que foi bastante difundida. Ir contra a opinião pública e defender os interesses empresariais, ou pelo menos expor a preocupação dos pequenos empresários, era um passo grande demais para os partidos pró-democracia.

O grupo liberal dentro do Kremlin desapareceu ao mesmo tempo em que os partidos pró-democracia deixaram a Duma: o Iabloko e o UFD não ultrapassaram o limiar dos 5% e foram excluídos do parlamento russo. O Kremlin não colocou nenhum obstáculo: simplesmente se concentrou em garantir a vitória do Rússia Unida.

A Família deixou de existir, mas uma das pessoas que restaram e continuaram no poder não era protegida de Putin, mas sim seu rival: Mikhail Kasianov, o primeiro-ministro.

Durante o feriado do Ano-Novo, o primeiro-ministro foi esquiar na Áustria. Ele foi convidado para a casa do chanceler austríaco Wolfgang Schüssel, onde passaram um dia com Boris Nemtsov, líder do partido derrotado UFD, que havia viajado especialmente para esse encontro. Ele insistiu para que Kasianov assumisse a liderança do partido. Kasianov pensou na proposta, mas a recusou.

Enquanto Kasianov estava afastado, Putin recebeu uma série de novos despachos provando que o primeiro-ministro era figura central de um plano para derrubá-lo – alegava-se, na verdade, que "os detalhes estão sendo discutidos neste momento com o chanceler Schüssel".

As linhas gerais da suposta conspiração são as seguintes. As próximas eleições presidenciais estavam marcadas para março de 2004. Se o comparecimento às urnas fosse inferior a 50%, a eleição seria inválida. Como conseguir uma participação tão baixa? Convencendo todos os candidatos a desistirem. Entre os relatórios apresentados a Putin, diz Kasianov, havia transcrições falsas de supostas conversas com Nemtsov. Nelas, Kasianov e Nemtsov teriam discutido a hipótese de que, se todos os oponentes de Putin se retirassem da corrida, restaria apenas Putin e seu fantoche Serguei Mironov, presidente do Conselho da Federação. As pessoas perderiam o interesse e "votariam com os pés", se ausentando das urnas. Uma nova eleição seria marcada para junho, quando o mandato de Putin já teria expirado (em 6 de maio). De acordo com a constituição, o primeiro-ministro, Mikhail Kasianov, assumiria como presidente interino até as eleições de junho, tomando nas mãos as rédeas da situação durante um mês.

Essa conspiração não existiu de fato, mas a administração presidencial já pensava em medidas de precaução para impedi-la. O Kremlin convocou Viktor Gerashchenko, de 66 anos de idade, que havia ocupado durante muito tempo a presidência do Banco Central e era muitas vezes chamado de "Alan Greenspan russo", um senhor carismático e cavalheiro que tinha acabado de ser eleito para a Duma, no sistema de lista partidária, pelo bloco populista Rodina. "Viktor, adoraríamos se você concorresse à presidência", disseram os *apparatchiks* do Kremlin. Ele fez de tudo para recusar a ideia, dizendo que seria muito demorado, quando então lhe disseram: "Viktor, você não entendeu. Nós estamos *pedindo* para você se candidatar a presidente". Gerashchenko então anunciou sua candidatura, talvez sem sequer desconfiar que estava sendo usado para tornar as eleições mais interessantes e com uma menor probabilidade de fracasso.

Quando Kasianov voltou de férias, ele não percebeu de imediato o que aconteceu. Ele lembra que, numa recepção para comemorar o Dia do Defensor da Pátria, em 23 de fevereiro, Putin se comportou de forma muito estranha e passou a noite inteira cochichando com o diretor do FSB, Nikolai Patrushev.

No dia seguinte, Putin convocou uma reunião com Kasianov no Kremlin e anunciou que usaria seu direito constitucional de demitir o primeiro-ministro. Kasianov, que se lembra de Putin parecer nervoso e confuso, corrigiu-o imediatamente: "Você não pode demitir o primeiro-ministro. Você só pode demitir o governo inteiro".

Putin disse a Kasianov que todos sabiam da suposta conspiração, mas Kasianov demonstrou estar verdadeiramente surpreso com essa perspectiva. Então Putin ofereceu ao agora ex-primeiro-ministro o cargo de secretário do Conselho de Segurança, proposta que ele recusou.

Kasianov renunciou silenciosamente, sem fazer declarações, e continuou sem dizer nada durante vários anos. As autoridades o deixaram em paz durante todo esse tempo, assim como fizeram com os outros protegidos da Família.[*] Foi somente na corrida eleitoral de 2008 que Kasianov tentou retornar à política e fracassou. Ou melhor, foi aniquilado. Toda a mídia nacional fez questão de recuperar uma história antiga, difundida pela primeira vez por Gusinski: de que, na qualidade de primeiro-ministro, Kasianov recebia uma comissão de 2% de todos os acordos fechados, o que lhe rendeu o apelido de "Misha Dois Porcento". A candidatura de Kasianov não foi aprovada; de todo modo, ele nunca conseguiu ultrapassar os mesmos 2% nas pesquisas.

Os ataques e críticas sofridos por Kasianov e a proibição de sua candidatura à presidência não consistiam tanto em derrotar o que havia restado da Família, mas sim em combater o principal pavor de Vladimir Putin. O fracasso da Revolução Laranja na Ucrânia continuava fresco na mente dele. Não se poderia permitir que Mikhail Kasianov se tornasse o Viktor Iushchenko da Rússia.

---

[*] Patrushev, aliás, não foi punido por espalhar boatos e ganhou cada vez mais força.

PARTE DOIS

—

Putin II, O Magnífico

CAPÍTULO 4

Em que Dimitri Medvedev, chefe de gabinete do Kremlin, cria uma nova classe russa

Dimitri Medvedev causa uma impressão considerada incomum nos políticos: ele parece ser uma boa pessoa. Suas tentativas de passar a imagem de um sujeito autoconfiante deixa ainda mais nítida sua falta de autoconfiança. Ao mesmo tempo, ele sabe como ouvir e até gosta de pedir conselhos. Por exemplo, antes de dar uma entrevista para a TV, ele poderia perfeitamente perguntar ao jornalista qual cor de gravata lhe cairia melhor – ou talvez até se não deveria usar gravata nenhuma.

Dimitri Medvedev começou sua carreira lecionando. Às vezes, sua postura ainda é a mesma do professor novato que está inseguro com a reação da turma ao vê-lo entrar na sala pela primeira vez, então tenta ser mais maduro e mais sério do que o necessário. Ou então ele pode seguir na direção contrária e se expressar, meio atrapalhado, usando a gíria dos jovens. Medvedev parece acostumado a ser um peixe fora da água.

Em outras ocasiões, Medvedev lembra um aluno dedicado. Quando o dever lhe exige dizer coisas das quais discorda, ele recita as palavras como se tivesse de decorá-las para uma prova – consegue até se prolongar em assuntos que lhe sejam profundamente desagradáveis.

Obviamente, Dimitri Medvedev nunca planejou se tornar político. Ele entrou no ramo por acidente, talvez até a contragosto. Na verdade, ele era mesmo um aluno aplicado, o que explica – em parte – o fato de não se encaixar. No entanto, ele parece acreditar que a paciência pode conquistar tudo.

DIMA

Depois de aceitar a demissão de Alexander Voloshin, Putin nomeou o vice de Voloshin, Dimitri (Dima) Medvedev, como novo chefe do gabinete presidencial. Completamente desconhecido para o povo, Medvedev também era de São Petersburgo. Em 2000, ele havia comandado o escritório de campanha de Putin.* Depois disso, tornou-se presidente da Gazprom.

Medvedev herdou um legado poderoso, já que a administração presidencial era um importante centro de poder desde 1999.** Como novo chefe de gabinete, Dimitri Medvedev era agora o funcionário público mais poderoso de toda a Rússia. Talvez por ocupar dois cargos centrais – como chefe de gabinete e presidente da Gazprom –, Medvedev conseguiu agir por debaixo dos panos muitos anos: ele se equilibrava entre os dois cargos e nunca agia com arrogância política – pelo menos não até Putin dar o próximo passo.

Putin anunciou que Medvedev era o "sucessor oficial" de Voloshin antes mesmo de se tornar presidente. Em março de 2000, ele havia tocado no assunto em *First Person*, biografia oficial publicada antes das eleições, que consistia em entrevistas dadas por Putin a três jornalistas do *Kommersant*, de Berezovski: Natalia Timakova, Natalia Gevorkyan e Andrei Kolesnikov. Pouco depois do lançamento do livro, os jornalistas seguiram rumos diferentes: Timakova foi trabalhar no Kremlin e depois se tornou porta-voz e braço direito de Medvedev; Gevorkyan foi morar em Paris e quinze anos depois se tornou consultora de comunicação de Mikhail Khodorkovski; Kolesnikov permaneceu no *Kommersant* e continuou fiel a Putin, tornando-se seu biógrafo diário e "correspondente oficial".

Neste breve trecho do livro, Putin lista seus conselheiros mais próximos e confiáveis:

> P: De quem são as propostas que o senhor escuta e em quem o senhor confia? O senhor disse que seu objetivo no primeiro ano é formular uma equipe. Quem está na sua equipe?

---

* Todos sabiam que o escritório de campanha era apenas uma formalidade sem qualquer função (já que Putin não fazia campanhas tradicionais com debates e outdoors). A verdadeira campanha eleitoral de Putin em 2000 foi coordenada por Voloshin, que dava ordens às emissoras nacionais de TV e organizava os comícios de Putin em todo o país.

** É importante notar que, na Rússia, a administração presidencial e o governo são duas organizações completamente diferentes. O governo, liderado pelo primeiro-ministro, trabalha fora da Casa do Governo da Federação Russa, conhecida coloquialmente como "Casa Branca". De acordo com a constituição russa, o governo é o poder executivo do país. Mas o governo às vezes é muito menos influente do que a administração presidencial, que está localizada em parte no Kremlin e em parte na Praça Staraya, nos edifícios já ocupados pelo Comitê Central do Partido Comunista da URSS. E a administração presidencial tem quase a mesma importância que o Comitê Central tinha anteriormente. Desde o final da década de 1990, ela tem sido o centro de poder mais importante na Rússia, embora essa estrutura não seja sequer mencionada na constituição. Ela é liderada pelo chefe do gabinete presidencial.

R: Em quem confio? Serguei Ivanov, secretário do Conselho de Segurança.
P: Vocês se conhecem há muito tempo?
R: Eu o conhecia há muito tempo, mas não muito bem. Começamos a trabalhar juntos no setor de Leningrado da KGB. Naquela época, eu só sabia que ele existia. Depois ele foi para Moscou e também passou longos períodos no exterior. Tínhamos muitos amigos em comum. Pessoas muito diferentes me falavam coisas sobre ele, tudo sempre positivo. Ele sabe vários idiomas: inglês, sueco e finlandês, se não me engano. E acho que está no emprego certo. Recentemente, ele voltou dos Estados Unidos, onde as coisas foram muito bem. Conheceu Clinton, [Madeleine] Albright e [Samuel] Berger. Estou feliz com o trabalho dele.
P: Mas existe alguém com quem o senhor passe muito tempo?
R: Claro, é sempre melhor ter a experiência de trabalhar em conjunto diretamente, o que é um benefício. Mas não podemos negar que a camaradagem existe. Tenho essa sensação com Ivanov, com Nikolai Patrushev e também com Dima Medvedev.
P: Medvedev está dirigindo sua campanha eleitoral. Ele também é de São Petersburgo?
R: Ele lecionava direito civil na Universidade de Leningrado. Tem doutorado em jurisprudência e é um ótimo especialista. Eu precisei de pessoal quando trabalhei com Sobchak na prefeitura. Procurei ajuda na faculdade de direito, e eles sugeriram Dima. Dima foi meu conselheiro na minha época de vice-prefeito e trabalhou comigo durante um ano e meio. Então, depois do fracasso das nossas eleições, ele largou o gabinete do prefeito e voltou para a universidade.
P: O senhor o convidou recentemente para Moscou?
R: Só neste ano. Na verdade, meu plano original era que Dima liderasse a Comissão Federal de Valores Mobiliários. Ele é especialista nesse mercado. Parece que gosta de trabalhar na nossa equipe, mas ainda não decidimos exatamente onde ele vai ficar.
P: Quem mais?
R: Confio em Alexei Kudrin. Hoje ele é vice-ministro das Finanças. Para mim, é um homem decente e profissional. Nós dois trabalhamos como vice de Sobchak. A gente sempre aprende alguma coisa sobre o outro depois de passar anos trabalhando junto.
P: E de onde surgiu Igor Sechin?
R: Sechin também trabalhou conosco em São Petersburgo, no departamento de cerimonial. Ele tem formação em filologia. Sabe português, francês e espanhol. Trabalhou no exterior, em Moçambique e Angola.

P: Ele estava em combate?

R: Sim. Depois entrou no comitê executivo da Câmara Municipal de Leningrado. Pensei em muita gente quando me tornei vice-prefeito e comecei a escolher minha equipe, e eu gostava de Sechin. Sugeri que ele fosse trabalhar para mim. Isso foi em 1992, 1993. Quando fui trabalhar em Moscou, ele pediu para ir junto, então o levei comigo.

P: O que vai acontecer com a velha guarda do Kremlin? Todos dizem o seguinte: "Depois de eleito, Putin vai se livrar de todo mundo. Na melhor das hipóteses, vai demitir todo mundo".

R: Veja bem, esse tipo de lógica é típico de quem tem mentalidade totalitária. É assim que eles esperam que a gente se comporte quando querem permanecer em seus cargos o resto da vida. Mas eu não quero isso.

P: Mas há algumas figuras que despertam uma reação negativa do povo em geral, como Pavel Borodin [chefe do departamento de gestão imobiliária presidencial]. Também o chefe da administração presidencial, Alexander Voloshin. Ele não é amado pelo povo.

R: Voloshin não é muito benquisto pelo povo, ou por uma parte do *establishment*. Da briga entre grupos e clãs surgiu um sentimento negativo. Voloshin não passou incólume por isso. E esses clãs brigaram pesado. Não acho que isso seja motivo para demitir ninguém. Nesse momento, Voloshin me convém muito bem. O trabalho que ele faz é bastante particular. Conversamos sobre quem poderia ocupar o lugar dele e pensamos em Dima Medvedev. O próprio Voloshin disse: "Deixem Dima trabalhar como meu vice e, depois que ele crescer no cargo, considerem-no para me substituir". Não há sentido conjecturar isso agora.[1]

Em 1999, Putin já parecia saber que Medvedev acabaria assumindo o papel de Voloshin. Quando finalmente aconteceu, os jornalistas disseram com razão que o "grupinho de São Petersburgo" estava comemorando a saída de Voloshin. "O Bizâncio caiu!", declarou Alexei Kudrin, ministro das Finanças, ao comentar no *Kommersant* sobre a notícia da renúncia.[2]

O novo chefe do gabinete presidencial era o oposto de seu antecessor e certamente não tinha nada de bizantino. Na verdade, ele lembrava um humilde escrevente das páginas de Gógol. Poucos meses depois de sua nomeação, ele propôs uma nova estrutura administrativa, mas as alterações eram apenas cosméticas: a única coisa que mudava era o nome do cargo das pessoas, e não as pessoas que os ocupavam. Por exemplo, o título de "primeiro vice-chefe da administração", que havia sido ocupado por duas pessoas (Sechin e Surkov), deixou de existir. Todos os outros vices foram renomeados como "assessores presidenciais".

Medvedev disse aos jornalistas (talvez brincando) que a reorganização havia sido realizada para que os estrangeiros tivessem uma ideia mais clara sobre o que cada pessoa fazia na administração. "É melhor assim. Quando viajo para o exterior, o que acontece de vez em quando, ninguém sabe o que significa 'vice-chefe da administração'. Eles não percebem que é um trabalho importante. Eles entendem a palavra 'assessor', especialmente nos Estados Unidos, onde o chefe de gabinete, Andrew Card, é o principal assessor presidencial de Washington."[3]

Mas a principal conquista de Medvedev em sua nova posição foi reformar o funcionalismo público com a Lei do Serviço Civil do Estado, que ele mesmo escreveu. A lei era basicamente uma repetição das reformas administrativas realizadas por Pedro, o Grande, no início do século XVIII, com a introdução de uma tabela de patentes para os funcionários públicos. Medvedev recriou essa tabela, mas, em vez de "conselheiros privados" e "conselheiros estaduais", havia "consultores governamentais interinos" de primeira, segunda e terceira classes. Além disso, Medvedev, como principal servidor público da Rússia, costumava dizer que o aparelho estatal não estava inflado, portanto não precisava de cortes – muito pelo contrário: ele acreditava que, comparada a outros países, a Rússia carecia de funcionários públicos profissionais.

A década seguinte foi um período de ouro para o serviço público russo, durante o qual o número de servidores praticamente quadruplicou. É difícil até de imaginar o quanto cada funcionário público prosperou. Em 2003, as autoridades russas ainda eram pouco sofisticadas e não tão corruptas. Sim, elas podiam favorecer alguns empresários em troca de uma ou outra cortesia. A forma mais comum de suborno, por exemplo, eram as férias de família no exterior. As empresas ofereciam férias para os funcionários públicos e suas famílias, o que custava no máximo alguns milhares de dólares, em troca de contratos que valiam milhões. O fato de funcionários e empresários serem tão próximos nem era considerado um conflito de interesses. Por exemplo, todos sabiam que o vice-prefeito de Moscou, Vladimir Resin, responsável pelo setor de construção, sempre se hospedava com a família em Mônaco no luxuoso apartamento do empreendedor Shalva Chigirinsky. Ninguém se importava.

Num período de cinco anos, os altos funcionários desenvolveram um verdadeiro gosto pelo luxo e começaram a tomar consciência do quanto valiam – afinal, qual o sentido em receber esmola de bilionários se eles mesmos poderiam ficar bilionários? Mas, no início dos anos 2000, uma ideia tão revolucionária como essa ainda não havia lhes passado pela cabeça.

O CANDIDATO IDEAL

A prioridade de Medvedev como chefe da administração de Putin foi conquistar a reeleição do presidente. Se em 2000 ele havia comandado o escritório de campanha da candidatura, agora, em 2004, estava no comando do escritório de campanha real – o Kremlin. No entanto, o porta-voz da campanha não era Medvedev, mas sim Vladislav Surkov, que ainda cumpria o mesmo papel da era Voloshin, o de primeiro assessor presidencial.

À primeira vista, a eleição foi uma formalidade: já estava claro que Putin ganharia facilmente. A intriga estava em outro lugar. Quando o primeiro mandato e o caso Yukos foram chegando ao fim, a velha guarda de Ieltsin finalmente deu lugar aos jovens de Putin. O "grupo de Petersburgo", como lhes chamava a imprensa, ganhou poder e finalmente saiu das sombras depois de um verdadeiro período de experiência, que durou quatro anos.

"Obrigado por nos mostrar como governar o país. Agora podemos fazê-lo nós mesmos", teria dito Igor Sechin, assessor de Putin. Segundo Mikhail Kasianov, Sechin disse exatamente essas palavras ao conduzi-lo para fora da Casa Branca, o edifício parlamentar russo, depois da "inesperada renúncia" do ex-primeiro-ministro.

Os principais candidatos ao cargo de Kasianov eram o ministro das Finanças Alexei Kudrin, o ministro da Defesa Serguei Ivanov e o novo chefe do escritório de campanha de Putin, Dimitri Kozak. Mas Putin fez uma escolha estranha, deixando de lado o grupo de Petersburgo para favorecer um sujeito desconhecido: Mikhail Fradkov.

Aparentemente um burocrata sem rosto que havia surgido do nada, Fradkov, na verdade, tinha uma vasta experiência no aparelho governamental. Ele havia servido em vários órgãos do governo (embora sua biografia oficial não os mencione), foi ministro das Relações Econômicas Exteriores e também do Comércio em diferentes momentos do governo Ieltsin, comandou a inspeção fiscal nos primeiros anos de Putin e, para o espanto geral de toda a elite política, foi convocado para o Kremlin em 2003 – na época ele era embaixador da Rússia em Bruxelas. Sua principal vantagem era não representar qualquer ameaça para Putin.

Eles se conheciam desde o início da década de 1990, quando Fradkov havia sido efetivamente o chefe de Putin. Naquela época, Putin liderava o Comitê de Relações Exteriores da prefeitura de São Petersburgo, enquanto Fradkov era vice-ministro das Relações Econômicas Exteriores da Rússia. No entanto, como Putin afirmou aos repórteres, esse não foi o principal motivador da nomeação.

No início de 2003, o Kremlin reorganizou os serviços de segurança e decidiu abolir três agências poderosas de uma só vez: a Agência Federal de Informações e Comunicações Governamentais (FAPSI), o Serviço Federal de Fronteiras e a polícia fiscal. Os deveres dos dois primeiros foram transferidos para o FSB, enquanto as questões tributárias entraram para o escopo do Ministério do Interior. Os chefes das agências eliminadas reagiram de forma diferente ao saberem da demissão (mesmo sendo nomeados para outros cargos) e alguns tentaram discutir com Putin. Somente a reação de Fradkov agradou o presidente.

"Mikhail Yefimovich [Fradkov], esqueça seu papel como chefe de agência e me diga o que seria melhor para o Estado. Você acha que suas funções podem ser transferidas para o Ministério do Interior? Seja honesto comigo", perguntou o presidente, de acordo com uma fonte do Kremlin. Fradkov respondeu que seria muito mais eficiente daquela maneira e falou que seu desejo era que o povo "não sofresse com qualquer decisão tomada". Putin percebeu a vontade de Fradkov de se sacrificar e o recompensou com a embaixada da UE em Bruxelas. E não foi só isso: Putin o considerava um homem de lealdade excepcional.

"Consigo imaginar perfeitamente o que Putin pensou ao escolher Fradkov como primeiro-ministro", diz um ex-assessor do Kremlin. "Ele tinha algumas vantagens e nenhuma desvantagem. Tinha experiência em todas as áreas: polícia fiscal, economia, Ministério das Relações Econômicas Exteriores, além da experiência internacional como embaixador em Bruxelas. Nada disso nunca lhe subiu à cabeça."

Na cadeira de primeiro-ministro, Fradkov começou a reproduzir as reformas que Dimitri Medvedev havia realizado como chefe de gabinete, reduzindo o número de gestores e aumentando o número total de funcionários. Seis vice-primeiros-ministros foram reduzidos a um e 23 ministros se tornaram 14, mas para cada ministério havia várias agências federais integradas.

Quanto mais o aparelho de Estado crescia, menos produtivo se tornava. Tanto Voloshin quanto Kasianov dizem que as reformas pararam efetivamente no momento em que deixaram o poder. A chegada de Fradkov causou uma enxurrada de atividades espúrias, quase nada além disso. Mas o novo primeiro-ministro estava ciente de ter sido nomeado para esse propósito. Sua missão era não demonstrar ambição e não passar por cima de ninguém.

Paradoxalmente, a política econômica oficial proclamada por Putin antes de sua reeleição era altamente ambiciosa: ele exigiu que o PIB fosse dobrado até 2010. German Gref, ministro do Desenvolvimento Econômico e arquiteto das reformas de Putin, argumentou humildemente que 2010 era muito cedo, mas que talvez fosse possível atingir essa meta em 2015; por fim, ele acabou voltando atrás e garantiu a Putin que 2010 era uma data possível. Algumas fontes internas tiveram uma explicação para a aparente indiferença de Fradkov: "Ninguém é demitido por mau desempenho, mas por deslealdade". Por conta disso, Fradkov não tinha medo de não cumprir as instruções do presidente. Além disso, ele não havia tido êxito em nenhum cargo que ocupara; quase todos os departamentos em que trabalhara foram dissolvidos por serem considerados supérfluos. Foi assim que ele chegou à cadeira de primeiro-ministro.

DUPLICAÇÃO DO PIB

A eleição presidencial de 2004 ocorreu praticamente sem nenhum problema e Putin recebeu 71% dos votos. No entanto, no momento em que eles eram contados, o prédio em frente ao Kremlin, o histórico Centro de Exposições Manege, no coração de Moscou, pegou fogo. Dois bombeiros morreram nas chamas.* Até hoje, ninguém sabe o que provocou o incêndio. Sem fazer alardes, as autoridades do governo especularam que o fortuito beneficiário do incidente seria o prefeito de Moscou, Iuri Lujkov, que poderia usar a situação para resolver um "conflito de interesses" com investidores. O próprio Lujkov chegou ao local pouco depois do início do incêndio, declarando imediatamente para a imprensa que descartava a possibilidade de um crime premeditado.

Entre os jornalistas se falava em mau agouro. Mas Putin parece não ter se irritado nem um pouco. Ele havia ganhado as eleições; todo o resto era irrelevante. Não puniu Iuri Lujkov, seu antigo inimigo, por (supostamente) arruinar sua comemoração. Lujkov havia garantido um resultado decente para Putin em Moscou – 69% dos votos. Era isso que importava.

O melhor resultado de Putin foi na Chechênia. O novo líder checheno e ex-supremo mufti da república, Akhmad Kadirov, que havia declarado um *jihad* contra os russos na década de 1990 antes de declarar apoio a Putin em 1999, garantiu 92,4% dos votos. Esse resultado foi um símbolo do primeiro mandato de Putin: a guerra na Chechênia, que o conduzira ao Kremlin quatro anos antes, havia acabado.

Em 9 de maio de 2004, um dia após a posse de Putin, uma bomba explodiu durante as celebrações do Dia da Vitória na capital chechena, Grozny. A bomba foi plantada na seção VIP, onde o presidente checheno estava sentado. Kadirov morreu a caminho do hospital. No mesmo dia, Putin convocou o filho mais novo do presidente assassinado para o Kremlin. Ramzan Kadirov

---

* O prédio foi erguido em 1817 por ordem do czar Alexander I em homenagem ao quinto aniversário da vitória da Rússia contra Napoleão. Agora, com cinco anos de governo Putin, pegava fogo. Putin se juntou aos jornalistas e subiu numa das torres do Kremlin para ver a cena.

usava um agasalho esportivo e mal conseguia segurar as lágrimas. As únicas palavras que disse para as câmeras foram: "O povo checheno fez uma escolha, e essa escolha não tem volta". O encontro com Ramzan Kadirov significou que Putin também já havia feito uma escolha: o próximo presidente da República Chechena seria Ramzan Kadirov – que, a propósito, não poderia se tornar legalmente presidente da república por ter menos de trinta anos, mas começou a se preparar para o cargo do mesmo jeito. Primeiro ele liderou as forças de segurança chechenas na função de vice-primeiro-ministro; depois assumiu o cargo de primeiro-ministro. Três anos depois, ele se tornou senhor e mestre de sua terra natal.

UM VERÃO FASCINANTE

O verão de 2004 talvez tenha sido o período de maior tranquilidade na história do governo de Putin. Toda a atividade estatal foi efetivamente interrompida e a capital russa foi transferida na prática para Sochi, onde todos os líderes do país combinaram trabalho com férias.

Putin passou quase todo o mês de agosto lá. Recebeu visitas de vários líderes estrangeiros, entre eles Vojislav Kostunica, primeiro-ministro da Sérvia; Alexander Lukashenko, presidente da Bielorrússia; Robert Kocharian, presidente da Armênia; Leonid Kuchma, presidente da Ucrânia; e Viktor Ianukovich, herdeiro de Kuchma.

O verão que ficou guardado na memória como o mais tranquilo de todos teve um final abrupto, no entanto, com um episódio de *déjà-vu*. Quatro anos antes, no final de agosto, as férias de Putin foram interrompidas pela tragédia do submarino *Kursk*. Desta vez, pouco depois de decolarem do aeroporto de Domodedovo, dois aviões foram explodidos por mulheres-bomba da Chechênia chamadas de "viúvas-negras". Então, para não repetir os mesmos erros, Putin foi imediatamente se reunir com o Kremlin em Moscou e depois voltou para Sochi.

Os ataques ocorreram alguns dias antes das eleições presidenciais da Chechênia, que decidiriam quem substituiria Akhmad Kadirov. As eleições eram necessárias para mostrar que o novo regime republicano pró-Putin era absolutamente legítimo, por isso não foram adiadas. Muitos jornalistas que foram à Chechênia relataram que as seções eleitorais estavam quase vazias – os eleitores simplesmente estavam com medo de sair de casa. Apesar disso, o comparecimento às urnas foi registrado como de 85%.

Um dia depois das eleições, Jacques Chirac e Gerhard Schroeder visitaram a *dacha* de Putin. Eles disseram que não tinham dúvidas sobre a legitimidade das eleições chechenas. A guerra na Chechênia, responsável pelo início da presidência de Putin, agora era história. Ninguém estava interessado no que acontecia por lá. Na luxuosa residência de Sochi, o presidente francês e o chanceler alemão garantiram a Putin que não havia queixas.

Mas esse triunfo e o fim daquele verão tranquilo acabaram sendo arruinados no dia seguinte, 1º de setembro de 2004, o início do ano letivo na Rússia. Chirac e Schroeder mal tiveram tempo de sair de Sochi antes que um grupo de terroristas tomasse uma escola em Belsen, a 100 quilômetros de Gorni, na república russa da Ossétia do Norte-Alânia; 1.128 pessoas foram feitas de reféns, incluindo muitas crianças. Era a primeira vez que algumas dessas crianças pisavam numa escola. Foi o pior ataque terrorista na história da Rússia (pior do que o ataque durante a apresentação do musical *Nord-Ost*) e uma prova inegável de que a guerra na Chechênia estava longe de acabar.

Putin mais uma vez interrompeu suas férias e voou para Moscou. Só que desta vez as autoridades conseguiram de algum jeito cometer erros ainda piores que aqueles do incidente com o *Kursk*. Os noticiários de televisão subestimaram o número de reféns, alegando que havia entre duzentos e quinhentos. Disso surgiram relatos de que os terroristas não queriam negociar, embora os sobreviventes digam que os terroristas entregaram várias fitas de vídeo com a gravação de suas exigências. Em 3 de setembro, por fim, segundo a versão oficial, a polícia acabou invadindo a escola depois que um explosivo improvisado foi detonado dentro do prédio. Mas de acordo com uma investigação independente conduzida por Iuri Saveliev, deputado da Duma, a maioria das 333 mortes foi provocada por tiros vindos de fora – ou seja, disparos das forças especiais durante a invasão.[4]

No dia em que as vítimas foram enterradas, muitos líderes estatais viajaram até Beslan, incluindo Fradkov, Medvedev, o prefeito de Moscou Lujkov, os palestrantes das câmaras do parlamento e o procurador-geral. Eles não foram ao cemitério. Em vez disso, reuniram-se na praça principal e prestaram ali uma homenagem televisionada. Choveu o dia todo e as autoridades de Moscou ficaram de pé num palanque, diante das câmeras, segurando guarda-chuvas pretos. Nenhum dos moradores cujos filhos foram mortos na tragédia compareceu à homenagem.

As causas do ataque terrorista nunca foram devidamente investigadas e o pior crime russo dos anos 2000 permanece sem solução.

Um dia depois da invasão, Putin proferiu um discurso filosófico e verborrágico, muito parecido com o de George W. Bush depois do 11 de Setembro. No entanto, em contraste com os ataques terroristas nos Estados Unidos, não havia um único estrangeiro entre as vítimas em Beslan: eram todos inguches, chechenos e russos. Como não havia vítimas estrangeiras, o discurso de Putin foi muito menos internacionalista do que o de Bush. Ele começou se referindo a memórias da União Soviética:

Hoje, vivemos uma época decorrente do colapso de um vasto e grande Estado, um Estado que infelizmente não conseguiu sobreviver em um mundo de rápidas mudanças. Mas, apesar de todas as dificuldades, fomos capazes de preservar o núcleo do que antes era a vasta União Soviética e demos a este novo país o nome de Federação Russa. Todos esperamos uma mudança e esperamos que seja para o melhor. Mas muitas mudanças ocorridas na nossa vida nos pegaram de surpresa.

Em seguida, começou a culpar os inimigos externos:

Nosso país, cujas fronteiras internacionais eram protegidas por um fortíssimo sistema de defesa, encontrou-se indefeso da noite para o dia, tanto a leste quanto a oeste.
Serão necessários muitos anos e bilhões de rublos para criar novas fronteiras que sejam modernas e genuinamente protegidas.
Ainda assim, poderíamos ter sido mais eficazes se tivéssemos agido de forma profissional e no momento certo.
Em geral, precisamos reconhecer que não entendemos totalmente a complexidade e os perigos do que acontece hoje no nosso país e no mundo. Em qualquer caso, nós nos mostramos incapazes de reagir adequadamente. Mostramos que somos fracos. E os fracos são espancados.
Alguns adorariam arrancar de nós uma "fatia suculenta". Outros os ajudam, dizendo que a Rússia ainda é uma das principais potências nucleares do mundo e que, como tal, ainda representa uma ameaça. Por causa disso, defendem que é preciso acabar com essa ameaça.

Era tudo muito vago. Putin continuou a explicar que o sistema político passaria por mudanças por causa da "situação de guerra":

Isso não é um desafio para o presidente, o parlamento ou o governo. É um desafio para toda a Rússia, para todo o nosso povo. Nosso país está sob ataque. Caros concidadãos, o objetivo de quem enviou esses bandidos para executar um crime tão terrível era nos colocar uns contra os outros, plantar o medo no coração dos russos e provocar uma disputa interétnica na Ciscaucásia. Nesse contexto, tenho o seguinte a dizer.
Primeiro, logo será preparada uma série de medidas para fortalecer a unidade do nosso país.[5]

Por "fortalecer a unidade", Putin se referia à abolição das eleições regionais para governador. A partir de então, os governadores seriam escolhidos a dedo pelo presidente e aprovados pelos parlamentos regionais.

Mikhail Kasianov, que já havia sido dispensado de seus deveres de primeiro-ministro, tinha certeza de que a abolição das eleições para governador já havia sido planejada antes do massacre de Beslan. Para ele, Putin só precisava de um pretexto para anunciar a decisão, e o que lhe deu esse pretexto foi justamente a crise dos reféns.

A equipe da administração presidencial não corrobora essa teoria, pelo contrário: eles dizem que o sentimento geral antes de Beslan era de tranquilidade. Esse plano não existiu. A decisão de eliminar as eleições para governador se baseou na exasperação e no desespero.

O ataque terrorista em Beslan encerrou o que poderia ter sido um verão tranquilo e sereno para Putin. Vale notar que a reação desproporcional ao ataque – uma reação que transformou efetivamente a Rússia em Estado unitário – não comoveu a sociedade de modo geral. Para a maioria das pessoas, aquele verão foi de fato tranquilo. As pessoas estavam satisfeitas com a entrada de rendimentos constantes do petrodólar, que durou mais quatro anos, até a crise de 2008.

A Rússia vivia o período mais estranho de sua história, o momento em que todos voltavam a atenção para o consumo. Pela primeira vez, no que se refere a riqueza e conforto, a sociedade russa não andava na retaguarda do resto do mundo, mas mostrava o caminho. Cidadãos russos comuns compravam os modelos mais recentes de iPhones, iPads, TVs de plasma, carros, lavadoras de roupas, máquinas de suco e aspiradores de pó. Nas principais cidades da Rússia inauguraram-se hipermercados, salas de cinema, pistas de boliche, restaurantes e boates. As pessoas se acostumaram a viajar para o exterior. De modo um pouco desajeitado, a Rússia estava aprendendo a ser um país rico.

Mas a elite política e comercial, é claro, já estava habituada ao luxo. Agora era o momento de frequentarem a Riviera Francesa e as melhores estações de esqui alpinas, para onde as *socialites* de Moscou voavam em jatos particulares para passar apenas uma noite, tomar uma bebida e dar um passeio. Não ter o próprio jatinho era motivo de vergonha, o que colocou a elite comercial de Moscou numa lista de espera da Dessault Falcon – a fabricante não conseguia atender a demanda dos ricos da Rússia. Tal fato deu origem a um novo esquema lucrativo: empresários menos abastados entravam na lista de compras e depois vendiam o lugar na fila para bilionários que teriam de esperar mais tempo. Os oligarcas tentavam superar uns aos outros o tempo todo: Roman Abramovich tinha o iate mais caro, enquanto Mikhail Prokhorov dava as festas mais badaladas, cheias de modelos.

O restaurante Mario se tornou o símbolo da alta sociedade de Moscou. Todos os bilionários que figuravam na lista da *Forbes* jantavam lá e, de vez em quando, até o próprio Putin – o restaurante sempre isolava o segundo andar quando ele aparecia. O jovem senhor da Chechênia, Ramzan Kadirov, preferia o restaurante italiano Antinori; quando ele resolvia jantar lá, tinha o lugar exclusivamente para si.

As casas noturnas de Moscou, que eram construídas e inauguradas num período de apenas três ou quatro meses, fechavam as portas pouco tempo depois, pois o público se entediava e procurava algo novo. Reservar uma mesa numa dessas boates custava uma fortuna, e mesmo assim era quase impossível conseguir uma vaga, diz Ksenia Sobchak, uma das *"it girls"* da Rússia, filha de Anatoli Sobchak, prefeito de São Petersburgo na época e ex-chefe de Vladimir Putin. Os políticos não costumavam frequentar esses lugares, mas os empresários, sim: Roman Abramovich, Mikhail Prokhorov, Vladimir Potanin, Oleg Deripaska e tantos outros.

O país atravessou a primeira década do século XXI em um estado de semiesquecimento. Praticamente não havia uma política, tampouco uma vida pública – somente esse forte hedonismo. Durante esse período, obviamente, os oligarcas de Moscou e seu pessoal eram muito mais ricos e levavam uma vida de muito mais requinte do que o grande número de autoridades estatais. Ministros e governadores, embora não fossem pobres, olhavam de longe para aquele luxo insano. Não saboreavam champanhe Cristal nem esquiavam em Courchevel. Enquanto os moscovitas se divertiam, os peterburguenses trabalhavam, ocupados em agarrar o poder. Cinco anos depois eles teriam adquirido sua própria riqueza, mas, até lá, a festa já teria acabado.

CAPÍTULO 5

Em que Viktor Medvedchuk, chefe de gabinete do governo ucraniano, é definido como o último ucraniano a desfrutar da confiança de Putin

No início dos anos 2000, Viktor Medvedchuk parecia um extraterrestre em comparação a outros políticos ucranianos: totalmente europeu, inteligente, educado e altamente eficaz. É assim que Medvedchuk é descrito por Marat Gelman e Gleb Pavlovski, consultores políticos de Moscou que trabalharam com ele nessa época.

Hoje Medvedchuk passa uma impressão bem diferente. Ele prefere evitar jornalistas e, quando diz alguma coisa, usa tantas palavras que o sentido se perde no fluxo de sua verborragia. É um verdadeiro mestre em disfarçar seus verdadeiros sentimentos e nunca dizer o que realmente pensa.

Viktor Medvedchuk vive cercado por uma enorme comitiva. Para falar com ele, é preciso passar por uma dúzia de barreiras, responder centenas de perguntas e abrir caminho através de inúmeros assessores e conselheiros. Sua equipe é diversificada: guarda-costas que parecem gorilas, contadores típicos, mulheres que parecem modelos, outras mulheres que parecem professoras. Quando removemos essas camadas e finalmente alcançamos o homem mais influente da Ucrânia, não descobrimos quase nada. O que encontramos somos nós mesmos de frente para um espelho. Ele tem a capacidade de refletir a opinião de qualquer pessoa com quem conversa e, de vez em quando, não reflete absolutamente nada.

Mas Medvedchuk é verdadeiro consigo mesmo. Ele realmente quer conduzir a Ucrânia no caminho que acredita ser europeu e que oferece uma salvação. Mas está convencido de que só é capaz de se desenvolver junto da Rússia, como na época em que a poderosa União Soviética era "governada pelos ucranianos". Isso, na sua opinião, é o caminho para o futuro. Ironicamente, foi a União Soviética que o tornou europeu e que tornou a Ucrânia moderna um país desenvolvido e com um enorme potencial, acredita ele. Embora os adversários percorram seu próprio "caminho europeu", para ele esse caminho é provinciano e leva apenas à "margem" da Europa, à pobreza e à miséria. Talvez por isso

Medvedchuk goste de ter um séquito diversificado – para desfazer qualquer impressão de provincianismo.

O AMIGO DA CRIMEIA

Enquanto os oligarcas russos desfrutavam do verdadeiro luxo, Vladimir Putin passava as férias em sua casa perto de Sochi – uma residência ainda muito soviética, apesar de opulenta. Seu principal destino alternativo era a Crimeia, particularmente porque seu amigo Viktor Medvedchuk, chefe da administração presidencial ucraniana, possuía uma *dacha* lá.

Medvedchuk nasceu na região de Tiumen, na Rússia, cresceu sem falar quase nada de ucraniano e, apesar de ser cidadão da Ucrânia, compartilhava um pouco da "ucranofobia" sentida pelo funcionalismo de Moscou. Dizem que colaborou com a KGB durante a juventude. Nos anos 1970 e 1980 trabalhou como advogado em Kiev, onde "defendeu" os dissidentes ucranianos Iuri Litvin e Vasil Stus. Os dois receberam pena máxima e morreram na prisão. Em sua última resposta como réu, Litvin acusou o advogado de ser passivo demais devido a ordens superiores. Como resultado, os círculos de dissidentes ucranianos rotularam Medvedchuk de agente da KGB. Mas seu passado não era problema para Putin.

Medvedchuk se deu muito bem com Putin e seus assessores mais próximos, primeiro Voloshin e depois Medvedev. Em 2004, Medvedchuk chegou a viajar a São Petersburgo para que sua filha Dasha, recém-nascida, fosse batizada lá. Os padrinhos da cerimônia, que aconteceu na catedral de Kazan, foram o próprio Putin e Svetlana Medvedev, esposa de seu chefe de gabinete. Medvedchuk se tornaria a principal fonte de informação do Kremlin sobre o que acontecia na Ucrânia. Na verdade, ele chegou a substituir o colega Dimitri Medvedev, de Moscou, como o verdadeiro artífice da política do Kremlin em relação à Ucrânia.

Antigos funcionários do Kremlin dizem que Putin já era obcecado com a Ucrânia praticamente desde seu primeiro dia como presidente. "Precisamos fazer alguma coisa, ou vamos perdê-la", dizia ele repetidas vezes.

CLÃS DE LENINGRADO E DA UCRÂNIA

Após o colapso da União Soviética, o Ministério das Relações Exteriores da Rússia passou a lidar apenas com países *estrangeiros*, ou seja, que não participavam da Comunidade dos Estados Independentes (CEI), constituída por todas as ex-repúblicas soviéticas, exceto os Países Bálticos. Os países da CEI eram liderados pela administração presidencial. Na verdade, tratava-se de uma continuação do antigo modelo soviético, em que as repúblicas soviéticas eram subordinadas ao Comitê Central do Partido Comunista da União Soviética (CC PCUS). Uma vez que a administração funcionava no mesmo prédio que o CC PCUS na Praça Staraya, em Moscou, a tradição se manteve apesar de a União Soviética não existir mais. A Ucrânia, segunda maior república pós-soviética e parceira mais próxima da Rússia, era supervisionada pessoalmente pelo chefe da administração: primeiro por Voloshin, depois por Medvedev.

A Ucrânia sempre foi um caso especial na Praça Staraya. Tradicionalmente, os "clãs ucranianos" dentro do próprio CC PCUS eram os mais poderosos, e podemos dizer que eles governaram a União Soviética durante décadas. Quando analisamos atentamente a composição do politburo, fica claro que ele foi dominado por ucranianos, mas também por quem tinha fortes conexões com os ucranianos. Nesse aspecto, Nikita Khrushchev e Leonid Brejnev são os nomes de maior destaque. Khrushchev liderou a Ucrânia (como primeiro secretário e presidente do Conselho de Ministros) de 1938 a 1949, enquanto Brejnev liderou as regiões de Zaporijia e Dnipropetrovsk de 1946 a 1950. Além disso, o clã ucraniano que esteve ativo entre as décadas de 1950 e 1980 incluía Nikolai Podgorni, chefe do Presidium do Soviete Supremo (ou seja, o chefe formal de Estado); Nikolai Tikhonov, chefe do Conselho de Ministros; Alexei Kirichenko e Andrei Kirilenko, segundos secretários do Comitê Central (ou seja, chefes da administração); os membros do politburo Vladimir Scherbitski, Piotr Shelest e Dimitri Polianski; e o ministro do Interior, Nikolai Schelokov.

Dnipropetrovsk, poderoso centro industrial no leste da Ucrânia, era a principal fonte de recursos humanos usada por Leonid Brejnev para abastecer o aparelho estatal. Mesmo anos depois da morte de Brejnev, o "clã de Dnipropetrovsk" continuava monumental. Leonid Kuchma, outro nativo da mesma região, tornou-se presidente da Ucrânia em 1994.

O segundo maior grupo de líderes soviéticos era formado por nativos de Leningrado, todos expurgados em 1949 sob a liderança de Stalin. Acusados de defenderem a criação de um Partido Comunista Russo como contrapeso ao PCUS e a transferência da capital de Moscou para Leningrado, 23 líderes foram fuzilados, entre eles o primeiro vice de Stalin no governo (e, segundo rumores, seu potencial sucessor), Nikolai Voznesenski; o secretário do CC PCUS, Alexei Kuznetsov; o presidente do Conselho de Ministros da Rússia, Rodionov; e os líderes regionais de Leningrado, Piotr Popkov e Iakov Kapustin. Cinco anos mais tarde, depois da morte de Stalin, comprovou-se que o "caso Leningrado" foi fabricado, e todos os que cumpriam pena foram reabilitados. Apesar do expurgo, algumas pessoas do grupo de Leningrado continuaram ocupando cargos importantes, incluindo o chefe do Presidium do Soviete Supremo e o chefe do Conselho de Ministros da URSS (Nikolai Shvernik e Alexei Kosigin, respectivamente). Os líderes partidários de Leningrado (primeiro Frol Kozlov, depois Gregor Romanov e Lev Zaikov) tinham um lugar praticamente garantido no politburo, um privilégio concedido a apenas outro líder regional: o primeiro-secretário do Partido Comunista da Ucrânia.

Durante o século XX, as principais forças do governo soviético vinham da Ucrânia e de Leningrado e alternavam momentos de luta e colaboração mútua. No início dos anos 2000, quando o poder foi assumido pelo grupo de São Petersburgo e a Ucrânia passou a ser liderada pelo clã de Dnipropetrovsk, não foi difícil encontrar um denominador comum.

Os funcionários do Kremlin, no entanto, se irritaram até mesmo com o típico "diretor vermelho" que era Kuchma e com sua equipe, que não poderia ser mais agradável. O problema não era o fato de os ucranianos serem uma geração mais velha e, por isso, menos liberal e reformista do que a elite política de Moscou. O problema era serem ucranianos.

Um antigo funcionário de alto cargo no governo se lembra de quando visitou Kiev – ele foi colocado em uma residência oficial na Rua Bankova, em um prédio adjacente à administração presidencial. Ele nem precisou se deslocar para as reuniões: o próprio Kuchma telefonou e disse que iria até o visitante de Moscou. O presidente ucraniano apareceu e pediu imediatamente à sua equipe para "pôr a mesa". Embora ainda fossem 11 horas da manhã, a vodca era obrigatória. As negociações cordiais se arrastaram até a noite. Todas as reuniões do representante russo tiveram que ser canceladas, já que ele não podia descartar o presidente. Mas o que o deixou incomodado durante a conversa foi a atitude de Kuchma em relação aos nacionalistas ucranianos. "Eles são mais ucranianos do que nós, é claro. O futuro lhes pertence. Precisamos continuar aprendendo com eles", disse Kuchma, nas palavras de seu convidado.

Esse tipo de atitude sempre incomodou Moscou. Até coisas pequenas, como "traduzir" o nome dos russos para o ucraniano, eram irritantes: Nikolai tornava-se Mikola, Dimitri tornava-se Dmitro, Alexander tornava-se Oleksander, Vladimir tornava-se Volodimir etc.

A "ucranização" também irritava o politburo soviético. Até nas atas das reuniões do Comitê Central encontramos discussões sobre o ucraniano ser uma língua ou simplesmente o "russo incorreto", bem como protestos sobre violação de direitos dos ucranianos de língua russa. Os ucranofóbicos mais notórios eram o presidente da KGB Alexandr Shelepin (na época de Khrushchev) e Mikhail Solomentsev, presidente do Conselho de Ministros da RSFSR (sob o comando de Brejnev). Mas, na época soviética, a Ucrânia e o idioma ucraniano sempre contaram com defensores de peso nos cargos mais altos. Sob o governo Putin, no entanto, a ideia de uma soberania nacional ucraniana foi desencorajada.

Dimitri Medvedev, o novo responsável pela política russa na Ucrânia, não tinha uma opinião específica sobre o assunto. Ele seguia o exemplo de Putin e Voloshin.

EM BUSCA DE PONTOS FRACOS

Em 2005, quando chegaria ao fim o segundo mandato de Kuchma como presidente, ele não conseguiu decidir se concorreria mais uma vez ou se ocuparia o cargo de primeiro-ministro nomeando um sucessor flexível, o que manteria o poder em suas mãos. Seus possíveis sucessores revezavam visitas a Moscou para serem avaliados, exatamente como os candidatos do Comitê Central fizeram vinte anos antes. Quase todos os candidatos haviam precedido Medvedchuk como chefes da administração presidencial – ou seja, gente de confiança. Medvedchuk, chefe do gabinete na época, estava interessado em disputar o cargo (e Putin teria considerado sua candidatura), mas Kuchma advertiu que Medvedchuk era "inelegível". Desse modo, preferiu escolher Viktor Ianukovich, governador de Donetsk.

Putin não gostava de Ianukovich. Mas Kuchma seguia as antigas regras soviéticas sobre ganhar aprovação de um sucessor puramente pela cerimônia. Na verdade, ele não pretendia dar uma escolha a Putin. Ele escolheu Ianukovich explicando com extrema sinceridade que não havia ninguém mais apropriado. Somente Ianukovich conseguiria financiar sua própria campanha eleitoral. "Vocês vão pagar pela campanha de outra pessoa?", foi a pergunta usada por Kuchma para acabar com a discordância. "Moscou quer gastar todo esse dinheiro em seu próprio candidato? Se não, que sua escolha seja Ianukovich."

Mas o Kremlin suspeitou que este argumento ocultava dois fatos desagradáveis. Primeiro, que Ianukovich ganhou o "leilão" de Kuchma por oferecer o maior montante. Segundo, que o governador de Donetsk, embora não fosse do clã de Kuchma, era claramente um aliado próximo e manipulável. Por ser um político astuto, Kuchma percebeu que poderia usar a fraqueza de Ianukovich para permanecer no poder, o que não seria possível se tivesse de lidar com um *apparatchik* favorável ao Kremlin. Além disso, Moscou de fato acreditava que Kuchma não planejava ir a lugar nenhum – ou seja, ele só estava sondando o terreno para ver se poderia concorrer a um terceiro mandato. Ao escolher um sucessor ruim, Kuchma queria se promover como a melhor opção. No momento certo, portanto, Ianukovich foi nomeado primeiro-ministro.

Faltando seis meses para as eleições presidenciais da Ucrânia, Kuchma ainda não tinha decidido se abdicaria de novas eleições. Ele também não sabia se apoiaria Ianukovich como seu sucessor oficial. Viktor Iushchenko, líder da oposição e ex-primeiro-ministro, já tinha começado uma campanha eleitoral. Ianukovich havia montado um escritório de campanha, mas esperava o sinal verde de Kuchma para começar a agir. Mas Kuchma continuava fazendo planos. De acordo com a constituição ucraniana, o presidente eleito só poderia ocupar o cargo durante dois turnos, mas talvez houvesse uma lacuna. Se a próxima eleição presidencial não ocorresse por algum motivo, ele poderia convocar uma votação extraordinária, da qual lhe seria possível participar.

Kuchma fez várias viagens ao Kremlin. Putin o aconselhou a não arruinar as eleições: o papel do governo é agir de acordo com a lei, por isso o poder deveria ser entregue a um sucessor. A eleição estava prevista para o final de outubro de 2004. Kuchma esperou até abril para decidir que não concorreria e anunciou oficialmente a candidatura de Ianukovich.

CARNAVAL DE OUTONO

No outono, um grande número de estrategistas políticos russos se dirigiu à Ucrânia. Alguns assinaram contratos com antecedência, sabendo que as próximas eleições presidenciais seriam uma mina de ouro. Outros pegaram o bonde no último minuto, ao perceber que a abolição das eleições para governador na Rússia significava que eles teriam de procurar lucro em alguma atividade paralela.

Nos anos 1990 e na primeira metade dos anos 2000, esses estrategistas políticos formavam uma casta especial que se proliferou. As campanhas eleitorais regionais eram um bom negócio na Rússia e cada candidato (especialmente os que disputavam reeleição) empregava uma grande equipe de especialistas em campanha negativa. Os métodos que eles costumavam usar eram antiéticos e ilegais.

No final de 2004, quase todos os "tecnólogos políticos" russos (como são chamados esses assessores na Rússia) estavam na Ucrânia. Como se não bastasse, havia também na Ucrânia um destacamento de forças especiais russas e um grupo de conselheiros da administração de Putin. Kiev se transformou no lar do chamado "clube russo" – uma equipe permanente de consultores políticos que se juntavam em reuniões intermináveis (e despropositadas).

Embora o candidato Ianukovich tivesse o apoio declarado de Moscou, consultores políticos russos também trabalhavam para a oposição de Viktor Iushchenko, cuja campanha eleitoral foi financiada por Boris Berezovski, exilado em Londres. Foi ele quem indicou Stanislav Belkovski como consultor político para o "grupo laranja".

A preferência de Moscou por Viktor Ianukovich era mais do que nítida. Putin se encontrava com ele mais ou menos a cada dois meses e não hesitava em expressar seu apoio. Ianukovich visitou Putin duas vezes em Sochi e foi três vezes à casa dele nas proximidades de Moscou. O presidente russo até telefonou no dia do aniversário de Ianukovich para parabenizá-lo e chegou a visitá-lo na Crimeia, quando se hospedou na residência de Medvedchuk. Três semanas antes das eleições, Viktor Ianukovich retribuiu a cortesia comparecendo à festa de aniversário de Putin.

Muito se investiu para garantir a vitória de Ianukovich. A Rússia diminuiu as restrições aos trabalhadores migrantes ucranianos (permitindo-lhes 90 dias de permanência na Rússia sem precisar de visto, num momento em que até os cidadãos russos que se deslocavam de uma cidade para outra dentro do país tinham um prazo de três dias para se registrar), reduziu o preço da energia e aboliu o IVA (imposto sobre o valor agregado) sobre as exportações de petróleo e gás para os países da CEI (um presente que custou 800 milhões de dólares).

Quanto mais as eleições se aproximavam, mais cômico se tornava o apoio de Putin a Ianukovich. Em 28 de outubro de 2004, três dias antes da votação, foi realizada uma parada na Rua Khreshchatyk, a principal via de Kiev, para celebrar o sexagésimo aniversário da libertação de Kiev dos nazistas. Na verdade, Kiev havia sido libertada em 6 de novembro de 1944, mas as autoridades anteciparam descaradamente o evento em uma semana, transformando-o num poderoso comício pré-eleitoral em apoio a Viktor Ianukovich. Um estandarte da vitória foi levado especialmente de Moscou para representar a bandeira vermelha hasteada sobre o Palácio do Reichstag, na Alemanha, em 9 de maio de 1945. A parada na Rua Khreshchatyk parecia mais um desfile de carnaval, com centenas de artistas vestidos com uniformes da Segunda Guerra Mundial marchando diante de convidados de honra. No palanque VIP estavam o presidente ucraniano, Leonid Kuchma; seu sucessor escolhido, Viktor Ianukovich; Vladimir Putin; o chefe de gabinete de Putin (e seu futuro sucessor), Dimitri Medvedev; e, por algum motivo desconhecido, o presidente do Azerbaijão, Ilham Aliev (que havia herdado a cadeira presidencial de seu falecido pai, Heydar Aliev). O evento era inédito: o presidente russo havia se envolvido pessoalmente em uma campanha eleitoral em país estrangeiro.

O tema principal desse carnaval patriótico – a luta conjunta dos russos e dos ucranianos contra os nazistas – não era a principal mensagem de campanha em prol de Ianukovich. Como sugerem alguns porta-vozes russos, travou-se uma guerra de campanha negativa contra Iushchenko, que foi chamado de "antirrusso", "nacionalista" e até "pró-fascista". Considerada a partir da perspectiva atual, a campanha em 2004 parece um ensaio para a guerra de informação de 2014.*

O episódio mais misterioso da campanha foi um jantar que Viktor Iushchenko teve com os líderes dos serviços especiais ucranianos. Depois daquela noite, Iushchenko se sentiu mal e foi hospitalizado poucos dias depois devido a um grave envenenamento. Os médicos austríacos salvaram sua vida, mas Iushchenko, antes um sujeito boa-pinta, voltou para Kiev no meio da campanha com o rosto gravemente desfigurado. Esse episódio foi um golpe para a campanha, mas também serviu para provar a determinação de seus inimigos e o fato de que Iushchenko estava preparado para sacrificar a si mesmo pelo povo. Ninguém acreditava mais em sua missão sagrada do que ele mesmo.

As circunstâncias do envenenamento nunca foram devidamente investigadas. Iushchenko diz que sabe quem planejou o ataque contra ele, mas se recusa a falar publicamente no assunto.

O analista político Gleb Pavlovski, que na época era o "mandante" do Kremlin dentro do grupo de Ianukovich, diz que o envenenamento de Iushchenko alterou efetivamente o curso de toda a campanha. O clima de carnaval foi substituído pelo medo. O que antes se definia como um jogo político havia se transformado numa questão de vida e morte.

Na verdade, o principal rival de Iushchenko nas eleições não era Ianukovich, mas Putin, que seguiu adiante como se promovesse sua própria campanha (aliás, o índice de aprovação de Putin na Ucrânia era muito alto, bem maior do que o de Kuchma, Ianukovich ou Iushchenko. A tragédia em Beslan e o medo do terrorismo checheno provocaram uma leve queda nesse índice, mas sem muita importância). Antes do primeiro turno da votação, o presidente russo deu uma entrevista coletiva para os três principais canais de TV da Ucrânia. Belkovski, que trabalhava para Iushchenko, diz que o grupo laranja ficou destroçado com o espetáculo. O desempenho tranquilo, confiante e persuasivo de Putin frustrou as esperanças dos defensores de Iushchenko, uma vez que a maioria deles, até aquele momento, acreditava muito na chance de vitória.

---

* O que se transformaria em tragédia dez anos depois começou como comédia. O YouTube ainda estava começando na época, mas havia um vídeo na plataforma que foi um sucesso entre a comunidade russa na Ucrânia. Em cima do palanque durante a parada, Ianukovich oferece uma balinha a Medvedev, que a coloca todo alegre na boca. Ianukovich então oferece a balinha para Putin, que recusa sem se afetar em nada com a trivialidade.

"Não tem como evitar o inevitável", disse Gleb Pavlovski, assessor de Ianukovich, em um debate de TV com Stanislav Belkovski, assessor de Iushchenko (os dois, é claro, são os cientistas políticos de Moscou que, um ano antes, realizaram uma verdadeira batalha de relatórios durante o caso Yukos). Belkovski também se comportou como se a vitória de Ianukovich fosse inevitável, definindo seus defensores como "vampiros" e "lobisomens".

Surpreendentemente, quase ocorreu um empate no primeiro turno das votações, com Iushchenko à frente de Ianukovich em meio ponto percentual (39,87% contra 39,32%). O Kremlin não se abalou: eles continuavam certos de que Ianukovich ganharia. Tudo parecia sob controle. Os eventos históricos que se seguiram foram a primeira – e a pior – derrota da primeira década de Vladimir Putin no poder.

PESADELO LARANJA

Em 12 de novembro, Putin navegou até a Crimeia para participar da inauguração oficial de um novo serviço de balsas. Junto dele estava Leonid Kuchma. Ianukovich os esperou no porto de Kerch, junto ao ministro dos Transportes da Ucrânia, Georgui Kirpa, que havia acabado de fechar um pacote de acordos com seu homólogo russo para a construção de um novo porto em Kerch dedicado ao transporte de contêineres. Esses contratos de propaganda pré-eleitorais jamais seriam concretizados. Seis semanas depois, na noite do segundo turno, Kirpa se mataria com um tiro ao saber da derrota de Ianukovich.

O segundo turno da votação foi realizado em 21 de novembro, quando Putin fazia uma visita oficial ao Brasil. Quando as seções eleitorais fecharam em Kiev, eram 4 horas da tarde no Rio de Janeiro. Putin telefonou para Kuchma, que disse que as pesquisas de boca de urna apontavam para a vitória de Ianukovich. Putin telefonou para Ianukovich e o parabenizou pela vitória, o que foi divulgado imediatamente pelas agências de notícias. Na manhã de 24 de novembro, a comissão eleitoral ucraniana declarou a vitória de Ianukovich; no dia seguinte, Putin o parabenizou oficialmente.

Na noite da votação, de 21 para 22 de novembro, dezenas de milhares de apoiadores de Iushchenko se reuniram na Maidan Nezalejnosti (Praça da Independência). Eles armaram barracas e ficaram acampados sob bandeiras laranja, enfrentando um frio intenso durante quase um mês, pedindo que o resultado da eleição "arranjada" fosse anulado. Um dos líderes do protesto de Maidan, Iuri Lutsenko, disse que o apoio escancarado de Putin seria a eventual queda de Ianukovich: os eleitores ficaram indignados com o fato de o presidente russo tentar tão descaradamente impor sua vontade sobre eles.

Gleb Pavlovski, conselheiro de Ianukovich em Moscou, fala de seu receio de sair do hotel, que ficava perto de Maidan. Para atravessar a multidão no centro da cidade, ele tinha de usar um lenço laranja. Quando voltou em segurança para Moscou, Pavlovski descobriu que o Kremlin não tinha a menor ideia do que estava acontecendo — todos bebiam champanhe e o parabenizavam pela campanha de sucesso. Todos acharam que a tarefa tinha sido cumprida: Ianukovich era presidente e a multidão de Maidan podia ser ignorada.

Mas a multidão continuou firme.

As autoridades decidiram não dispersar os milhares de manifestantes, pois Kuchma tinha medo de assumir a responsabilidade pelo que poderia resultar num banho de sangue. Além disso, faltava-lhe pouco tempo para aposentar e ele não queria arriscar seu próprio futuro por causa de seu sucessor, Ianukovich. O senador americano Richard Lugar, que estava em Kiev como chefe de uma delegação de analistas das eleições, chamou a atenção de Kuchma para o fato de que qualquer ação violenta poderia levá-lo ao mesmo destino de Slobodan Milosevic.

Moscou, enquanto isso, pedia a Kuchma para agir de maneira rápida e decisiva. Kuchma então se recolheu em sua casa de campo para considerar suas opções. Ianukovich estava desorientado e não conseguia tomar nenhuma atitude. O edifício da administração presidencial em Kiev estava praticamente vazio. A única pessoa que continuava cumprindo seus deveres apesar dos protestos que engoliam Kiev era Viktor Medvedchuk. Ele manteve uma comunicação direta e constante com Moscou e viajava constantemente até lá para se consultar com Putin. Em Kiev, dizia-se que ele tinha um avião e uma pista de pouso particulares só para esse fim. Foi Medvedchuk que, no final do processo, conseguiu que a Comissão Central Eleitoral da Ucrânia anunciasse os resultados oficiais do segundo turno e declarasse Ianukovich como presidente.

Mas já era tarde demais. Parecia que toda a população de Kiev estava na praça principal com lenços alaranjados. As emissoras de TV ucranianas começaram a apoiar a oposição. Em 26 de novembro, Aleksander Kwasniewski (presidente da Polônia) Valdas Adamkus (presidente da Lituânia) e Javier Solana (ex-secretário-geral da OTAN) chegaram a Kiev e se reuniram com Iushchenko, Ianukovich e Kuchma para uma negociação. Moscou também enviou um representante até Kiev: Boris Gryzlov, presidente da Duma, a quem se atribui a frase "O Parlamento não é lugar para discussão". Seu papel em Kiev não era discutir, mas perturbar as negociações.

Durante a primeira rodada de falas, Iushchenko declarou sua principal exigência: anular os resultados do segundo turno das eleições e realizar uma nova votação. No dia seguinte, o parlamento ucraniano exigiu que os resultados do segundo turno fossem declarados nulos e sem efeito. A decisão agora cabia à Suprema Corte.

Putin ficou furioso com o que acontecia em Kiev. Ele não entendia por que Kuchma não dispersava os manifestantes de Maidan, já que Ianukovich ainda não era presidente. Kuchma respondeu que não podia fazer isso, pois enfrentava uma forte pressão de Washington. Putin nem tentou esconder sua irritação. Ao voltar do Brasil, ele parou em Portugal, onde gritou para os jornalistas perguntando sobre a Ucrânia. Ele acusou a comunidade internacional de ser tendenciosa, uma vez que havia reconhecido as eleições recentes no Afeganistão, em Kosovo e no Iraque (todas antidemocráticas, na opinião dele), mas por algum motivo se recusava a reconhecer o resultado do segundo turno das eleições ucranianas.

Em 25 de novembro, Putin foi a Haia para uma reunião com líderes da União Europeia. Na última entrevista coletiva, ele perdeu o controle e acusou abertamente os Estados Unidos de interferirem em assuntos internos da Ucrânia, implicando que o senador Richard Lugar estava orquestrando a campanha de Iushchenko desde o início.

A cobertura da imprensa russa era unilateral e defendia a ideia de que o Ocidente havia organizado um golpe antirrusso na Ucrânia. Eis que de repente entra em jogo a carta do separatismo. Em 26 de novembro, membros do Conselho Regional de Lugansk votaram a favor da criação de uma República no sudeste da Ucrânia e pediram apoio a Vladimir Putin. Apenas dois dias depois, em 28 de novembro, a cidade de Severodonetsk, na Ucrânia, realizou um "congresso de representantes de todos os níveis" – um encontro de oposição à Revolução Laranja com representantes de quinze *oblasts* (regiões) ucranianos. Os rumos do encontro foram dados pelo governador da região de Kharkov e pelo chefe do Conselho Regional de Donetsk, que sugeriu a realização de um referendo sobre a criação de um "Estado federativo do sudeste, com capital em Kharkov". O representante especial de Putin no congresso foi o prefeito de Moscou, Iuri Lujkov, um populista experiente que, na década de 1990, havia se posicionado como defensor dos direitos da população russa da Ucrânia, especialmente na Crimeia. No entanto, ele não falou de nenhuma peculiaridade no encontro, pois nitidamente carecia de autoridade do Kremlin; a única coisa que ele disse foi: "Há duas forças diametralmente opostas agindo na Ucrânia. Uma é a interferência externa e grosseira nos assuntos internos da Ucrânia; a outra é a Rússia, que respeita plenamente a soberania do país. Como prefeito de Moscou, tiro o chapéu para Viktor Ianukovich".[1]

O próprio Ianukovich, que ainda esperava se tornar presidente da Ucrânia e queria usar o congresso como trunfo no jogo político, foi ainda menos direto:

"As coisas estão à beira de um colapso. Que encontremos uma solução sem recorrer a medidas drásticas. Se uma gota de sangue for derramada, ela vai se transformar num rio. Nosso objetivo é proteger a lei e os direitos do povo. Que tomemos uma decisão que assegure a integridade e a soberania do país".[2] Os participantes falaram e cada um seguiu seu rumo. A ideia de autonomia cairia num esquecimento que durou dez anos.

Leonid Kuchma, entretanto, se lembrou de que havia desejado esse resultado seis meses antes: eleições fracassadas e a chance de concorrer a um terceiro mandato. Em 2 de dezembro, ele e Medvedchuk foram a Moscou discutir o plano com Putin. Ele tentou convencer o presidente russo do valor de sua ideia, mas Putin já não confiava em Kuchma. A única pessoa em quem ele confiava na Ucrânia era o pai de seu afilhado, Medvedchuk. Mas nem mesmo Medvedchuk conseguiu convencer Kuchma a declarar estado de exceção.

Após as negociações, os presidentes da Rússia e da Ucrânia deram uma declaração propondo anular o resultado dos dois turnos de votação e realizar uma nova eleição "sem interferência estrangeira". Na verdade, ninguém contestou o resultado do primeiro turno, que havia praticamente terminado num empate. Mas ambos os lados contestaram o segundo turno; contrariando a afirmação dos partidários de Iushchenko de que os votos foram manipulados a favor de Ianukovich, os apoiadores deste disseram que houve manipulação a favor de Iushchenko em Kiev e no oeste da Ucrânia. Como resultado, a Suprema Corte anulou apenas o segundo turno e marcou a realização de um terceiro (ou melhor, a repetição do segundo) para 26 de dezembro.

Em 8 de dezembro, depois de muita discussão, o Verkhovna Rada (parlamento ucraniano) adotou várias leis de compromisso. A pedido de Iushchenko, alterou a lei eleitoral e introduziu regras para dificultar muito mais a fraude. Além disso, na véspera da votação de 26 de dezembro, reestruturou a Comissão Central Eleitoral. Mas não foi só isso. Seguindo a sugestão de Kuchma, a constituição sofreu algumas alterações: o presidente perdeu uma parte significativa de seu mandato, que passou para o governo, formado por maioria parlamentar. A avaliação de Kuchma era simples: na época, a maioria parlamentar estava ao lado dele e de Ianukovich. Ele ainda esperava permanecer a salvo e se tornar primeiro-ministro. Mas Kuchma não fazia ideia de que depois da derrota de Ianukovich em 26 de dezembro a maioria de seus partidários mudaria de lado.

O resultado da votação de 26 de dezembro (51,99% para Iushchenko e 44,20% para Ianukovich) foi um choque para Moscou. Até o último minuto, a equipe altamente especializada de cientistas e consultores políticos do Kremlin e os deputados da Duma disseram que a situação estava sob controle, que os ucranianos "rejeitariam a praga laranja" e que "o candidato pró-Ocidente não tinha chance". Quando o resultado da votação foi revelado, os consultores políticos de Ianukovich de Moscou não podiam assumir a responsabilidade pelo fracasso. Admitir que o dinheiro pago a eles tinha sido desperdiçado e que eles tinham arruinado tudo seria um suicídio. Tudo o que podiam fazer era retornar, dizer que fizeram tudo o que podiam e pôr a culpa no Ocidente. Putin não admitiria nem para si mesmo que havia sido desastrado, que não havia entendido as verdadeiras intenções de Kuchma e Ianukovich, e que havia confiado demais em seu amigo Medvedchuk.

A derrota foi particularmente dolorosa porque o Kremlin não entendeu suas causas. Como os esforços extenuantes da Rússia não produziriam o resultado desejado? A conclusão foi que talvez o inimigo – ou seja, o Ocidente – tivesse se esforçado ainda mais.

Três meses antes do fracasso de Maidan, Vladimir Putin foi pego desprevenido pelo ataque terrorista em Beslan e instintivamente jogou a culpa nos inimigos coniventes da Rússia. A derrota na Ucrânia deu a ele a certeza de que seus instintos estavam certos.

CAPÍTULO 6
—
Em que o vice-chefe de gabinete Vladislav Surkov defende o sitiado Kremlin

Vladislav Surkov lembra um herói romântico dos livros do século XIX. Ele dá a impressão de ser recluso, solitário e pensativo mesmo quando atravessa o tapete vermelho no Grande Palácio do Kremlin. Parece um filósofo mesmo quando bebe de madrugada no Café Pushkin, no centro de Moscou, lugar predileto de turistas ricos e estrelas pop russas. Parece sempre ser um homem que sabe muito mais do que diz, que resolve tudo de antemão e, por isso, trata todas as perguntas com um nítido sarcasmo. Mesmo assim, ele é capaz de facilmente encantar seus interlocutores. Consegue dizer coisas maravilhosamente cínicas, mas sempre aparenta ser sincero e sábio.

Para muitos, Surkov parece um gênio maligno. Ele fala de maneira encantadora sobre coisas terríveis: assassinato, guerra, morte. "Quem disse que a guerra não é uma ferramenta do século XXI? A humanidade possui neste século as armas mais mortíferas de sua história e neste século verá as guerras mais mortíferas", diz o intelectual sofisticado, abrindo um sorriso.

Mesmo muito depois da meia-noite, enquanto fala sobre arte contemporânea e bebe na companhia de estrelas (por exemplo, a cantora de rock Zemfira e a atriz cult Renata Litvinova), ele continua sendo um estadista, leal a Vladimir Putin.

É claro, ele não se considera um funcionário público comum. Ele se vê como uma espécie de samurai, que se entrega inteiramente ao serviço do imperador. Vladislav Surkov é diferente dos outros, e ele mesmo está plenamente convencido disso.

APARTAMENTO ALUGADO

Em 17 de fevereiro de 2005, um apartamento enorme alugado no centro de São Petersburgo foi palco de um encontro secreto que mais parecia uma reunião de revolucionários do *underground*. A Revolução Laranja tinha acabado de cantar a vitória na Ucrânia, e os jovens que chegavam ao apartamento não falavam de outra coisa – mais especificamente, eles discutiam a possibilidade de uma "revolução colorida" semelhante acontecer na Rússia.

Um dos últimos a chegar foi um sujeito um pouco mais velho, na casa dos quarenta anos, acompanhado de um guarda-costas. Era Vladislav Surkov, vice-chefe do gabinete presidencial, o principal estrategista político do Kremlin, e deixou os jovens de São Petersburgo chocados com suas ideias independentes e até oposicionistas. Por exemplo, ele criticou todos os partidos políticos russos, incluindo a Rússia Unida, que estava no poder. (O fato de que Surkov tinha efetivamente criado o partido e naquele momento estava a cargo dele não foi mencionado).[1]

Surkov criticou fervorosamente a corrupção na política, explicando para sua jovem plateia que a próxima geração de políticos deveria ser motivada pela ideologia e pelo compromisso e que todos reunidos naquele apartamento tinham potencial para moldar a política do futuro – e talvez até formar a espinha dorsal do futuro governo.

A reunião, é claro, não era um círculo de rebeldes, ao contrário: era um encontro do que se tornaria o movimento juvenil pró-governo Nashi, ou "Nosso". Surkov copiou artisticamente as armadilhas externas de organizações de jovens rebeldes para transformar o movimento em uma poderosa estrutura estatal. O golpe na Ucrânia, junto àqueles ocorridos na Geórgia e na Sérvia, resultou no "controle estrangeiro", o que não poderia ser permitido na Rússia, explicaram Surkov e seu assessor Vasili Iakimenko, futuro líder do Nashi, aos jovens reunidos naquele dia. Além disso, disseram eles, um ramo do movimento jovem Pora!, ou "É hora!", já havia sido criado em Moscou. O Nashi agiria como um contrapeso a essas organizações títeres.[2]

Dez dias depois, o primeiro congresso do Nashi foi realizado em um sanatório nos arredores de Moscou, propriedade da administração presidencial. Havia ativistas pró-Kremlin de grupos anteriores, ativistas estudantis das universidades de Moscou e representantes de associações de torcidas de futebol. Eles formariam a base dos "destacamentos juvenis da lei e da ordem", que, se necessário, resistiriam firmes e fortes à revolução iminente na Rússia.

Todas as reuniões organizacionais foram mantidas no mais estrito segredo, como se fosse uma sociedade clandestina visando mudanças de regime e não uma medida de segurança. Oleg Kashin, jornalista do *Kommersant* que tentou se infiltrar no primeiro congresso, foi informado de que o Nashi não existia e expulso imediatamente do sanatório.[3]

Em 15 de maio, o Nashi finalmente se revelou ao promover em Moscou uma celebração um pouco atrasada do Dia do Vitória. Cerca de sessenta mil pessoas das regiões vizinhas se dirigiram de ônibus até a capital para comemorar a rendição da Alemanha à União Soviética no final da Segunda Guerra Mundial (conhecida na Rússia como a Grande Guerra Patriótica), um evento normalmente comemorado em 9 de maio. Leninski Prospekt, uma importante via que leva ao aeroporto de Vnukovo, foi bloqueada. Oradores na manifestação diziam que o evento era a "verdadeira Maidan russa".

No início de julho, o Nashi organizou um acampamento de verão no Lago Seliger, na região de Tver. O *jamboree* de duas semanas reuniu 3 mil jovens de 45 regiões. Durante duas semanas, os participantes praticaram esportes e assistiram a shows de músicos do momento (Zemfira, a cantora de rock mais popular do país, apareceu).

O analista político Gleb Pavlovski, que no ano anterior havia supervisionado a campanha de Ianukovich em Kiev, transformou sua Fundação de Política Efetiva no mais importante dos grupos estratégicos pró-governo e ministrou palestras para os membros da organização. "O principal problema de vocês", disse ele, "é confiar demais na sua existência. E a existência de vocês não é garantida, acreditem. A civilização europeia tem como base a necessidade de um inimigo constante, especialmente em períodos de relativa calma. Na virada para o século passado, o inimigo eram os judeus; hoje são os russos. Para o Ocidente, os russos são marginalizados, independentemente do que façam ou do quanto sejam bons. Os russos são os judeus do século XXI. Vocês precisam ter consciência disso. Precisam ser mais durões, aprenderem a usar um rifle e enfrentar seus adversários com força. Para mim, o Nashi é o punho que a sociedade deve mostrar aos neonazistas. Ele precisa ser mais ativo".[4]

No final do segundo semestre, Pavlovski iria ainda mais longe. Ele se tornaria o principal propagandista da equipe de Surkov ao apresentar o *Realpolitik*, um programa analítico semanal transmitido aos domingos pela NTV durante o horário nobre. Hoje Pavlovski se arrepende: "Foi nesse momento que começamos a perder tempo. Naquela época, o que fazíamos parecia importante. No entanto, a verdade é que o governo havia planejado todos os objetivos ilusórios possíveis e os cumpria vigorosamente. Tudo era inútil. Mas como só olhávamos para dentro, não percebemos isso".

Em 26 de julho, um dia depois que o acampamento terminou, os ativistas de maior destaque no Nashi visitaram o presidente Putin, que disse: "Sua organização é um exemplo brilhante de sociedade civil. [...] Espero que o Nashi tenha alguma influência na situação no país".[5]

O Nashi se transformou numa estrutura permanente, talvez a única organização política madura da Rússia que teve outras funções para além de manifestações ou assembleias de massa. Os ativistas receberam bolsas de estudo ou de trabalho, além de treinamento gratuito e férias. A organização se baseava no princípio do marketing de rede: quanto mais amigos um ativista convidar, mais alto se torna seu status.

    Surkov sabia que no coração de qualquer revolução repousa uma agenda negativa – é muito mais fácil mobilizar as massas para lutar *contra* algo do que *por* algo. É claro que os milhares de pessoas reunidas na Praça da Independência em Kiev queriam democracia e liberdade. Mas o que mais as impulsionava era a luta contra a corrupção do regime de Leonid Kuchma. E sua principal motivação era se livrar da influência da Rússia e de Putin. O medo de um inimigo externo, especialmente de um inimigo antigo, é sempre o melhor incentivo. Surkov levou tudo isso em conta ao formular a mensagem do Nashi. Na verdade, ele agiu como se estivesse preparando uma revolução. Escolheu os jovens mais ativos e empreendedores e os inculcou de ideologia – a ideia de se rebelar contra inimigos externos, que neste caso eram os Estados Unidos e a conspiração global contra a Rússia.

    O Nashi não era o único projeto de Surkov, mas foi o mais atraente. Depois da Revolução Laranja, ele ficou encarregado de elaborar a estratégia do Kremlin para evitar uma revolução similar na Rússia. O vice-chefe do gabinete presidencial analisou as principais forças motrizes que impulsionaram a revolução em Kiev – o movimento jovem Pora!, os artistas pop ucranianos que se apresentaram em Maidan, as organizações não governamentais envolvidas no monitoramento das eleições e a mídia independente (sobretudo o Canal Cinco, propriedade do magnata da indústria de chocolates Petro Poroshenko) – e começou a se concentrar em seus equivalentes russos.

    Em abril, Surkov realizou uma reunião secreta em um hotel em Moscou para recrutar os músicos mais populares da Rússia – o que deu muito certo. Todos os canais de TV estatais do país receberam uma lista com o nome das pessoas que não poderiam ser mencionadas, e também com o nome das pessoas que não podiam ser criticadas.

    Voltemos um pouco no tempo. No final de 2003, o Centro Russo de Pesquisas da Opinião Pública (VTsIOM), maior agência de pesquisas do país, foi efetivamente confiscado; o diretor Iuri Levada e toda a equipe deixaram a organização e foram substituídos por um grupo de indivíduos escolhidos a dedo por Surkov, mas que não tinham conhecimento específico na área.

    Em dezembro de 2005, a Duma Federal pôs em prática uma série de emendas à lei sobre as ONGs. O objetivo principal era acabar com o financiamento de atividades políticas vindo do exterior. Surkov afirmou repetidas vezes que a lei era necessária para impedir as tentativas do Ocidente de orquestrar uma revolução colorida na Rússia. "Todo mundo sabe que James Woolsey, [presidente] da Freedom House, já foi diretor da CIA", disse Surkov em 16 de maio (um dia depois da manifestação do Nashi na Leninski Prospekt) numa reunião fechada com líderes empresariais, referindo-se a uma ONG apoiada pelo governo norte-americano que define sua missão como "a expansão da liberdade e da democracia em todo o mundo". "Só um idiota acreditaria que a missão da organização é puramente humanitária".[6] Em outubro, a Human Rights Watch, a Anistia Internacional e a Médicos sem Fronteiras foram obrigadas a suspender temporariamente suas atividades devido a "documentos arquivados incorretamente".

O Grupo Helsinki de Moscou, organização de direitos humanos mais antiga do país, enfrentou mais desagrado. Alguns dias após a adoção das emendas à lei sobre ONGs, a emissora de televisão estatal Rossiya exibiu o documentário *Spies*, que falava sobre a espionagem britânica em Moscou – os diplomatas britânicos teriam usado uma pedra falsa colocada num parque no centro de Moscou com um equipamento para transmitir informações secretas. O filme mostrou imagens reais e deu nome a indivíduos específicos, incluindo Mark Doe, segundo-secretário da embaixada do Reino Unido. O documentário também falava que Doe havia financiado grupos russos de direitos humanos, como o Grupo Helsinki de Moscou, na época liderado por Liudmila Alexeieva, de 78 anos, indicada diversas vezes ao Prêmio Nobel da Paz. A própria Alexeieva ficou chocada com as alegações, dizendo que nunca tinha ouvido falar de Doe e que só havia recebido um único subsídio das autoridades britânicas.*

Putin, Surkov e seus camaradas estavam presos em algo mais além da mera paranoia. Eles recebiam relatórios diários sobre parceiros ocidentais que realizavam operações de inteligência em território russo, o que, no contexto da revolução ucraniana, os levou a algumas conclusões bem assustadoras.

FORTALEZA SITIADA

A nova doutrina ideológica desenvolvida por Surkov foi chamada de "democracia soberana". Ele basicamente substituía a "democracia controlada" de Alexander Voloshin, que, como arquiteto da política do Kremlin durante o primeiro mandato de Putin, acreditava na necessidade de reformas econômicas e políticas – a democracia simplesmente não cresceria sozinha, pois precisava de assistência externa. Surkov acreditava que o problema não

---

* Curiosamente, poucas pessoas acreditaram de fato nas afirmações da Rossiya — *Spies* parecia mais uma peça grosseira de propaganda da era soviética. No entanto, seis anos depois, Jonathan Powell, ex-chefe de gabinete do governo de Tony Blair, admitiu numa entrevista que a tal "pedra espiã" realmente existiu e que grande parte dos fatos narrados no documentário era verdadeira.

se resolveria com um simples ajuste interno, uma vez que os problemas da Rússia não eram apenas internos e provavelmente não eram internos de modo nenhum. Em vez disso, a Rússia foi prejudicada por um inimigo externo que desde sempre se aproveitava de sua soberania. Portanto, a democracia russa tinha que ser única e estar pronta para se defender contra ameaças externas.

No início de 2005, o Kremlin realmente se sentiu uma fortaleza sitiada. Os motivos eram muitos, sobretudo a humilhação da Revolução Laranja em Kiev. O pânico estava começando a se espalhar.

Mais ou menos na mesma época dos eventos na Ucrânia, aconteciam as eleições presidenciais da Abcásia, uma pequena república autodeclarada autônoma, que se separou da Geórgia no início dos anos 1990 e faz fronteira com Sochi (ou seja, localizada a poucos quilômetros da residência predileta de Putin). Os burocratas russos gostavam de visitar a Abcásia quando se entediavam com o clima da atmosfera oficiosa do *resort* presidencial; e o Kremlin basicamente tratava a Abcásia como área de serviço da casa de veraneio do presidente.* Desse modo, a escolha do candidato para as eleições presidenciais foi baseada em um critério simples: qual era o predileto de Putin? Este, por sua vez, não teve tempo (ou vontade) de filtrar os candidatos, então optou aleatoriamente pelo presidente da KGB local, Raul Khajimba.

Com a escolha feita, Khajimba recebeu toda a pompa digna de um escolhido de Putin – basicamente a mesma dada a Ianukovich, mas em menor escala, dado o tamanho da Abcásia. Em agosto, enquanto passava férias em Sochi, Putin apareceu na frente das câmeras com Khajimba, também acompanhado por Ianukovich. Sukhumi também recebeu a visita de "especialistas" russos (principalmente do FSB), que disseram ao vivo que os abcásios deveriam "agradecer a Rússia pelo apoio", ou seja, votar na escolha da Rússia. No entanto, em 3 de outubro de 2004, um mês antes do primeiro turno das eleições ucranianas, o líder da oposição, Serguei Bagapsh, venceu de lavada o candidato escolhido por Putin.

A Abcásia poderia ter sido perdoada não fosse o horror que se desdobrava na Ucrânia. E o motim dos eleitores poderia ter sido suprimido se os cidadãos da república não reconhecida e o próprio Bagapsh – ex-secretário do Partido Comunista local e diretor de uma empresa local de energia – não fossem tão teimosos.

---

* Um dia, um funcionário do Kremlin que relaxava na praia em Sukhumi, capital costeira da Abcásia, foi abordado por um residente local, que lhe disse não poder levar o filho para fazer um tratamento médico no exterior porque nenhum país no mundo reconhecia passaportes da Abcásia. O funcionário relatou o episódio a Putin e sugeriu (supostamente para fins altruístas) que os abcásios recebessem passaportes russos. Dito e feito.

Ao visitar as autoridades russas em Sochi, o recém-eleito Bagapsh e sua equipe foram recebidos por Vladislav Surkov.* Assim que atravessaram a porta, Surkov começou a criticá-los. Bagapsh e seus camaradas ficaram tão ofendidos que retornaram imediatamente a Sukhumi.

O presidente eleito só cedeu à pressão do FSB quando a Rússia decidiu cortar o vínculo mais vital para a sobrevivência da Abcásia – a exportação de tangerina para a Rússia, cuja renda mantinha toda a população da república. Sob cerco, Bagapsh acabou assumindo o compromisso de realizar novas eleições, além de prometer que, se ganhasse de novo, nomearia como vice-presidente o candidato perdedor e protegido de Putin. Em 12 de janeiro de 2005, ele foi devidamente reeleito presidente. Um dia depois, Viktor Iushchenko foi reconhecido como novo chefe de Estado da Ucrânia.

Além das revoluções da Ucrânia e da Abcásia, o Kremlin ainda se lembrava da Revolução Rosa, que havia ocorrido um ano antes na Geórgia. A força motriz desse movimento, que havia destituído a presidência de Eduard Shevardnadze, foi o grupo jovem revolucionário Kmara, ou "Basta", que recebia o apoio efetivo de organizações não governamentais dos Estados Unidos.

No entanto, por mais estranho que pareça, a revolução de 2003 na Geórgia foi negligenciada pelo Kremlin na época. Para começar, a Rússia estava cansada de Shevardnadze, georgiano que havia sido ministro soviético das Relações Exteriores, além de braço direito de Mikhail Gorbatchov. Os veteranos em Moscou falam de como Shevardnadze havia sido culpado pela ruptura da União Soviética, já que, durante seu mandato como ministro das Relações Exteriores, ele assinou deliberadamente acordos que prejudicaram os interesses da Rússia e aceleraram o colapso de seu império.

Na década de 1990, a política de Shevardnadze foi condenada por Moscou como antirrussa. Por exemplo, ele foi um dos principais apoiadores do gasoduto Baku-Tbilisi-Ceyhan, a primeira rota a contornar a Rússia no fornecimento de petróleo, do Mar Cáspio ao Ocidente.

Putin e Shevardnadze eram os melhores inimigos. Shevardnadze foi acusado de apoiar os terroristas chechenos, e a Rússia usou aviões de guerra para bombardear diversas vezes o desfiladeiro de Pankisi, no norte da Geórgia, onde os militantes chechenos supostamente estavam escondidos. A Geórgia de Eduard Shevardnadze foi o primeiro país a receber sanções de Putin – a Rússia começou a exigir visto dos georgianos que entravam em

---

* Na verdade, Surkov era responsável pela política interna dentro da administração presidencial, mas a Rússia nunca considerou a Abcásia uma terra estrangeira, embora formalmente ela fizesse parte da Geórgia.

seu território, embora os cidadãos de todos os outros países da Comunidade dos Estados Independentes (sucessora da União Soviética) pudessem transitar livremente.

Assim, a derrocada de Shevardnadze durante a Revolução Rose em 2003 não arrancou nenhuma lágrima de Moscou. Ironicamente, em 22 de novembro de 2003, membros do Conselho de Segurança russo, depois de sua reunião semanal de praxe, foram ao restaurante georgiano Genatsvale, localizado na Rua Ostojenka, na área mais cara de Moscou, não muito longe do Kremlin. No meio do jantar, conforme descrito pelo jornalista britânico Angus Roxburgh, Putin recebeu um telefonema de Eduard Shevardnadze, que queria conversar numa linha segura sobre a agitação pública que havia eclodido em Tbilisi.[7]

De acordo com pesquisas de boca de urna, as eleições parlamentares de 2 de novembro teriam sido conquistadas pelo partido da oposição, liderado por Mikheil Saakashvili. Mas as autoridades declararam a vitória para si mesmas. Em 22 de novembro, as manifestações contra o governo chegaram ao ponto máximo, e os manifestantes invadiram o prédio do parlamento. Shevardnadze não teve escolha exceto pedir ajuda a seu inimigo declarado, Vladimir Putin.

Apesar da hostilidade para com Shevardnadze, o Conselho de Segurança confiava ainda menos na oposição da Geórgia e não recebeu muito bem a perspectiva de uma revolução popular em um país vizinho. Foi então que Igor Ivanov, ministro das Relações Exteriores da Rússia, saiu do restaurante Genatsvale e foi direto para o aeroporto pegar um avião para Tbilisi. Por um lado, ele havia nascido na Geórgia; por outro, havia trabalhado com Shevardnadze no Ministério das Relações Exteriores soviético. Aquela era uma missão de reconhecimento mais do que qualquer outra coisa, já que Putin não havia entendido de fato o que estava acontecendo na Geórgia, nem o porquê. Ele não deu nenhuma instrução exata a Ivanov, que entendeu que sua tarefa era evitar o derramamento de sangue e a revolução. Diante do desconhecido, o Kremlin sempre prefere o *status quo*.

Ao chegar a Tbilisi, Ivanov foi à praça em frente ao prédio do parlamento para conversar com os líderes da oposição, incluindo Mikheil Saakashvili. Ele se encontrou com os amigos em Tbilisi e, na manhã seguinte, foi para a casa de veraneio de Shevardnadze. A essa altura, ele estava convencido de que Shevardnadze tinha perdido toda autoridade e influência. Ivanov provavelmente teria tentado impedir a iminente revolução se Putin tivesse lhe pedido explicitamente. Mas, em vez disso, o ministro das Relações Exteriores apenas disse a Shevardnadze que não acreditava no futuro político dele e recomendou urgência nas negociações. Algumas horas depois, Ivanov reuniu Shevardnadze e os três líderes da oposição (liderados por Saakashvili) na mesma mesa, deu um tapinha no ombro de cada um e disse: "O presidente Putin me pediu para ajudar vocês a encontrar uma solução política. Agora cabe a vocês manter o diálogo e evitar um derramamento de sangue. Vou deixá-los a sós".[8]

Ivanov voltou para Batumi, na Geórgia, na costa do Mar Negro, onde soube que Shevardnadze havia renunciado. O ex-presidente esperava ouvir palavras de apoio de Ivanov e acabou interpretando o silêncio como uma exigência para se render aos vencedores eleitorais.

Em 4 de janeiro de 2004, a Geórgia realizou suas eleições presidenciais. Mikheil Saakashvili saiu vitorioso e um mês depois visitou Moscou em sua primeira viagem internacional como presidente. Durante uma reunião no Kremlin, Saakashvili, entusiasmado, expressou sua admiração por Putin dizendo que gostaria de agir como o líder russo.* Ele também garantiu a Putin que tentaria corrigir os vários erros cometidos por Shevardnadze.

Saakashvili lembra que Putin reagiu fazendo um breve discurso sobre as relações da Rússia com os Estados Unidos. Ele contou a história de quando, em 2003, teria de visitar a Moldávia para assinar um acordo sobre o assentamento moldavo-transnacional. O avião já havia decolado quando ele recebeu uma ligação de Vladimir Voronin, presidente da Moldávia, dizendo-lhe que o acordo não seria firmado porque o "segundo secretário da embaixada dos Estados Unidos havia proibido a assinatura". Depois, contou outra história sobre como o presidente da Lituânia lhe pediu um desconto no petróleo, mas Putin negou porque os lituanos "se comportaram mal". "O princípio era simples", diz Saakashvili. "Não se comportem mal e não façam amizade com os Estados Unidos."

Apesar de tudo, Putin e Saakashvili se despediram amistosamente: o presidente da Geórgia ficou encantado com o camarada veterano, e o líder russo se convenceu de que havia colocado seu parceiro mais jovem no caminho certo.

A atitude de Putin em relação à Geórgia e a Saakashvili mudou dramaticamente depois que Saakashvili apoiou a Revolução Laranja na Ucrânia, e o Kremlin começou a repensar sua forma de agir em relação aos eventos na Geórgia. Igor Ivanov, incitador involuntário da revolução georgiana, não tinha como discutir, pois havia sido dispensado na época. Quando o primeiro mandato de Vladimir Putin foi chegando ao fim, o Ministério das Relações Exteriores da Rússia foi entregue a Serguei Lavrov.

Foi somente no fim de 2004 que de repente os teóricos da conspiração do Kremlin perceberam que haviam subestimado o inimigo. Eles

---

* Durante os meses seguintes, na verdade, ele começou a construir na Geórgia uma estrutura de poder descendente baseada no modelo russo.

concluíram que as revoluções nas fronteiras da Rússia com a Geórgia, a Ucrânia e até mesmo a Abcásia foram o resultado de uma trama antirrussa. Além disso, era óbvio que o próximo alvo dos estrangeiros que apoiavam as revoluções coloridas seria a própria Rússia – algo que devia ser evitado a todo custo.

Em 2005, o pânico se intensificou. Em abril, houve uma nova revolução no Quirguistão, pequeno país na Ásia Central e uma das repúblicas mais pobres da antiga União Soviética. Os manifestantes derrubaram o presidente Askar Akaiev e saquearam sua residência. O próprio Akaiev fugiu para Moscou e garantiu a seus anfitriões que havia sido vítima de uma conspiração dos Estados Unidos – afinal, é claro que ele não havia sido derrubado pelos comerciantes cansados de serem constantemente extorquidos.

As autoridades dos Estados Unidos disseram que não tinham nada a ver com a revolução no Quirguistão, ao contrário: Akaiev havia lhes recebido bem, pois em 2001 permitiu que Washington (com o consentimento de Putin) estabelecesse uma base militar no aeroporto fora da capital, Bishkek. Já o presidente George W. Bush, no entanto, recebeu muito bem o desejo de democracia do povo do Quirguistão, o que o Kremlin interpretou como confissão manifesta do papel dos Estados Unidos na derrocada de Akaiev.

A revolução do Quirguistão quase se espalhou para o país vizinho Uzbequistão, a mais populosa das repúblicas da Ásia Central. A parte oriental do país, localizada no vale de Fergana, na verdade é separada do resto do Uzbequistão por uma cordilheira. Apenas uma pequena passagem conecta as duas partes. Os arredores do vale de Fergana pertencem ao Quirguistão e, a partir dali, o sabor da vitória revolucionária se espalhou para regiões dentro do Uzbequistão, que logo aderiram aos protestos. Inicialmente, as manifestações não se dirigiam às autoridades centrais: na cidade de Andijan, dentro do vale de Fergana, vários líderes empresariais foram presos e tiveram suas empresas ilegalmente confiscadas, e seus familiares simplesmente se reuniram na praça principal para exigir a libertação de seus provedores.

Logo a cidade toda se juntou à manifestação. Os líderes empresariais foram resgatados da prisão pelos manifestantes e as autoridades locais fugiram da cidade. Na noite de 13 de maio de 2005, a polícia disparou contra os manifestantes. O tiroteio começou na praça principal, o centro do protesto. Amedrontados, os moradores de Andijan fugiram para a fronteira com o Quirguistão, a cerca de 20 quilômetros da cidade, mas foram recebidos no caminho por tiros das tropas do exército. Muitas pessoas foram mortas, mas milhares conseguiram atravessar a fronteira para o Quirguistão. As autoridades do Uzbequistão exigiram que os fugitivos fossem extraditados como terroristas, mas o Quirguistão os enviou a países da UE como refugiados.

Como primeiro líder a reprimir uma revolução colorida, o presidente uzbeque Islam Karimov se tornou um herói para Vladimir Putin. Cinco meses após o massacre de Andijan, a Rússia e o Uzbequistão assinaram um tratado garantindo que, se o regime de Karimov fosse ameaçado mais uma vez, a Rússia forneceria ajuda militar.

"A neurose pós-Ucrânia se espalhou para a política interna", diz Gleb Pavlovski sobre aquele período, quando era conselheiro da administração presidencial. "Todos nós nos sentíamos despreparados para uma revolução colorida na Rússia. Eu não fui exceção."

E foi assim que a Rússia de Vladimir Putin entrou numa nova fase histórica. Tudo foi deixado em segundo plano: a integração com o Ocidente, a amizade com líderes da Europa e a conversa sobre valores europeus. O Kremlin medieval de Moscou, que há séculos não era capturado por forças invasoras, se sentia uma fortaleza sitiada. O pânico obrigou Putin a exigir que Vladislav Surkov tomasse uma atitude imediata.

IMPERADOR MILITAR

As eleições presidenciais dos Estados Unidos foram realizadas em 2 de novembro de 2004, apenas três dias depois do primeiro turno de votação na Ucrânia e vinte dias antes do segundo, que marcou o início dos protestos de Maidan. Naquela noite, o embaixador dos Estados Unidos em Moscou, Alexander Vershbow, deu uma recepção em sua residência oficial, a Spaso House. Havia um televisor na parede transmitindo imagens ao vivo da CNN e os convidados se fotografavam alegremente na entrada segurando cartazes de George W. Bush e John Kerry. Naquela época, quase todas as recepções da embaixada dos Estados Unidos eram frequentadas pela alta sociedade de Moscou, incluindo membros da Duma Federal e jornalistas da mídia estatal. Dez anos depois, tal ato seria considerado uma ofensa e, na entrada do evento, os correspondentes desses mesmos meios de comunicação assediariam os convidados com a pergunta: "Quanto os norte-americanos estão te pagando?".

Em 2 de novembro, no entanto, a Spaso House recebeu o *beau monde* político, incluindo os conselheiros russos de Ianukovich que acabavam de chegar de Kiev. Eles transitaram pelo salão cheios de orgulho, irradiando a confiança de que a campanha que conduziam para Ianukovich era um grande sucesso e de que a vitória dele era certa. Também estava presente o cientista político Viacheslav Nikonov, que alguns anos depois, com o apoio do Kremlin, criaria a Fundação Russky Mir (Mundo Russo) e se tornaria deputado da Duma. Nikonov era neto de Viacheslav Molotov, o ministro das

Relações Exteriores de Stalin, e, naquele dia, bebericava de vez em quando um copo de uísque e fazia brincadeiras a respeito da "instabilidade política" dos Estados Unidos, já que ninguém sabia quem venceria as eleições americanas, Bush ou Kerry. Na Ucrânia não havia esse problema, é claro. Todos sabiam que a vitória seria de Ianukovich.

Logo chegou a notícia de que George W. Bush havia vencido com 51% dos votos, contra 48% de Kerry. O resultado teve um efeito fortíssimo sobre o Kremlin: além de Bush ter sido eleito para o segundo mandato, o partido dele havia conquistado o controle total das duas câmaras do Congresso. Ele parecia o mestre absoluto do mundo – um verdadeiro "imperador militar", como o chamavam no Kremlin. Durante muito tempo, George W. Bush representou para Putin o modelo de presidente ideal, diz Gleb Pavlovski: "Um líder forte, que sempre quebrava as regras". Putin olhava para Bush com inveja, respeito e medo.

Em janeiro de 2005, em seu segundo discurso de posse, Bush declarou: "Com o objetivo final de acabar com a tirania no mundo, faz parte da política dos Estados Unidos buscar e apoiar o crescimento de movimentos e instituições democráticas em cada nação e em cada cultura".[9] Chamada de "Doutrina Bush", essa abordagem representou uma nova fase da política externa dos Estados Unidos, em que o país assumiria o papel de policial mundial, apoiado pelo discurso pautado na luta pela democracia e pelos direitos humanos.

"O Kremlin sabia que era apenas uma questão de tempo para que a Rússia entrasse na mira de Bush", diz Pavlovski. "Superestimar o papel e a importância de Bush deu origem ao pânico. Tínhamos a sensação de que ele havia chegado para ficar. Ele havia sido eleito para um segundo mandato, o que significava para sempre. Era esse o clima predominante no mundo naquela época, então não surpreende que nós também pensássemos assim. Concluímos que era preciso reunir forças e nos defender."

Apesar disso, Putin ainda tinha esperanças de restabelecer relações com Bush. Ele gostava do "imperador militar" e queria estabelecer com ele uma parceria justa e igualitária, embora se ofendesse por aparentemente não ser considerado um igual por Bush. Nas reuniões bilaterais, o presidente dos Estados Unidos sempre deixava claro para Putin que tudo estava bem entre eles. Mas, assim que os presidentes se despediam, alguma coisa dava errado – fosse a revolução na Ucrânia, o programa nuclear do Irã, a bagunça no Iraque, a presença de oficiais da inteligência dos Estados Unidos no Cáucaso ou os planos dos Estados Unidos para implementar um escudo antimísseis na Europa. Pensando nisso, Putin elaborou uma lista de reclamações contra Bush. Quando os dois se encontrassem de novo, ele discutiria cada ponto com o presidente americano.

Os argumentos de Putin basicamente se resumiam à Rússia sempre ser tratada como inferior nas relações exteriores dos Estados Unidos. Putin foi o primeiro a apoiar Bush em sua "guerra contra o terrorismo" em 2001, no mesmo ano em que a Rússia encerrou as atividades de suas bases em Cuba e no Vietnã. A Rússia teve de conter a raiva quando os Estados Unidos se retiraram do Tratado ABM e se envolveram numa segunda onda de expansão da OTAN na Europa Oriental em 2004, uma vez que a inclusão de três ex-repúblicas soviéticas – Estônia, Letônia e Lituânia – significava que a aliança agora fazia fronteira com a Federação Russa.

Putin esperava respeito e concessões mútuas em troca, mas não obteve nada disso. Os Estados Unidos sequer aboliram a emenda Jackson-Vanik do Trade Act de 1974, que restringiu os laços comerciais com a União Soviética em resposta à recusa de Moscou em permitir a emigração de judeus para Israel (os chamados *refuseniks*). A União Soviética não existia mais, todos os judeus que queriam emigrar já haviam partido há muito tempo (na verdade, muitos já haviam retornado), e a emenda continuava válida.

Outros pontos de discórdia foram a relutância de Bush em ratificar o Tratado das Forças Armadas Convencionais na Europa, o desejo de implantar um sistema de defesa antimíssil na Europa (supostamente contra o Irã) e a perspectiva de outras ex-repúblicas soviéticas aderirem à OTAN – desta vez, Geórgia e Ucrânia. Em vez de agradecimento pela cooperação, tudo que Putin ouviu foram críticas sobre a liberdade de expressão, o caso Yukos, a Chechênia e assim por diante.

Bush ouviu pacientemente todas as acusações de Putin, mas seus assessores ficaram indignados. Eles estavam convictos de que Putin não tinha o direito de interferir em assuntos de outros Estados, como Ucrânia ou Geórgia, e que o melhor a fazer era colocar a própria casa em ordem. A comitiva de Bush não tinha a mesma simpatia que ele por Putin.

SESSENTA ANOS SEM GUERRA

Gleb Pavlovski relata que, até 2005, o Kremlin adorava a ideia de entrar para a OTAN e conversava entusiasmado sobre as condições da Rússia para aceitar o convite, se um dia ele fosse feito.

Mesmo antes de ser eleito presidente, ao se encontrar pela primeira vez com o secretário-geral da OTAN, George Robertson, em fevereiro de 2000, Putin lhe perguntou quando a Rússia poderia se juntar à aliança. Robertson não estava preparado para a pergunta e respondeu de forma padrão, dizendo que todos os países que quisessem entrar para a OTAN deveriam se candidatar de acordo com o procedimento estabelecido. Putin ficou irritado, pois havia se convencido de que a Rússia não tinha que esperar na fila como outros países, ao contrário: ela deveria ser convidada.

Por iniciativa de Silvio Berlusconi, primeiro-ministro italiano, o Conselho OTAN-Rússia foi criado em 2002 como etapa intermediária do processo de participação plena da Rússia na Aliança Atlântica. Berlusconi chegou a organizar uma cúpula de luxo em Roma para celebrar a ideia, e o representante permanente da Rússia para a OTAN teve um lugar garantido na mesa, bem ao lado dos países membros. Entre quatro paredes, o grupo discutiu seriamente sobre como receber a Rússia da maneira menos dolorosa possível, fazendo o país se sentir respeitado e valorizado.

O primeiro desafio sério foi a entrada na OTAN dos países da Europa Oriental, incluindo as repúblicas do Báltico (de cuja participação Putin só soube posteriormente). As revoluções coloridas foram o segundo. Depois, em 2005, a proclamação da "Doutrina Bush" e a transformação do Kremlin numa fortaleza sitiada acabaram com essas esperanças de uma vez por todas.

Em abril de 2005, Putin entregou seu discurso anual à Assembleia Federal, o parlamento bicameral da Rússia. A frase mais notável, citada posteriormente pela imprensa do mundo todo, aparecia bem no início: "O colapso da União Soviética foi a maior catástrofe geopolítica do século XX". No entanto, o discurso não falava de revanchismo ou nostalgia. Em vez disso, Putin (lendo as palavras do responsável pela política do Kremlin, Vladislav Surkov, que havia preparado o discurso) disse que a Rússia era um país europeu, que os valores europeus eram seu "ponto de referência" e que, durante 300 anos, a Rússia "andou de mãos dadas com as nações europeias", inclusive na luta pelos direitos humanos. Além disso, Putin ainda disse à sua desanimada audiência, formada por funcionários públicos e juristas, que não planejava "entregar o país a uma burocracia corrupta e ineficaz" e que era "politicamente conveniente dialogar com a sociedade".

"Para a Rússia moderna, os valores da democracia não são menos importantes do que a busca por sucesso econômico e bem-estar social", explicou ele, acrescentando que "nossos valores também definem nosso compromisso em fortalecer a soberania da Rússia como Estado". O público aplaudiu sua declaração.

Putin terminou seu discurso com uma referência à Grande Guerra Patriótica:

> Alcançamos a vitória não só pela força das armas, mas pela força de resistência de todas as nações que constituíam a União Soviética. Hoje existem Estados independentes que já fizeram parte da república soviética, e a Rússia está ligada a eles através de três elementos: um destino histórico comum, a língua russa e uma cultura grandiosa. Portanto, ela não pode continuar isolada do desejo geral de liberdade.

Ao declarar os interesses da política externa da Rússia, buscamos atingir o desenvolvimento econômico, fortalecer a autoridade internacional dos países vizinhos e colocar a Rússia no mesmo ritmo e nos mesmos parâmetros dos Estados da CEI. Estamos dispostos a adotar as melhores práticas de nossos vizinhos e compartilhar com eles nossas ideias e nossos resultados.[10]

Curiosamente, nem Putin nem Vladislav Surkov pensaram em evocar o sentimento da Grande Guerra Patriótica e fazer analogias com a Rússia contemporânea.

O 60º Dia da Vitória Soviética, em 9 de maio, foi um teste importante para Putin. Na Rússia pós-soviética, esse era o único feriado soviético que continuava relevante (o Dia do Trabalho e o Dia da Revolução perderam a importância) e adquiriu um caráter "santo". A ocasião simbolizava o papel decisivo da União Soviética na vitória sobre o fascismo, pela qual o mundo deveria agradecer à Rússia eternamente. (Dez anos depois, a propaganda estatal até criou um slogan para o feriado: "O mundo lembra que foi salvo".) Para Putin, foi o momento ideal. Ele precisava que os parceiros estrangeiros da Rússia demonstrassem o maior respeito tanto por ela quanto por ele.

Putin não havia se esquecido do exemplo de Boris Ieltsin. A Rússia passava por momentos difíceis em 1995, mas o 50º Dia da Vitória foi celebrado com toda pompa e circunstância. Um novo memorial, o Monte Poklonaia, foi construído especialmente no Parque da Vitória de Moscou, onde aconteceram as principais celebrações militares naquele dia, incluindo um desfile de armamento militar. A Praça Vermelha, local tradicional da parada, recebeu apenas a primeira parte "histórica" do desfile: uma fileira de veteranos (que, em 1995, ainda era bastante numerosa). Os convidados de honra na comemoração de 1995 incluíram todos os líderes dos países da CEI e quase todos os líderes do G7, entre eles Bill Clinton, dos Estados Unidos, e John Major, da Grã-Bretanha, além de Jiang Zemin, presidente da China, e Boutros Boutros-Ghali, secretário-geral da ONU.

Para o 60º Dia da Vitória, Putin decidiu que não construiria nada novo, mas se dedicaria às solenidades e cerimônias na Praça Vermelha. Não havia nenhum equipamento militar moderno. Vinte e cinco mil veteranos atravessaram a praça em veículos militares da década de 1940, enquanto os outros assistiam da arquibancada.

Quanto aos convidados de alto escalão, o objetivo de superar 1995 foi cumprido. Moscou recebeu mais de cinquenta autoridades e ex-autoridades estrangeiras, incluindo presidentes, primeiros-ministros e chanceleres, além do secretário-geral da ONU e do diretor-geral da UNESCO. Quase todos os convidados compareceram, incluindo todos os líderes do G8 (antes G7), com uma única exceção: Tony Blair, que estava ocupado com sua campanha eleitoral.

Bush se comportou exatamente como Putin queria, sentando-se no pódio bem ao lado do presidente russo, ficando de pé durante o hino nacional russo, enxugando as lágrimas ao ver os veteranos e dizendo palavras sinceras a respeito da contribuição do povo russo para a vitória sobre a Alemanha. Mas o efeito foi negativo, e não porque, na véspera do feriado, um grupo de congressistas dos Estados Unidos apresentou um projeto de lei para excluir a Rússia do G8 por violações sistemáticas aos direitos humanos (a essa altura, o Kremlin estava acostumado a ignorar provocações desse tipo). Quem arruinou tudo dessa vez foi ninguém menos que "nosso amigo George".

A caminho de Moscou, Bush conseguiu parar durante dois dias em Riga, na Letônia, e chegou a dizer numa entrevista para a TV que planejava perguntar a Putin se a Rússia reconheceria formalmente que a presença soviética nos países bálticos, que havia começado pouco depois da Segunda Guerra Mundial, tinha sido uma ocupação. Imediatamente depois do evento em Moscou, e sem comparecer a um jantar de gala no Kremlin, Bush voou para Tbilisi, onde se deparou com uma recepção verdadeiramente histórica. Na praça principal da capital georgiana havia 150 mil pessoas, bandeira dos Estados Unidos na mão, esperando o presidente Bush. Dirigindo-se à multidão, ele descreveu a Revolução Rosa como um triunfo para a democracia e elogiou a Geórgia como um "farol da liberdade" na antiga União Soviética e em todo o mundo. No final da visita, o presidente georgiano Mikheil Saakashvili, em homenagem ao presidente americano, renomeou a rua pela qual Bush havia passado ao sair do aeroporto.

Tudo isso só confirmou a eterna desconfiança de Putin a respeito dos norte-americanos: eram hipócritas inveterados. A máscara finalmente caiu um ano depois, em maio de 2006, quando o vice-presidente dos Estados Unidos, Dick Cheney, chegou a Vilnius para discursar sobre a democracia, a liberdade e a rejeição do autoritarismo russo. De lá, Cheney se dirigiu ao Cazaquistão para negociações de petróleo com o Presidente Nursultan Nazarbaev, que governava o país de modo autocrático havia dezesseis anos. Putin ficou tão irritado quanto satisfeito: "O camarada Lobo sabe quem deve devorar. Ele devora e não escuta ninguém", disse soturnamente Putin, uma semana depois, a respeito de seus ex-aliados americanos, citando um aforismo usado para se referir aos amigos que nos apunhalam pelas costas.

DEMOCRACIA SOBERANA

Na luta contra uma revolução colorida imaginária, Surkov e sua equipe acreditavam que ela aconteceria especificamente em 2008, quando acabaria o segundo mandato presidencial de Vladimir Putin.

"Em 2008, ou preservamos nossa soberania ou seremos governados externamente", disse Surkov numa reunião do partido em Krasnoiarsk, no final de novembro de 2005, alarmando seus ouvintes. "Nosso lugar é com o Partido Rússia Unida e pedimos que vocês se juntem a nós, pois a nossa luta será ainda mais difícil do que em 1993". Moscou havia passado por uma verdadeira guerra civil naquele ano, quando Ieltsin ordenou que tanques bombardeassem o prédio do parlamento. As pessoas não entenderam a ansiedade de Surkov, mas perceberam que a situação era séria.

De acordo com a constituição, Putin não tinha o direito de concorrer a um terceiro mandato, o que complicava a situação. Antes de qualquer outra coisa, ele precisava decidir se valia a pena tentar a permanência no cargo durante mais um mandato, como fizeram muitos colegas de outros países da CEI.

Alexander Lukashenko, por exemplo, presidente da Bielorrússia, foi eleito pela primeira vez em 1994 e mudou a constituição em 1996, permitindo que seu "primeiro" turno de cinco anos recomeçasse do zero. Em 2001, ele foi reeleito para um segundo mandato. Depois, em 2004, realizou (e ganhou) um referendo que abolia o limite a mandatos presidenciais consecutivos e já foi reeleito para mais três mandatos: em 2006, 2010 (quando antecipou as eleições para o ano anterior) e 2015.

Os presidentes do Cazaquistão e do Uzbequistão, Nursultan Nazarbaiev e Islam Karimov, respectivamente, seguiram um caminho semelhante: Nazarbaiev estendeu seu mandato fazendo uma série de emendas constitucionais, ao passo que Karimov, em meados dos anos 2000, simplesmente passou a ignorar as limitações constitucionais e nem se deu ao trabalho de explicar por que seu período no governo era sempre prolongado.

Apesar desses precedentes, Putin não tinha intenção de se tornar o outro "último ditador na Europa", apelido dado pela imprensa a Lukashenko. Como advogado, Putin achava importante que as pessoas o vissem agindo dentro da lei. Por mais que seus consultores o aconselhassem a pensar num terceiro mandato consecutivo, ele já havia tomado uma decisão.

No tempo que restava até as eleições, Putin teve de pensar em como entregaria o poder. Surkov esboçou alguns cenários possíveis e os apresentou ao chefe. Putin analisou um por um, mas demorou a tomar uma decisão final.

O pré-requisito vital para a transferência pacífica de poder era um parlamento dócil que não apoiasse, em nenhuma circunstância, uma revolução colorida. Para isso, Surkov precisou reformular o sistema eleitoral e criar um "partido de poder" capaz de consertar o "problema de 2008", expressão usada pelo Kremlin para se referir às eleições por vir.

O elemento mais importante da "democracia soberana" da Rússia era a capacidade de fazer ajustes no sistema eleitoral. Primeiro, houve uma redução acentuada no número de partidos e um estreitamento das regras de registro, permitindo essencialmente que apenas os partidos-fantoche aprovados pela administração presidencial participassem das eleições. Em seguida, o sistema misto de eleições parlamentares (que elegia metade da Duma Federal no esquema de listas e outra pelo voto distrital) seria descartado em benefício somente das listas de partidos. Em outras palavras, candidatos independentes que não pertenciam a um partido político registrado não poderiam mais representar o parlamento. Isso eliminava os candidatos não aprovados pelo Kremlin.

O novo sistema eleitoral era conveniente para o partido que ocupava o poder, o Rússia Unida, fundado por Surkov com a junção de dois antigos inimigos declarados: o pró-Putin Unidade e o Pátria-Toda Rússia, aliança entre Primakov e Lujkov. Surkov começou a se preparar para a eleição de 2008 já em abril de 2005. Mas transformar o Rússia Unida, que era um rebanho de burocratas sem princípios, em algo mais significativo se mostrou uma tarefa muito mais desafiadora do que construir uma organização juvenil contrarrevolucionária como o movimento Nashi.

Surkov decidiu que o partido precisava atrair personalidades de maior destaque; além disso, teria de promover mais debates internos. A ideia era internalizar o processo político para que as polêmicas ocorressem dentro do partido governante, e não entre partidos – algo parecido com a política do Japão, onde o Partido Liberal Democrata travou batalhas internas que duraram décadas.

Para isso, Surkov criou duas alas dentro do partido: uma liberal e uma conservadora. Também houve um expurgo em larga escala nas lideranças do partido. Os "putinistas" antigos e ineficientes dos serviços de segurança foram demitidos e trocados por profissionais de carreira especialmente selecionados. A função deles era tornar o partido mais manejável – para Surkov, é claro. A posição-chave de secretário-geral do Presidium do Conselho Geral foi para Viacheslav Volodin, na época vice-presidente da Duma e o ex-líder do bloco Pátria-Toda Rússia de Primakov.

Ao assumir o cargo como novo chefe do partido, Volodin traçou diversos princípios fundamentais, como "apoio do Rússia Unida aos valores europeus", "liberalização da vida partidária", "desenvolvimento da discussão partidária", "assistência à população" e "ação rígida contra a lavagem cerebral promovida pela oposição". O manifesto era a máxima representação de Surkov.

Ironicamente, Volodin abandonaria seu protetor seis anos depois e apenas um desses princípios continuaria relevante: a ação rígida contra a oposição. Volodin teve uma postura criativa em relação à metodologia ideológica herdada de Surkov: a guerra contra o inimigo externo (como uma maneira eficaz e extremamente popular de consolidar o poder) se tornaria total, e os brotos do debate dentro do partido seriam arrancados pela raiz de uma vez por todas.

CAPÍTULO 7

Em que o vice-primeiro-ministro Igor Shuvalov planeja transformar a Rússia mais uma vez em um império

Igor Shuvalov é um aristocrata, assim como seu homônimo Conde Shuvalov, que serviu no governo russo no século XVIII. Entre os funcionários de Putin, Shuvalov se destaca – ele parece estar um pouco acima e separado do resto, embora continue extremamente leal ao seu chefe. A impressão é que ele cumpre uma missão. Ele dá a entender que é uma parte inorgânica da estrutura de poder: não faria diferença se ocupasse o cargo hoje, cem anos atrás ou daqui a cem anos. Para Shuvalov, não há dilema moral em relação às ações do regime e suas próprias convicções. Ele não escolheu ser o marechal de campo de Putin; o destino decidiu por ele.

Durante a conversa, Igor Ivanovich menciona Catarina II e Alexandre II algumas vezes como se os tivesse conhecido pessoalmente. E ele discorda totalmente de ser chamado de funcionário público: "Eu não sou funcionário público. Sou estadista".

Os jornalistas brincam que ele e Igor Sechin – outro Igor Ivanovich, pois compartilham do mesmo nome e patronímico – representam um anjo e um demônio sentados em cada ombro de Putin: Shuvalov dá bons conselhos e Sechin, ruins. Também há uma piada em que Putin pede à sua secretária para telefonar para Igor Ivanovich. "Shuvalov?", pergunta a secretária. "Não, o verdadeiro", responde Putin.

SUPERPOTÊNCIA ENERGÉTICA

Em agosto de 2005, Vladimir Putin recebeu a visita de seu novo amigo, Silvio Berlusconi, em sua residência em Sochi. Depois que o presidente russo apresentou o primeiro-ministro italiano aos seus animais de estimação, Koni, a labrador, e Vadik, o pônei, os dois líderes conversaram longamente sobre os negócios italianos na Rússia antes de falarem sobre a Rússia apoiar a vontade da Itália de se tornar um membro permanente do Conselho de Segurança da

ONU. Como a participação da Itália era improvável, eles concordaram que a Rússia tentaria pelo menos impedir que a Alemanha adquirisse esse status.*

Putin começou a ter gosto pelas conversas com Berlusconi desde que se desiludiu com Bush. O primeiro-ministro italiano era o novo modelo a seguir. Berlusconi usou seu império comercial para ganhar as eleições e depois usou a política para enriquecer ainda mais seus negócios. Isso fez dele um aliado natural de Putin. Nenhum dos dois jamais criticava o outro ou encontrava defeitos no outro.

No final da conversa em Sochi, Putin conversou com o amigo Silvio sobre a próxima reunião de cúpula do G8 em São Petersburgo. Como país anfitrião, a Rússia tinha o privilégio de definir a agenda, e o tema principal seria a segurança energética. Berlusconi concordou sem hesitar, pois sempre esteve em sintonia com a Rússia em questões de energia. Pouco depois da reunião com Putin, ele concordou que a Gazprom forneceria gás à ENI italiana a preço reduzido em troca de amizade e apoio político.

A ideia de colocar a segurança energética como tema central da reunião de cúpula do G8 foi de Igor Shuvalov. O novo principal assessor econômico de Putin, um advogado corporativo com vasta experiência que se tornou milionário e já tinha trabalhado com quase todos os oligarcas russos, era provavelmente o membro mais rico da administração presidencial. Em janeiro de 2005, Putin o nomeou como sherpa e confiou-lhe a tarefa de organizar a primeira cúpula do G8 em solo russo. Ao mesmo tempo, Shuvalov começou a desenvolver a nova estratégia da política externa da Rússia. Enquanto Vladislav Surkov elaborava seu conceito de "democracia soberana" e se preparava para defender a Rússia contra as "revoluções coloridas", Shuvalov sugeria que Putin adotasse uma postura mais assertiva em questões de política externa.

A nova estratégia recebeu o título de "superpotência energética". A Rússia planejava oferecer um pacto aos países europeus durante a reunião de cúpula: Moscou cuidaria de garantir um fluxo de combustível suficiente para abastecer todas as casas na Europa e a Europa retribuiria com amizade, compreensão e lealdade, como fazia Silvio Berlusconi. A ideia muito agradava a Putin, pois lhe permitia demonstrar uma abordagem nova e mais pragmática das relações com a Europa. Ele não queria conversar com as lideranças europeias

---

* O Conselho de Segurança das Nações Unidas conta com quinze membros, sendo cinco permanentes, com poder de veto a resoluções importantes, e dez eleitos para mandatos de dois anos. Os membros permanentes, chamados de P5, são China, Estados Unidos, França, Reino Unido e Rússia. Em 2005, iniciaram-se discussões de propostas de ampliação do Conselho para inclusão de outros membros permanentes, em especial os países do G4: Alemanha, Brasil, Índia e Japão. [N.T.]

sobre direitos humanos, liberdade de expressão ou Chechênia. Estava cansado de ouvir apenas críticas. A única maneira de silenciar os liberais era levar a conversa para assuntos comerciais.

Depois de ser nomeado por Putin como seu principal articulador econômico, Shuvalov começou a representar a Rússia no G8, na OMC, em Davos e nas conversas com a União Europeia. Seu objetivo estratégico era basicamente transformar o petróleo e o gás russos em influência política, bem como fazer de Putin o imperador da energia na Europa.

O PACTO PUTIN-SCHROEDER

Uma semana depois do encontro com Berlusconi em Sochi, o presidente russo voou para Berlim. Seu outro amigo, o chanceler alemão Gerhard Schroeder, enfrentava sérios problemas diante das próximas eleições parlamentares da Alemanha. As pesquisas mostravam que seu partido, o Social-Democrata, estava bem atrás da aliança entre União Democrata-Cristã e União Social-Cristã. Putin tinha experiência em resgatar Schroeder. Três anos antes, o líder alemão estava fadado a fracassar nas eleições, mas sobreviveu milagrosamente ao se unir à Rússia e à França em oposição à invasão ao Iraque em 2003. Desta vez, Putin entrou na jogada levando presentes: a Gazprom, a empresa alemã de energia E.ON e a empresa química BASF, com sede na Alemanha, fecharam um acordo para construir um gasoduto sob o Mar Báltico. No início de setembro, dez dias antes das eleições na Alemanha, os diretores-executivos das três empresas assinaram o acordo na presença de Putin e Schroeder. Foi um bom negócio para os alemães, mas não salvou Schroeder – ele perdeu, embora com uma margem reduzida, para a líder da oposição Angela Merkel.

A Europa reagiu de forma mista ao acordo entre Rússia e Alemanha. Bielorrússia, Países Bálticos, Polônia e Ucrânia ficaram indignados. O presidente polonês, Aleksander Kwasniewski, chamou o contrato de "Pacto Putin-Schroeder", aludindo ao Pacto Molotov-Ribbentrop de 1938.[1] O presidente da Bielorrússia, Alexander Lukashenko, descreveu-o como "o projeto mais estúpido da história da Rússia".[2] Os presidentes da Estônia, da Letônia e da Lituânia afirmaram que o gasoduto causaria um desastre ambiental no Mar Báltico. Essas reações eram esperadas, uma vez que o novo gasoduto privava todos esses países dos impostos com transporte. O que Lukashenko e Kwasniewski esperavam é que a Rússia construísse uma ramificação do gasoduto Yamal-Europa, que atravessava a Bielorrússia e a Polônia. Mas Putin tinha outros planos. Afinal, ele se lembrava muito bem de que Kwasniewski e Valdas Adamkus, presidente lituano, haviam mediado as negociações entre Iushchenko, Ianukovich e Kuchma no meio da Revolução Laranja na Ucrânia e fizeram de tudo para garantir a vitória de Viktor Iushchenko.

Já a Europa Ocidental teve uma visão bem diferente sobre o novo gasoduto. Depois de firmar o contrato em Berlim, Putin foi a Londres participar de uma cúpula já agendada entre Rússia e UE. A imprensa europeia o aplaudiu. Quando Putin falou sobre a segurança energética e a vontade da Rússia de fornecer combustível à Europa, a audiência ouviu aprobativamente. Putin teve o prazer de esfregar o acordo russo-alemão na cara de Tony Blair, posto que quatro anos antes o gasoduto havia sido proposto como um projeto entre Rússia e Grã-Bretanha. Mas Putin não queria mais nada com Londres, preferindo agora trabalhar com Berlim.

O alarde em relação ao projeto foi muito grande porque, naquela época, esperava-se que a Europa ficasse sem gás até 2010. As reservas do Mar do Norte estavam acabando e a produção britânica e norueguesa estava em queda. A Comissão Europeia aprovou o projeto imediatamente, com o interesse manifesto da Bélgica, da Grã-Bretanha e dos Países Baixos. Os governantes europeus declararam-se dispostos a permitir a distribuição de gás pela Gazprom em seus países. A empresa holandesa Gasunie propôs que o gasoduto fosse estendido da Alemanha até os Países Baixos, e depois até a Grã-Bretanha. A Gazprom concordou em construir um grande terminal de armazenamento de gás na Bélgica. Também foi considerada a expansão da rede para a Suécia e a Finlândia. Tudo indicava que, dali a cinco anos, a Gazprom seria dona do maior sistema de transmissão de gás no Oeste e no Norte da Europa.

POLÍTICA DO CINISMO

Depois das eleições parlamentares na Alemanha, sem ao menos esperar a formação de um governo de coalizão, Gerhard Schroeder viajou a São Petersburgo para a festa de aniversário de Putin. "Uma visita do chanceler alemão é o melhor presente que eu poderia ganhar", disse Putin, entusiasmado, para os repórteres.[3] No entanto, descobriu-se que Schroeder não queria apenas uma fatia de bolo de aniversário – ele também procurava emprego. Quando toda a conversa sobre o novo governo alemão terminou e ficou claro que Schroeder não faria parte dele, anunciou-se que ele seria presidente do comitê de acionistas da Companhia Gasoduto do Norte da Europa (CGNE), empresa responsável pelo que seria o futuro gasoduto Nord Stream.

A notícia deixou muitos eleitores alemães em choque, mas as críticas não incomodaram Schroeder. Ele sempre visitava São Petersburgo. Em 2004, por exemplo, o chanceler alemão e sua esposa, Doris, adotaram uma menina de três anos de um orfanato em São Petersburgo. Depois de se retirar da política, ele praticamente emigrou para a Rússia.

Mikheil Saakashvili, na época presidente da Geórgia, disse que Vladimir Putin olhava para Schroeder como um troféu. Uma vez, durante uma reunião de cúpula da CEI, Putin guiou seus convidados, os líderes das ex-repúblicas soviéticas, para lhes mostrar sua casa nos arredores de São Petersburgo, o Palácio de Constantino. Putin os levou até a adega, onde se depararam com Gerhard Schroeder como se por acaso. Putin acenou para o ex-líder alemão, pediu que ele propusesse um brinde e depois se despediu, diz Saakashvili. "Imagine minha surpresa quando, um ano depois, Schroeder apareceu exatamente no mesmo lugar e repetiu a mesma cena. Desta vez, no entanto, Putin queria impressionar os convidados do Fórum Econômico de São Petersburgo."

A sucessora de Schroeder, Angela Merkel, não se dava muito bem com Putin. Eles tentaram manter uma boa relação durante o primeiro ano dela no cargo, mas, em 2007, o presidente russo parou de esconder sua irritação com o excesso de princípios de Merkel. Sabendo que ela tinha medo de cães, ele levou de propósito seu enorme labrador preto para as reuniões com Merkel em Sochi. Eles formaram um trio interessante, chegando a realizar uma coletiva de imprensa juntos – o russo, a alemã e a cadela. Dizem que Merkel quase perdeu a consciência por causa do medo, sem falar da raiva que sentiu por ser tratada daquela maneira.

Schroeder e Berlusconi ocuparam firmemente o lugar de novos amigos de Putin depois da decepção com Bush e Blair. Putin achava muito mais fácil lidar com os dois cínicos europeus, e o sentimento era mútuo. No entanto, enquanto Schroeder de certo modo dependia de Putin, Berlusconi tornou-se um verdadeiro amigo e parceiro. De acordo com o WikiLeaks, o primeiro-ministro italiano era o único líder estrangeiro autorizado a ficar no Kremlin. Diplomatas dizem que Putin conversava com Berlusconi mais do que com qualquer outro líder estrangeiro e vice-versa.

Eles visitavam um ao outro e suas famílias acabaram se tornando amigas. Putin passava férias com suas filhas no casarão de Berlusconi na Sardenha. As filhas de Putin, Katya e Masha, eram amigas de Barbara, filha do primeiro-ministro italiano. Quando Berlusconi chegava a Moscou, Putin o convidava para jantar com a família. E durante o julgamento de Berlusconi em 2009 (acusado de pagar pelos serviços de uma prostituta menor de idade), foi revelado que a luxuosa cama com dossel do Palácio Grazioli, residência do primeiro-ministro italiano em Roma, era conhecida como "cama de Putin".

De acordo com transcrições da WikiLeaks, os diplomatas dos Estados Unidos tinham certeza de que Berlusconi e Putin cooperavam nos negócios.

Valentino Valentini, assessor em língua russa do primeiro-ministro italiano, viajava para Moscou várias vezes por mês.

Além disso, a empresa italiana de petróleo e gás ENI desfrutava de uma relação privilegiada com a Gazprom. Em 2005, por exemplo, as duas empresas assinaram um pacote de acordos que cobria o abastecimento direto de gás para os consumidores na Itália. No mesmo ano, uma investigação parlamentar italiana revelou que Bruno Mentasti-Granelli, amigo íntimo de Silvio Berlusconi, tinha uma participação substancial em uma empresa que desempenharia papel importante na distribuição do gás. Como resultado do escândalo, o acordo foi interrompido. Mas outros projetos entre a ENI e a Rússia se desenvolveram rapidamente. A empresa italiana, por exemplo, foi a única estrangeira autorizada a comprar uma parte do destroçado império Yukos.

Mas o projeto predileto de Putin e Berlusconi era o gasoduto South Stream, irmão do Nord Stream. Foi por causa dessa predileção que os amigos de Putin, Schroeder e Berlusconi, se tornariam os garantidores da segurança energética da Europa, implementando a nova estratégia de política externa da Rússia conforme planejado por Igor Shuvalov.

A empresa parceira do South Stream da Gazprom deveria ser, é claro, a ENI. De acordo com o planejamento original, o gasoduto passaria por Bulgária, Grécia, Sérvia, e de lá para a Itália, terminando finalmente na França. Em 2009, Vladimir Putin começou a procurar outro líder europeu aposentado, que se parecesse com Schroeder, para liderar o projeto. Ele tentou cortejar Jacques Chirac, ex-presidente francês, e Romano Prodi, ex-primeiro-ministro da Itália e presidente da Comissão Europeia. Os dois recusaram. Os tempos eram outros em 2009, e os políticos europeus, até mesmo os aposentados, sabiam que colaborar com Putin equivalia a destruir a própria reputação.

Mas voltemos para 2005, quando Putin também tentou transformar a Rússia em superpotência energética explorando relações informais de amizade, dessa vez com os Estados Unidos. Em dezembro de 2005, época em que a Europa ainda estava enfeitiçada pelo estilo russo de segurança energética, o ex-secretário de comércio dos Estados Unidos, Donald Evans, visitou Moscou. Evans era amigo de infância de George W. Bush, com quem costumava sair no passado para beber. Consta que os dois haviam parado de beber ao completar quarenta anos; além disso, Evans supostamente teria dado a Bush uma Bíblia dividida em 365 seções para leitura diária. Para completar, Evans havia comandado a campanha presidencial de Bush em 2000. Putin fez uma oferta generosa a Evans: o cargo de presidente do conselho da Rosneft, gigante do petróleo russo. Evans ficou tentado, mas acabou recusando a proposta.

Se outros políticos internacionais tivessem aceitado a oferta de amizade e dinheiro de Putin, como o fizeram Schroeder e Berlusconi, talvez a nova

Guerra Fria não tivesse acontecido. Vladimir Putin teria esquecido as "revoluções coloridas" e se convenceria de que todos os líderes ocidentais eram igualmente inescrupulosos e flexíveis. Aliás, talvez a Rússia tivesse se tornado uma superpotência energética, ou pelo menos improvisado seu próprio cartel de altos executivos poderosos.

Mas nada disso aconteceu. E a razão, mais uma vez, foi a Ucrânia.

GERENCIANDO A UCRÂNIA

Por alguns meses depois de reconhecer a derrota na Revolução Laranja, o Kremlin não sabia como se aproximar da Ucrânia. Foi preciso reconstruir sua estratégia para ganhar influência sobre as novas autoridades ucranianas, uma vez que a tática anterior de confiar apenas no chefe de Estado do país falhara miseravelmente. Em meados do primeiro semestre de 2005, no entanto, o Kremlin descobriu que todos os cargos centrais do novo governo ucraniano haviam sido ocupados por rostos familiares. A primeira-ministra, por exemplo, era agora Iulia Timochenko, que representou a Ucrânia durante muitos anos nas negociações de gás com a Gazprom. O novo secretário do Conselho Nacional de Segurança e Defesa era o magnata da indústria de chocolates Petro Poroshenko, muito conhecido na administração presidencial russa: durante a Revolução Laranja, ele chegou a viajar para Moscou com a missão diplomática de manter boas relações. Apesar disso, o presidente Viktor Iushchenko parecia menos acessível, principalmente, vale destacar, porque estava gravemente doente. Depois de ser envenenado durante a campanha eleitoral, ele passou todo o ano de 2005 lutando para sobreviver, como dizem seus principais assessores. Para assinar documentos, ele precisava da ajuda de um médico pessoal, que segurava sua mão.

Moscou, entretanto, concluiu que era muito perigoso confiar em políticos ucranianos – eles eram irresponsáveis e mudavam com muita frequência. Além disso, Putin só confiava em uma pessoa em Kiev, seu amigo Viktor Medvedchuk. Mas, depois da Revolução Laranja, Medvedchuk saiu da administração presidencial da Ucrânia e perdeu a influência que tinha sobre o governo. Sua influência sobre Putin, no entanto, continuava firme. Foi Medvedchuk que desenvolveu um novo sistema de relações com a Ucrânia. A partir dele, o diálogo não seria conduzido através do presidente, mas através dos negócios.

A famosa frase "a Ucrânia não faz política, mas negócios" é atribuída a Medvedchuk. E, dada a fraqueza do novo governo, ficou claro que os negócios tinham liberdade para ditar as regras. Na verdade, foi criado um comitê informal dos principais oligarcas da Ucrânia para "gerenciar" a política ucraniana. O presidente do comitê era Medvedchuk, que atuava como intermediário entre os oligarcas ucranianos e Putin.

O grupo mais influente no comitê de acionistas da "Ucrânia S/A" era formado por quem tinha alguma ligação com o comércio de gás. Desde o início da década de 1990, o fornecimento de gás russo através da Ucrânia para o Oeste Europeu era um negócio sem muita transparência. O esquema comercial continuava sendo o mesmo, só havia mudado o nome dos especuladores. O acordo mais recente, que visava acabar com as tramoias e substituí-las por uma nova estrutura (pelo menos superficialmente), foi assinado três meses antes da Revolução Laranja. Rússia e Ucrânia concordaram que usariam uma empresa intermediária, que se chamaria RosUkrEnergo (RUE). Essa empresa substituiria a mediadora anterior, a obscura Eural TransGas (ETG), registrada na Hungria e que supostamente tinha relações com o mafioso russo Semion Mogilevich. A nova mediadora parecia respeitável: 50% da entidade pertenciam à Gazprom e 50%, ao Banco Raiffeisen, da Áustria, pelo menos de acordo com os primeiros comunicados de imprensa. Mais tarde, verificou-se que os 50% não pertenciam ao banco austríaco, mas eram somente controlados pelo Raiffeisen Investment em nome de uma empresa chamada Centragas, cujos proprietários reais ainda eram desconhecidos. O suspense cresceu, assim como a empresa: a Gazprom a autorizou não só a fornecer gás para a Ucrânia, mas também a exportar 17 bilhões de metros cúbicos de gás russo para o Oeste Europeu.

Somente em abril de 2006 é que foi revelado o nome dos dois empresários ucranianos donos da Centragas: Dmitro Firtash, que possuía 90% da empresa, e Ivan Fursin, que possuía 10%. Além disso, Firtash admitiu que também era dono da ETG. Por que a Gazprom e o governo russo deram a Firtash a oportunidade de lucrar bilhões e bilhões de dólares por ano? Quem estava por trás de Firtash e desse colossal esquema de corrupção? Até hoje, ninguém sabe ao certo.

O chefe do serviço de segurança ucraniano, Alexander Turchinov, nomeado por Viktor Iushchenko, afirmou em 2005 que Semion Mogilevich estava por trás da RUE. Havia de fato muitas ligações entre Firtash e Mogilevich: a ex-esposa de Mogilevich trabalhava para a empresa *offshore* Highrock Holdings, de Firtash, e Igor Fisherman, sócio de Mogilevich, foi diretor financeiro de outra empresa de Firtash, a Highrock Properties. Durante muitos anos, Mogilevich e Fisherman ocuparam o segundo e o terceiro lugares da lista de mais procurados pelo FBI, atrás apenas de Osama bin Laden.

A pergunta é: como Mogilevich conseguiu fazer a Rússia e a Ucrânia entregarem o controle de seu negócio mais importante? Será que esse chefão da máfia tinha realmente arruinado a cooperação entre a Rússia e a Europa?

GÁS FUNDAMENTAL

Em seu primeiro encontro com Vladimir Putin, em 24 de janeiro de 2005, Viktor Iushchenko propôs um novo esquema para o comércio de gás que implicava em desistir de métodos de escambo e adotar pagamentos em dinheiro com base no modelo europeu – uma oferta que deixou a Gazprom muito feliz. Depois da reunião, no momento em que os dois se dirigiam à imprensa, Iushchenko sentiu um mal-estar mais forte que o habitual. Putin percebeu e sussurrou no ouvido dele: "Apoie-se no meu ombro". Iushchenko recorda esse momento com carinho.

Moscou percebeu que o governo "laranja" da Ucrânia estava se tornando caótico. Os defensores do Maidan passaram o primeiro ano no poder imersos em conflitos e brigas internas. Em setembro de 2005, Viktor Iushchenko deu um passo radical ao demitir ao mesmo tempo seus dois "aliados" mais hostis: a primeira-ministra Iulia Timochenko e o secretário do Conselho de Segurança Nacional Petro Poroshenko.

Timochenko tinha ampla experiência em negociações de gás e era uma opositora convicta da RUE. Durante todo o seu mandato, ela tentou retirar a empresa do esquema comercial. Fontes internas da Gazprom afirmam que ela queria mesmo era pegar uma fatia do bolo. Sua demissão significava que a RUE não tinha mais adversários no governo ucraniano.

Depois da demissão de Timochenko, a nova equipe de negociadores da Ucrânia foi até Moscou para fechar os parâmetros do novo acordo. Em Moscou, eles foram recebidos pelo próprio Putin, já que ele segurava as rédeas da Gazprom. Os ucranianos ficaram maravilhados com o envolvimento dele na questão e com a facilidade com que esboçou num pedaço de papel uma nova fórmula para o preço do gás; eles tinham muito menos conhecimento do assunto. Percebendo que os negociadores eram incompetentes, Putin começou a zombar deles, dizendo com uma fala empolada que não permitiria que os "revolucionários laranja" roubassem o povo russo. E exigiu que aceitassem as reivindicações da Gazprom – do contrário, o preço seria muito diferente no dia seguinte.

A Gazprom ofereceu 90 dólares por mil metros cúbicos a partir do início de 2006, subindo para 230 dólares por mil metros cúbicos nos próximos três anos. As empresas de gás ucranianas ficaram horrorizadas com o preço e se recusaram a aceitá-lo. No dia seguinte, como prometido, Vladimir Putin apareceu na televisão e declarou que a nova "oferta" da Gazprom era de 230 dólares por mil metros cúbicos a partir de janeiro de 2006. A própria Gazprom ficou impressionada com a exigência exorbitante.

A televisão estatal russa começou a informar que a Gazprom poderia cortar o abastecimento de gás da Ucrânia no final de 2005. Enquanto isso, os parceiros europeus da empresa começaram a receber cartas alertando sobre uma possível falta de abastecimento de gás a partir da véspera do ano-novo, uma vez que a Rússia se preparava para cortar o fornecimento na exata quantidade do consumo da Ucrânia – desse modo, Kiev provavelmente teria de desviar parte do gás destinado à Europa.

Putin achou que tinha dado um passo na direção certa. A atitude dele demonstrou claramente aos europeus que depender de países de trânsito pouco confiáveis como a Ucrânia era um risco para a segurança energética. A solução lógica, na opinião dele, era construir novos gasodutos que contornassem a Ucrânia – ou seja, o Nord Stream e o South Stream.

A Gazprom não estava blefando e, em 1º de janeiro de 2006, a pressão nos dutos caiu. Em 2 de janeiro, o fornecimento de gás para a Áustria caiu em 1/3; a Eslováquia e a Hungria tiveram uma redução de 40%. Em 3 de janeiro, Kiev enviou outra equipe de negociação até Moscou. Eles foram conduzidos ao Hotel Ucrânia (nada mais apropriado!) no centro de Moscou, onde conversaram até a madrugada.* A parte russa propôs um compromisso: reduziria o preço de 230 dólares desde que a venda fosse realizada através da RUE. Dmitro Firtash se juntou imediatamente às negociações e confirmou que sua empresa estava disposta a interceder.

O resultado foi um acordo fechado naquela madrugada: a Gazprom venderia gás para a RUE a 230 dólares por mil metros cúbicos, como Putin havia anunciado, mas a Ucrânia o compraria da RUE a 95 dólares (próximo do valor inicial oferecido pela Gazprom). O prejuízo da RUE seria coberto pela Gazprom, e o monopólio russo daria à RUE o direito exclusivo de vender gás para a Europa a preço de mercado.

Mesmo depois de o acordo ter sido anunciado, Vladimir Putin afirmou publicamente que não sabia quem estava de fato atrás da metade "ucraniana" da RUE. "A RosUkrEnergo, com uma participação ucraniana de 50% sem nenhuma transparência, não é nada comparada às várias manipulações que aconteceram no setor de gás nos últimos 15 anos", disse ele.[4] Somente em 2011 veio a público que Dmitro Firtash tinha laços com os irmãos Rotenberg, Boris e Arkadi, amigos de infância de Vladimir Putin – na década de 1960, os três frequentavam o mesmo clube de judô.

A guerra do gás na virada do ano ocupou as manchetes na Europa. A Europa começou a enxergar a situação com mais clareza, e as palavras hipnotizantes de Putin sobre "segurança energética" de repente foram ouvidas de outra forma. Se havia uma ameaça à Europa, o nome dela era Gazprom. Os funcionários públicos e os políticos europeus, ao voltarem do recesso em

---

* Há rumores de que o hotel abrigava o escritório de Semion Mogilevich.

janeiro de 2006, agora diziam que o continente dependia excessivamente da energia russa. Desenhados no mapa, os projetos do Nord Stream e do South Stream da Gazprom de repente pareceram um alicate gigantesco que a Rússia usaria para esmagar a Europa.

A reunião de cúpula do G8 em São Petersburgo, organizada por Shuvalov na qualidade de sherpa da Rússia, realmente discutiu a segurança energética. "Nós insistimos no fato de que a segurança energética consistia em garantir a estabilidade para produtores, países de trânsito e consumidores", diz Shuvalov. "O que dissemos para os outros países foi o seguinte: nós dependemos mais de vocês do que vocês de nós. Mas eles não ouviram e disseram que queriam dois ou três fornecedores."

Esse foi efetivamente o fim do projeto do South Stream. Desde o início, o gasoduto foi considerado político, sem qualquer justificativa econômica real. Os europeus já haviam proposto sua própria versão: o gasoduto Nabucco, que sairia do Azerbaijão para a Europa, deixando a Rússia de lado. Por também ser um projeto puramente político e nada econômico, foi abandonado ainda mais cedo. Vladimir Putin continuou alimentando a ideia do South Stream até 2014, quando anunciou de uma hora para a outra, principalmente para irritar a Europa, que a Rússia não implementaria o projeto.

A primeira guerra do gás sacrificou todo o jogo a troco de nada. Era o fracasso dos planos de Shuvalov para transformar a Rússia numa "superpotência energética".

CAPÍTULO 8

Em que o vice-primeiro-ministro Serguei Ivanov se convence de que é o herdeiro do trono

Serguei Ivanov é o James Bond soviético em toda sua autenticidade – ou seja, sem enfeites ou exageros, sem o romantismo cinematográfico ou o brilho de Hollywood.

Ele é o espião soviético ideal, indistinguível no meio da multidão. Uma espécie de Agente Smith do filme Matrix, tanto pelo nome (o sobrenome Ivanov é muito comum na Rússia) quanto pela aparência. Na década de 1990, os dois serviços de inteligência da Rússia – o FSB (assuntos internos) e o SVR (assuntos externos) – tentaram recrutá-lo. E foi o FSB, liderado por ninguém menos que Vladimir Putin, que conseguiu laçá-lo: parece que Putin persuadiu Viacheslav Trubnikov, diretor do SVR, a "emprestar" Ivanov sem nunca o devolver.

Serguei Ivanov também é o soviético ideal: intelectual formado em filologia, fluente em inglês e sueco, aficionado do balé e do basquete. Toda manhã ele lê os jornais ocidentais e se chateia com o modo como a imprensa do Ocidente distorce a realidade soviética.

Eu não consegui falar com Serguei Ivanov pessoalmente, por isso tive de me contentar com discursos públicos, entrevistas que ele deu a outros jornalistas e conversas que tive com amigos dele. Todos dizem que é um homem muito honesto e sem qualquer envolvimento com corrupção. Palavras desse tipo são raras. Mas Ivanov, afinal de contas, é o modelo de funcionário soviético.

Ele acredita incondicionalmente no que diz – mas isso é muito comum entre funcionários de um império defunto: eles nunca deixam de ser fiéis à causa perdida.

OPERAÇÃO SUCESSOR

Mais para o fim de 2005, Vladimir Putin decidiu se preparar para as eleições de 2008 e chegou até a esboçar uma campanha eleitoral. O preço do petróleo subiu, e a maior parte do lucro obtido com sua venda (por insistência de Alexei Kudrin, ministro das Finanças) era depositada no Fundo de Estabilização da Rússia. No entanto, Putin decidiu que parte do excedente precisava ser investida na transferência de poder para o sucessor escolhido. Alguns "projetos nacionais prioritários" ganharam maior atenção, e o governo começou a alocar dinheiro adicional (150-200 bilhões de rublos por ano, cerca de 6-8 bilhões de dólares) para as áreas de saúde, educação, habitação e agricultura. Para garantir que os eleitores associariam a alta inesperada do petróleo a uma pessoa específica e aceitariam o sucessor de Putin como um benfeitor, Putin teve de colocar alguém a cargo de distribuir o dinheiro. Os cidadãos russos costumam ter um senso especial de gratidão e carinho para com as autoridades que lhes dão dinheiro – mesmo que, para início de conversa, o dinheiro seja legitimamente deles.

Putin atribuiu o papel de "caixa eletrônico" a Dimitri Medvedev. Para que os eleitores o reconhecessem com mais facilidade, ele precisava ser transferido para uma posição de maior destaque – como o governo, por exemplo. Mas Medvedev não tinha interesse em mudar de cargo, pois acreditava que seu bem mais valioso era a proximidade que mantinha com Putin dentro da administração presidencial. Putin brincou dizendo que nomearia Igor Sechin, o pior inimigo de Medvedev, como seu novo chefe de gabinete. "Nesse caso, então, não vou a lugar nenhum. Vou ficar no Kremlin", disse Medvedev, teimoso. "Por que preciso estar no governo? Eu serei um alvo direto, e Sechin vai conspirar contra mim."

Putin gostou da falta de ambição de Medvedev. "Tudo bem, vamos ver", disse Putin, evasivo.

Em 14 de novembro de 2005, Vladimir Putin anunciou uma nova e importante reformulação de sua equipe, a terceira de sua presidência. As alterações de Putin em sua equipe nunca se resumem a um único funcionário, mas a vários, e de diferentes áreas – talvez para criar um efeito ainda maior. A primeira reformulação feita por ele foi em 2003, quando substituiu vários membros dos *siloviki*, acabou com a inspeção fiscal de Mikhail Fradkov e criou o Serviço Federal de Controle de Drogas, liderado por seu velho amigo Viktor Cherkesov. A segunda aconteceu em 2004, quando substituiu Kasianov por Fradkov e demitiu toda a equipe de Kasianov. Agora ele inaugurava um terceiro momento histórico.

Putin não explicou muito bem o que motivara as substituições e anunciou apenas que Dimitri Medvedev, chefe do gabinete presidencial, havia passado a primeiro vice-primeiro-ministro, e que Serguei Ivanov, ministro da Defesa, também seria vice-primeiro ministro. Putin disse que a mudança de Medvedev se devia à responsabilidade que o funcionário assumira pelos projetos nacionais, mas não explicou a promoção de Ivanov. As autoridades, no entanto, entenderam que a alteração "equilibraria" melhor o governo. O novo chefe de gabinete não seria Sechin, mas o relativamente desconhecido (entre a elite de Moscou) Serguei Sobianin, governador da região de Tiumen.

Putin nunca foi muito dado à clareza e à previsibilidade, por isso simplesmente não declarou que havia escolhido Medvedev para sucedê-lo como presidente. O objetivo da ascensão de dois associados próximos era mostrar que tudo continuava incerto. Mas isso era apenas para manter as aparências, dizem seus antigos assessores. No final de 2005, Putin já preparava Medvedev como seu sucessor. A promoção de Ivanov aconteceu simplesmente para encobrir a operação e deixar todos em dúvida. Putin também tentava proteger Medvedev de certo modo, pois, se o tivesse anunciado tão cedo como seu sucessor, todos os inimigos de Medvedev se uniram contra ele e provavelmente o devorariam vivo muito antes das eleições presidenciais.

Mas a atitude de Putin começou a mudar com o tempo. Ivanov, que havia sido colocado como parceiro de treinamento de Medvedev, chamou a atenção de Putin como campeão em potencial. Além disso, todos comentavam tanto sobre os dois "candidatos" que o próprio Putin começou a acreditar que realmente havia uma disputa entre eles. Então resolveu esperar para ver como Medvedev e Ivanov lidariam com suas obrigações.

Serguei Ivanov era um dos amigos mais antigos e confiáveis de Putin. Eles se conheceram no final da década de 1970, quando ambos trabalhavam na KGB em Leningrado (hoje São Petersburgo). No entanto, Ivanov tivera muito mais sucesso como agente secreto do que Putin. Ivanov estava alocado nas *rezidenturas* soviéticas na Finlândia e no Quênia, enquanto Putin trabalhava na Alemanha Oriental. As posições em países capitalistas, ou mesmo no Terceiro Mundo, tinham muito mais prestígio do que os cargos em um vizinho socialista. Mas mesmo que Putin invejasse seu camarada mais bem-sucedido, ele nada demostrou em 1998, quando Ieltsin o nomeou como chefe do FSB. Aconselhado pelos vices Nikolai Patrushev e Viktor Cherkesov, ele também recrutou Ivanov, mas não só – ele o retirou do SVR, para onde Ivanov havia sido transferido e promovido ao posto de general.

Quando Putin se tornou primeiro-ministro em 1999, Ivanov ganhou o cargo estratégico de secretário do Conselho de Segurança; mais tarde, como presidente, Putin confiou o Ministério da Defesa ao seu antigo colega da KGB, numa época em que a guerra havia eclodido mais uma vez na Chechênia.

Ivanov também foi responsável por outro papel importante: criar vínculos com Washington. Em 2001, quando Putin conheceu George W. Bush, os dois presidentes concordaram que a comunicação entre eles seria melhor se houvesse um representante de cada governo em contato permanente, o que daria celeridade à resolução de problemas. Bush nomeou Condoleezza Rice, enquanto Putin escolheu Serguei Ivanov.

Embora Medvedev fosse desconhecido do povo até 2005, Ivanov era um rosto familiar. Ele havia feito reformas no exército, dando início à transição do serviço obrigatório para o sistema de contratos. Além disso, conseguiu dar esse passo sem comprar briga com a alta patente do Ministério da Defesa – pelo contrário: aonde fosse, estava sempre cercado por um tropel de generais barrigudos e satisfeitos.

Dentro do Kremlin, todos consideraram a ascensão de Ivanov e Medvedev como o início da corrida eleitoral, e muitos a viam como um desafio, principalmente os funcionários que tinham uma opinião própria a respeito do "problema de 2008". Entre eles, o vice-chefe de gabinete Igor Sechin e o procurador-geral Vladimir Ustinov, que imediatamente travaram uma guerra privada contra Ivanov – para os dois, Ivanov não era apenas o candidato mais forte; era aquele que mais temiam.

GOLPE BAIXO

Na véspera do Ano-Novo de 2006 ocorreu uma tragédia na Academia Militar de Cheliabinsk: um sargento bêbado começou a intimidar um dos soldados. Há diferentes relatos sobre o que realmente aconteceu, mas é sabido que o soldado Andrei Sichev foi obrigado a ficar agachado por pelo menos três horas. Ele acabou tendo gangrena, e duas semanas depois foi submetido a uma cirurgia para amputar as pernas e os órgãos genitais.

Foi um incidente chocante, mas não único. Segundo a Procuradoria-Geral, no primeiro semestre de 2006, dezessete pessoas morreram de "trotes militares" em tempos de paz na Rússia – um resultado bom para o Ministério da Defesa, uma vez que, no mesmo período do ano anterior, a quantidade de mortes foi o dobro. A soma não inclui os casos de suicídio entre os soldados – só em 2005 foram 276.

Apesar de tantos casos, o do soldado Sichev foi o que repercutiu. Ele foi levado para um hospital civil em vez de um militar, e os médicos relataram o incidente ao Comitê de Mães de Soldados, bem como a parentes e jornalistas. A Procuradoria Militar assumiu a investigação seguindo ordens pessoais do procurador-geral Ustinov. E assim começou uma guerra entre a Procuradoria-Geral e o Ministério da Defesa.

A Procuradoria-Geral se encarregou de levar a tragédia de Cheliabinsk ao conhecimento de todos. A imprensa nacional começou a cobrir o incidente depois que o site oficial da Procuradoria-Geral, em 25 de janeiro de 2006, publicou uma explicação detalhada da investigação.

Em 26 de janeiro, quando os jornalistas pediram ao ministro da Defesa Serguei Ivanov para comentar o caso, as notícias da tragédia já haviam se espalhado. Ivanov, que na época visitava a Armênia, disse: "Passei os últimos dias longe da Rússia, no alto das montanhas, e não ouvi falar sobre o incidente em Cheliabinsk. Provavelmente não é nada sério – do contrário, eu saberia". As palavras do ministro não soaram nada bem, pois indicavam que, para ele (ou melhor, para sua assessoria), amputar as pernas e os órgãos genitais de um soldado não era "nada sério".

O escândalo não parou por aí. Um mês depois, houve um protesto em frente ao Ministério da Defesa em Moscou, em que os manifestantes carregaram uma faixa com os dizeres "deviam amputar as pernas de Ivanov". Um grupo de defesa dos direitos humanos pediu que Putin demitisse o ministro. Enquanto isso, a rádio Echo de Moscou fez uma pesquisa e descobriu que 95% dos estudantes queriam a demissão imediata de Ivanov. A imprensa também deu novo destaque a um incidente ocorrido um ano antes – o filho de Ivanov, funcionário do Banco VTB, havia atropelado e matado uma idosa. Além de escapar impune, o filho do ministro acusou o genro da senhora falecida de agressão. Ninguém no Kremlin, muito menos o próprio Ivanov, tinha dúvidas de que ele estava sendo caçado pelo procurador-geral.

Putin nunca recorreu à opinião pública ou à sua equipe para decidir quem seria o seu sucessor; essa tarefa era dele, só dele. Além disso, Ivanov não era o único a se queixar das táticas secretas de Sechin e Ustinov; Medvedev também reclamava. Foi então que Putin resolveu cortar as intrigas políticas pela raiz.

GANGUE DOS QUATRO

Em 13 de abril de 2005, por sugestão de Vladimir Putin, o Conselho da Federação, câmara alta do parlamento russo, se reuniu para aprovar um novo mandato de Vladimir Ustinov como procurador-geral. Àquela altura, Ustinov era uma figura quase lendária, talvez o *siloviki* mais poderoso do país. Além disso, a Procuradoria-Geral havia se tornado o modelo de arbitrariedade política, pois impusera a vontade do Kremlin praticamente sem considerar os pormenores legais.

A administração presidencial sempre atribuiu suas tarefas mais importantes a Ustinov. Na véspera de qualquer eleição regional, por exemplo, as autoridades levantavam acusações contra os candidatos indesejados e os impedia de concorrer.

Aos olhos de Putin, a principal realização de Ustinov, naturalmente, foi o julgamento de Mikhail Khodorkovski e Platon Lebedev. Inicialmente, os dois foram condenados a oito anos de prisão. Putin disse uma vez à imprensa que, durante uma conversa privada em outubro de 2003, Ustinov havia insistido na prisão imediata de Khodorkovski.

Ustinov liderou pessoalmente a investigação sobre o acidente do submarino *Kursk* e eximiu os militares da culpa, pois concluiu que o problema começara com uma pane na bateria do torpedo.

Ele também investigou o ataque terrorista em Beslan, que representou o cúmulo do autoritarismo público. Os investigadores enviados de Moscou ignoraram totalmente o relato das vítimas, como se já tivessem decidido o desfecho do caso antes de concluí-lo – o que provavelmente aconteceu.

A mando de Ustinov, a Procuradoria-Geral foi transformada numa máquina repressora bem funcional. O departamento demonstrou que ninguém escapava a seu olhar. Qualquer pessoa envolvida no meio empresarial poderia de repente ser acusada de fraude ou crime econômico, e, com Ustinov no comando, acusações desse tipo certamente seriam feitas se o alvo tivesse aspirações políticas.

Ustinov gostava de interferir em áreas que nunca passaram pelo âmbito da Procuradoria-Geral, como moradia. "Tudo é problema nosso", dizia ele. Além disso, o procurador-geral parecia se preocupar com a moral e a ética. Nas aparições públicas, ele se mostrava indignado com o declínio da espiritualidade e falava de como seu departamento poderia ajudar a virar a maré. A Igreja Ortodoxa Russa aparecia com frequência em seus discursos. Ustinov costumava frequentar vários eventos "patrióticos" relacionados à igreja, nos quais era sempre elogiado como "homem do ano" da Rússia.

Apesar da reputação algo controversa do procurador-geral, a conveniência política acabou vencendo. Cento e quarenta e nove membros do Conselho da Federação votaram a favor da extensão do mandato de Ustinov, um se absteve e o resto estava ausente.

Um ano depois, em 2 de junho de 2006, Serguei Mironov, diretor do Conselho da Federação, anunciou de repente que o presidente destituiria o procurador-geral de seu cargo. Os senadores da câmara alta do parlamento levaram um susto. Eles entenderam que se o servidor mais poderoso do país havia caído em desgraça, uma revolução tinha acabado de começar.

Membros dos comitês competentes (Defesa e Segurança, e Assuntos Jurídicos) receberam a notícia poucos minutos antes da sessão parlamentar. Eles aprovaram de forma unânime o pedido de Putin para que aceitassem a "renúncia" de Ustinov, sem fazer nenhuma pergunta. Quando um único senador – Valeri Sudarenkov, ex-governador da região de Kaluga – perguntou qual era a razão da saída de Ustinov, a confusão se instalou. "A declaração não especifica um motivo", criticou Mironov. "Não estamos considerando o motivo. Consideramos apenas a declaração de renúncia do procurador-geral", disse o diretor da comissão competente, claramente espantado com toda a situação.

Uma centena de senadores votou a favor da renúncia de Ustinov, dois se abstiveram e outros trinta e seis indecisos não participaram da votação, nem se abstiveram oficialmente. Quando os repórteres perguntaram ao diretor do Comitê de Defesa e Segurança por que os senadores não questionaram a falta de motivo da renúncia do procurador-geral, ele respondeu: "Uma vez, há algum tempo, o Conselho da Federação demonstrou grande interesse no afastamento do procurador-geral, e, depois disso, foi reformado", respondeu ele, referindo-se a 1999, quando o Conselho da Federação se recusou a acatar o pedido de Alexander Voloshin, chefe da administração de Ieltsin, para demitir o procurador-geral na época, Iuri Skuratov.[1] Um ano depois, Voloshin, agora chefe da administração do presidente Putin, se vingou ao mudar o procedimento de nomeação dos senadores ao Conselho da Federação. Todos os antigos senadores foram substituídos por recém-chegados obedientes.

A operação contra Ustinov teve a marca dos serviços de segurança: o inimigo foi pego de surpresa e não teve tempo de reagir – era Putin em seu aspecto mais clássico. Até hoje, ele adora fazer nomeações e demissões inesperadas. De modo geral, como no caso da saída de Mikhail Kasianov, ele mesmo anuncia a reformulação, ou pelo menos faz um comentário. Nessa ocasião, no entanto, ele preferiu o silêncio. Passaram-se dois dias e ele não se manifestou. Funcionários e deputados ficaram perplexos: será que Putin tinha tanto medo de Ustinov que precisou se livrar dele de maneira tão secreta e cautelosa?

Na verdade, de acordo com uma pessoa íntima de Putin, o objetivo do presidente era simplesmente mostrar seu poder. O verdadeiro alvo do ataque de Putin não era Ustinov, mas o círculo interno em geral.

Fato é que, em 2006, um grupo bem coeso de sujeitos afins começou a ganhar independência nos corredores do poder. Voltando a novembro de 2003, Dimitri, filho do procurador-geral Ustinov, se casou com Inga, filha do assessor presidencial Igor Sechin (o casamento aconteceu apenas um mês depois de um outro evento importante que unia Sechin e Ustinov: a prisão de Mikhail Khodorkovski). Os dois principais funcionários começaram a se ver com bastante frequência e tinham algumas coisas em comum: a visão bem conservadora sobre o sistema político, a desconfiança do Ocidente e o interesse pela filosofia eslavófila e pela Igreja Ortodoxa. Com o tempo, o círculo se ampliou e incluiu o primeiro-ministro Mikhail Fradkov e o prefeito de Moscou Iuri Lujkov. Esse quarteto peculiar começou a se reunir de forma regular e privada para discutir o futuro da Rússia.

Uma panelinha de altos funcionários como essa certamente levantaria suspeitas. A própria formação do grupo era impressionante: o assessor mais próximo do presidente, o *siloviki* mais poderoso do país, o veterano e ainda popular prefeito de Moscou e o primeiro-ministro, que, por mais fraco e tímido que fosse, assumiria o controle do país se algo acontecesse com Putin.

Na corrida para as eleições presidenciais de março de 2004, Putin deu ouvidos aos conselhos de Sechin sobre a deslealdade de Mikhail Kasianov e se livrou do primeiro-ministro. A situação agora era semelhante, mas, desta vez, o alvo era o próprio Sechin.

O dia da votação se aproximava rapidamente e, para Putin, aquela eleição seria ainda mais difícil, pois ele estava prestes a entregar o poder a um sucessor. Tudo precisava acontecer de forma tranquila e sem sofrimento. Ele ainda não tinha certeza se escolheria Serguei Ivanov ou Dimitri Medvedev, mas sabia que os dois já estavam incomodados com a fraternidade Sechin-Ustinov-Lujkov-Fradkov.

Putin sabia muito bem que Sechin odiava tanto Ivanov quanto Medvedev. Sechin havia até usado o caso do soldado Sichev para atacar Ivanov. Mas, para ele, manter Ivanov sob controle era uma coisa, colocar em risco toda a transferência de poder era outra totalmente diferente.

Havia muito ressentimento entre a Gangue dos Quatro. Se Lujkov era inimigo antigo da Família, Sechin se tornou amigo recente depois de colocar Khodorkovski atrás das grades e retirar Kasianov da cadeira de primeiro-ministro. Além disso, se pensarmos na época de Putin em São Petersburgo, Sechin se considerava o braço direito do presidente e fazia de tudo para afastar outros amigos em potencial, incluindo Ivanov e Medvedev. O ciúme de Sechin irritou quem necessariamente era mais próximo do presidente, como Viktor Zolotov, principal guarda-costas de Putin, e Viktor Cherkesov, que havia sido vice de Putin no FSB. Zolotov e Sechin eram extremamente hostis um com o outro, mas Zolotov precisava manter as aparências. Até que, de repente, surgiu uma oportunidade. Putin começou a se interessar pelo que a Gangue dos Quatro conversava quando estava sozinha. Zolotov e Cherkesov tiveram o prazer de fornecer a Putin a transcrição de conversas grampeadas.

As transcrições confirmaram as suspeitas de Putin: havia uma conspiração se formando lentamente. Os quatro discutiam, entre outras coisas, a possibilidade de Mikhail Fradkov se tornar um grande presidente, uma vez que já era um excelente primeiro-ministro – segundo eles. Putin, no entanto, jamais havia cogitado Fradkov como seu sucessor, muito menos pensado em discutir essa possibilidade com os outros quatro.

Na verdade, Sechin e companhia estavam apenas desopilando. A conversa ambiciosa deles, no fim das contas, não passava de algo informal. Sechin só precisava de uma bronca, enquanto Lujkov não era motivo de preocupação, pois, de tanto medo, acabaria tremendo nas bases. Por outro lado, Putin concluiu que a influência de Ustinov já passava dos limites – ou pelo menos é assim que um antigo assessor de Putin interpreta as ideias dele naquela época. Quanto a Fradkov, Putin simplesmente o ignorava – estava claro que ele não passava de um parceiro júnior usado como ferramenta.

Durante cinco dias depois de divulgada a saída de Ustinov, todos se perguntaram o que seria do presunçoso procurador-geral e quem o substituiria. A decisão de Putin surpreendeu a todos: ele simplesmente havia mexido as peças. O cargo de procurador-geral foi entregue a um sujeito mais modesto (e supostamente ligado à Família): Iuri Chaika, ministro da Justiça; Vladimir Ustinov, por sua vez, tornou-se o novo ministro da Justiça da Rússia. Em poucos meses, Chaika demitiu quase todos os auxiliares de Ustinov (que seguiram com o chefe para o Ministério da Justiça). Da mesma forma, a equipe de Chaika foi transferida para a Procuradoria-Geral. Brincando, os membros do Kremlin disseram que teria sido muito mais fácil e barato mudar as placas de identificação na entrada de cada prédio.

Brincadeiras à parte, a mesma situação se repetiu alguns anos depois, quando Medvedev e Putin trocaram de cargo e levaram consigo seu exército de assistentes e bajuladores.

O IMPÉRIO CONTRA-ATACA

No final de agosto de 2005, um acontecimento transformou inesperadamente toda a escala da política russa, tanto interna e quanto externamente. À primeira vista, o ocorrido não tinha nada a ver com a Rússia – mas as aparências enganam. Em 29 de agosto, a Costa do Golfo dos Estados Unidos foi atingida pelo furacão Katrina. Os estados de Louisiana, Mississippi, Flórida, Alabama e Geórgia se transformaram em zonas de catástrofe. As autoridades dos Estados Unidos não conseguiram evacuar a tempo os moradores de Nova Orleans e não previram que os diques não resistiriam ao aumento do nível da água. Durante alguns dias, Nova Orleans ficou à mercê de criminosos e saqueadores, o que atrasou a operação de resgate. O presidente George W. Bush enfrentou um bombardeio de críticas por não cancelar suas férias no Texas ao saber da tragédia – ou seja, ele repetiu exatamente o mesmo erro que Putin havia cometido cinco anos antes, quando o *Kursk* afundou.

O Ministério de Situações de Emergência da Rússia ofereceu duas aeronaves de resgate como assistência. As autoridades norte-americanas inicialmente recusaram a ajuda, mas mudaram de ideia alguns dias depois e solicitaram o envio dos aviões. Putin, o ministro da Defesa Serguei Ivanov e o ministro de

Situações de Emergência Serguei Choigu ficaram maravilhados com o caos na maior economia do mundo. Mas o mais chocante de tudo, pelo menos para Putin, foi o que aconteceu logo depois da catástrofe: o índice de aprovação de Bush despencou.

Vladimir Putin (especialmente nos primeiros anos de presidência) nunca confiou em pesquisas eleitorais. Também nunca acreditou quando seus assessores diziam que seu índice de aprovação estava alto. "Isso pode mudar a qualquer momento", dizia ele. Lembrando-se de como a televisão e a segunda guerra na Chechênia o tornaram o político mais popular do país em questão de meses, ele acreditava que o inverso poderia acontecer com a mesma rapidez. Depois de cada tragédia ocorrida na Rússia, fosse a do submarino *Kursk*, a do espetáculo *Nord-Ost* ou o ataque terrorista em Beslan, Putin esperava que sua aprovação caísse e que o povo o responsabilizasse em pessoa. Nada disso aconteceu. No entanto, o pesadelo de Putin estava se tornando realidade não só para ele, mas para um homem que ele considerava ainda mais poderoso: o "imperador militar do mundo", George W. Bush.

O mais surpreendente foi que Bush não respondeu às críticas. Ele foi incapaz de refutar as acusações de incompetência, de colocar a culpa em outra pessoa, de mudar a agenda ou distrair a atenção do povo com outra coisa. Bush, que Putin considerava um líder muito mais forte, acabou se mostrando um fracote. Isso deu a Putin uma confiança imensa e mudou radicalmente o tom das negociações da Rússia com os Estados Unidos. Putin percebeu que não estava lidando com um imperador militar, mas com uma carta fora do baralho.

Em outubro de 2006, como descrito por Angus Roxburgh, Putin provocou Condoleezza Rice ao deixá-la esperando várias horas no lobby do hotel até concordar em recebê-la; enquanto ela aguardava, ele bebia com amigos em Barvikha, nos arredores de Moscou. Após uma reunião do Conselho de Segurança, alguns membros decidiram prolongar o encontro e celebrar os recentes aniversários do vice-primeiro-ministro Dimitri Medvedev e do secretário do Conselho de Segurança Igor Ivanov. Putin não viu nada de errado em deixar a secretária de Estado dos Estados Unidos esperando a tarde toda. Quando anoiteceu, ele decidiu que, em vez de interromper a festa, seria melhor convidar Rice para a mesa e deixá-la conversar diretamente com todo o Conselho de Segurança. Stephen Hadley, conselheiro de segurança nacional dos Estados Unidos, lembra que ficou admirado quando eles chegaram ao castelo de Meiendorf, na estrada de Rubliovka, e encontraram umas dez pessoas, as mais poderosas da Rússia, sentadas em volta de uma mesa cheia de bebidas e petiscos. "Condi, sente-se conosco. Guardamos uma coisa ultrassecreta para você", brincou Serguei Ivanov, apontando as garrafas de vinho georgiano. Mas Rice não se incomodou nem um pouco. Friamente, ela pediu para falar com Putin em particular. Ele concordou e levou consigo justamente Serguei Ivanov, seu intermediário nas relações com os Estados Unidos, e, como intérprete, o ministro das Relações Exteriores Serguei Lavrov.

A conversa gerou ressentimentos e terminou com Rice e Putin discutindo sobre a situação na Geórgia. A secretária de Estado dos Estados Unidos afirmou que todos os países vizinhos da Rússia tinham o direito de decidir seu próprio destino, enquanto Putin respondeu que a Rússia não toleraria uma intervenção militar georgiana nos conflitos frios na Abcásia e na Ossétia do Sul. A conversa foi acalorada, completamente diferente do encontro amistoso ocorrido quatro anos antes.

Naquela época, Serguei Ivanov e Condoleezza Rice mantinham uma relação cordial. Em maio de 2002, George W. Bush, com sua esposa e comitiva, visitou Putin em São Petersburgo. Putin os levou ao Teatro Mariinsky para ver *O Quebra-Nozes*. No caminho, Ivanov e Rice descobriram uma paixão mútua pelo balé, mas também concluíram que não queriam assistir a *O Quebra-Nozes* pela centésima vez. Assim que as luzes se apagaram, Ivanov (então ministro da Defesa) sugeriu a Rice (então conselheira de segurança nacional) que procurassem algo mais interessante. Ela concordou, e Ivanov a levou ao estúdio de ensaios de Boris Eifman para assistirem a um balé de vanguarda russo. Vladimir Rushailo (equivalente russo de Condoleezza Rice), secretário do Conselho de Segurança, ficou encarregado de vigiar os fugitivos e ficou extremamente insatisfeito com a quebra de protocolo. Já Ivanov e Rice estavam felicíssimos.

Em outubro de 2006, tudo isso era uma lembrança distante. Depois de arruinar aquele agradável encontro social, Condoleezza Rice, em cima do salto, olhava com desprezo para Putin e Ivanov, quase gritando. Os dois a trataram com o mesmo furor e desdém.

Duas semanas depois, os republicanos sofreram uma derrota esmagadora nas eleições de meio de mandato nos Estados Unidos, perdendo o Senado e a Câmara dos Representantes, que controlaram por dois anos. Para Putin, foi um sinal claro de que Bush era um perdedor, mesmo dentro de sua própria administração. Estava na hora de jogar duro.

Em 2007, numa tentativa de evitar a implantação de um escudo antimísseis dos Estados Unidos na Europa, Putin fez uma proposta inesperada: um sistema conjunto entre russos e norte-americanos. Em vez de os Estados Unidos construírem uma nova estação de radar na República Tcheca, eles poderiam usar as instalações de Gabala, no Azerbaijão. Os americanos ficaram chocados. Nem Bush nem Rice esperavam que Putin manifestasse tamanha abertura e vontade de cooperar. Um mês depois, no entanto, especialistas do

Pentágono chegaram ao Azerbaijão para analisar a estação de radar Gabala e não gostaram do que viram. Eles relataram à Casa Branca que os equipamentos eram ultrapassados e não satisfaziam os requisitos dos Estados Unidos. Bush, tendo concordado verbalmente com a oferta revolucionária de Putin, começou a voltar atrás.

Em fevereiro de 2007 iniciou-se um confronto a longa distância. Vladimir Putin e Serguei Ivanov chegaram à Conferência de Segurança de Munique dispostos a retaliar Bush. Putin havia preparado um discurso que pretendia tanto demonstrar sua atitude em relação ao destronado "imperador do mundo" quanto convidar toda a comunidade mundial a se envolver em um novo diálogo. Começou atacando os Estados Unidos e a "doutrina Bush":

> O mundo unipolar proposto após a Guerra Fria também não se tornou realidade.
>
> A história da humanidade certamente passou por períodos unipolares e registrou aspirações à supremacia mundial. Mas o que não aconteceu na história mundial?
>
> No entanto, o que é um mundo unipolar? Por mais que se embeleze essa expressão, no final das contas ela se refere a um tipo de situação, um centro de autoridade, um centro de força, um centro de tomada de decisões. É um centro em que existe um único senhor, um soberano. Ao fim e ao cabo, algo nocivo não só para quem vive dentro desse sistema, mas também para o próprio soberano, porque ele se destrói por dentro.
>
> E isso certamente não tem nada em comum com a democracia. Porque, como sabem, a democracia é o poder da maioria à luz dos interesses e das opiniões da minoria.
>
> Hoje testemunhamos o uso excessivo e quase irrestrito da força – da força militar – nas relações internacionais, uma força que lança o mundo em um abismo de conflitos permanentes. Como resultado, não temos força suficiente para encontrar uma solução abrangente para nenhum desses conflitos. Chegar a um acordo político também se torna impossível.
>
> Vemos um desdém cada vez maior pelos princípios básicos do direito internacional. Na verdade, as normas legais independentes estão se aproximando cada vez mais de um sistema jurídico de Estado. Um Estado – os Estados Unidos, antes de mais nada, é claro – ultrapassou as suas fronteiras nacionais em todos os sentidos. Isso é visível nas políticas econômicas, culturais e educacionais que o país impõe a outras nações. Bem, quem gosta disso? Quem está feliz com isso?[2]

O trecho mais claramente antiamericano do discurso provocou tantas reações que a segunda e a terceira partes do discurso foram esquecidas. A segunda também era ambiciosa, mas muito mais pacífica: Putin propôs desenvolver uma nova "arquitetura de segurança global", em que a OTAN deveria dar atenção à opinião da Rússia e dos outros países do BRIC antes de agir. A terceira continha uma lista das queixas tradicionais de Putin: a recusa da Europa e dos Estados Unidos em ratificar o Tratado das Forças Armadas Convencionais na Europa, a expansão da OTAN ao leste, as barreiras ao investimento russo na Europa, as intermináveis negociações sobre a entrada da Rússia para a Organização Mundial do Comércio, e assim por diante.

Esse populismo internacional caiu muito bem em alguns setores da população, e a proposta de Putin para um mundo que não fosse mais dominado pelos Estados Unidos gerou dividendos. Ele foi até considerado "Homem do Ano" pela revista *Time*, embora não por seus feitos – afinal, em 2007, sua principal tarefa foi coordenar a Operação Sucessor e garantir uma transferência de poder que lhe fosse conveniente. O reconhecimento veio graças à sua nova retórica, que começou a fluir assim que ele percebeu que não precisava mais agradar a Bush ou a qualquer outra pessoa. Numa entrevista realizada em junho de 2007, às vésperas da reunião de cúpula do G8, ele disse de forma enigmática: "Depois da morte de Mahatma Gandhi, não há ninguém com quem falar".[3] Putin ficou sozinho depois de romper relações com Bush, mas totalmente confiante de que agora era o homem forte da política mundial.

GUERRA TODO DIA

Quanto mais se aproximava o fim de seu segundo mandato, mais neuróticos ficavam Putin e a política externa russa. Ele não tinha certeza se a Operação Sucessor seria um sucesso, pois não havia escolhido ninguém, tampouco sabia se conseguiria prever quaisquer dificuldades.

A relação com os Estados Unidos também era motivo de irritação. Era preciso dar vazão ao ressentimento reprimido, então a Rússia passou 2006 e 2007 inteiros comprando briga com seus vizinhos menores.

No primeiro semestre de 2006, decidiu punir a Geórgia e a Moldávia por suas novas políticas pró-ocidentais. A importação russa de vinhos georgianos e moldavos foi proibida, bem como a importação de água mineral georgiana.

As autoridades da Geórgia revelaram a descoberta de uma rede de espionagem russa, ao que a Rússia respondeu com o lançamento de uma campanha antigeorgiana em grande escala. Dentro de uma semana, todos os trabalhadores migrantes da Geórgia foram expulsos. Para agilizar o processo, policiais foram a todas as escolas e fizeram uma lista de crianças com todos os nomes que pareciam georgianos. As ligações aéreas com Tbilisi foram suspensas.

Na Polônia, marginais espancaram filhos de funcionários da embaixada russa. Putin interpretou o ato como uma provocação proposital para humilhar a Rússia. Ele lembrou que o presidente polonês Aleksander Kwasniewski, um ex-comunista, havia conquistado a duras penas sua confiança, mas depois se tornou o principal mediador nas conversas após a Revolução Laranja na Ucrânia. Basicamente, Kwasniewski foi quem facilitou a ascensão de Viktor Iushchenko ao poder. Para completar a campanha antigeorgiana, a Rússia lançou também uma antipolonesa, proibindo importações da Polônia.

Por fim, ainda no primeiro semestre de 2007, a Rússia começou a mirar a Estônia. Sob a influência de nacionalistas locais, as autoridades estonianas decidiram mover para um cemitério militar um monumento do Exército Vermelho e os restos mortais de soldados soviéticos que ficavam numa das praças centrais de Tallinn. A população russa que vivia na Estônia começou um protesto, agregado imediatamente pelo Nashi, de Vladislav Surkov, que despachou suas "tropas" para Tallinn. Ao mesmo tempo, a embaixada da Estônia em Moscou foi sitiada com os primeiros efeitos da máquina de propaganda de Surkov. A televisão estatal russa começou a chamar os líderes da Estônia de herdeiros dos nazistas e a estabelecer paralelos entre os eventos de 2007 e a Segunda Guerra Mundial, como se a luta entre "russos" e "fascistas" estivesse viva e em plena atividade. Essa metáfora foi adotada pelo próprio presidente Putin em seu discurso do Dia do Vitória, em 9 de maio: "Essas novas ameaças, assim como no Terceiro Reich, mostram o mesmo desprezo pela vida humana e a mesma vontade de estabelecer um ditador exclusivo sobre o mundo", disse ele, referindo-se aos Estados Unidos e basicamente os comparando com a Alemanha nazista.[4] Cinco meses depois ele criticou a União Europeia por "transformar em heróis os nazistas e seus capangas", e com "capangas" ele se referia aos governos da Estônia e da Letônia.* Foi a primeira e – durante muito tempo – única analogia desse tipo feita por Putin. A próxima tentativa de enquadrar o presente político da Rússia no passado e reviver os fantasmas da Segunda Guerra Mundial aconteceria sete anos depois, em 2014.

Serguei Ivanov, que não era apenas um potencial sucessor, mas também o encarregado de Putin nas relações com os Estados Unidos, começou a fazer duras declarações de política externa. Após a campanha antiestoniana, ele se

---

* O governo russo teve problemas com ambos os países bálticos, principalmente por culpá-los por violações dos direitos das minorias russas nesses países. Após o colapso da União Soviética, esses russos que lá moravam, conhecidos como "ocupantes", não receberam sua cidadania; em vez disso, eles conseguiram apenas "passaportes de estrangeiro". Também foram um ultraje para Moscou as marchas realizadas nesses países por veteranos que haviam lutado ao lado da Alemanha nazista durante a Segunda Guerra Mundial.

encontrou com ativistas do Nashi (e com seus supervisores, Vladislav Surkov e Gleb Pavlovski) e agradeceu pela assistência. Embora o cerco à embaixada da Estônia em Moscou tenha violado a Convenção de Viena, e as autoridades, declarado oficialmente que não tinham nada a ver com a situação, o ministro da Defesa disse que era "a favor do sentimento patriótico" e que estava "grato por isso".[5]

Em 2007, Serguei Ivanov era efetivamente a segunda figura internacional mais importante da Rússia. Suas declarações de certa forma bélicas viraram notícia, o que naturalmente aumentou seu índice de aprovação. Enquanto isso, os dois potenciais sucessores atravessavam incansáveis o país, supostamente supervisionando questões regionais, embora tudo não passasse de uma campanha eleitoral. Medvedev abriu novos hospitais e universidades, entregou habitações gratuitas e visitou novas empresas agrícolas. Ivanov, em seu papel de supervisor da indústria bélica, participou da abertura de novas fábricas e prometeu construir aeronaves e computadores russos. Todas essas visitas foram televisionadas. Todos os jornais noturnos continham notícias sobre Putin, Ivanov e Medvedev. Os dois candidatos tinham sua própria equipe, bem como suas próprias sedes informais onde preparar uma campanha eleitoral.

Em meados de 2007, ficou claro que Ivanov estava na liderança da corrida. Era nítido que seu discurso patriótico ressoava melhor com os telespectadores. Mesmo sem nenhuma ordem superior, uma quantidade cada vez maior de notícias sobre ele aparecia na TV estatal. O índice de aprovação de Medvedev estava muito abaixo do de Ivanov. Como se não bastasse, este era mais do agrado do principal estrategista político do Kremlin, Vladislav Surkov. Ivanov gostava dos movimentos juvenis liderados por Surkov, e por isso adotou de imediato a retórica dele a favor de extirpar pela raiz a "revolução colorida".

De acordo com o Kremlin e com membros do governo, foi Ivanov quem cometeu o primeiro erro. Ele acreditava ter uma grande chance de ganhar. Era impossível não notar que estava à frente de seu rival em todos os aspectos. Em junho de 2007, por exemplo, Ivanov teve a honra inesperada de abrir o Fórum Econômico de São Petersburgo. O presidente Putin falou no segundo dia, enquanto o primeiro ficou reservado para o vice-primeiro ministro Ivanov, que nem era responsável pela economia.

Não sabemos ao certo em que momento Ivanov começou a criar asas e as teve cortadas, mas um episódio se destaca. Durante uma visita à Ásia, Putin e Ivanov discutiam sistemas de defesa aérea com potenciais compradores. Ivanov, ministro da Defesa, estava mais atualizado sobre o assunto e em determinado momento começou a responder as perguntas sem sequer olhar para Putin. O presidente se aproximou e disse a ele em voz baixa: "Você já está respondendo no meu lugar?".

O TERCEIRO DESCONHECIDO

Em setembro de 2007, seis meses antes das eleições presidenciais e três meses antes das eleições parlamentares, Putin pegou sua comitiva de surpresa. Todos esperavam que ele esclarecesse a questão da sucessão, mas Putin, sem nenhuma razão aparente, confundiu ainda mais as coisas ao demitir Mikhail Fradkov. Além disso, ele humilhou o primeiro-ministro muito mais do que havia humilhado Ustinov no ano anterior. Putin demitiu Ustinov dizendo-lhe para inventar a própria demissão (contudo, enquanto se despedia da equipe, Ustinov deixou escapar que sua saída não era voluntária). Já Fradkov foi obrigado a renunciar publicamente diante das câmeras de televisão. O espetáculo não foi nada convincente. O primeiro-ministro murmurou alguma coisa ao tentar explicar o motivo de sua renúncia, embora estivesse claramente perplexo com a notícia de seu próprio afastamento.

O principal motivo por trás da demissão de Fradkov, é claro, foram suas ambições particulares. Quanto mais Putin demorava para nomear o herdeiro de seu trono, mais Fradkov acreditava que também estava no páreo – esperança também alimentada por seu velho amigo Igor Sechin. Apesar de não serem punidos pelo envolvimento na Gangue dos Quatro, os dois preferiram ser mais comedidos em suas atividades. No entanto, Fradkov, um burocrata experiente, gostava de entravar os projetos dos dois sucessores, que eram oficialmente seus vices. Não há dúvida de que tanto Ivanov quanto Medvedev informaram Putin dessa "sabotagem". Desse modo, quando chegou a hora de transferir o poder, Putin decidiu se livrar de qualquer autoridade desnecessária que pudesse, sem querer, atrapalhar seus planos.

Em 2004, depois da nomeação de Fradkov, Putin havia elogiado seu novo primeiro-ministro lembrando-se de como ele, em 2001, agira com firmeza e coragem ao defender o desmonte de seu próprio departamento (de inspeção fiscal) em benefício do Estado. Em 2007, no entanto, atento a tudo que acontecia ao seu redor, Putin percebeu que Fradkov costumava contar uma versão bem diferente sobre os eventos. Ele alegava que os oligarcas tinham ficado irritados com sua polícia fiscal, e que por isso havia sido alvo de uma série de mentiras que os bilionários contaram para o presidente com o simples objetivo de se livrarem de um departamento altamente eficiente. Putin teria aparentemente acreditado na calúnia dos financiadores e, sem a menor sensatez, acabado com a polícia fiscal. Teria sido somente em 2004, depois do caso Yukos, que Putin percebera seu erro e reconduzira Fradkov ao seu cargo.

Ao tomar conhecimento de que o reservado primeiro-ministro estava falando asneiras, Putin, segundo testemunhas, deu uma gargalhada antes de tirar suas próprias conclusões.

Fradkov foi substituído pelo igualmente misterioso Viktor Zubkov, velho amigo de Putin do comitê de relações exteriores da Prefeitura de São Petersburgo no início da década de 1990. No ano anterior, Zubkov havia ocupado o modesto cargo de chefe da unidade de inteligência financeira. Se como funcionário público ele era mediano, como político era medíocre. Apenas uma vez, em 1999, Zubkov concorreu por alguma coisa – o governo da região de São Petersburgo. Mesmo com o apoio de Putin, que na época era primeiro-ministro, ele acabou com um decepcionante quarto lugar.

Parece que Putin não explicou a Zubkov por que estava lhe oferecendo o cargo de primeiro-ministro. Ele simplesmente disse (de acordo com um assessor presidencial) que "a pátria precisa da sua experiência" e "vamos trabalhar em equipe". É mais provável que Putin tenha sentido vergonha de dizer que precisava de um lugar-tenente sem ambições para ocupar o cargo durante seis meses. Mas Zubkov não entendeu o recado. Apenas duas semanas depois de sua nomeação, ele disse a jornalistas que não descartava ser nomeado para a presidência. Além disso, o desconhecido Zubkov começou a se comportar de forma extravagante. Por exemplo, durante seus primeiros dias no cargo, censurou publicamente o governador de Penza, ameaçando transferi-lo para um coral infantil se ele não aumentasse imediatamente o salário dos professores infantis.

Uma semana depois, Putin repreendeu Zubkov dizendo-lhe para tirar da cabeça quaisquer planos de se lançar numa campanha eleitoral. Dessa vez ele entendeu a mensagem e só voltou a aparecer em maio, quando cedeu o cargo de primeiro-ministro ao próprio Vladimir Putin.

Depois de demitir Fradkov, Putin finalmente escolheu seu sucessor. A mudança de governo foi um gesto simbólico que marcou o fim da disputa de bastidores e o início da campanha eleitoral do escolhido. Em setembro de 2007, toda a panelinha sabia que a escolha havia sido feita: Dimitri Medvedev.

Putin e Medvedev passaram os meses vitais antes das eleições elaborando em detalhes os mecanismos de transferência de poder. "Já pensamos em tudo", disse Putin aos seus colegas mais próximos. Para evitar possíveis erros de comunicação, o chefe do gabinete presidencial, Serguei Sobianin, assumiu o comando da equipe do governo, enquanto o chefe do governo, Serguei Narishkin, passou para o Kremlin. Eles conheciam bem os deveres uns dos outros e preservaram em plena ordem o canal de comunicação entre os "acoplados" (como Putin e Medvedev eram conhecidos). "Quem haveria de pensar que, seis meses depois, Sobianin e Narishkin deixariam de se falar, e que o Kremlin e o governo estariam prestes a lançar granadas um contra o outro?", diz uma das pessoas com quem conversei.

PARTE TRÊS

—

Príncipe Dimitri

CAPÍTULO 9

Em que Mikheil Saakashvili, presidente da Geórgia, mantém o poder – e algo muito mais valioso

Mikheil Saakashvili ama a vida muito mais do que ama o poder. Ele passou todo o tempo em que foi presidente da Geórgia sendo comparado a Putin. Os dois eram o reflexo um do outro em muitos aspectos: ambos tentavam parecer líderes fortes, viris e combativos capazes de pilotar tanto um avião quanto um carro de Fórmula 1. Saakashvili, é claro, imitava Putin (embora afirmasse o contrário). Mas quando se tratou de fazer a escolha crucial entre la dolce vita e o poder, ele, ao contrário de Putin, escolheu a primeira.

Como presidente da Geórgia, Saakashvili era um homem cheio de surpresas, capaz de passar horas e horas na companhia de jornalistas bebendo Moët & Chandon em algum restaurante ou de voar de helicóptero para uma boate no litoral e voltar para a capital na manhã seguinte. Seu modo de vida aparentemente relaxado não condizia com a imagem de um presidente reformista disposto a se sacrificar pelo bem de seu país. Tampouco combinava com a imagem de um ditador que valoriza o poder mais do que a própria vida.

Ninguém esperava que Saakashvili deixasse o poder para a oposição – ato inédito na antiga União Soviética. Eu me encontrei com ele em Kiev no prédio da administração presidencial da Ucrânia na Rua Bankova, onde ele se preparava para retornar ao poder – desta vez não em sua terra natal, mas como governador de Odessa, no sul da Ucrânia.

Mikheil Saakashvili talvez tenha realizado as reformas econômicas mais impressionantes de toda a Comunidade de Estados Independentes. Acredita-se que o engenheiro por trás de muitas dessas transformações tenha sido o falecido político e empresário georgiano Kakha Bendukidze, enquanto o arquiteto da célebre reforma policial tenha sido o ex-primeiro-ministro Vano Merabishvili (hoje preso, ironicamente). Mas a verdade é que nenhum outro país pós-soviético teve reformas tão rápidas e efetivas. Sim, eles poderiam ter ido mais longe, mas houve grandes progressos nos dois primeiros anos – antes de a estagnação começar.

Saakashvili viveu em grande estilo e muitas vezes fazia viagens de negócios questionáveis na companhia de jovens assistentes mulheres. Embora não tivesse nada de asceta, ninguém jamais o acusou de enriquecimento pessoal. Todas as acusações que sofreu posteriormente na Geórgia referem-se a abuso de função e desperdício de dinheiro público, não a apropriação indébita. Nunca faltam perguntas quando o assunto é Saakashvili, e talvez a mais interessante seja por que ele se tornou inimigo número 1 de Putin. Ele tem certeza de que foi porque alterou o vetor da política externa da Geórgia e se tornou um reformador bem-sucedido.

As lembranças de Saakashvili estão cheias de imprecisões factuais. Às vezes ele mistura lugares de um jeito que até ouvintes inexperientes perceberiam. Talvez isso não seja importante, no entanto. E talvez a inimizade de Putin não tenha nada a ver com reformas ou política. Talvez seja porque Saakashvili conseguiu realizar o sonho de Putin de levar uma vida boa sem ter de lutar pelo poder – algo que provavelmente nunca estará ao alcance de Putin.

INIMIGOS HEREDITÁRIOS

Dimitri Medvedev herdou a lista de inimigos de Vladimir Putin, encabeçada pela Geórgia e seu presidente, Mikheil Saakashvili. Mesmo quando a "campanha antigeorgiana" de 2006 chegou ao fim, Saakashvili manteve seu status. O pessoal do Kremlin adorava tagarelar sobre como Putin odiava "Mishiko" (apelido do alto e corpulento presidente georgiano). Um dia, em uma conversa com Alexander Lukashenko, presidente da Bielorrússia, Saakashvili supostamente se referiu ao líder russo como "liliputiano", comentário que Lukashenko teria transmitido imediatamente a Putin.

A história soa verdadeira até certo ponto, pois contar o conteúdo de conversas confidenciais é algo típico de Alexander Lukashenko. Ele sempre diz a seus interlocutores o que os outros falam deles pelas costas, e as pessoas costumam gostar de sua honestidade brutal. No entanto, o próprio Saakashvili diz que a história é um mito inventado pelo Kremlin. De todo modo, é preciso explicar a hostilidade de Putin.

Segundo Saakashvili, Putin tentava demonstrar poder desde o início. Por exemplo, a Alemanha foi um dos países que Saakashvili visitou durante sua primeira turnê internacional como presidente da Geórgia. Em seu primeiro encontro com o chanceler Schroeder, Saakashvili ainda era cordial para com Putin (o ressentimento ainda estava por vir), mas conversou com o chanceler sobre os problemas na relação entre Rússia e Geórgia. Poucos dias depois de retornar para Tbilisi, Saakashvili recebeu uma visita do embaixador russo, que levou consigo uma transcrição desse encontro particular com Schroeder.

"Eu queria chamar sua atenção para alguns pontos dos quais não gostamos na sua conversa com o chanceler alemão", disse o embaixador.

"Naquela época eu achava que Schroeder era um líder ocidental importante. Por isso fiquei chocado por ele ter dado a Putin a transcrição completa da nossa conversa", diz Saakashvili.

Quanto mais perto Putin chegava do fim de seu primeiro mandato como presidente, mais claro ficava que manter relações amistosas com a Geórgia era algo inatingível. Em 4 de abril de 2008, a OTAN realizou uma reunião de cúpula em Bucareste, durante a qual a Geórgia e a Ucrânia ganhariam o status de países candidatos. No âmbito do chamado Plano de Ação para Adesão, a entrada na OTAN parecia ser negócio fechado. Só era necessário amarrar algumas pontas.

É simbólico que, de todos os países da CEI, apenas Geórgia e Ucrânia tenham tentado se juntar à OTAN e se libertar da influência de Moscou. Os dois países ocuparam uma posição especial no Império Russo e em seu sucessor, a União Soviética. A Geórgia só foi incorporada ao Império Russo em 1801, mas, em 1812, Piotr Bagration, um descendente da dinastia real georgiana, tornou-se um dos heróis da Guerra Napoleônica depois de morrer na Batalha de Borodino.

Durante os primeiros anos da União Soviética, havia muitas pessoas influentes de origem georgiana. No politburo, por exemplo, houve três entre 1930 e 1950: o secretário-geral do Partido Comunista Joseph Stalin, o comissário da indústria pesada soviética Sergo Ordjonikidze (que se opunha aos expurgos stalinistas e cometeu suicídio em 1937), e o orquestrador dos expurgos Lavrenti Beria, chefe do NKVD e do Gulag, o "pai da bomba atômica soviética".

Joseph Stalin, que nasceu na cidade georgiana de Gori, até hoje é uma figura polarizadora para a Rússia e a Geórgia. Quando Khrushchev criticou duramente o culto à personalidade de Stalin no 20º Congresso do Partido em 1956, houve protestos em Tbilisi e pessoas morreram com a repressão. Mas a popularidade de Stalin sobreviveu, particularmente entre a elite política georgiana. Vasili Mzhavanadze, primeiro-secretário do Partido Comunista da Geórgia entre as décadas de 1950 e 1970, fazia parte da conspiração contra Khrushchev e conseguiu preservar o Museu Stalin em Gori. E o monumento da cidade ao ditador não foi demolido depois da crítica ao culto de sua personalidade, nem mesmo após o colapso da União Soviética.

Nos últimos anos da URSS, no entanto, a Geórgia era um centro de desestalinização e até mesmo dessovietização. A arte, o cinema, a música e o teatro georgianos eram parte importante da cultura soviética. O filme pré-perestroika *Arrependimento sem perdão*, de Tengiz Abuladze, realizado em 1984 em língua georgiana, talvez tenha se tornado o principal símbolo do início da glasnost e, em 1987, recebeu o Grande Prêmio no Festival de Cinema de Cannes. O filme conta a história de um tirano georgiano amaldiçoado por seus descendentes. Seu rosto lembra uma mistura de Beria e Mzhavanadze. No final do filme, o próprio filho do ditador morto desenterra o cadáver do pai e o atira de um penhasco.

Eduard Shevardnadze, um dos últimos líderes comunistas da Geórgia, tornou-se ministro das Relações Exteriores da União Soviética em 1985 e, junto a Gorbatchov, foi um dos arquitetos da nova política externa soviética, que levou ao fim da Guerra Fria e à queda do Muro de Berlim.

De acordo com Saakashvili, Putin sempre falava de Stalin em conversas privadas, mencionando especialmente o fato de ter ocupado o antigo escritório de Stalin no Kremlin. "O que eu tenho com isso? Não dou a mínima para Stalin", diz Saakashvili.

É difícil dizer se Putin também não dava a mínima. Ele raramente mencionava Stalin em público, embora gostasse de usar a antiga *dacha* do ditador no Volinskoe, Moscou, para negociações importantes.

Em qualquer caso, os presidentes da Geórgia e da Ucrânia, Mikheil Saakashvili e Viktor Iushchenko, foram os principais apoiadores da integração euro-atlântica na antiga União Soviética. E George W. Bush, no último ano de seu mandato, se convenceu de que as duas repúblicas pós-soviéticas deveriam receber o status de país candidato da OTAN. Saakashvili se lembra de estar em Washington poucas semanas antes da reunião de cúpula em Bucareste. Antes de uma reunião matinal com Bush, ele recebeu uma ligação de Angela Merkel. "Diga Bush o que disser, não permitirei que a OTAN abra caminho para a Geórgia e a Ucrânia", advertiu ela. Saakashvili contou a Bush, que respondeu: "Não se preocupe com isso. Deixe que eu cuido dela".

No entanto, não havia como evitar uma briga na cúpula de Bucareste. Merkel estava preparada para isso, apoiada pelo presidente francês Nicolas Sarkozy. O argumento foi que a Ucrânia e a Geórgia não estavam prontas para se juntarem à aliança. Em relação à Ucrânia, a maioria de sua população se opunha fortemente à OTAN. Em relação à Geórgia, Merkel e Sarkozy disseram que, primeiro, Mikheil Saakashvili não tinha nada de um verdadeiro democrata (uma vez que, em novembro de 2007, mandara fechar a maior emissora de TV da oposição e usara da violência para dispersar uma manifestação contra seu governo); e segundo, a Geórgia tinha dois conflitos de fronteira não resolvidos com a Rússia. Será que os países da OTAN estavam preparados para enviar tropas para as fronteiras do sul, na Abcásia e Ossétia, se os conflitos "frios" se aquecessem de repente?

A posição da França e da Alemanha causou indignação na Europa Oriental. Na reunião geral dos chefes de estado, Merkel e Sarkozy foram efetivamente acusados de serem pró-russos e se aproveitarem do gás russo. Além disso, o ministro das Relações Exteriores alemão, Frank-Walter Steinmeier, teve de escutar que, dada sua história, a Alemanha não tinha o direito moral de impedir que países do Leste Europeu buscassem a liberdade. Steinmeier ficou extremamente ofendido.

O jantar de abertura da cúpula se tornou um festival de brigas. Mesmo depois de servido o café, a delegação dos Estados Unidos e a da Alemanha continuaram discutindo. As "falas" continuaram na manhã seguinte. Segundo testemunhas, a discussão mais curiosa foi entre Angela Merkel e Condoleezza Rice, as duas únicas mulheres numa sala só de homens. Afastadas dos demais, elas discutiam em voz alta e acalorada em russo, que ambas falavam bem. Foi nessa mesma manhã que Merkel propôs um acordo: o Plano de Ação para Adesão (PAA) não seria oferecido à Geórgia ou à Ucrânia, mas na declaração final constaria que os dois países certamente "seriam membros da OTAN" um dia – sem especificar quando, é claro.

O acordo, que acabou adotado por todos os países membros da Organização do Tratado do Atlântico Norte, não agradou a Geórgia, muito menos a Ucrânia e a Rússia. Saakashvili ficou indignado. Porém, mais indignado ainda ficou Vladimir Putin, que chegou a Bucareste no último dia da cúpula, quando a decisão de não estender o PAA já tinha sido tomada. Além disso, ele ficou furioso com o fato de a OTAN deixar pendente a perspectiva de futura adesão da Geórgia e da Ucrânia.

Segundo testemunhas, Putin teve um ataque de fúria ao falar da Ucrânia numa reunião a portas fechadas. "A Ucrânia não é sequer um país", disse ele a Bush. "Uma parte dela fica no Leste Europeu, e a outra – a mais importante, por sinal, nós a demos de presente!" Ele terminou seu breve discurso com as seguintes palavras: "Se a Ucrânia entrar para a OTAN, será sem a Crimeia e as regiões do leste. Ela vai simplesmente desmoronar".

Poucos deram atenção ao alerta de Putin, uma vez que todos estavam concentrados nas tensões latentes entre Moscou e Tbilisi. A ideia de um conflito iminente entre Rússia e Ucrânia parecia absurda. Além disso, Putin só tinha mais um mês de mandato. A posse do novo presidente, Dimitri Medvedev, estava marcada para 7 de maio.

AS COISAS SÓ TÊM A PIORAR

Tentar restabelecer a relação com Saakashvili foi a primeira atitude de Medvedev. Saakashvili conta que, na primeira reunião que tiveram, Medvedev disse que o conflito não havia sido criado por eles, mas herdado – portanto, estava na hora de enterrar o assunto. Ele propôs que os dois se falassem com mais frequência. Posteriormente, no entanto, quando Saakashvili telefonou para Moscou para conversar com seu novo colega, a ligação foi transferida para Putin. "O que Medvedev tem a ver com isso?", perguntou Putin, agora primeiro-ministro, para Saakashvili. "Você tem que falar comigo, Mikheil. Eu sou o responsável pelas relações com a Geórgia."

Imediatamente após a reunião de cúpula de Bucareste, uma tempestade começou a se formar sobre a Geórgia. Havia uma forte sensação de que a guerra poderia eclodir a qualquer momento. A Geórgia enviou tropas para a fronteira com a Ossétia do Sul, enquanto a Rússia intensificou seu contingente de manutenção da paz, que havia sido enviado para aquela região pela primeira vez em 1992 em conformidade com uma resolução da ONU. A Geórgia colocou drones sobrevoando as duas repúblicas não reconhecidas da Abcásia e da Ossétia do Sul; eles foram derrubados. A Rússia criou serviços consulares nas duas regiões. A Geórgia chamou esses serviços de "anexação" e exigiu que as tropas de paz russas na "zona de conflito" fossem substituídas pelas forças da OTAN.

No final de maio, a Rússia enviou suas tropas ferroviárias para a Abcásia. O Departamento de Estado dos Estados Unidos, a Organização para a Segurança e a Cooperação na Europa e a União Europeia condenaram duramente a ação. Saakashvili diz que tentou mais uma vez entrar em contato com Medvedev, mas foi novamente transferido para Putin.

"Sim", diz Saakashvili, parafraseando Putin, "nós lemos as declarações do Ocidente. Gastaram papel e tinta demais. Sabe o que você pode fazer? Mande seus amigos enfiarem as declarações na bunda". Houve uma pausa. "Isso mesmo, na bunda."

Um mês depois, Saakashvili e Medvedev finalmente se encontraram pela segunda vez. Os dois presidentes estavam no Cazaquistão para comemorar o décimo aniversário da transferência da capital para Astana. Saakashvili conta que teve de correr atrás de Medvedev para fazer uma reunião cara a cara, coisa que este visivelmente tentava evitar. Foi somente à noite que ele conseguiu falar com o colega, e logo numa boate cazaque. Quando Saakashvili perguntou por que eles passaram tanto tempo sem se falar, Medvedev teria dito: "Nós pertencemos à mesma geração, gostamos da mesma música, temos a mesma profissão. Mas Moscou tem sua própria lógica interna. Se nos encontrarmos oficialmente, as relações entre a Rússia e a Geórgia vão piorar ainda mais".

"De que jeito poderiam piorar?", perguntou Saakashvili.

"Você vai ver. As coisas podem piorar ainda mais."

Em uma entrevista para a televisão em 2011, Medvedev deu uma descrição bem diferente do encontro: "Saakashvili é difícil de evitar. Ele é muito pegajoso. Ele veio falar comigo várias vezes durante aquela viagem. [...] Conversamos uma noite enquanto tomávamos um chá e uma taça de vinho. Ele pode dizer o que quiser".[1]

Segundo Saakashvili, as autoridades russas planejaram antecipadamente a chegada da guerra. Os fatos, no entanto, sugerem que o próprio presidente georgiano fez de tudo para garantir um desfecho militar. Medvedev lembra que Saakashvili ficou quieto um mês antes da guerra e em julho interrompeu toda a comunicação. Inflexível, a Rússia insistiu para que ele assinasse acordos com a Abcásia e a Ossétia do Sul sobre o não uso da força, mas o presidente da Geórgia respondeu que só assinaria um acordo com a Rússia, não com seus fantoches.

De acordo com Saakashvili, em meados de 2008, os americanos lhe garantiram que nada aconteceria. *A Rússia não quer uma guerra, e você não provocará uma e nem será provocado,* foi a mensagem.

Condoleezza Rice diz outra coisa. Em suas memórias, escreveu que ela e Bush disseram várias vezes a Saakashvili: "Você não pode usar a força, por isso ameaçar usá-la não ajuda em nada".[2]

Ela visitou a Geórgia em 10 de julho. Saakashvili levou-a para jantar no restaurante Kopala, com vista para o Rio Kura. Ela lembra que pediu a ele para assinar um acordo sobre o não uso da força. "Como posso fazer isso enquanto Putin continua fazendo o que faz?", respondeu Saakashvili, exacerbado. Rice insistiu: "Não deixe que os russos o provoquem. E não se envolva com as forças militares russas. Ninguém virá ajudá-lo, e você vai perder."[3] É assim que Rice se lembra da reunião. No entanto, na última coletiva de imprensa da ocasião, ela disse publicamente que os Estados Unidos apoiavam a integridade territorial da Geórgia e que estariam preparados para defendê-la.

Ao longo de julho, houve escaramuças e confrontos entre a Geórgia e a Ossétia do Sul. No início do mês, as tropas georgianas ocuparam pontos estratégicos no espaço aéreo sobre Tskhinvali, o centro administrativo da Ossétia do Sul. Logo depois, jatos russos apareceram no céu acima da Geórgia no momento exato em que Condoleezza Rice chegou a Tbilisi. A Geórgia prometeu derrubá-los. Em seguida, deu-se início ao exercício militar conjunto entre Estados Unidos e Geórgia, batizado de Resposta Imediata 2008. Disso se seguiu o exercício da Rússia chamado Cáucaso 2008, no qual 8 mil soldados treinaram cenários de combate na Abcásia e na Ossétia do Sul usando 700 peças de equipamento militar.

Saakashvili diz que no início de agosto estava de férias na estância hidromineral de Merano, na Itália, um dos lugares prediletos de russos ricos. Lá, no quarto do hotel em que se hospedara, ele soube por um noticiário russo que já havia correspondentes militares da Rússia na Ossétia do Sul. O Canal Um, da Rússia, informou que a Geórgia estava planejando violar a Carta Olímpica travando uma guerra contra a Ossétia do Sul em 8 de agosto, dia de abertura dos Jogos Olímpicos de Pequim. Saakashvili imediatamente interrompeu suas férias e voltou para casa, onde, ao que parece, começou a cumprir a profecia da emissora de TV.

"FICA SÓ ENTRE NÓS"

Os conflitos ao longo da fronteira entre Ossétia do Sul e Geórgia começaram no início de agosto, com mortes dos dois lados. Em 7 de agosto, Mikheil Saakashvili anunciou um cessar-fogo unilateral. Naquela noite, no entanto, ele deu ordem para invadir a capital da Ossétia do Sul, Tskhinvali. De acordo com a inteligência georgiana, uma coluna do 58º Exército Russo já havia atravessado o túnel de Roki, que liga a Ossétia do Sul à região russa da Ossétia do Norte-Alânia. De fato iniciou-se uma guerra total no dia da abertura da Olimpíada de Pequim.

Saakashvili diz que Putin planejava derrubar o governo georgiano, por isso precisou ser proativo para evitar que o golpe se consolidasse.

"As colunas de blindados russos já estavam na Geórgia. Tentamos chegar a Tskhinvali para bloqueá-los, mas era muito tarde. Eles queriam fazer parecer que Tbilisi tinha sido invadida por rebeldes e que os militares russos intervieram simplesmente para manter a paz e deter o derramamento de sangue. Precisávamos evitar que esse cenário se desenrolasse", diz Saakashvili.

Em certo aspecto, ele está claramente exagerando: as colunas de blindados passaram pelo túnel de Roki em 8 de agosto, um dia depois do que ele afirma. Se os tanques russos estivessem na Ossétia do Sul em 7 de agosto, Saakashvili certamente não teria declarado um "cessar-fogo unilateral".

Às três horas da tarde de 8 de agosto, a televisão russa transmitiu um discurso à nação do presidente Medvedev, que anunciou o início de uma operação para "impor a paz". Ele não disse "guerra", por isso a aprovação do Conselho da Federação, câmara alta do parlamento russo, não se fazia necessária (embora ele certamente a teria se tivesse pedido). Foi a estreia presidencial de Medvedev. A decisão de iniciar a operação era dele, e ele diz que a aceitou sem nem consultar Putin. Aparentemente ele só falou com Putin no dia seguinte.

Naquele momento exato, Vladimir Putin estava em Pequim para a abertura dos Jogos. Lá ele falou com George W. Bush, mas a conversa que tiveram foi inconclusiva. Bush exigiu que a integridade territorial da Geórgia fosse respeitada, mas seu tom não deve ter sido ameaçador o suficiente, já que os tanques russos continuaram avançando rumo à capital da Geórgia.

O presidente francês Nicolas Sarkozy tentou assumir o papel de mediador. Primeiro tentou conversar com Putin na abertura dos Jogos, pedindo ao primeiro-ministro russo que não começasse uma guerra com a Geórgia, mas que desse a ele, então presidente da União Europeia, 48 horas – ou 24, ou pelo menos 12 – para tentar uma solução diplomática. Putin disse "não" três vezes, depois voou da China até a Ossétia do Norte-Alânia, e de lá para o Sochi, onde se encontrou com Medvedev.

Condoleezza Rice também estava de férias. Apesar de saber da guerra iminente, ela decidiu não cancelar sua viagem ao Greenbrier, na Virgínia Ocidental. Serguei Lavrov ligou para ela no dia 10 de agosto. Ela descreve a conversa em detalhes em suas memórias:

> "Temos três exigências", disse [Lavrov].
> "Quais são?", perguntei.
> "As duas primeiras são que os georgianos se comprometam a não usar a força, e que suas tropas recuem."
> "Fechado", respondi. [...]
> "A terceira fica só entre nós dois. Misha Saakashvili precisa cair fora."
> "Serguei, a Secretaria de Estado dos Estados Unidos não mantém esse tipo de conversa com o Ministério das Relações Exteriores da Rússia, sobre derrubar um presidente democraticamente eleito", afirmei. "A terceira condição acabou de se tornar pública porque vou ligar para todo mundo e dizer que a Rússia está exigindo a derrubada do presidente georgiano."
> "Eu falei que ficava entre nós", ele repetiu.
> "Não, isso não fica entre nós. Todo mundo vai saber."[4]

E desligou. Ela de fato telefonou para o ministro das Relações Exteriores da França e do Reino Unido, e, algumas horas depois, o embaixador dos Estados Unidos nas Nações Unidas, Zalmay Khalilzad, resumiu o conteúdo da conversa numa reunião do Conselho de Segurança da ONU.

"Eu senti que não tinha escolha. Se os georgianos quisessem punir Saakashvili pela guerra, eles teriam a chance de fazê-lo por meio de seus próprios processos constitucionais. Mas os russos não tinham o direito de exigir a saída dele. Tudo tinha um clima do período soviético, quando Moscou havia controlado o destino de lideranças em todo o Leste Europeu. Eu certamente não participaria de um retorno àquela época", escreve Rice em seu livro.[5]

Putin não ficou em silêncio: "O que surpreende não é o cinismo em si, mas a escala do cinismo. A capacidade de mostrar o branco como preto e o preto como branco. A artimanha de retratar o agressor como vítima da agressão e atribuir a culpa à verdadeira vítima", disse ele sobre a posição de Washington. Ele lembrou o que Franklin D. Roosevelt supostamente dissera a respeito do ditador da Nicarágua: "Somoza pode ser um canalha, mas é o nosso canalha". Aos olhos de Putin, Saakashvili era o novo Somoza. Além disso, Putin comparou o presidente georgiano a Saddam Hussein: "Hussein foi enforcado com razão por destruir aldeias xiitas. Mas os líderes da Geórgia, que aniquilaram dez aldeias da Ossétia em um piscar de olhos, de alguma forma seriam dignos de proteção".[6]

Em 11 de agosto, os tanques russos tomaram Gori, local de nascimento de Stalin, e se aproximaram da capital, Tbilisi. O gabinete de Saakashvili ficou em pânico. Os funcionários começaram a recolher objetos, queimar documentos e tirar as fotografias das paredes. Saakashvili telefonou para Bush e disse: "Olhe o relógio e não se esqueça do horário em que a União Soviética retornou".

Rice interrompeu suas férias, enquanto Bush retornou de Pequim e o secretário de Defesa dos Estados Unidos, Robert Gates, voltou da Alemanha. Todavia, Washington não tomou nenhuma atitude concreta. Conforme descrito por Condoleezza Rice, durante uma reunião do governo Bush, os pedidos arrogantes para que os Estados Unidos fizessem algo foram interrompidos por uma pergunta do conselheiro de segurança nacional Stephen Hadley: "Estamos prontos para travar uma guerra com a Rússia pela Geórgia?"[7].

Que o principal objetivo do Kremlin tenha sido uma mudança de regime na Geórgia foi algo confirmado posteriormente por Medvedev. "Na verdade, Saakashvili deveria agradecer a mim por deter nossas tropas em algum momento. Se tivessem invadido Tbilisi, a Geórgia provavelmente teria um presidente diferente hoje", disse Medvedev em entrevista três anos depois. Quando questionado sobre o porquê de os tanques não terem recebido a ordem para entrar em Tbilisi, Medvedev respondeu de imediato: "Nosso único objetivo era impedir a invasão que Saakashvili havia iniciado. Além disso, eu não sou juiz nem executor. Quero enfatizar mais uma vez que cabe ao povo da Geórgia avaliar Saakashvili e decidir o destino dele pelo voto democrático ou por outros meios, como acontece às vezes na história"[8].

A GUERRA QUE NÃO FOI GUERRA

Durante todo esse tempo, o presidente francês Nicolas Sarkozy tentou realizar sua missão diplomática. Ele pegaria um avião de Paris para Moscou em 12 de agosto, e depois para Tbilisi. As conversas de intermediação diplomática foram agendadas. O avião do presidente francês já havia decolado quando

Dimitri Medvedev anunciou ao vivo na televisão estatal russa que a operação de "pacificação" havia sido um sucesso e tinha terminado. Sarkozy pousou em Moscou se sentindo um idiota: o objetivo de sua visita foi atingido sem ele. Mas as "pegadinhas" não acabaram aí. Sua reunião agendada com o presidente Medvedev foi interrompida depois de quarenta minutos por Vladimir Putin, que já entrou na sala dizendo: "Saakashvili vai comer na minha mão". Posteriormente, Sarkozy disse que, durante essa conversa, Putin chegou perto dele, o pegou pela gravata e sacudiu para mostrar o quanto estava falando sério.

Sarkozy saiu de Moscou para Tbilisi com um plano de seis propostas elaborado em Moscou com Medvedev e Putin. Saakashvili concordou com as cinco primeiras, mas recusou categoricamente a sexta, que dizia que as negociações sobre a situação da Abcásia e da Ossétia do Sul deveriam começar em Genebra e que, durante as negociações, as tropas de paz russas permaneceriam nas duas regiões. A Geórgia não podia aceitar isso, e Sarkozy voltou para Moscou. Desta vez, a condição era dele: as negociações continuariam entre ele e Medvedev, mas sem Putin.

Nesse ponto, o governo Bush também decidiu agir. "A Rússia invadiu um Estado vizinho soberano e ameaça um governo democrático eleito pelo povo. Essa atitude é inaceitável no século XXI", disse Bush no gramado da Casa Branca.[9] Dois dias depois, em 13 de agosto, ele anunciou o início de uma operação humanitária: dezesseis aeronaves de transporte voaram para a Geórgia, e a Sexta Frota dos Estados Unidos atravessou o estreito de Bósforo. Esta formidável demonstração de força foi o que levou Putin a interromper os tanques, diz Saakashvili. No entanto, as informações não se encaixam cronologicamente, já que Medvedev anunciou o fim da operação vários dias antes.

O mais incrível da "Guerra dos Cinco Dias", como ela ficou conhecida, foi sua fugacidade. Os dois lados fizeram acusações mútuas terríveis, mas, um ano depois, praticamente já haviam se esquecido de tudo. Grigol Vashadze, ministro das Relações Exteriores da Geórgia, que havia adquirido a cidadania georgiana apenas um ano antes de a guerra ser declarada, tendo vivido em Moscou e trabalhado no Ministério das Relações Exteriores da Rússia até 2005, lamentou-se no meio das hostilidades: "A Rússia nunca vai tirar o sangue de suas mãos. Ela ainda não se redimiu dos pecados cometidos por sua antecessora, a União Soviética. Praga, Budapeste, agora nós. A política externa russa preparou esse pesadelo. E agora? Eles ganharam uma guerra pequena. Morreram pessoas na tragédia. Moscou passará décadas sem ter como se esquecer da 'Geórgia 2008'."[10]

Mas o resultado não poderia ter sido mais diferente. Tudo foi esquecido.

A Rússia acusou a Geórgia de "genocídio" contra a população osseta. O representante russo da ONU falou em milhares de vítimas, até em dezenas de milhares (poucos anos depois, no entanto, o Comitê de Investigação da Rússia estimou que apenas 162 pessoas morreram na Ossétia do Sul). Durante as primeiras horas da guerra, 40 mil soldados russos entraram no território georgiano. Aeronaves russas bombardearam Gori e Poti, o que permitiu que as forças da Ossétia do Sul, com cobertura da Rússia, sitiassem e saqueassem Gori. Durante cinco dias, 397 pessoas perderam a vida na Geórgia. Apesar disso, demorou apenas 18 meses para a Rússia e a Geórgia restabelecerem suas ligações aéreas. E dois anos depois a Geórgia aboliu unilateralmente a exigência de visto para a entrada de cidadãos russos no país.

O último ato dessa guerra curta ocorreu em 26 de agosto de 2008. O presidente Medvedev anunciou que a Rússia havia reconhecido a independência da Abcásia e da Ossétia do Sul. Esperava-se que a Rússia as anexasse, o que não aconteceu. Talvez seja por isso que a Rússia, e Medvedev em pessoa, não sofreram nenhuma consequência desagradável. O rótulo "o homem que estreou na presidência com uma guerra na Geórgia" não vingou – talvez porque ninguém acreditasse de fato que a guerra era dele.

Mais para o final de 2008, a televisão estatal russa transmitiu um programa durante o qual os telespectadores podiam votar na figura histórica mais popular da história do país. Na votação preliminar realizada pela internet, Joseph Stalin foi eleito com uma grande folga. Isso era demais para o Kremlin digerir, então o resultado teve de ser falsificado. Stalin caiu para terceiro lugar, atrás de Alexander Nevsky, herói do século XIII, e o grande reformador do início do século XX, Piotr Stolipin.

Na Geórgia, entretanto, foi tomada a decisão de demolir o monumento a Stalin em Gori, erguido com ele ainda vivo e que havia sobrevivido a sucessivas ondas de desestalinização. O ato finalmente se concretizou dois anos depois, em 2010, no meio da madrugada, para não provocar um clamor generalizado.

GUERRA MUNDIAL

Saakashvili lembra que, quando os tanques russos interromperam seu avanço antes de entrarem em Tbilisi, Vladimir Putin desapareceu. Ele sumiu dos noticiários durante quase um mês até ressurgir em 31 de agosto, quando a televisão estatal o mostrou atirando tranquilizantes num tigre-siberiano em uma reserva no Extremo Oriente Russo. O objetivo era colocar uma coleira com GPS no tigre para rastrear seus movimentos pela floresta. A filmagem era impressionante. Nas imagens, Putin mira no tigre, dispara o tranquilizante e se aproxima corajosamente da fera adormecida para prender a coleira. No entanto, os zoólogos acabaram admitindo que tudo era uma grande encenação: o tigre era emprestado do zoológico local e não seria libertado na natureza. Para a segurança do primeiro-ministro, eles encheram o animal de tranquilizantes antecipadamente. Com isso, parece que o tiro de Putin foi o suficiente para causar uma overdose no animal, que morreu em seguida. Nada disso foi divulgado para o público e, durante muito tempo, o site oficial de Putin manteve um anúncio convidando os visitantes a seguir os movimentos do "mesmo tigre", que supostamente perambulava na floresta.

Mas, no final de agosto, os tigres-siberianos e a guerra na Geórgia já estavam em segundo plano. Havia coisas mais sérias acontecendo no mundo. Em 15 de setembro, um dos maiores bancos de investimento do mundo, o Lehman Brothers, declarou falência. No dia seguinte, a Rússia viu o primeiro presságio do que estava por vir quando o banco KIT Finance também se declarou falido. Todas as negociações da bolsa de valores foram suspensas no dia seguinte por ordem do regulador russo.

O mercado de ações russo já estava em queda desde maio, na verdade. No início do segundo semestre, a tendência descendente se intensificou devido a dois fatores: a guerra na Geórgia e o caso do "médico". No final de julho, o primeiro-ministro Putin se reuniu com representantes da indústria siderúrgica e ficou profundamente irritado com a ausência (por razões médicas) de Igor Ziuzin, dono da Mechel, uma das maiores empresas de mineração e metais da Rússia. "O sr. Ziuzin pode até estar doente, mas eu o aconselharia a melhorar bem rápido", disse Putin, enfurecido. "Do contrário, vamos mandar um 'médico' resolver o problema dele."[11] O tom ameaçador de Putin assustou os investidores. As ações da Mechel desabaram, provocando uma queda de 5 bilhões de dólares em seu valor. Uma semana depois, o presidente Medvedev pediu para quem estava no poder que parasse de "apavorar os negócios". Apesar disso, ele não conseguiu ressuscitar o clima de investimento. Todos só falavam do "médico" de Putin.

Em agosto, a cabeça de todos estava ocupada com a guerra na Geórgia, mas em setembro foi tomada pelo colapso do mercado financeiro. Em 17 de setembro, os principais economistas da Rússia foram convidados para uma reunião com o primeiro vice-primeiro-ministro Igor Shuvalov a pedido de German Gref, que estivera por trás das reformas de Putin. Agora, no entanto, ele agia do outro lado das barricadas. Em 2007, Gref deixou o governo e conseguiu que Putin o nomeasse como diretor do maior banco estatal da Rússia, o Sberbank. Gref temia que o mercado financeiro entrasse em colapso sem o apoio estatal e queria convencer os colegas a investir nos bancos estatais. A reunião contou com a presença do ministro das Finanças Alexei Kudrin, da ministra do Desenvolvimento Econômico Elvira Nabiullina (sucessora de

Gref), do diretor do Banco Central Serguei Ignatiev, e de vários líderes de instituições financeiras públicas.

A situação foi comparada a 1998, quando a Rússia deu calote e centenas de bancos quebraram. Foi então que Kudrin interveio. O sempre parcimonioso ministro das Finanças propôs a alocação de 500 bilhões de rublos (quase 21 bilhões de dólares) do orçamento do Estado nos maiores bancos do país. A generosidade sem precedentes foi dobrada pelo primeiro vice-primeiro-ministro Shuvalov, que propôs mais 500 bilhões de rublos do Fundo Nacional de Bem-Estar para a compra de títulos corporativos. No dia seguinte houve uma reunião com o presidente Medvedev, que propôs a alocação um pouco menos generosa de 250 bilhões de rublos do orçamento e 250 bilhões do Fundo Nacional de Bem-Estar.

"Alexei Leonidovich [Kudrin], não divulgue a novidade. Eu mesmo vou fazer isso", disse Medvedev, para que Kudrin não recebesse os elogios. O único benfeitor de uma campanha positiva deve ser sempre o presidente.

Os economistas liberais do governo ficaram encantados com o fato de o Estado não abandonar o mundo empresarial para lidar somente com a crise. O Kremlin e os círculos governamentais começaram a dizer que a Rússia era uma "ilha de estabilidade", um lugar que a crise global não atingiria, graças à precaução do governo e, em particular, Alexei Kudrin, que havia guardado os petrodólares para os dias difíceis. Em 2008, muitos russos acreditavam que o mundo estava condenado, mas que tudo ficaria bem na Rússia – mesmo aqueles que entenderam que a Rússia jamais poderia ser uma "ilha de estabilidade", uma vez que sua economia dependia demais dos preços mundiais do petróleo.

Fontes internas dizem que Vladimir Putin, tendo assumido o cargo de primeiro-ministro pela segunda vez, adquirira uma série de novos traços, em especial a crença de que ele era especialista em tudo. Ele se envolvia profundamente em todos os assuntos que caíam em sua mesa. Além disso, começou a demonstrar um conhecimento misterioso e a dar lições para todo mundo, inclusive para seus próprios ministros. De vez em quando, ouvia os conselhos econômicos de Alexei Kudrin, a quem considerava um especialista, mas, aos poucos, foi chegando à conclusão de que sua própria experiência ultrapassava a dos demais. Como se não bastasse, ele tinha uma experiência maior, uma perspectiva mais ampla e mais informações disponíveis. "Vocês simplesmente não sabem o que eu sei", era a resposta de Putin aos membros do governo que ousavam dar uma opinião.

Putin foi rápido em extrair a essência do que havia entendido da crise financeira: ela tinha sido desencadeada por questões internas dos Estados Unidos, e toda a culpa era exclusiva dos Estados Unidos. A ideia de que os

Estados Unidos haviam infectado o mundo inteiro o irritou. Ele queria entender como Washington se atrevia a repreender outros países quando seus próprios erros haviam causado aquela miséria global. Os norte-americanos deviam arrumar a própria casa antes de aconselhar os outros, ponderou. "Vão cuidar do seu quintal", foi como Putin resumiu esse sentimento ao responder a crítica de observadores internacionais sobre as eleições presidenciais na Rússia em 2008.

A FRENTE UCRANIANA

Apesar do fim das hostilidades no Cáucaso, curiosamente a guerra georgiana continuou em Kiev. Desde o início, o governo "laranja" da Ucrânia foi um fiel aliado para Mikheil Saakashvili. O presidente Viktor Iushchenko foi para Tbilisi durante a guerra em agosto de 2008 para demonstrar apoio. Em setembro, o parlamento ucraniano votou uma resolução especial que condenava a agressão russa, mas não obteve apoio suficiente dos deputados para que fosse aprovada. A resolução do governo sofreu oposição não só do Partido das Regiões, de Viktor Ianukovich, mas também de Iulia Timochenko, aliada de Iushchenko no governo de coalizão.

Essa improvável aliança de inimigos entre Iulia Timochenko e Viktor Ianukovich criou novas raízes em 8 de setembro de 2005, antes da primeira guerra do gás, quando Iushchenko demitiu Timochenko do cargo de primeira-ministra. Naquela mesma noite, Timochenko conversou com Ianukovich. Ela passou quatro horas na sala dele. A equipe na recepção começou a ficar nervosa. Quando ela finalmente saiu, Ianukovich continuou lá dentro, sentado, entregue aos pensamentos. Quando ele finalmente voltou a si, seu secretário da imprensa perguntou: "E então, o que acha da Iulia?". Ianukovich respirou o aroma do perfume que sua convidada deixara para trás e disse: "Ela é muito desagradável. Mesmo se eu quisesse, não poderia transar com ela".

Dois anos depois, no final de 2007, a Ucrânia realizou uma eleição parlamentar antecipada, e Timochenko teve um bom resultado: segundo lugar, com 31% dos votos. Embora ela estivesse atrás do Partido das Regiões de Ianukovich, os "laranjas" conseguiram formar novamente uma coalizão e Timochenko se tornou primeira-ministra mais uma vez.

Um ano depois, no entanto, as relações entre Iushchenko e Timochenko se romperam completamente, e em setembro de 2008 o presidente teve certeza de que sua primeira-ministra tinha uma negociação secreta com Moscou para ganhar apoio nas próximas eleições presidenciais. Então tinha sido por isto que ela não votara a favor da resolução em apoio à Geórgia, pensou

Iushchenko: ela queria agradar a Putin. Além disso, Timochenko e Ianukovich juntaram forças inesperadamente dessa vez e votaram em conjunto a favor de uma série de leis que reduziram consideravelmente os poderes do presidente. A traição era clara.

No início de outubro de 2008, a primeira-ministra Timochenko realmente foi a Moscou para negociações de gás, uma vez que a Ucrânia precisava saldar uma dívida de 2 bilhões de dólares. Iushchenko tentou alguns métodos incomuns para impedir a viagem, chegando até a requisitar o avião que a delegação do ministério costumava usar para ir a Moscou. Mas Timochenko viajou mesmo assim, fretando um avião particular de oito lugares. Ela chegou às reuniões em Novo-Ogariovo, nos arredores de Moscou, com sua trança característica e a maquiagem perfeita (antes mesmo das conversas mais urgentes em qualquer país, ela sempre passava antes na embaixada da Ucrânia, onde sua estilista estaria esperando). Timochenko sabia que o encanto feminino e o poder de persuasão eram sua principal arma. Mesmo como primeira-ministra, ela tinha aulas três vezes por semana com um professor particular para melhorar sua oratória e sua eloquência.

No entanto, a maioria das conversas com Putin não era sobre gás, mas sobre a Geórgia. Bem na véspera de sua visita, o jornal russo *Izvestia* alegou que as autoridades ucranianas haviam enviado armas e especialistas militares à Geórgia durante a guerra de agosto. Timochenko fez questão de mostrar como ficou chocada com a revelação.

"Há alguns meses, ninguém imaginaria que russos e ucranianos lutariam uns contra os outros", afirmou Putin, em tom teatral. "Mas aconteceu, e os responsáveis cometeram um grande erro."

"Eu sei que a Geórgia é um assunto complexo, mas queremos que esse conflito tenha uma solução pacífica e que a paz reine suprema", acrescentou Timochenko, em tom formal.[12]

Apesar do entendimento mútuo, não houve acordo sobre um novo preço do gás para a Ucrânia. Timochenko queria eliminar a RUE como intermediária entre os dois países. A Gazprom concordou, desde que a dívida fosse paga primeiro. Além disso, pouco tempo depois Dimitri Medvedev declarou que, se a Ucrânia não pagasse, a Gazprom apelaria ao Tribunal de Arbitragem de Estocolmo. A Gazprom ameaçou aumentar o preço de 179,50 para 400 dólares por mil metros cúbicos. Iushchenko também ficou na ofensiva, ameaçando rever a localização da Frota do Mar Negro da Rússia na Crimeia. Putin entendeu que Iushchenko estava louca para comprar uma briga.

Nesse ponto, o Kremlin bolou um plano para colocar Timochenko e Ianukovich do mesmo lado. A ideia era criar um governo de coalizão no Verkhovna Rada (parlamento ucraniano), depor Iushchenko por meio de um *impeachment* sob a alegação de envio ilegal de armas para a Geórgia e, em seguida, compartilhar entre eles os cargos de presidente e primeiro-ministro. A data escolhida para anunciar a nova união foi 4 de dezembro. Mas, no último minuto, o bloco de Iushchenko sabotou o plano ao concordar com todos os termos de Timochenko. A guerra do gás continuou com força total.

Em 26 de dezembro, conforme detalhado anteriormente, a Gazprom alertou os consumidores europeus que o fornecimento através da Ucrânia poderia ser interrompido. Os colegas de Iushchenko se lembram dos eventos da seguinte forma: em 31 de dezembro, o diretor da estatal ucraniana de gás Naftogaz e principal negociador de Kiev, Oleg Dubina, voltou tranquilo das negociações em Moscou. Ele pediu uma reunião com Iushchenko "pelas costas de Iulia" e disse ao presidente que Alexei Miller, diretor-executivo da Gazprom, havia prometido o preço do gás a 250 dólares por mil metros cúbicos – "se Putin concordar". Iushchenko disse que o preço era alto, mas reconheceu que não havia alternativa. Os líderes da Ucrânia saíram tranquilos para o feriado de Ano-Novo. Quem acredita nessa versão diz que a posição da Gazprom era um estratagema, já que Miller sabia que Putin não concordaria com o preço e estava simplesmente ganhando tempo.

A versão russa, como disse Vladimir Putin em numerosas ocasiões, é quase o oposto. Dubina recusou o preço de 250 dólares e, em 31 de dezembro, Iushchenko retirou a delegação ucraniana das negociações. Esta versão é reconfirmada por Timochenko, que culpa diretamente Iushchenko pela crise do gás.

Viktor Iushchenko diz que não retirou ninguém das negociações. Se tivesse feito isso, ele insiste, certamente teria permanecido em Kiev durante o recesso de fim de ano, em vez de ir para as Montanhas dos Cárpatos. Em qualquer caso, na véspera do Ano-Novo a Gazprom reduziu o fornecimento de gás na quantidade exata do consumo interno da Ucrânia. Em 7 de janeiro, o fornecimento através da Ucrânia foi totalmente interrompido, deixando Áustria, Eslováquia, Polônia e Romênia sem gás. Durante quase três semanas, a Europa ficou em estado de pânico.

Vladimir Putin culpa Viktor Iushchenko, dizendo que este não cumpriu o acordo porque queria manter a RosUkrEnergo como intermediária: "Estamos vendo a desintegração política da Ucrânia. Isso indica um alto nível de corrupção nas estruturas atuais de governo, que lutam não pelo preço do gás, mas para salvar suas intermediárias"[13].

A guerra de gás continuou até 17 de janeiro, quando Iulia Timochenko foi a Moscou para ver Vladimir Putin. Notavelmente, a imprensa deu muito menos atenção às negociações do que ao vestido preto de Timochenko com um zíper enorme na parte de trás – permitindo que fosse retirado com um único movimento, brincaram os jornalistas. Mas, em defesa da imprensa, os jornalistas não tinham muito sobre o que escrever: os dois primeiros-ministros não revelaram os detalhes dos acordos que assinaram.

A administração presidencial da Ucrânia passou esse dia tentando descobrir o preço acordado por Timochenko, mas ela apenas respondeu: "Está tudo bem", sem revelar nada. Uma semana depois, Kiev finalmente recebeu um fax da Gazprom informando todos os detalhes às autoridades ucranianas. O contrato de dez anos estipulava que, no primeiro trimestre de 2009, a Ucrânia compraria gás a 360 dólares por mil metros cúbicos (com um pequeno desconto no final do ano). Além disso, não havia intermediários. Timochenko cumprira sua antiga promessa de se livrar da RUE.

O acordo entre Putin e Timochenko foi realmente impressionante. Uma semana depois, o "padrinho" da máfia do gás, Semion Mogilevich, que Timochenko considerava o "supervisor clandestino" da RUE, foi preso em Moscou. Ao mesmo tempo, o coproprietário nominal da RosUkrEnergo, Dimitri Firtash, entrou para a lista federal de procurados da Rússia. Os patronos secretos da máfia do gás, sem os quais a empresa não teria funcionado tanto tempo e com tanto sucesso, provavelmente o delataram, preferindo lidar com Timochenko.

Apesar disso, os negócios de Dimitri Firtash não sofreram demais. Ele continuou sendo dono de uma rede de empresas regionais de gás e química e, de acordo com Bogdan Sokolovski, antigo consultor de energia de Iushchenko, continuou recebendo gás diretamente da Rússia, ignorando a Naftogaz e os acordos formais. Ele conseguia revender parte do gás na Europa declarando que havia sido produzido na Ucrânia.

Iulia Timochenko reivindicou o acordo com Putin como uma vitória pessoal, enquanto Iushchenko o classificou de traição ao Estado por causa do preço exorbitante e das condições onerosas. As relações entre Timochenko e Iushchenko foram arruinadas para sempre. Como alternativa, ela continuou a negociar com o eterno inimigo Viktor Ianukovich sobre o estabelecimento de uma "ampla coalizão", encorajada por Vladimir Putin, que estava ansioso para que a oposição de Iushchenko se unisse contra ele e derrubasse o presidente ucraniano.

Desta vez, as medidas para uma "ampla coalizão" foram cuidadosamente esclarecidas. Ianukovich e Timochenko deveriam fazer alterações na constituição para garantir que o presidente fosse eleito pelo parlamento, e não pelo voto popular. Posteriormente, Ianukovich e Timochenko assumiriam a presidência e o ministério e se alternariam nos cargos até 2029.

Viktor Medvedchuk, que agora era efetivamente o representante especial de Putin na Ucrânia, acompanhou o acordo com atenção. Ele entendeu o quanto o presidente russo precisava que "Spotty" fosse derrubado (o Kremlin chamava Viktor Iushchenko de "Spotty" – *empipocado* – por causa das marcas deixadas em seu rosto pelo envenenamento).

No entanto, o plano falhou – pela terceira vez. Em 7 de junho de 2009, domingo da Trindade, Viktor Ianukovich foi orar no Mosteiro Kiev-Pechersk. Em seguida, disse aos repórteres reunidos do lado de fora que não se juntaria a uma "coalizão ampla". O Kremlin estava certo de que Iushchenko havia convencido Ianukovich de que ele conseguiria se eleger popularmente como presidente por conta própria, sem depender de Timochenko. O grupo de Timochenko, entretanto, estava certo de que Ianukovich havia sido influenciado por Firtash, seu inimigo declarado.

Iushchenko foi resgatado, embora brevemente. Ele cumpriu seu mandato constitucional até o fim antes de ser derrotado nas eleições seguintes. Mas a fracassada "ampla coalizão" foi outra derrota para Putin na Ucrânia, bem como sua segunda tentativa malsucedida de derrubar um inimigo. Em 2008, ele não conseguiu fazer com que Saakashvili "comesse na sua mão" e, um ano depois, Iushchenko também escapou das garras do Kremlin.

CAPÍTULO 10

Em que Barack Obama se torna o melhor e o pior amigo do Kremlin

Quando Barack Obama deu seu primeiro discurso na Rússia, seus ouvintes praticamente dormiram. Talvez o grandioso orador estivesse cansado depois de uma longa campanha eleitoral, ou talvez seu charme e sua eloquência não tivessem efeito sobre o público russo. O discurso foi feito em 2009 numa formatura de graduação da New Economic School, em Moscou. Durou cerca de uma hora, e muito embora a "obamamania" estivesse no auge no mundo inteiro, inclusive na Rússia, os alunos cochilaram.

Vladimir Putin não gostou do novo presidente americano desde o início. Para ele, Barack Obama era agradável e espinhoso ao mesmo tempo. Era ideológico demais e nada pragmático. Sempre foi assim. Desde a época da União Soviética, Moscou sempre encontrava algo em comum com os republicanos, mas não com os democratas.

As palavras pomposas de Obama sobre o desejo da comunidade internacional de ver uma Rússia forte e livre, sobre o valor essencial dos direitos humanos e sobre os Estados Unidos não desejarem impor suas políticas a outros países provocaram um sorriso irônico entre a comitiva de Putin. Nem os jovens estudantes de economia, fluentes em inglês, conseguiram acreditar.

Para Putin, o discurso foi uma hipocrisia descarada. George W. Bush declarou abertamente que os Estados Unidos pretendiam impor sua vontade aos outros. Sua franqueza ganhou o respeito de Putin, enquanto a retórica de Obama despertou suspeita.

Paradoxalmente, Obama, o presidente mais idealista e pacífico da história dos Estados Unidos, tornou-se um símbolo de guerra na Rússia, um alvo da propaganda estatal russa e de piadas racistas, bem como uma figura odiada por milhões de russos patriotas. Ele foi caricaturado como um inimigo maldito fadado à derrota por Vladimir Putin. Obama talvez se surpreenda com o que dizem sobre ele na Rússia, quase tudo uma grande baboseira. Mas provavelmente não se incomodaria, uma vez que a Rússia nunca foi sua prioridade.

Ao apresentar o presidente dos Estados Unidos para os alunos em Moscou, o mestre de cerimônias lembrou que os pais de Obama se conheceram na Universidade do Havaí durante uma aula de língua russa. Embora Obama tenha citado Pushkin em seu discurso, ele nunca realmente fez um esforço para entender as motivações de seus parceiros russos. Essa indiferença era algo que Putin e sua equipe não podiam perdoar.

FORA DA SOMBRA

Em seus dois primeiros anos de presidência, a tarefa principal de Dimitri Medvedev era simplesmente ser visto. A imprensa mundial se referia a ele como o sucessor "escolhido a dedo" de Putin e ninguém o levava a sério. Mesmo quando enviou tropas para a Geórgia, todos disseram que a guerra era de Putin, como se o próprio Medvedev não existisse.

No início de junho de 2008, Medvedev propôs um novo tratado sobre a segurança europeia. Embora fosse uma questão vital para o Kremlin, e embora Putin tivesse tocado no assunto durante o discurso de Munique em 2007, ninguém no mundo inteiro deu ouvidos à proposta. Irritada com a expansão da OTAN, a Rússia começou a exigir que seus interesses fossem levados em conta. Em 2007, a exigência já tinha se tornado uma obsessão para Putin, e em 2008 Dimitri Medvedev também tocou no assunto, embora em um tom bem diferente e conciliatório. Parecia até que os dois interpretavam os papéis de policial bom e policial mau dos interrogatórios. Mas ninguém ouvia as propostas de Medvedev naquela época, quando a guerra com a Geórgia era iminente. As hostilidades militares destruíram anos de boas relações entre a Europa e a Rússia. A confiança em Putin despencou, enquanto a segurança em Medvedev ainda precisava ganhar raízes.

Depois da guerra, a equipe de Medvedev teve de lidar com dois objetivos completamente antagônicos. Internamente, era importante mostrar que Medvedev era forte e independente e que havia declarado uma guerra sem consultar Putin. Externamente, no entanto, era mais vantajoso culpar Putin pela guerra e retratar Medvedev como um político qualitativamente novo.

A tarefa de moldar a nova imagem de Medvedev caiu nas mãos de duas pessoas: Vladislav Surkov, principal arquiteto político do Kremlin, e Natalia Timakova, porta-voz de Medvedev, que atuava mais como conselheira. Como a estrategista política mais próxima e influente no círculo de Medvedev, ela cooptou muitos dos poderosos de Surkov, o que gerou conflito entre eles.

Em 4 de novembro de 2008, dia de eleição nos Estados Unidos, Chicago passou a noite toda comemorando a vitória do senador do Illinois, Barack

Obama. Depois de oito anos do espírito belicoso de Bush, a campanha eleitoral de Obama surgiu como um verdadeiro sopro de ar fresco. O candidato vencedor não falou sobre Deus ou sobre a missão histórica da América, mas sobre pessoas comuns. Ele também era uma pessoa comum, disse, e todas as pessoas comuns têm a capacidade de mudar sua vida e o mundo em que vivem. "Sim, nós podemos", responderam seus eleitores com as palavras que se tornaram o slogan da campanha de Obama. John McCain, candidato velho de guerra, foi derrotado por esse jovem advogado e usuário exímio das redes sociais (a maior parte do dinheiro da campanha de Obama foi arrecadada na internet).

A reação de Moscou à eleição de Obama foi bem peculiar. Em 5 de novembro, depois de anunciado o resultado das eleições americanas, Medvedev falou pela primeira vez ao parlamento. A principal notícia foi sua promessa de colocar mísseis Iskander na região de Kaliningrado, um enclave russo cercado por países da União Europeia. O pacifista Obama acabava de receber uma saudação de Guerra Fria, não da parte de Putin, mas de um sorridente Medvedev.

Quando lemos o discurso de Medvedev, temos a sensação de que é um texto ainda mais paradoxal hoje do que na época. Para começar, ele teve vários autores. Os principais trechos foram escritos (alguns em conjunto, outros separadamente) por Dimitri Medvedev, Vladimir Putin, Vladislav Surkov e Natalia Timakova.

No geral, o discurso programático de Medvedev estava imbuído de um antigo princípio herdado de Surkov: usurpar os slogans da oposição. O conteúdo do discurso criticava surpreendentemente o regime. Ali, diante dos principais burocratas da Rússia, ele atacou a burocracia com mais força e fúria do que qualquer adversário: "A burocracia amedronta o mundo empresarial para que ele ande na linha. Controla a imprensa para que todos se calem. Interfere no processo eleitoral para que nenhum intruso chegue ao poder. Pressiona os tribunais para que exerçam uma justiça seletiva". Medvedev não tinha culpa de nada disso, mas, como chefe de Estado, agora era responsável pelos males do controle estatal sobre a imprensa e pela falta de eleições livres. Medvedev estava basicamente denunciando a si mesmo. No entanto, esse era um dos métodos prediletos de Surkov. Ao salientar o problema e demonstrar indignação, Medvedev efetivamente se separou dele.

Ele criticou o aparelho de Estado como se não tivesse nada a ver com o assunto. Mas a ironia maior foram as propostas para liberalizar as leis eleitorais da Rússia. Medvedev não tentou mudar nada, mas criticou duramente o *status quo*. Quando se considera que Surkov também preparou o discurso, parece claro que o estrategista do Kremlin foi instruído pelo novo presidente a expor as falhas de sua própria lei eleitoral, que Surkov havia criado em 2005 para combater a ameaça da "revolução colorida".

Tendo prestado homenagem à sociedade burguesa e às eleições livres, Medvedev fez uma proposta final: aumentar o mandato presidencial de quatro para seis anos e o mandato dos membros do parlamento de quatro para cinco anos. A mudança constitucional foi iniciada não por Medvedev, é claro, mas por Vladimir Putin. Ele mesmo não tocou na constituição de 1993, de Ieltsin, e até se submeteu a ela por não concorrer a um terceiro mandato consecutivo. No entanto, ele fez questão de que seu sucessor emendasse o texto o mais rápido possível.

A proposta de alterar a constituição foi cinicamente programada para coincidir com o 15º aniversário de sua criação. Apesar de declarar que "o desejo reformista não pode afetar a constituição", o novo presidente gostou de reescrever parte dela.

O OBAMA RUSSO

À medida que a busca pela nova imagem do presidente continuava, ficou claro que o melhor modelo era ninguém menos que Barack Obama. Medvedev era um bloco de madeira que poderia gradualmente dar origem à escultura de um "Obama russo". Além disso, o próprio presidente russo gostava de seu colega norte-americano. Embora nunca tenha dito isso, nem para as pessoas mais próximas, ele queria claramente imitar Obama. Apesar da dificuldade que enfrentava por não ter carisma, Medvedev acreditou em Natalia Timakova quando ela disse que ele cresceria naquele papel. Ela criou um canal de vídeos para o presidente na internet, abriu contas no Twitter e no Facebook, e lhe deu um iPhone e um iPad. Medvedev adorava dispositivos eletrônicos e não precisava fingir que gostava de usá-los. Seu entusiasmo de garoto às vezes o fazia parecer mais *hipster* do que presidente – o que não era ruim, segundo seus gestores de imagem.

Embora Medvedev tenha caído sob o feitiço de Obama, o novo governo dos Estados Unidos olhava para os russos com ceticismo. O vice-presidente Joe Biden e a secretária de Estado Hillary Clinton, no entanto, tentavam garantir que o ressentimento mútuo da era Bush era coisa do passado. Ao falar na conferência de Munique em fevereiro de 2009, Biden disse que a Rússia e os Estados Unidos deviam "apertar o botão de reinício da relação". Nesse momento nasceu o infame "reinício". Um mês depois, Serguei Lavrov e Hillary Clinton se encontraram em Genebra, onde a secretária de Estado dos Estados Unidos deu ao colega um "botão de reinício" simbólico para que os dois o apertassem juntos. O botão trazia a palavra "reinício" em inglês e russo. Infelizmente, a tradução russa estava errada: em vez de *perezagruzka* (reinício), estava escrito *peregruzka* (sobrecarga). Lavrov explicou o equívoco à colega constrangida, mas concordou em pressioná-lo mesmo assim, brincando que "tentaria evitar a sobrecarga do sistema nas relações entre a Rússia e os Estados Unidos". O ato falho acabou sendo mais simbólico do que o gesto trivial de apertar o botão. Estados Unidos e Rússia continuavam sem se entender, não falavam a mesma língua (literal e figurativamente), e apesar de os dois lados dizerem que o passado era passado, absolutamente nada mudou. Medvedev e Putin não queriam um reinício. Na verdade, eles queriam a sobrecarga que Clinton havia oferecido inadvertidamente, combinada a uma influência maior da Rússia nas questões mundiais, mais respeito, espírito de parceria e prova de que a opinião dos russos era importante. O governo Obama estava pronto para renunciar ao papel de policial global e outros excessos da era Bush, mas todos os antigos preconceitos contra a Rússia permaneceram.

A primeira visita de Barack Obama a Moscou aconteceu em julho de 2009. Ele se encontrou com Medvedev no Kremlin, enquanto Putin o recebeu em Novo-Ogariovo, onde foi servido um suntuoso café da manhã com caviar. Tentando dar início a uma conversa, Obama perguntou retoricamente, referindo-se ao assunto da relação entre os dois países: "Como chegamos a isso, com tanta coisa na mesa?". Em resposta, Putin falou durante uma hora sobre como exatamente tudo aconteceu. Obama ouviu sem interromper.

Ao que parece, Obama não gostou nem de Putin nem de Medvedev, apesar de Medvedev se esforçar tanto para ser amigo do colega norte-americano, como Putin e Bush haviam sido durante um tempo. O reinício seria marcado por um novo acordo sobre a redução de armas de ofensiva estratégica. Medvedev queria muito assiná-lo, mas os diplomatas não conseguiram acertar os detalhes. O explícito desdém da Casa Branca pelo novo líder russo não ajudou: altos funcionários dos Estados Unidos fizeram piada com o fato de Medvedev gostar muito de dispositivos eletrônicos, dizendo na frente dos repórteres: "Talvez a gente não assine um acordo. Podemos só mandar uma mensagem de texto".

No fim eles acabaram assinando um acordo de fachada – mais uma oportunidade para tirar uma foto diante do Castelo de Praga na capital tcheca, onde a assinatura aconteceu, do que um documento real. A Rússia queria vincular o novo acordo ao compromisso dos Estados Unidos de não implantar um escudo antimísseis na Europa. Os Estados Unidos recusaram a proposta categoricamente. Como resultado, Moscou acrescentou e assinou sozinha um adendo na sua parte do negócio, reservando-se o direito de se retirar do tratado se Washington continuasse a instalação de um escudo na Europa.

Uma demonstração igualmente impressionante da falta de consideração entre Medvedev e Obama foi a visita do presidente russo aos Estados Unidos em junho de 2010. Para começar, Obama levou Medvedev à sua lanchonete preferida – o Ray's Hell Burger em Arlington, nos arredores de Washington. Medvedev pediu um hambúrguer com cheddar, pimenta jalapeño, cebola e cogumelos, e uma Coca-Cola para acompanhar, e Obama pediu um com cheddar, cebola, alface, tomate e picles, além de um chá gelado; os dois presidentes dividiram uma porção de batatas fritas. Nas fotografias, eles pareciam muito simpáticos.

Mas a reunião não foi tão amigável quanto planejara a Casa Branca. Na fila do caixa, Obama foi cumprimentado por um soldado que tinha acabado de voltar do Iraque. Obama virou as costas para Medvedev e começou uma conversa animada com o veterano. De bandeja na mão, o presidente russo esperou pacientemente para ser notado de novo.

Três dias depois, na reunião de cúpula do G8 em Toronto, eclodiu a notícia de que os Estados Unidos haviam prendido um grupo de dez espiões russos. Obama sequer mencionou o fato para Medvedev. Todas as ilusões sobre a amizade entre os dois presidentes se apagaram.

O ANTIPUTIN

Enquanto isso, voltando à Rússia, a luta para que Medvedev não fosse visto como um clone de Putin (ou uma "miniatura de Putin", como às vezes o retratavam no Ocidente) continuava intensa. A primeira entrevista que Medvedev concedeu à imprensa russa foi para o *Novaya Gazeta*, com o qual Putin raramente falava e que tinha Anna Politkovskaia como repórter investigativa, cujo assassinato "causou mais mal do que suas próprias ações", nas palavras de Putin. Em 2009, Medvedev escreveu um artigo histórico intitulado "Avante, Rússia!". O texto foi publicado na íntegra pelo Gazeta.ru, melhor portal de notícias da época.

No entanto, esse flerte com a sociedade liberal não gerou os resultados desejados. Tendo demonstrado interesse na democracia e em seguida alterado a constituição para prolongar o tempo do mandato presidencial, Medvedev era visto por muitos como Putin em pele de cordeiro. Durante os três primeiros dos quatro anos de Medvedev no cargo, os intelectuais de Moscou questionaram intensamente se ele era um sujeito de confiança. Alguns, como a ativista veterana dos direitos humanos Liudmila Alexeieva, disseram que ele deveria ser apoiado: "O pior que pode acontecer é estarmos errados. Ele pode até não ser melhor do que Putin. Mas se não fizermos nada, também terminaremos com Putin". Mas a maioria, inclusive o poeta Dimitri Bikov, acreditava que Medvedev era a "sombra de Putin" e que era uma tolice perder tempo com falsas ilusões. Eles zombavam da paixão de Medvedev por eletrônicos e das tentativas de Natalia Timakova de imbuir uma aura de rebeldia ao presidente russo. Timakova se ofendia com as piadas, mas diz que Medvedev não estava nem aí. Pessoas próximas de Medvedev, no entanto, dizem que ele não só se ofendia, como também fazia questão de se lembrar do nome de quem zombava dele.

O auge da aventura de Medvedev com os liberais ocorreu em meados de 2010. Agora o centro dos protestos era a Floresta de Khimki, um pedaço de terra perto de Moscou que seria atravessado por uma rodovia da capital até São Petersburgo. Por algum motivo (provavelmente alguma controvérsia entre as duas principais empreiteiras), a futura rodovia virou notícia nacional: ambientalistas locais protestavam contra o desmatamento da floresta, acompanhados por políticos da oposição e ativistas da sociedade burguesa. A campanha para preservar a floresta teve o apoio do músico russo Iuri Shevchuk e até de Bono, vocalista do U2. Quando a luta pela Floresta de Khimki atingiu proporções estratosféricas, Dimitri Medvedev tomou uma atitude inesperada, anunciando que havia escutado os manifestantes e cancelaria (ou melhor, "reconsideraria") o projeto de construção. Vladimir Putin jamais faria isso. Ele acreditava que ceder a manifestantes era um sinal de fraqueza, algo comparável a negociar com terroristas.

O fato de a estrada ter sido construída apesar de tudo torna o episódio bem surreal, praticamente uma farsa. Seis meses depois do auge dos protestos, as autoridades regionais decidiram que as preocupações ambientais eram descabidas e que a estrada não causaria dano algum. Ninguém protestou. Cinco anos depois, quando a estrada foi concluída, muitos ativistas liberais concordaram que ela era boa e que havia facilitado a viagem para o Aeroporto Internacional Sheremetievo.

Passou completamente despercebido o fato de que Arkadi Rotenberg, amigo de infância e parceiro de judô de Vladimir Putin, era coproprietário de uma das empresas que construíram a estrada.

CAPÍTULO 11

Em que o vice-primeiro-ministro Igor Sechin se torna um Che Guevara russo

Igor Sechin adora suco de laranja e considera a simples van o meio de transporte mais conveniente. Para onde quer que vá ou toda vez que toma um avião, há sempre uma van esperando por ele: a partida é dada assim que ele se senta. Quem o estiver acompanhando precisa saltar no veículo em movimento.

Algumas fontes dizem que Sechin parece um robô: consegue passar dias a fio trabalhando sem dormir, e dizem até que se curou de um câncer. Talvez seja o suco de laranja.

Ele desperta medo e sabe disso. É capaz de humilhar todos os participantes de uma reunião, depois sair da sala e deixar seus subordinados puxando o nó da gravata enquanto esticam o braço para pegar o conhaque. Até que volta, fingindo ter esquecido alguma coisa, e termina de destruir todo mundo.

Sechin fala muito devagar, o que é totalmente incompatível com seu jeito demoníaco e sua aparência brutal. Mas esse contraste funciona a favor dele. Como antigo oficial administrativo e alguém que chegou ao verdadeiro poder, Sechin sabe ensinar a seus subordinados o valor da disciplina. Na sala de espera de seu escritório, ler revistas é proibido; quem desobedece é dispensado imediatamente. É preciso se sentar na ponta da cadeira e tremer. É um ritual – porque é assim que o próprio Sechin se comporta antes de se reunir com seus superiores.

NOSSO HOMEM EM HAVANA

No início de agosto de 2008, poucos dias antes do início da guerra na Geórgia, uma grande delegação saiu da Rússia rumo a Cuba. O grupo era formado por três ministros (Energia, Comunicações e Educação), os diretores da Rosneft e da Surgutneftegaz (gigantes do petróleo), o diretor da Gazprom, o secretário do Conselho de Segurança (e ex-diretor do FSB) Nikolai Patrushev, e Igor Sechin, o chefe da delegação.

Sechin trabalhou muitos anos em São Petersburgo como secretário particular de Putin. Quando seu protetor se mudou para o governo, Sechin foi nomeado vice-primeiro-ministro encarregado do setor de energia e chefe da comissão governamental para as relações com a América Latina, já que Sechin falava espanhol e português. Começou a carreira como intérprete militar em Angola e Moçambique, onde trabalhou com especialistas militares cubanos. Sechin tem boas lembranças de seus camaradas de Havana. Na época de estudante, era apaixonado pelos revolucionários latino-americanos – e não só por Che Guevara.

Mas Sechin não levou um terço do governo russo a Cuba para se lembrar dos bons e velhos tempos. Em meados de 2008, o governo Bush, próximo ao fim do mandato, terminava seus planos de implantação de um escudo antimísseis na Europa. Condoleezza Rice, secretária de Estado, estava prestes a assinar acordos sobre a localização de uma estação de radar na República Tcheca e de mísseis na Polônia, a poucos passos da fronteira russa.

A Rússia precisava responder, mas como? Para começar, o jornal *Izvestia* noticiou que a Rússia se preparava para reabrir suas bases militares de Lourdes, em Cuba, e de Cam Ranh, no Vietnã, que Vladimir Putin havia fechado em 2001. Além disso, o jornal aconselhou o governo russo a colocar bombardeiros estratégicos em Cuba. Por algum motivo, a notícia chamou atenção de Norton Schwartz, chefe do Estado-Maior da Força Aérea dos Estados Unidos, cuja reação foi dizer que a Rússia "passaria dos limites" se fizesse isso. Foi só nesse momento que Moscou percebeu que tinha esquecido completamente de discutir o assunto com os irmãos Castro.

A relação entre Cuba e Rússia depois do colapso da União Soviética era complicada, para dizer o mínimo. Os cubanos ficaram ofendidos e convencidos de que Moscou os havia traído. Sechin queria renovar a antiga amizade e restabelecer laços com Cuba, sobretudo para que os norte-americanos finalmente "tivessem o que mereciam", como teria dito Nikita Khrushchev em 1959 para Richard Nixon.

Mas a força-tarefa da Rússia não conseguiu nada em agosto de 2008 – Fidel Castro nem recebeu a delegação. Mas Sechin era persistente e continuou visitando a América Latina cerca de uma vez por mês. Na segunda ocasião, ele passou por Cuba, Nicarágua e Venezuela para oferecer armamento russo e serviços das petrolíferas, principalmente da Rosneft, cujo conselho diretivo era presidido por ele.

Graças aos poderes de persuasão de Sechin sobre Daniel Ortega e Hugo Chávez, primeiro a Nicarágua, depois a Venezuela reconheceram a independência da Abcásia e da Ossétia do Sul. Ninguém pediu que Sechin fizesse isso. Ele simplesmente descobriu que, em contraposição ao longo e árduo processo de fechar contratos de petróleo, garantir o reconhecimento das duas repúblicas dissidentes era uma maneira rápida e eficaz de mostrar para Putin sua capacidade e lealdade.

Sechin se deu muito melhor com Chávez do que com os irmãos Castro. Em seu primeiro encontro, o presidente venezuelano abraçou o vice-primeiro-ministro russo e disse: "Finalmente! Agora não estamos sozinhos na luta contra o império norte-americano! Agora temos a Rússia do nosso lado!"[1]. O reconhecimento da Abcásia e da Ossétia do Sul por parte da Venezuela teve um preço – a Rússia concedeu um empréstimo de 1 bilhão de dólares à Venezuela para seu abastecimento de armas. Um consórcio petroleiro também foi criado para o desenvolvimento conjunto dos campos de petróleo venezuelanos, embora as petrolíferas russas ainda tivessem de lucrar com o acordo.

A política de Sechin foi essencialmente a continuação lógica do conceito de "superpotência energética" de Igor Shuvalov. Mas enquanto Shuvalov tentava aplicá-la aos europeus obstinados, Sechin a aplicava aos complacentes latino-americanos. Era pura política e não fazia nenhum sentido econômico, mas deu aos líderes latino-americanos uma sensação de importância recém-descoberta. Putin estava satisfeito com o desempenho de seu assistente de longa data, enquanto os subordinados de Sechin se impressionavam cada vez mais com a resistência do chefe, dizendo que, mesmo depois da longa viagem de avião de Moscou a Caracas, Sechin foi direto para a academia logo antes de entrar numa maratona de conversas com Chávez, e sem cochilar um segundo sequer.

Aos poucos, Sechin se tornou a antítese de Medvedev. O presidente era o rosto público da Rússia nas lidas com o Ocidente, enquanto Sechin, o antiocidental, se encarregava dos países que não simpatizavam com os Estados Unidos.

CAPITÃO GANCHO

A transformação de Sechin em figura pública foi uma surpresa para todos, já que sua força derivava da proximidade com o presidente e da capacidade de fazer jogos administrativos. Durante o primeiro mandato de Putin, Sechin foi secretário pessoal do presidente e a primeira pessoa a cumprimentá-lo toda manhã. Era ele quem estimulava o presidente, cuidava de sua agenda e resolvia os negócios diários. Além disso, o poder de Sechin acentuava-se pelo fato de ele seguir rituais quase medievais de lealdade para com seu chefe, o que o aproximou e o tornou invulnerável. Era o único, por exemplo, que arranjava tempo para acompanhar o presidente ao aeroporto e buscá-lo depois.

Depois que Putin se mudou para o governo, Sechin fez tudo que podia para se tornar o chefe da equipe e continuar perto de seu mentor. Mas acabou impedido por Dimitri Medvedev, que jamais permitiria que seu inimigo declarado ocupasse uma posição-chave no governo. Então Putin teve que "exilar" Sechin para o setor de energia.

A aversão mútua entre Medvedev e Sechin não era segredo. Um dia, Sechin, a esposa e alguns amigos saíram para jantar (o lugar foi escolhido por sua esposa, Marina). Sechin se atrasou e foi o último a chegar. Assim que entrou no restaurante, ele exigiu, irritado, que fossem para outro lugar. "Você fez uma ótima escolha", disse ele para a esposa. "Não está vendo Medvedev ali na mesa do canto?".

Publicamente, no entanto, Sechin demonstrava lealdade absoluta e até servilismo não só para com o ex-presidente, mas também para com o novo, e os detalhes mais triviais é que diziam isso. Durante as longas viagens de avião a outros países, as autoridades costumavam vestir roupas mais confortáveis, como um conjunto esportivo e chinelos. Sechin também, mas nunca na presença do presidente: perto de Medvedev, ele estava sempre de terno e gravata.

A influência de Sechin não se devia apenas à sua proximidade com Putin. Muita gente puxava o saco de Putin, mas foi Sechin quem se tornou o "líder espiritual" dos *siloviki*. Depois que abriu o caso Yukos e destituiu Mikhail Khodorkovski, ele tratou de se cercar informalmente de um grupo de funcionários dos serviços de segurança, pessoas que se consideravam no dever de fazer os oligarcas compartilharem seus ganhos ilícitos, o que chamavam de "reprivatização de ganhos".

"O presidente Putin dizia que as grandes empresas devem ser socialmente responsáveis perante o Estado. Então, nossos colegas do FSB decidiram criar uma organização para que todos os magnatas cumpram essa responsabilidade", explicou Oleg Shvartsman, empresário e participante ativo do esquema, numa entrevista em 2007 ao *Kommersant*.[2] Ele disse que Sechin conseguiu unir uma grande quantidade de membros ativos e veteranos dos serviços de segurança e das forças armadas russas (cerca de 600 mil pessoas no total).

Eles estavam unidos menos pelo desejo de lucro do que pelas crenças comuns. Os *siloviki* consideravam o regime de "empréstimos por ações" um grande mal, e, para eles, os ativos vendidos nos anos 1990, na chamada "década selvagem" da Rússia, pertenciam ao Estado. Sechin e seus colegas nunca se consideraram usurpadores – eram salvadores que atuavam em benefício da pátria. O caso Yukos orquestrado por eles foi uma tentativa desesperada de salvar o regime de Putin de uma conspiração liderada pelos Estados Unidos: Khodorkovski estava financiando a maioria dos partidos no parlamento russo e negociando a venda de uma participação significativa na Yukos para a ChevronTexaco ou a ExxonMobil. E uma empresa cuja acionista majoritária fosse dos Estados Unidos não podia controlar a Duma.

No entanto, os *siloviki* de Sechin (cujo núcleo era de pessoas do FSB) não eram os únicos super-heróis secretos da Rússia de Putin. Existia uma estrutura rival que tinha os mesmos objetivos nobres e também era guiada pelos ideais de servir a pátria – embora, desde o início, parecesse uma fraude. Essa estrutura era o Serviço Federal de Controle de Drogas (SFCD), liderado por Viktor Cherkesov, amigo de longa data e ex-vice de Vladimir Putin da época em que este dirigia o FSB. O aliado de Cherkesov era Viktor Zolotov, chefe da empresa de segurança privada de Putin, e os dois tinham desavenças com o clã controlado por Igor Sechin e Nikolai Patrushev (sucessor de Putin como chefe do FSB). Foram Cherkesov e Zolotov que conseguiram derrubar o procurador-geral Vladimir Ustinov em 2006 ao entregar a Putin transcrições das conversas de Ustinov com Sechin, Lujkov e Fradkov. Em 2007, no auge da "Operação Sucessor", a luta entre os agentes de segurança se intensificou.

Em outubro de 2007, Cherkesov se arriscou bastante. Ele publicou um artigo de opinião no jornal liberal *Kommersant* (cujo antigo dono havia sido Berezovski) intitulado "Soldados não devem ser especuladores". O trecho mais citado é aquele em que o autor, todo filosófico, fala de como os serviços de segurança russos resgataram sozinhos o país no final dos anos 1990 e início dos anos 2000:

> Ao despencar no abismo, a sociedade pós-soviética buscou apoio nos serviços de segurança e se agarrou a eles com unhas e dentes. Algumas pessoas desejaram a dissolução e a queda da sociedade, desejo que acabou terrivelmente frustrado. E elas guardam um rancor profundo dos "chekistas" [oficiais de segurança] por não deixarem a sociedade morrer. [...]
> Nós evitamos que o país caísse no precipício. Isso dá sentido à era Putin e mérito histórico ao presidente russo. Impõe aos nossos profissionais uma responsabilidade enorme que não tem nenhuma ligação com a presunçosa satisfação pessoal.

Ele acrescenta que havia uma guerra dentro da "corporação chekista":

> Para que qualquer empresa seja saudável, ela deve ter padrões. Esses padrões precisam ser abrangentes, precisam ser corretos. Se eles se dissolvem para dar lugar à tirania, a empresa rui. Especialistas e jornalistas já estão falando que existem "grupos em guerra" dentro dos serviços de segurança.

Viktor Cherkesov, na verdade, estava apontando o dedo para Igor Sechin e os diretores do FSB, que recentemente haviam aberto processos criminais contra o vice de Cherkesov:

> A situação atual do nosso ambiente "corporativo" vai determinar o futuro. A rivalidade não pode ser permitida. Padrões não podem ser arbitrários.

Soldados não devem ser especuladores. A "corporação" é preciosa para todos os que dedicaram a vida a ela, inclusive eu mesmo.³

O verdadeiro motivo do artigo, como sugerido pelos jornalistas, foi a luta entre o SFCD e o FSB pelo controle do fluxo de mercadorias contrabandeadas da China. Mas talvez ambos os lados sinceramente acreditassem que estavam simultaneamente servindo a pátria.

A publicação não passou despercebida, mas também não beneficiou Cherkesov. Seu objetivo era ter acesso a Putin, acesso que foi bloqueado por Sechin. Mas Putin concluiu que roupa suja se lava em casa. Durante a reorganização seguinte, Cherkesov perdeu o cargo no SFCD e foi transferido para uma posição menos significativa na Agência de Contratos de Defesa. Com isso, a influência administrativa da Sechin só aumentou.

UM VERDADEIRO EMPRESÁRIO DO PETRÓLEO

Antes do caso Yukos, Sechin não tinha experiência no setor de energia. Foi somente em julho de 2004 que ele se tornou diretor do conselho diretivo da Rosneft, de modo que, em maio de 2008, tinha menos de quatro anos de experiência na área. No entanto, o meticuloso Sechin não perdeu tempo. Enquanto seu rival Dimitri Medvedev, que estava à frente do conselho diretivo da Gazprom, não tinha interesse na gigante russa do gás e efetivamente a deixou nas mãos de Putin, Sechin mergulhou em todos os detalhes da gestão da Rosneft, a gigante do petróleo russo.

Em 2006, Sechin foi mais longe. A pedido dele, as autoridades começaram a investigar outra grande petrolífera, a Russneft. A Rosneft de Sechin queria comprar os campos de petróleo dessa empresa de nome semelhante, pois muitos deles eram promissores. Mas não houve acordo em relação ao preço, e o dono da Russneft, Mikhail Gutseriev, se recusou a vendê-los. Como resultado, recebeu de presente uma guia para pagamento de imposto no valor de 17 bilhões de rublos e um processo penal. Por fim, ele concretizou a venda (não para a Rosneft, no entanto, mas para o magnata do alumínio Oleg Deripaska) e deixou o país.

A história teve um desfecho inesperado. Em 2010, durante a presidência de Medvedev, Gutseriev foi perdoado. Ele voltou para a Rússia e comprou sua empresa de volta, não sem a ajuda de dois amigos: German Gref, ex-ministro da Economia e diretor do Sberbank, e o oligarca Vladimir Ievtushenkov.

Depois de ganhar confiança como diretor da Rosneft, Sechin brigou com o presidente da empresa, Serguei Bogdanchikov. Em 2010, ele o substituiu por alguém mais acessível.

Sechin pouco a pouco se tornou a pessoa mais influente da indústria e do governo russos, chegando a superar Igor Shuvalov (embora Shuvalov ocupasse formalmente um cargo mais alto como *primeiro* vice-primeiro-ministro, enquanto Sechin era apenas o vice-primeiro-ministro).

Colegas do governo disseram que Sechin não tinha teoria econômica, não gostava da indústria privada e acreditava que tudo deveria pertencer ao Estado.

O BRAÇO DIREITO DE PUTIN

Como vice-primeiro-ministro, Sechin começou a prestar mais atenção à Gazprom também. Desde a guerra de gás com a Ucrânia no Ano-Novo de 2006, a empresa tinha sido a principal ferramenta de política externa do Kremlin. Putin essencialmente controlava a empresa, e Sechin, como seu gestor, foi obrigado a ajudá-lo. Sechin reclamava amargamente do diretor-executivo da Gazprom, Alexei Miller. Durante as visitas ao exterior, ele dizia à imprensa que havia chegado a muitos acordos, mas que nenhum pôde ser assinado porque Miller estava dormindo no ponto.

Essa crítica de Sechin provavelmente derrubaria qualquer diretor-executivo, mas Miller também era um velho amigo de Putin. Ele também havia trabalhado no gabinete do prefeito de São Petersburgo na década de 1990. Além disso, não se importava com o fato de Putin tomar todas as decisões relacionadas à Gazprom. Putin a encarava não como empresa, mas como ferramenta política, e muitas vezes não se importava nem um pouco com as consequências econômicas de suas ações.

Sechin, entretanto, levou sua luta contra os oligarcas "errados" (aqueles que se beneficiaram na década de 1990) para outro nível. Em 2009 a Rússia foi palco do pior acidente industrial da era pós-soviética, o acidente na usina hidrelétrica de Saiano-Shushenskaia. Sechin chegou ao local para ver o que tinha acontecido e falar com familiares das vítimas. Lá ele disse uma frase memorável. Apontando para uma multidão de moradores que tinham acabado de enterrar seus entes queridos, Sechin disse: "Dê tudo a eles". Isso significava que o proprietário da usina teria de assumir a responsabilidade de indenizar as vítimas.

Mais tarde, Sechin coordenou a equipe responsável pela limpeza pós-acidente e concluiu que toda a culpa pelo acontecido recaíra em seu antigo rival Anatoli Chubais, mentor da privatização iniciada no governo Ieltsin, o que Sechin considerou uma injustiça. Foi Chubais quem, a pedido de Putin, reformou a indústria de energia russa e acabou com o monopólio estatal de energia elétrica pela RAO UES em 2008. Sechin decidiu trazer tudo de volta. Ele assumiu o comando da Inter RAO, maior divisão da antiga estatal, e começou a juntar as peças e desfazer as reformas liberais de Chubais.

Alexander Voloshin, ex-chefe do gabinete presidencial, além de ex-chefe e inimigo de longa data de Sechin, havia presidido o conselho diretivo da antiga RAO UES. Em 2003, durante o caso Yukos, Sechin foi quem provocou efetivamente a renúncia de Voloshin. E fortalecido depois da crise de 2008, Sechin declarou guerra aos restos da Família e conseguiu derrotar Voloshin, Deripaska, Tania, Valia e até Medvedev.

Para quem via de fora, a Norilsk Nickel, maior siderúrgica do mundo, parecia vivenciar um conflito interno. Até 2008, seus principais acionistas tinham sido Vladimir Potanin, vice-primeiro-ministro russo na era Ieltsin e criador do regime de empréstimos por ações, e seu parceiro de longa data Mikhail Prokhorov. Às vésperas da crise, os sócios decidiram se separar – Prokhorov vendeu sua participação para Oleg Deripaska, rei do alumínio e genro de Valia, que, por sua vez, era genro de Boris Ieltsin. Vladimir Potanin perdeu o controle da empresa que ele mesmo havia fundado, e o novo presidente do conselho diretivo passou a ser Voloshin, que representava os interesses de Deripaska. Foi então que Potanin recorreu a Sechin como única força capaz de protegê-lo da Família ressurgente.

E Sechin fez o que lhe foi pedido. Primeiro, ajudou Vladimir Strjalkovski, chefe da Agência Federal de Turismo, a se tornar o novo diretor-executivo da Norilsk Nickel. O cargo era discreto, mas Strjalkovski era mais um dos amigos de Putin da época de São Petersburgo, um *status* que ninguém mais na empresa, nem mesmo Potanin, Deripaska e Voloshin, poderia ostentar. Depois, em 2010, durante a fase quente do conflito, Sechin e Potanin se uniram para retirar Voloshin do conselho diretivo. Voloshin tinha o apoio do presidente Medvedev, mas isso só adiou o inevitável.

Em uma reunião extraordinária do conselho, Voloshin foi reintegrado. Mas três meses depois, saiu novamente. Sechin conseguiu durar um pouco mais. A força conjunta de Medvedev, Voloshin, Deripaska e dos Iumashev, que tinham laços com a Família, não conseguiu derrotá-lo. A comunidade empresarial ficou decepcionada, porque agora era nítido que o presidente Medvedev não tinha poder nenhum como comandante, muito menos como vice-comandante. Quem ocupava essa posição era Sechin.

A BATALHA DE MOSCOU

Na presença de Medvedev, Sechin sempre se comportava de forma impecável, mas nunca perdia a oportunidade de humilhá-lo indiretamente. O conflito público mais escandaloso entre os dois aconteceu no final de 2010. À primeira vista, Sechin não tinha nada a ver com o assunto. A provocação ao presidente parecia ter vindo de um terceiro – o veterano da política russa Iuri Lujkov. No entanto, o gato escaldado Lujkov jamais ousaria enfrentar o presidente se não tivesse certeza de que não haveria retaliação. Sechin convenceu

Lujkov de que sua influência administrativa superava a de Medvedev, e mais: Putin não deixaria o presidente encostar um dedo sequer em Lujkov.

Prefeito de Moscou desde 1992, Lujkov apoiou Ieltsin durante a crise constitucional de 1993. Em 1999, teve certeza de que ganharia a presidência, mas foi arruinado pela campanha negativa do Kremlin.

O próprio Lujkov lembra que o conflito com Medvedev começou em 2005, quando este era chefe do gabinete presidencial. Ele diz que o gatilho foi a decisão do Kremlin de aumentar o salário dos enfermeiros em todo o país. Ao ouvir a notícia, Lujkov decidiu de imediato aumentar os salários de todos os profissionais da saúde de Moscou – do contrário, diz ele, haveria um grave desequilíbrio. Mas Medvedev se ofendeu. "O que você está fazendo? Você reduziu os efeitos de nossas reformas a nada", disse Medvedev, supostamente gritando.

O próximo conflito que Lujkov recorda aconteceu quando Medvedev já era presidente. Em novembro de 2008, numa entrevista concedida ao apresentador de TV Vladimir Pozner, o prefeito de Moscou disse que seu cargo deveria ser eleito pelo voto popular, e não nomeado pelo presidente (embora admita que, depois da tragédia de Beslan em 2004, tenha apoiado a decisão de Putin de abolir as eleições para governador).

A entrevista teve alguns momentos interessantes. Por exemplo, Lujkov demonstrou seu apoio à proposta de Medvedev (de Putin, na realidade) de prolongar o mandato presidencial. E inesperadamente mencionou a Crimeia e Sevastopol: "Sevastopol nunca pertenceu à Ucrânia. [...] A Crimeia foi dada à Ucrânia com uma mera assinatura [...] e isso dói no coração de todo russo", lamentou Lujkov. Naquela época, essa questão não tinha muita importância na sociedade russa e, vez ou outra, era mencionada por Lujkov, Sechin e alguns outros. Por causa disso, ninguém deu atenção a esse ponto da entrevista, e as pessoas só se lembraram dos comentários críticos sobre a falta de eleições para prefeito.

O presidente Medvedev respondeu com nervosismo ao que ouviu. Lujkov o irritou, e ele quis mostrar quem estava no comando. "Qualquer um que discordar pode ir embora", disse Medvedev no dia seguinte, um sinal claro de que Lujkov deveria agir ou ficar calado.

Lujkov lembra que pediu conselho à sua família (a esposa Helena Baturina, a mulher mais rica da Rússia, e as duas filhas do casal): "O que devo fazer? Engulo calado? Finjo que nada aconteceu?".

Convencido a não abaixar a cabeça para Medvedev, ele escreveu uma carta de demissão irônica acusando Medvedev de ter retrocedido a 1937 e à repressão stalinista de dissidentes. Ciente de que demitir Lujkov por pedir eleições democráticas seria um erro, Medvedev não aceitou a renúncia.

Peculiarmente, a rodada seguinte aconteceu por causa do próprio Stalin. Em 2010, as autoridades de Moscou se preparavam para o 65º aniversário da vitória soviética na Grande Guerra Patriótica. Lujkov resolveu expor o retrato de Stalin.

"O papel de Stalin foi importante. Ele foi um dos fatores mais poderosos e decisivos. Foi Stalin quem geriu os recursos do país e supervisionou sua estratégia. A primeira fase da guerra foi culpa dele, mas a segunda, seu triunfo. Ele não pode ser apagado da história. Nossos soldados entraram na batalha sob a bandeira 'Pela pátria! Por Stalin!'", diz Lujkov. Mas a administração presidencial foi totalmente contra, e Medvedev proibiu a exibição da imagem de Stalin.

"Foi descabido", diz Lujkov, irritado até hoje. "Por isso resolvi construir a Alameda Stalin no Monte Poklonnaia [no Parque da Vitória, em Moscou]."

Lujkov afirma que não é estalinista: "[Stalin] foi responsável por 50 milhões de mortes. O crime mais horrendo de sua sombria consciência foi o assassinato de 20 milhões de culaques – os gestores econômicos mais fortes do país". Não é à toa que Lujkov usa o termo "gestor econômico forte", uma vez que, ao longo de seu mandato de 18 anos como prefeito de Moscou, foi assim que a imprensa o descreveu. E ele não vê nenhuma contradição em suas palavras.

O desfecho se deu em meados de 2010. A Rússia Central sofreu uma seca, o que gerou incêndios incontroláveis nas turfeiras e florestas em volta de Moscou. Em meados de agosto, neblina e fumaça tomaram conta da capital e provocaram pânico. Foi então que os noticiários estatais citaram uma fonte anônima de dentro da administração presidencial ("fonte anônima" era sinônimo de Natalia Timakova), perguntando por que o prefeito estava de férias nos Alpes austríacos enquanto os moscovitas praticamente sufocavam até morrer.

Lujkov voltou, ofendido e indignado. Em entrevista concedida à emissora pró-Lujkov TVTs, de Moscou, ele disse: "A administração me deu um soco no estômago. 'Ele voltou', estão dizendo, 'mas agora é tarde'. O Camarada Prefeito aqui ficou seis dias de férias". Ele respondeu à fonte "anônima" com um artigo "anônimo" no jornal *Moskovsky Komsomolets*. O texto foi creditado a um certo Iuri Kovelitsin, mas todos sabiam que o verdadeiro autor era Lujkov. No artigo, ele acusou abertamente o presidente Medvedev de uma conspiração contra Putin:

> A perseguição do Kremlin ao prefeito de Moscou ultrapassou os limites da decência política. [...] Substituir o dirigente de Moscou, que é leal ao primeiro-ministro e trabalhou com ele para estabilizar não só a capital, mas a Rússia como um todo, seria o mesmo que abrir as portas para uma

"revolução colorida", cuja enganosa euforia pode levar o povo russo a um péssimo caminho.

Na Rússia existem alguns que usam do poder intelectual e financeiro para explorar qualquer catástrofe. Ficam rodeando Medvedev e tentam colocá-lo contra seu mentor e seus pilares na política, sendo um deles o prefeito de Moscou.

Medvedev ficou estupefato com a arrogância de Lujkov. Ele sabia que o prefeito não teria agido com tanta provocação se não acreditasse na própria impunidade – um sentimento talvez alimentado por Sechin.

Tecnicamente falando, Medvedev poderia ter demitido Lujkov a qualquer momento. Até aquele momento, nenhum governador regional (o que era, oficialmente, o prefeito de Moscou) havia sido demitido pelo presidente por "perda de confiança", mas a lei não impedia. Também havia a necessidade de explicar para Putin por que o experiente e popular prefeito precisava ser demitido, o que era um problema. Putin não gostava de Lujkov, mas, na qualidade de presidente, preferiu mantê-lo no cargo por acreditar que se livrar dele provocaria uma revolta entre os moscovitas. A única maneira de convencer Putin da necessidade de demitir Lujkov seria mostrar que o amor de Moscou pelo prefeito era superficial.

Lujkov então sentiu a força total do poder de propaganda da NTV – a emissora que dez anos antes apoiara a ele e a Ievgeni Primakov contra o mesmo Vladimir Putin – da Família. A NTV transmitiu dois documentários de exposição: *De boina na mão* (sobre o próprio Lujkov, que usava sempre uma boina) e *Querida Helena* (sobre sua esposa).

Lujkov foi convocado por Serguei Narishkin, chefe do gabinete presidencial, e foi aconselhado a escrever uma carta de demissão. Lujkov prometeu pensar no assunto e saiu novamente de férias (voltou para os Alpes austríacos) para comemorar seu aniversário. "É nítido que Iuri Mikhailovich [Lujkov] está passando por um período difícil e que precisa de tempo para pensar", disse uma "fonte anônima" do Kremlin às agências de notícias.

De férias, Lujkov escreveu para Medvedev acusando-o de promover um "terrorismo da informação" e de (mais uma vez) tentar retroceder a 1937 com a introdução da censura. Um exemplo dessa censura, aos olhos de Lujkov, era o fato de o Kremlin ter bloqueado a exibição de um documentário pró-Lujkov na TVTs (o fato de ele ter sua própria emissora marionete parecia-lhe bem democrático).

Na carta, Lujkov falou de "fortes protestos" que surgiriam para apoiá-lo. Fato é que esses protestos foram uma mera ilusão. Quando voltou de férias em 27 de setembro, Lujkov disse à imprensa que não tinha planos de renunciar. Na época, Medvedev estava em visita à China, mas na manhã seguinte, em 28 de setembro, foi publicado um decreto no site oficial de Medvedev anunciando que Lujkov tinha sido "afastado do cargo por perda de confiança". Alguns dias depois, Putin deu a opinião de que Lujkov não deveria ter tentado prejudicar Medvedev. Como resultado, Medvedev tinha o direito de demiti-lo.

Hoje Lujkov diz que a verdadeira causa de sua demissão foi sua relutância em apoiar Medvedev para um segundo mandato presidencial. Ele alega que, em fevereiro de 2010, um enviado de Medvedev o procurou perguntando se ele apoiaria o presidente. Lujkov disse que não.

Ele faz um paralelo com outro fato ocorrido 11 anos antes. Em fevereiro de 1999, Boris Berezovski teria lhe pedido para ser o candidato presidencial da Família. Lujkov diz que recusou porque queria desfazer o esquema de empréstimos por ações. No entanto, de acordo com a Família, Lujkov achou que sua candidatura e eleição à presidência eram certas, e que não precisava do apoio do fraco Kremlin.

A comitiva de Medvedev nega ter pedido o apoio de Lujkov, já que o prefeito de Moscou era muito ligado ao inimigo de Medvedev, Igor Sechin.

Lujkov tem toda a razão sobre uma coisa: em 2010, Medvedev realmente começou a nutrir ambições por um segundo mandato como presidente. Sechin teria de cortá-las pela raiz.

CAPÍTULO 12

Em que a princesa russa Tatiana Iumasheva cria um novo partido democrático

Tatiana Borisovna Iumasheva nunca foi chamada de princesa, pois não tem nada das heroínas da Disney. Em alguns aspectos, no entanto, Tania lembra mulheres da realeza britânica, como Lady Di, Princesa Ana, ou até mesmo Camila, Duquesa da Cornualha: sorriso radiante, frieza no olhar e um senso de responsabilidade gigantesco para com a própria reputação e família.

Iumasheva se considera a guardiã do legado de seu pai, Boris Ieltsin, e luta para defender o que dele restou: o nome, a memória, a grandeza. Ela toma para si qualquer crítica feita a ele. Defende e romanceia fortemente a visão dele sobre o que aconteceu na década de 1990. Tania (como sua mãe, Naina) diz que Ieltsin não bebia álcool. Elas se lembram dele como uma criatura quase mítica, um semideus, e acreditam que todas as outras versões da história não passam de mentiras e difamações.

Iumasheva considera o pai um modelo de democracia, e a década de 1990, um tempo de liberdade. Sendo filha de quem é, acredita ser ela mesma uma verdadeira democrata. Para ela, as críticas à década de 1990 pisoteiam o espírito sagrado da liberdade e da democracia. Seus juízos e valores liberais estão tão misturados que, para ela, Ieltsin é a democracia. Por uma questão de equidade, no entanto, toda a elite política russa se misturou na década de 1990. Em 1996, ano em que Ieltsin foi reeleito, os democratas russos confundiram democracia com governo eterno dos democratas.

Iumasheva queria ser política e sabia que poderia ter sido: tem experiência e carisma suficientes. Mas não era para ser. Em vez disso, ela teve de suportar o peso de ser filha do presidente. Sacrificou suas próprias ambições políticas por amor a ele e à família. A escolha foi dela – ou pelo menos ela se convenceu disso.

A FAMÍLIA RETORNA

Boris Ieltsin, primeiro presidente da Rússia, morreu em abril de 2007, antes do final do segundo mandato de Putin e do início da "Operação Sucessor". Foi então que a Família retornou à grande política. Desde a aposentadoria de Ieltsin, ela se manteve longe dos holofotes. E o povo se esqueceu de tudo sobre Tatiana Iumasheva e Valentin Iumashev.

Depois de se casarem em novembro de 2001, Tania e Valia desapareceram por quase uma década. Eles não davam entrevistas nem apareciam nos noticiários. Os jornalistas que tinham contato direto com eles também sumiram. A emissora anti-Ieltsin NTV foi destruída em 2001, e seu diretor-geral, Ievgeni Kiseliov, partiu para a Ucrânia.

Tatiana Iumasheva acompanhou a "Operação Sucessor" a distância, mas sua afinidade era clara. O núcleo das operações de Dimitri Medvedev era personificado por Alexander Voloshin, amigo íntimo e último chefe da administração de Ieltsin, o homem que entregou o poder a Putin em 2000. Ninguém dizia nada, mas muitos sentiam que a Família estava se preparando para voltar. Para começar, Medvedev morava em Gorki-9 na antiga residência de Ieltsin (ao passo que Putin, como presidente, havia escolhido viver em Novo-Ogariovo, antiga residência de Gorbatchov). Isso significava que os vizinhos do novo presidente eram os Iumashev, cuja *dacha* em Gorki-10 foi finalizada depois da morte de Ieltsin.

Ao assumir o cargo em 2000, Putin assinou um decreto intitulado "Garantias para presidentes aposentados da Federação Russa e membros de sua família" contendo uma cláusula que atribuía permanentemente a Ieltsin a residência de Gorki-9. O decreto não mencionava quaisquer garantias de imunidade de acusação. No entanto, havia um acordo tácito de que a família de Ieltsin se afastaria da política enquanto Putin fosse presidente, e que os novos ocupantes do Kremlin respeitariam os bens da Família. Em sentido mais amplo, a Família incluía não só Tania e Valia, mas também o genro de Valia, Oleg Deripaska, dono da Rusal, maior empresa de alumínio do mundo, e Roman Abramovich, não tecnicamente um membro, mas amigo íntimo da Família.

Quando Medvedev se tornou presidente, a família Ieltsin não só se mudou de Gorki-9 para Gorki-10 como começou a ponderar que alguns dos compromissos firmados no passado talvez não valessem mais. Em 3 de dezembro de 2009, dez anos depois da primeira "Operação Sucessor", Iumasheva rompeu o silêncio dando uma entrevista à revista *Medved*. Ela também publicou um blog e prometeu escrever sobre perda de peso e criação dos filhos. Mas, uma semana depois, estava discutindo política.

Em 23 de dezembro, ela escreveu um relato detalhado explicando por que seu pai havia escolhido Putin como sucessor – porque ele era o menos mau de todos. Os "liberais" pró-democracia (Chubais, Nemtsov, Chernomirdin) não tinham chance de ser eleitos, ao passo que Lujkov e Primakov eram perigosos, pois representavam a geração anterior de políticos que poderiam restaurar a União Soviética.

No dia seguinte, Tania escreveu sobre as obrigações que a Família e Putin assumiram durante a transferência de poder. "Estipulamos condições de vida? Política econômica e de ocupação dos cargos? Havia acordos, tácitos ou escritos? Não. Além da frase 'Cuide da Rússia', papai não pediu nada a Vladimir Vladimirovich [Putin]. Nada relacionado a parentes e familiares, a política ou a manter na equipe os funcionários prediletos do meu pai. Estava claro para todos que [Putin] tinha carta branca para mudar a equipe e determinar estratégias futuras. Acho que era correto que o primeiro presidente [Ieltsin] se afastasse."

Embora o blog não tecesse críticas a Putin, ele tratava mesmo da sucessão Ieltsin-Putin? Ou Iumasheva estava na verdade aconselhando o ex-presidente Vladimir Putin a não interferir nos assuntos do novo presidente?

Por mais que tivesse escolhido as palavras com cuidado, elas foram interpretadas por muitos como um desafio à ideologia que a propaganda putinista criou ao longo dos anos. Em 2007, a televisão estatal justapôs muitas vezes a nova Rússia à "década selvagem" dos anos 1990 (ironicamente, a NTV agora era pró-Kremlin, mas ainda anti-Ieltsin). Putin não só "tirou a Rússia da posição de súplica" (isto é, recuperou seu prestígio global), mas também acabou com o caos e a ilegalidade que imperavam com Ieltsin. Esse foi o *leitmotiv* das eleições parlamentares de 2007.

Iumasheva começou a escrever com mais frequência em seu blog, aparentemente para recuperar o bom nome do pai, do marido e o próprio, e apresentar uma versão alternativa da "década selvagem".

No entanto, isso foi só num primeiro momento. O fim da era do silêncio, mesmo chegando através de um modesto blog, dizia apenas uma coisa: Iumasheva estava ressurgindo como figura pública. Ela queria lembrar o povo de sua existência ao mesmo tempo em que repetia que não tinha intenção de entrar na política – com isso, fazia a política chegar até ela. Seu círculo de amigos só falava da possibilidade de Medvedev escapar das garras de Putin e se tornar um verdadeiro presidente. Alguns disseram que ele não tinha chance, já que o jovem presidente não conseguia nem nomear seu próprio chefe de gabinete e de segurança. Putin, diziam, jamais permitiria que seu sucessor pegasse o colete salva-vidas e começasse a nadar sozinho. A própria Iumasheva concordava com isso. Aliás, ela chegou a apostar com amigos (valendo algumas caixas de champanhe) que Putin retornaria em quatro anos. No entanto, quase todas as pessoas ligadas a Iumashev, incluindo alguns bilionários, acreditavam que Medvedev era verdadeiramente capaz de tomar uma atitude e não cederia com tanta facilidade. O argumento era simples: na história da Rússia, ninguém nunca desistiu do poder voluntariamente, e Medvedev não seria o primeiro.

Os *siloviki* ligados a Putin, é claro, prestaram muita atenção no ressurgimento de Tania e Valia, entregando a Putin, agora primeiro-ministro, relatórios periódicos sobre as ambições políticas da Família e suas supostas maquinações. Putin continuou em silêncio.

UM NOVO PARTIDO

Um ano antes das eleições parlamentares de 2011, Dimitri Medvedev teve a ideia de criar seu próprio partido: uma plataforma de centro-direita para unir a classe média russa e defender a reforma liberal. A União das Forças de Direita, entidade anterior com um projeto semelhante, recebeu 8,5% dos votos nas eleições parlamentares de 1999, mas em 2007 obteve menos de 1%, o que deixou o partido fora da Duma e provocou sua extinção pouco tempo depois.

A ideia de um novo partido liberal de direita começou a ganhar terreno e a ser mencionada com frequência por duas pessoas: Anatoli Chubais, principal estrategista dos liberais russos e mentor das reformas econômicas da década de 1990, que, no governo de Putin, tornou-se diretor da estatal de energia RAO UES; e Alexander Voloshin, ex-chefe de gabinete tanto de Ieltsin quanto de Putin, e que renunciou em 2003 para presidir o conselho diretivo da mesma RAO UES.

Em 2009, Chubais e Voloshin concluíram a reforma do setor energético russo, transferindo-o para mãos privadas e dissolvendo sua própria empresa. Os dois pensavam seriamente em retornar à política, mas com cuidado. No final de 2010, o tímido Alexander Voloshin tornou-se mais público e abriu um escritório no antigo prédio da fábrica de chocolates Red October.

A localização era simbólica – uma ilha no Rio Moscou bem em frente ao Kremlin. Foi ali que Stepan Razin, um dos rebeldes mais infames da história russa, foi executado no século XVII. No início do século XX, ao pé da Ponte Bolshoi Kamenni, foi construído um grande edifício na orla para a elite do novo governo bolchevique. Na década de 1930, a maioria dos seus inquilinos foi expurgada – quase toda noite, uma viatura chegava para levar um ou mais "inimigos do povo". Dando um rápido salto para o século XXI, essa área se transformou na mais badalada da nova Moscou. Os edifícios de tijolos vermelhos da antiga fábrica de chocolates foram ocupados por *startups* de TI, restaurantes, galerias de arte modernas e a única emissora de TV independente da Rússia, a TV Rain, tornando aquela área o bairro mais liberal da capital. Curiosamente, era ali que Alexander Voloshin passava metade do seu tempo. Sentado em frente ao Kremlin, do outro lado do rio, ele começou a marcar reuniões com blogueiros, jornalistas e escritores populares para descobrir suas opiniões sobre o futuro da política russa, as perspectivas para um novo partido liberal e quem poderia e iria se juntar a ele.

Voloshin perguntava essas coisas tão abertamente que seus interlocutores desconfiaram que a iniciativa não fosse dele, nem mesmo da notória Família

– a nova blogueira Tania e seu marido, Valia. Voloshin nunca disse nada, mas a impressão é que ele cumpria uma tarefa especial do presidente Medvedev.

Alguns meses depois, a multidão liberal de Moscou ficou agitada. Quase todos tiveram uma reunião com a antiga eminência parda de Putin (agora segredo de Medvedev). Eles contavam boatos sobre como Tatiana Iumasheva tinha sido flagrada num restaurante rabiscando num guardanapo a lista eleitoral do novo partido. Ninguém sabia ainda qual seria o naipe desse novo partido liberal, já que seus criadores faziam questão de não mostrar as cartas. Mas todos sabiam que elas tinham sido dadas.

Os Iumashev estavam de fato ligados ao novo projeto. Para ajudar no recrutamento político, Medvedev convocou Valentin Iumashev para o Kremlin. Iumashev gostou da ideia e propôs que o partido não tivesse um líder específico, mas sim uma série de pessoas que o promoveriam em todo o país. Medvedev discordou. Para ele, era necessário ter um representante.

SERVIDÃO

Graças ao presidente Medvedev, de repente o liberalismo virou moda. Cansado de ser a sombra sem rosto de Putin, o novo presidente estava disposto a deixar sua marca de sujeito esclarecido. Depois de dar os primeiros passos, ele concluiu que havia chegado a hora de uma campanha de relações públicas completa. Foi então que, em 2011, Medvedev organizou uma conferência em São Petersburgo dedicada ao 150º aniversário da abolição da servidão na Rússia.

Na cabeça de Medvedev e de sua comitiva, a conferência e o discurso do presidente seriam o ponto de partida de sua nova carreira política.

"A história mostrou que Alexandre II estava certo, não Nicolau I ou Stalin", disse o presidente ao público, acrescentando que se considerava o sucessor do "czar libertador" – Alexandre II, que aboliu a servidão em 1861. O público engasgou. Muitos entenderam "Nicolau I ou Stalin" como uma referência a Putin. Medvedev sempre teve o cuidado de não confrontar Putin publicamente, mas agora a provocação era clara.

Faltava menos de um ano para as próximas eleições parlamentares, já na mira da equipe da Medvedev. A estratégia da campanha foi elaborada por ninguém menos que Vladislav Surkov, antigo estrategista político de Putin.

Medvedev não confiou imediatamente em Surkov, lembrando que ele havia apoiado Serguei Ivanov como sucessor de Putin. Durante muito tempo, Medvedev tinha Surkov como um mero capanga de Putin. Mas Voloshin, que o tinha como discípulo, convenceu o presidente do contrário, e em 2010 Medvedev atribuiu a Surkov a tarefa de criar um novo partido que poderia se tornar um contrapeso liberal para sua outra criação, o Rússia Unida.

Surkov acreditava saber como Medvedev deveria agir para garantir um segundo mandato. Para ele, estava claro que não poderia haver um acordo prévio como o de 2007, quando Putin e Medvedev mudaram de cargo. A estratégia era fazer com que Putin não se opusesse a outro mandato de Medvedev. O presidente teria de mostrar que era um líder nacional popular e mais bem adaptado às realidades do novo mundo.

Naquela época, a Revolução 2.0 estava a pleno vapor. Auxiliados pelo Facebook e pelo Twitter, oposicionistas no mundo árabe derrubavam regimes. Para sobreviver no novo ambiente, os líderes modernos precisavam usar o poder das mídias sociais para seu próprio bem. Medvedev, com sua imagem de *hipster* moscovita, era perfeito. Ele usava Facebook, Twitter e Instagram, publicava fotos de seu gato e mostrava a Putin que era um gestor eficaz, ciente do que acontecia na sociedade e mais bem posicionado do que seu antecessor para evitar uma revolução russa feita pelo Twitter.

Conseguir um milhão de seguidores na internet não era problema para Medvedev. Mas criar um partido exigia mais tato. Para não alarmar o Rússia Unida e a comitiva de Putin, Medvedev explicou que estava agindo para o bem deles. Mas o objetivo real era afastá-los.

Por fim, para concorrer a um segundo mandato, Medvedev precisava de um grupo forte de seguidores, que lhe daria suporte eleitoral e provas nítidas de que ele estava no controle.

EM SETEMBRO

Os planos de Surkov encontraram um obstáculo inesperado: Medvedev, seu cliente, ainda estava disposto a criar a imagem de líder ocidental liberal e moderno. Acreditando ser amigo do presidente dos Estados Unidos, Medvedev queria desesperadamente ser o Obama russo – exemplo típico do líder jovem e elegante.

Em março de 2011, Medvedev e Obama tiveram que chegar a um acordo sobre o que fazer a respeito da Líbia. Os dois líderes tinham opiniões semelhantes. Ambos desprezavam fortemente o regime líbio e achavam Muammar Gaddafi repulsivo. Além disso, ambos conheceram o líder líbio e concluíram que ele havia perdido a noção da realidade. Até mesmo seu filho, Seif al-Islam, um jovem secular que frequentava as boates mais badaladas de Moscou na companhia de modelos e oligarcas russos, sentia vergonha do pai, que jamais se separava de sua tenda beduína tradicional, mesmo em viagens para o exterior.

Medvedev e Obama não eram menos hostis para com Nicolas Sarkozy, principal instigador da coalizão anti-Líbia. Todos sabiam que a campanha eleitoral do presidente francês tinha sido parcialmente financiada por

Gaddafi, embora isso só tenha incentivado Sarkozy a pedir o bombardeio imediato da Líbia para mostrar ao mundo que ele não estava nas mãos de Trípoli. Medvedev não queria ajudar Sarkozy, principalmente por causa das lembranças desagradáveis do acordo passado a respeito do conflito entre Geórgia e Ossétia em 2008. No entanto, se colocar ao lado de Gaddafi seria ainda mais comprometedor. Por fim, Obama e Medvedev concordaram em não interferir nos esforços de Sarkozy para derrotar o líder líbio.

Medvedev se interessava muito pouco pela política interna da Líbia. Para ele, o mais importante era cultivar a imagem certa dentro da Rússia. Seus discursos públicos eram meticulosamente preparados, e todas as menções nos jornais e redes sociais eram contadas e avaliadas. Quem precisava de um velho e senil ditador líbio? Ao discutir as perspectivas de operação na Líbia, ele examinou os arquivos sobre a cooperação entre a Rússia e os libaneses e concluiu que Gaddafi nunca pagava suas dívidas e mendigava armas a crédito sem nenhuma contrapartida. O único contrato importante era com a Ferrovias Russas. Vladimir Iakunin, diretor da empresa, sempre foi motivo de irritação para Medvedev. Sacrificar o acordo, portanto, não geraria arrependimentos. Ele rejeitou o pedido do Ministério das Relações Exteriores para vetar uma resolução do Conselho de Segurança da ONU que previa uma zona de exclusão aérea sobre a Líbia. A Rússia se absteve.

No dia seguinte, Medvedev ficou surpreso ao ver Putin falando sobre a Líbia na TV. Como primeiro-ministro, Putin raramente mencionava a política externa. Ele seguia à risca as normas constitucionais, que previa exclusividade ao chefe de Estado em relação aos assuntos de política externa. No entanto, ao visitar uma fábrica de mísseis em Votkinsk, na Rússia Central, Putin descreveu a resolução da ONU como "um chamado medieval a uma cruzada", e depois repreendeu ao vivo o presidente Medvedev, de modo sutil e velado: "O que mais me preocupa não é a intervenção armada em si – conflitos armados não são novidade e provavelmente continuarão durante um longo tempo, infelizmente. Minha principal preocupação é a leviandade com que hoje se tomam decisões de usar a força em relação a questões internacionais".

Medvedev ficou horrorizado. Ele de fato se equivocou por não consultar Putin previamente. Mas a franqueza de Putin foi uma humilhação imperdoável e exigia uma resposta. A questão era se ele devia responder de forma pública ou privada. Depois de ler comentários na internet ridicularizando-o abertamente, Medvedev decidiu não chamar Putin. Em vez disso, depois de examinar sua agenda, Medvedev decidiu que sua resposta chegaria naquele mesmo dia – durante uma visita à OMON, unidade especial de polícia da Rússia. "É totalmente inaceitável usar expressões que possam desencadear um choque de civilizações. A palavra 'cruzada', por exemplo. Precisamos nos lembrar de que esse tipo de linguagem pode piorar ainda mais a situação", disse ele didaticamente, olhando para a câmera.

Os canais de notícia estatais ficaram horrorizados. O que deviam mostrar? Será que eles poderiam dizer que os "acoplados" estavam divididos em relação à Líbia? Desesperados, os mandachuvas da TV telefonaram para os respectivos secretários de imprensa do primeiro-ministro e do presidente. Após uma breve hesitação, o gabinete de Putin respondeu: "O chefe de Estado é responsável pela política externa, por isso apenas o ponto de vista dele deve repercutir nas transmissões estatais. A declaração do primeiro-ministro Putin deve ser esquecida".

Mas alguns jogadores experientes do time de Medvedev sabiam que ele havia cometido um grande erro. Por mais que Putin volte atrás, ele nunca esquece.

A rixa pública entre o presidente e o primeiro-ministro era inédita. A relação entre o Kremlin e o governo estava tensa desde 2008 – o chefe do gabinete presidencial Serguei Narishkin e o chefe da equipe de governo Serguei Sobianin não se falavam – mas Putin e Medvedev nunca demonstraram publicamente nenhuma hostilidade.

Por mais que, nos primeiros anos da presidência de Medvedev, os dois tivessem tempo para se reunir com frequência e discutir todas as questões, os horários cada vez mais apertados e o silêncio entre Narishkin e Sobianin significavam que os dois líderes da Rússia se viam cada vez menos. O resultado disso é que Putin e Medvedev mal se encontraram uma vez por mês em 2011. Depois da discussão sobre a Líbia, seus conselheiros entenderam que o presidente e o primeiro-ministro deveriam se encontrar com mais frequência – do contrário, as coisas poderiam acabar mal.

A tensão não parou de crescer. Seus respectivos assessores tentavam agendar encontros mais frequentes entre os dois para evitar mal-entendidos e ações imprudentes. Putin dizia: "Não se preocupem, vai ficar tudo bem. Em setembro nós faremos o que temos de fazer, e todos vão respirar aliviados". Ninguém entendeu na época o que Putin quis dizer com sua referência a setembro.

UM PARTIDO LIBERAL

No final de março de 2011, o pequeno blog da filha de Ieltsin se transformou em um grande projeto histórico chamado "20 anos atrás". Todos os dias, Tatiana Iumasheva publicava suas próprias reinterpretações do colapso da União Soviética e sua substituição pela nova Rússia democrática. O argumento principal – que o fim do autoritarismo tinha sido triunfo de ideias liberais – perpassava cada palavra. O símbolo da democracia, obviamente, era seu pai, Boris Ieltsin. Todo esse esforço em grande escala não era trabalho de uma única pessoa. Tatiana Iumasheva reuniu uma equipe ampla de historiadores e jornalistas para contribuir em seu blog. Junto a isso, ela assentava as bases para um novo partido liberal e procurava um líder.

Surkov decidiu basear o futuro partido no Causa Justa – projeto sintético construído em 2008 a partir do que sobrou do antigo partido liberal União das Forças de Direita, dissolvido em 2007 após ficar fora da Duma Federal. No entanto, o partido que nasceu dos escombros não poderia ser liderado pelo próprio Medvedev, pois ele tinha pouco peso político. Desse modo, era preciso encontrar uma figura que inspirasse confiança no eleitorado liberal e ao mesmo tempo preparasse o terreno para um segundo mandato de Medvedev. Os candidatos óbvios eram pró-democratas típicos que atuavam ou tinham atuado no governo: Alexei Kudrin, ministro das Finanças; Igor Shuvalov, primeiro vice-primeiro-ministro; German Gref, ex-ministro da Economia, agora diretor do Sberbank.

Medvedev conversou pessoalmente com cada um. O primeiro foi Gref, que recusou o convite. Depois de sete anos como ministro, ele estava cansado da vida política e feliz com a liberdade conquistada no Sberbank. Não estava interessado em aventuras excêntricas.

Em seguida foi Kudrin. A perspectiva de liderar um novo partido liberal parecia sedutora. No entanto, ele começou a elaborar seus próprios termos e condições. "Tudo é bom e interessante, mas eu não quero que o partido seja controlado por Surkov", dissera ele para Medvedev, segundo algumas fontes que presenciaram a conversa.

"Acho que não vai dar tempo de você mudar nada", teria respondido Medvedev.

"Então, tudo bem. Eu não vou liderar um partido de fachada", disse Kudrin, de acordo com seus assessores.

No entanto, ele só tomou sua decisão final depois de pensar e consultar Putin, é claro. O primeiro-ministro encerrou as reflexões de Kudrin: "Precisamos nos preparar para as eleições. O governo precisa de você. Continue a bordo, é um pedido pessoal. Sua partida enfraqueceria todo mundo", disse Putin.

Kudrin não esperava uma resposta tão efusiva – agora não tinha como contrariar o primeiro-ministro. Por isso rejeitou a proposta de Medvedev. O presidente ficou profundamente ofendido.

O próximo candidato de Medvedev foi Igor Shuvalov, que também não aceitou (de novo a conselho de Putin). Medvedev se ofendeu mais uma vez – ou melhor, ficou furioso. Ficava cada vez mais claro que nenhum dos liberais no poder ousaria apoiá-lo abertamente (embora ele mesmo não tivesse se arriscado a declarar suas ambições) ou liderar um novo partido liberal. Com a proximidade das eleições parlamentares, a ideia liberal parecia fadada ao fracasso.

Enquanto isso, Putin, que já contava com o apoio do conservador Rússia Unida, de repente tomou gosto pela engenharia política. Sua equipe, liderada por Viacheslav Volodin, começou a conceber um partido próprio – e com mais sucesso do que Medvedev e Surkov. Desde o momento em que Surkov se unira a Medvedev, Putin precisava de um "novo Surkov", que ele encontrou em Volodin.

Querendo agradar o chefe, Volodin elaborou um novo projeto político chamado Frente Popular. O projeto era mais uma aliança de diferentes organizações sociais unidas em torno de Putin do que um partido em si. Os membros comuns do Rússia Unida ficaram perplexos: por que a necessidade de uma segunda estrutura duplicando o partido? Quando fizeram a pergunta para o chefe do gabinete presidencial, Surkov simplesmente encolheu os ombros: o Frente Popular não tinha nada a ver com ele, que ressentiu o fato de Volodin ter se atrevido a invadir seu território. Formar partidos era sua especialidade. Mas ele não podia fazer nada, já que Volodin estava agindo em nome do primeiro-ministro Putin. O único consolo de Surkov foi que o projeto do Frente Popular era canhestro e grosseiro.

À primeira vista, a organização não fazia sentido político além de mostrar a Medvedev que todos os esforços para criar um novo partido liberal eram inúteis. A sociedade estava bem e ao lado de Putin – a julgar pelas reportagens, que começavam a lembrar cinejornais soviéticos mostrando galpões cheios de operários e trabalhadores rurais ovacionando o líder (mesmo que parecesse artificial e falso, como propaganda malfeita). Sindicatos de todo o país brigavam para se juntar ao Frente Popular de Putin (mesmo com algum escândalo de vez em quando), ao passo que a equipe do presidente não conseguia reunir um punhado de intelectuais capazes e dispostos a liderar um partido afiliado a Medvedev.

UM NOVO ROSTO

A sorte finalmente sorriu para Surkov. Em vez de procurar um político, ele se virou para as grandes empresas. Seu olhar foi capturado por Mikhail Prokhorov, antes o homem mais rico da Rússia e ex-coproprietário da Norilsk Nickel, que fez uma excelente venda de sua participação na empresa às vésperas da crise de 2008 e ganhou reputação por ter o melhor tino comercial da Rússia.

Rico e um tanto arrogante, o magnata solteirão levava uma vida de excessos. Em 2009, ele comprou o time de basquete New Jersey Nets e se mudou para o Brooklyn, onde era o principal investidor da arena construída lá para o time (Barclays Center) e se tornara uma celebridade no mundo do esporte. Mas nem sempre tinha sorte. Em janeiro de 2007, ele havia sido preso pela polícia francesa na estação de esqui Courchevel por suspeita de cafetinagem, já que havia levado consigo muitas modelos. Era difícil pensar em alguém menos elegível. Mas Surkov descobriu que Prokhorov se entusiasmou muito com o projeto. Entediado com os negócios, o oligarca mergulhou de cabeça na nova aventura e começou a investir dinheiro na construção do partido.

Posteriormente, Prokhorov disse que Surkov e Medvedev tentaram usá-lo para criar um partido forte, ao mesmo tempo em que planejavam se livrar dele no último minuto para que Medvedev transformasse o partido numa plataforma para dar um salto ao segundo mandato. Eles imaginaram que Prokhorov investiria dinheiro e depois, quando chegasse a hora, se retiraria respeitosamente.

Nos dois primeiros meses, Prokhorov investiu cerca de 20 milhões de dólares no Causa Justa e conseguiu o apoio de algumas celebridades, como Alla Pugacheva, cantora mais famosa da Rússia desde a época de Leonid Brejnev. Ela, que nunca se afiliara a nenhum partido, de repente estava apoiando Prokhorov. Segundo boatos, a estrela concordou em receber um generoso salário (20 mil dólares por mês) para aparecer de vez em quando nas reuniões partidárias e cantar o hino do partido.

Mas Prokhorov, que não pensava como os outros, logo teve problemas com Surkov. O ex-diretor-executivo da Norilsk Nickel não queria que todos os seus passos fossem coordenados com a administração presidencial. O sentimento era mútuo. Surkov ficava irritado com o estilo de gestão de Prokhorov. Quando se tratava de construção de partidos, ele estava acostumado a uma abordagem prática, a ter o controle total. Ficou chateado ao ver seu pupilo Viacheslav Volodin abandonar o barco sem olhar para trás, e não permitiria que seu novo protegido, Mikhail Prokhorov, fizesse o mesmo.

No início de setembro, Surkov apresentou uma série de condições, sendo uma delas que Prokhorov retirasse da lista do partido Ievgeni Roizman, um ativista antidrogas popular nos Urais. A exigência era descabida, pois Prokhorov havia declarado publicamente que Roizman estaria na lista. Obedecer ao Kremlin significava perder sua palavra.

Foi então que Surkov tentou convencer Medvedev de que Prokhorov era incontrolável e, por isso, inadequado. Como o presidente não se opôs, as armas que Surkov usava para manipular informações e que ajudaram Prokhorov a construir o novo partido foram apontadas para o oligarca.

Surkov já havia elaborado em detalhes a operação para assumir o controle do partido, bem como a testado em partidos menores. Pouco antes da próxima reunião do Causa Justa, adversários de Prokhorov convenceram o comitê do partido a tocar no assunto da saída do oligarca. Uma quantidade significativa de chefes das divisões regionais do partido foi recrutada antecipadamente, e eles estavam prontos para acatar quaisquer instruções da administração presidencial. No segundo dia, o partido se dividiu em dois. Os adversários de

Prokhorov se encontraram no World Trade Center de Moscou, na Krasnaia Presnia (alugado às pressas pela administração presidencial), onde depuseram formalmente o líder bilionário.

Enquanto isso, os partidários de Prokhorov, incluindo Alla Pugacheva, reuniram-se no prédio da Academia de Ciências (que havia sido alugado pelo oligarca). Prokhorov subiu ao palco e disse, diante do público e das câmeras, que iria lutar. Ele acusou Surkov pessoalmente de se apoderar do partido e disse que não toleraria mais uma política bizantina. No dia seguinte, no entanto, preferiu não lutar e viajou de férias para a Turquia, onde passou um mês.

Surkov estava convicto de que aquele não era o fim do projeto liberal – ele simplesmente havia se livrado de um líder inflexível que agora precisava ser substituído. Mas seus cálculos deram errado. As consequências foram tão tóxicas que Medvedev, Voloshin e o projeto liberal dos Iumashev, nascido um ano antes, terminou em fracasso. O Causa Justa deixou efetivamente de existir. Os substitutos de Prokhorov eram figuras caricatas, contratadas por Surkov para passar a impressão de atividade política. Por fim, o partido que deveria unir todos os liberais da Rússia ficou em último lugar nas eleições parlamentares de 2011.

O colapso desse poderoso partido pró-democrático de direita foi acompanhado por um homem em particular. O primeiro-ministro Putin, sentado em sua residência, assistiu ao discurso de Prokhorov na Academia de Ciências dando risadas. "Bem-feito!", disse ele, pensando em Surkov. "Prefere lidar com os fracos? Não consegue encarar uma luta de verdade?" O fato de a equipe do presidente, mesmo com amplos recursos, não conseguir criar um partido que lhe apoiasse era a prova de que Medvedev não estava pronto para um desafio ainda maior pela frente.

COMEÇA A GUERRA

Medvedev não guardava rancor em relação à Líbia, mas Putin ainda fervilhava. Para ele, aquilo era uma guerra. Ele já estava familiarizado com Gaddafi, que visitou Moscou, montou sua tenda beduína dentro do Kremlin e acompanhou Putin a um show da cantora francesa Mireille Mathieu. As conversas dos dois versaram exclusivamente sobre os Estados Unidos, cujo verdadeiro objetivo, dissera Gaddafi, era matar o líder líbio e dominar o mundo. Ele elogiou a resistência de Putin a Washington.

Para Putin, a decisão de Medvedev de não vetar a resolução anti-Líbia da ONU foi uma fraqueza imperdoável. Depois disso, Putin recebeu uma série de relatórios do Ministério das Relações Exteriores e do SVR (Serviço de Inteligência Estrangeiro) sobre o que a Rússia perderia ao trair Gaddafi.

Até então, ninguém na comitiva de Putin havia sido audacioso a ponto de acusar Medvedev, mas agora não havia mais tabu. "Medvedev traiu a Líbia. Ele vai trair você também", sussurravam no ouvido do primeiro-ministro. Putin foi ficando cada vez mais furioso. Sobre a questão da Líbia, ele começou a se esquecer de que a política externa era prerrogativa do presidente: "Eles [OTAN] falaram sobre uma zona de exclusão aérea, então por que os palácios de Gaddafi são bombardeados toda noite? Se dizem que não querem matá-lo, qual o motivo dos bombardeios? O que estão tentando fazer? Assustar o rato?", disse ele na televisão.[1]

Quando Gaddafi finalmente foi assassinado, Putin ficou enfurecido. O que o deixou mais decepcionado foi a perversidade do Ocidente. Como pária antiocidental, o líder líbio liderava um regime forte. Os problemas só começaram quando ele fez concessões, confessou seus pecados e pagou uma indenização aos familiares das vítimas do atentado de Lockerbie. As sanções foram retiradas e ele chegou a participar da reunião de cúpula do G8 em 2009 em Áquila, na Itália (como presidente da União Africana), onde cumprimentou Barack Obama com um aperto de mão. No entanto, sua obediência e docilidade logo seriam punidas. Gaddafi foi apunhalado pelas costas assim que começou a ganhar espaço e confiança do Ocidente. Quando era um pária, ninguém tocava nele. Mas assim que se deixou vulnerabilizar, não foi apenas derrubado, mas morto na rua como um cachorro sarnento.

Putin colocou parte da culpa pelo assassinato de Gaddafi em Medvedev, que havia confiado na promessa de que seus parceiros ocidentais estabeleceriam uma zona de exclusão aérea sobre a Líbia simplesmente para impedir o ditador de bombardear postos rebeldes. Caiu como um patinho.

Observando o fascínio de Medvedev e Surkov pelo Twitter e pelo Facebook, redes sociais controladas pelos Estados Unidos, os *siloviki* em torno de Putin tiveram de repente uma ideia incômoda: e se o objetivo dessa movimentação não fosse *evitar* uma "revolução colorida", mas sim *prepará-la*? Seria esse o início de um plano norte-americano para fazer com a elite política da Rússia o que havia sido feito com a da Líbia?

No início do segundo semestre, Putin convidou Medvedev para uma viagem de pesca. Eles foram ao resort Zhitnoe, perto de Astracã, que havia sido originalmente construído para o ministro da Defesa. Pescaram durante três dias e mostraram os peixes para os repórteres. Os dois pareciam alegres. O presidente acreditava que o primeiro-ministro não guardava mais rancor. Os "acoplados" estavam fortes.

Mas foi durante essa viagem que Putin sugeriu que seria melhor se Medvedev abdicasse da presidência. "A situação global é complexa, Dima. Você pode acabar perdendo a Rússia", foi o tom da fatídica conversa, segundo relatos.

"Mas por quê?", perguntou Medvedev, confuso. "Por que eu perderia a Rússia?"

"Porque o mundo está confuso, Dima. Gaddafi achava que nunca perderia a Líbia, mas os americanos o enganaram", explicou Putin. "Em 2008, eu era o líder político da Rússia. Eu poderia ter me reelegido, mas a constituição não permitiu. Eu segui as regras e te entreguei o poder. Mas concordamos que, quando chegasse a hora, nós conversaríamos para decidir o que fazer. A hora é esta. Eu continuo sendo o líder político, você está em segundo lugar. A lei permite que nós dois sejamos candidatos. Você é mais novo, o que é uma vantagem. Eu sou mais experiente, o que é vantagem para mim. Mas há uma diferença fundamental: eu estou à frente nas pesquisas. Tenho o apoio da Frente Popular. O partido governante em qualquer país sempre nomeia o candidato mais popular. Seremos mais fortes se formos às urnas como uma equipe. Você será o primeiro-ministro, como sou agora. E então você terá outra chance de retornar ao Kremlin."

Medvedev não teve resposta.

O desfecho foi rápido. Às vésperas do próximo congresso do Rússia Unida, todos esperavam uma declaração avassaladora. Mas ninguém sabia exatamente o que seria dito, nem mesmo os assessores de Medvedev. Em 24 de setembro, o partido se reuniu no Estádio Lujniki no início da manhã, algumas horas antes do início da programação. Alguns rapazes passavam pela arena estimulando as pessoas a gritar "Pu-tin! Pu-tin!", e (só para garantir) "Med-ve-dev! Med-ve-dev!"

Putin falou primeiro. Enigmático, ele disse: "Dimitri Anatolievich [Medvedev] tem algumas sugestões para a futura configuração do poder" e deu a palavra ao presidente. Medvedev fez um longo discurso, resumiu sua presidência e propôs que Putin fosse o próximo chefe de Estado. O público se agitou em aplausos e urras bem-ensaiados.

Em seguida, Medvedev disse: "Este aplauso me autoriza a não tecer comentários sobre a experiência e a autoridade de Vladimir Putin. Mas me permitam dizer o seguinte: sempre me perguntavam quando tomaríamos uma decisão, quando comunicaríamos ao povo, e às vezes perguntavam para mim e para Putin: 'Vocês brigaram?'. Quero confirmar o que acabei de dizer. O que propomos aqui é uma decisão muito bem pensada. Além disso, já havíamos discutido esse cenário no passado, quando formamos uma aliança amigável".[2]

A equipe de Medvedev ficou inconsolável. "Não há motivo para comemorar", tuitou Arkadi Dvorkovich, assessor mais próximo de Medvedev.

CAPÍTULO 13

Em que Alexei Navalni, líder da oposição, acha que pode levar o povo para o Kremlin

Alexei Navalni não é desse planeta. À primeira vista ele parece uma pessoa comum, e concluímos a mesma coisa quando o observamos andar pelas ruas ou usar o transporte público. Resumindo, ele faz tudo que as pessoas comuns fazem e que as autoridades do governo e as celebridades não fazem. Mas as aparências enganam. Navalni usa uma máscara com o mesmo objetivo que os extraterrestres nos filmes de ficção científica: para esconder sua verdadeira identidade, a de um político.

A vida de Navalni é difícil. A máquina estatal está atrás dele o tempo todo – é algo que ele não pode evitar. Por exemplo, ele não dirige porque tem medo de que um "provocador" pule na frente do carro e seja machucado ou morto, o que o levaria a ser processado.

Com certeza Navalni sabe que é um superstar. A prisão talvez seja o último lugar em que Putin gostaria de vê-lo, já que isso o tornaria um mártir e aumentaria sua popularidade. Navalni entende a própria excepcionalidade: talvez ele seja o único político verdadeiro entre os 143 milhões de habitantes da Rússia.

Gente como Putin, Sechin, Kudrin e o líder checheno Ramzan Kadirov é um tipo diferente de político. Eles nunca aspiraram ao governo ou sonharam com uma carreira política. Nunca quiseram sacrificar tudo por causa do poder, que simplesmente caiu na mão deles. Alguns (embora não Kadirov) talvez até lamentem terem sido obrigados a trocar uma vida normal pelas armadilhas dos altos cargos.

Navalni, no entanto, é único: ele fez uma escolha consciente. Por enquanto não tem poder, e talvez nunca o tenha. Mas certamente ele abriu mão da chance de levar uma vida normal, embora descreva o sacrifício como uma oportunidade para mudar a Rússia para melhor.

Se a Rússia tivesse um sistema político aberto, Navalni provavelmente não ficaria sozinho. Mas, como o caso não é esse, parece não haver mais ninguém louco o suficiente para trocar a vida real pela política. Por que Navalni continua acreditando que sua hora vai chegar e que, um dia, ele poderá ser o sucessor de Putin como presidente? Só existe uma explicação racional – ele é um alienígena.

VIGARISTAS E LADRÕES

Em fevereiro de 2011, o jovem líder da oposição Alexei Navalni realizou debates de rádio com um desconhecido deputado da Rússia Unida chamado Ievgeni Fiodorov, cuja única característica marcante era sua disposição para representar o partido governante em um debate com Navalni. Naquele momento, Navalni havia se tornado um herói na internet, o denunciante mais popular do país a desafiar a corrupção e a única cara nova importante da oposição. As autoridades tentaram ignorá-lo para não aumentar sua popularidade. Mas seu blog mordaz, em que publicava o resultado das investigações anticorrupção, tornava isso impossível.

O debate entre Navalni e Fiodorov é memorável por uma coisa em particular. Foi durante esse confronto que Navalni mencionou pela primeira vez a frase "o Rússia Unida é o partido dos vigaristas e ladrões". Esse slogan se transformaria no pano de fundo de toda a campanha de eleição à Duma Federal em 2011. A poderosa máquina de propaganda estatal por trás do "partido do poder" (o slogan oficial) tentou acabar com esse meme na internet de todas as maneiras, mas não conseguiu.

Ievgeni Fiodorov também se tornaria um astro da internet. Quatro anos depois da anexação da Crimeia, ele criou o Movimento de Libertação Nacional, uma organização de teóricos da conspiração convencidos de que a Rússia era controlada externamente pelos Estados Unidos, e propôs um referendo para alterar a constituição russa e reintroduzir a ideologia estatal. Mas em 2011 ele era um deputado pouco conhecido que acabou ajudado sem querer pelo debate com Navalni.

Navalni lembra que sua primeira briga foi com colegas da oposição. No final de 2011, Moscou sediou um evento chamado "Último Outono". A principal atração era um debate entre os três principais líderes da oposição russa: o ex-partidário de Ieltsin e vice-primeiro-ministro Boris Nemtsov, o ex-campeão mundial de xadrez Garry Kasparov e Alexei Navalni. Nemtsov apresentou um projeto com o nome de Nah-Nah (em russo, parece o nome de um dos Três Porquinhos, mas também lembra uma variação bem grosseira da expressão "ir para o inferno"), sugerindo que as pessoas escrevessem essas palavras para rasurar as cédulas eleitorais nas próximas eleições. Kasparov defendeu apenas um boicote às eleições. Navalni, entretanto, argumentou que as duas propostas só aumentariam o número de assentos parlamentares para os "vigaristas e ladrões" do Rússia Unida; para ele, a melhor opção era votar em qualquer partido que pudesse entrar na Duma, exceto no Rússia Unida.

Navalni venceu facilmente o debate – o que não surpreendeu, já que a oposição não contava com nenhum líder popular, nem mesmo os mais conhecidos, como Nemtsov e Kasparov. Todas as pesquisas de opinião mostraram que o povo não simpatizava com adversários reais do governo – os eleitores ainda gostavam de quem estava no poder. O exemplo de Iuri Lujkov demonstrou que não ter cargo era o mesmo que não ter apoio. Mas a opinião de Navalni era fundamentalmente diferente. De uma hora para a outra, ele se tornou o político mais popular da Rússia desde Boris Ieltsin e sua briga com os comunistas no início da década de 1990 – mais precisamente, o político mais popular *da oposição* desde Ieltsin.

A popularidade de Navalni, é claro, limitava-se ao seu público – jovens com visão de futuro que usavam a internet e liam seu blog. Sua influência era inegável e absoluta entre essas pessoas – ninguém mais poderia se orgulhar de um grupo tão fiel de apoiadores. E foi a campanha de Navalni contra os "vigaristas e ladrões" que dominou a cena política no final de 2011.

A iniciativa política russa sempre pertenceu ao Kremlin – até aquele momento. Representado por Vladislav Surkov, o Kremlin mantinha-se atualizado a respeito da sociedade e chegava até a alterar o humor do povo e chamar sua atenção com a criação de partidos sintéticos. O final de 2011, no entanto, pegou a classe dominante de surpresa. O bloco de Medvedev estava desmoralizado, o que acabou com todas as suas esperanças. Os "medvedistas" ainda estavam se recuperando do congresso do Rússia Unida e da capitulação de Medvedev. Eles esperavam pelo menos alguma forma de resistência, não uma submissão desprezível.

Vladislav Surkov ainda ocupava o cargo de vice-chefe do gabinete presidencial e teve de cuidar da campanha eleitoral do Kremlin. Ele também ficara consternado com a "traição" de Medvedev e perdera o interesse pela atividade política. Além disso, a campanha já havia começado sem ele. A Frente Popular liderava os esforços de campanha sob a "supervisão" de Viacheslav Volodin, antigo pupilo de Surkov. Na verdade, a campanha eleitoral de Putin tinha começado no verão, e Surkov sabia que ainda precisava cobrir uma área enorme.

Como resultado, o Rússia Unida teve de fazer muito pouco. Os funcionários brigavam entre si pelos melhores lugares na lista do partido, o que garantiria um lugar na nova Duma.

Mas a campanha de Navalni foi explorada pelo Rússia Justa, um partido fantoche criado por Surkov como parte de seu conceito de "dois pés" do governo – de um lado, o Rússia Unida de centro-direita; do outro, o Rússia Justa como uma espécie de contrapeso socialdemocrata de centro-esquerda.

Pouco antes da campanha, quase todos os patrocinadores e estrelas do partido haviam fugido para o "partido do poder", o que levou seus assessores a cooptar a linha de Navalni e a insistir com o público na internet que a única maneira de reduzir o número de "vigaristas e ladrões" no parlamento era votar pelo Rússia Justa.

O partido, que nunca foi considerado parte da verdadeira oposição, deu outro passo ousado na tentativa de ganhar mais apoio: começou a oferecer a toda e qualquer pessoa a chance de representá-lo em comissões eleitorais regionais como observadores ou até mesmo como membros com direito de voto decisivo. A eleição parlamentar de 2011, que até o momento havia sido desprovida de qualquer oposição, de repente ficou interessante. Por curiosidade, jovens inteligentes, até então apolíticos, começaram a se inscrever como observadores para saber como funcionava o processo eleitoral ou, mais precisamente, para ver como as autoridades fraudariam as eleições, já que todos acreditavam que isso seria o que aconteceria. Os milhares de observadores recém-inscritos acompanharam o processo como uma espécie de combinação de teatro interativo e exercício intelectual. O experimento superou as expectativas a ponto de mudar o curso da política russa.

REBELIÃO DOS "SAPATOS SUJOS"

Quando a votação parlamentar terminou em Moscou em 4 de dezembro, relatórios não oficiais começaram a divulgar os resultados do Extremo Oriente da Rússia e da Sibéria, que estavam vários fusos horários na frente. Navalni se lembra da sensação geral de que o Rússia Unida estava com problemas. Os números preliminares indicaram que os votos no partido pairavam em torno de 35% – longe até mesmo de uma maioria simples. Em Moscou, foi preciso restabelecer a ordem. Desse modo, quando começou a anoitecer, os observadores independentes na capital foram solicitados ou obrigados a deixar as seções eleitorais sob diversas desculpas. Muitos e muitos vídeos gravados em celular foram postados na internet mostrando essas pessoas sendo expulsas ou cédulas eleitorais sendo adulteradas.

Na manhã seguinte, o chefe do Comitê Central de Eleições, Vladimir Churov, anunciou em todo o país que o Rússia Unida recebeu 49% dos votos. Mais tarde, agradecendo Churov pelo belo trabalho, o presidente Medvedev disse: "Você é um mágico".

Na segunda-feira à noite, no dia seguinte às eleições, uma manifestação planejada pelo movimento de oposição Solidariedade ocorreu na estação de metrô Tchistie Prudi, no centro de Moscou. Navalni diz que não planejava ir, já que provavelmente seria mais um evento anti-Putin banal e com pouca gente. No entanto, animado com o resultado das eleições, ele não só decidiu ir como convocou os seguidores de seu blog a comparecer.

O evento entrou para a história como a "manifestação dos sapatos sujos". As ruas de Moscou estavam cobertas de lama, e todo mundo pisava em poças d'água. A escuridão dificultou a estimativa de quantas pessoas estavam presentes, mas parecia haver uma multidão muito grande.

"Naquela época, foi a maior manifestação que eu já tinha visto. Depois do que se seguiu, pode não parecer muito, mas na época foi incrível. O clima estava contagiante", diz Navalni. Para ele, foi a manifestação mais importante que a oposição realizara até ali, e havia outras por vir.

Animado e empolgado, Navalni fez um discurso violento (que os críticos na época descreveram como "Fuhrer-esco"): "Eles nos chamam de 'ratos de internet'. Está certo. Eu sou um rato de internet e vou roer a garganta de cada um desses animais!"[1]. A marca registrada da Navalni era puxar a voz do povo em estilo de pergunta e resposta: "Vocês votaram no Rússia Unida?", perguntou ele. "Não!", gritou a multidão. "Como se chama esse partido?", perguntou em seguida. "O partido dos vigaristas e ladrões!", respondeu a multidão. No final do discurso, sem nenhuma ajuda de Navalni, todos começaram a gritar "Putin ladrão!".

"Achei que seria uma vergonha se acabasse ali. Então sugeri a Ilia Iashin [companheiro de oposição] que anunciássemos uma marcha imediatamente", diz Navalni. Iashin não queria ("Tenho uma reunião importante hoje à noite; além disso, seríamos presos"), mas mesmo assim ele conclamou a multidão, de cima do palco, a marchar até a Comissão Central Eleitoral.

A marcha durou pouco. A polícia conseguiu dispersar a multidão colocando-se entre a vanguarda e a maioria dos manifestantes. A maior parte das pessoas continuou na Praça Turgenev, da estação Tchistie Prudi, mas os que saíram foram detidos facilmente pela polícia. Cerca de 100 pessoas foram presas no total, incluindo Navalni e Iashin. A maioria era de observadores eleitorais: "Das vinte pessoas que ficaram comigo na cela, dezoito eram observadores arrastados para fora das seções eleitorais", diz Navalni. "Essas primeiras prisões foram o gatilho. Ninguém tinha sido preso antes disso."

A semana seguinte foi dedicada a preparar a próxima manifestação. O Kremlin não conseguia entender o que estava acontecendo. Será que os "revolucionários coloridos" haviam invadido a cidade, apesar dos esforços de Surkov? Ou seria uma conspiração nascida ali mesmo? Alguns viram a situação com interesse; outros, como se gostassem da desgraça alheia; a maioria, com perplexidade.

O Nashi, organização juvenil de Surkov, só tentou interromper os protestos no segundo dia, 6 de dezembro. Os manifestantes seguiram até a Praça do Triunfo, no centro de Moscou, e ficaram cara a cara com grupos regionais do

Nashi levados especialmente para a ocasião – eles batiam tambor gritando "Rússia!" e "Putin!". A oposição gritava de volta: "Rússia sem Putin!" e "Repúdio aos nashistas!". Naquela noite, cerca de 200 manifestantes foram detidos. No dia seguinte, os nashistas de Vladislav Surkov desapareceram das ruas.

O único funcionário responsável por colocar a situação em ordem era Alexander Gorbenko, vice-prefeito de Moscou. Ele era o participante mais experiente das negociações sobre o local de realização dos protestos. Gorbenko tentou argumentar com os manifestantes, explicando que os Estados Unidos conspiraram contra a Rússia e pagaram observadores eleitorais para colocar os resultados em dúvida. Era uma trama muito bem planejada, disse ele. Naquela época, a teoria da "conspiração dos Estados Unidos" era popular entre funcionários de todos os tipos. Entre eles circulavam rumores de que cirurgiões dos Estados Unidos haviam aplicado injeções de Botox no rosto de Vladimir Putin para enfraquecer sua autoridade.

As conversas de Gorbenko com a oposição finalmente deram frutos. As autoridades de Moscou autorizaram uma manifestação na Praça Bolotnaia, que fica diante do Kremlin, do outro lado do rio – um lugar simbólico em termos históricos, onde diferentes motins aconteceram e rebeldes foram executados.

É preciso lembrar que nem todas as histórias sobre maquinações americanas foram meras ficções. Em 2011, a Agência dos Estados Unidos para o Desenvolvimento Internacional realmente transferiu todos os fundos destinados a programas pró-democracia na Rússia para a organização não governamental Golos, que supervisionou as eleições e realizou uma contagem de votos independente. Dito isso, os observadores da Golos não chegavam a 3 mil – menos de 10% da quantidade de voluntários que se inscreveram nos comitês eleitorais oficiais.

MEDVEDEV RENASCE

A manifestação programada para 10 de dezembro na Praça Bolotnaia de fato aconteceu. De acordo com estimativas não oficiais, 50 mil pessoas participaram do evento, somando não só a oposição, mas ex-observadores, jovens "ratos de internet" e praticamente metade da administração presidencial – incluindo o bilionário Mikhail Abizov, por exemplo, que poucos meses depois se tornaria ministro no governo do colega Medvedev. Quase todos os participantes sentiram uma euforia estranha.

O grupo de Medvedev experimentou uma espécie de renascimento. "Se soubéssemos que teríamos o apoio de tanta gente, teríamos agido de forma diferente em setembro", supostamente disse Natalia Timakova, adida de imprensa de Medvedev. Tendo ou não dito essas palavras, os partidários de Medvedev certamente se identificaram com os manifestantes da Praça Bolotnaia. Além disso, eles acreditavam (não sem razão) que os protestos eram consequência do retorno de Putin, anunciado em 24 de setembro. Os intelectuais progressistas queriam vê-lo pelas costas.

Navalni relata que a maioria dos manifestantes odiava Medvedev e Surkov tanto quanto odiava Putin. "Não queremos um presidente patético ou inflado", gritou Navalni do palco em Tchistie Prudi, recebendo de volta o rugido de aprovação das pessoas. Navalni havia escolhido a palavra "inflado" para se referir a Putin, mas "patético" já era epíteto de Medvedev e aparecia em muitos tweets sobre ele.

Hoje Navalni acredita que o protesto foi um pouco injusto para com Medvedev. "Medvedev acreditava que estava fazendo a coisa certa. Ele teria continuado a ser um presidente melhor [do que Putin]. Era fraco, covarde e cômico, mas deu passos na direção certa. As reformas do judiciário, por exemplo. Foram mudanças tímidas, talvez 10% do que era necessário, mas mesmo assim...", reflete Navalni. Como estava humilhado por ter de trocar de lugar com Putin, Medvedev e sua equipe teriam ficado encantados no início dos protestos. Para Navalni, eles queriam modernização e acreditavam que teriam lidado melhor com os protestos.

Uma segunda manifestação ainda maior foi planejada para 24 de dezembro, um sábado, dois dias depois do discurso final que Dimitri Medvedev daria durante a Assembleia Geral. Depois de descrever suas principais conquistas (reforma judicial, adesão à Organização Mundial do Comércio, declaração obrigatória de renda dos servidores, criação do Centro de Inovação Skolkovo), o presidente comentou sobre os incipientes protestos, dizendo que, para mudar a lei eleitoral, era preciso ouvir a opinião pública. Medvedev propôs a reintrodução das eleições para governadores (abolida por Putin em 2004) e o sistema eleitoral misto para a Duma (abolido por Surkov em 2005 para evitar uma "revolução colorida"), bem como a simplificação do procedimento de registro dos partidos.

Curiosamente, o Kremlin não implementou nenhuma das ações exigidas especificamente pelos manifestantes. O chefe da Comissão Eleitoral Central, Vladimir Churov, não foi demitido, e as recentes eleições parlamentares não foram repetidas. Mas ao anunciar novas reformas políticas, as autoridades (ou pelo menos Medvedev) não podiam ignorar completamente a sociedade. "Nós sabíamos que eles queriam se livrar de nós. Mas isso não importava na época, pois era nítido que eles estavam caindo, e nós, subindo. Eles estavam se despedaçando. Eu dei ao sistema mais dezoito meses no poder, não mais", lembra Navalni.

As reformas políticas de Medvedev coincidiram com uma confissão de Surkov. Em 22 de dezembro, mesmo dia do discurso de Medvedev, o jornal

Izvestia publicou em destaque uma entrevista com o estrategista do Kremlin e assassino da "revolução colorida", em que ele elogiou o movimento de Bolotnaia, embora em seu estilo dialético habitual.

Ele afirmou que os protestos na verdade não eram protestos ("As placas tectônicas da sociedade começaram a se deslocar. O tecido social ganhou uma nova qualidade. O futuro já está aqui, e parece preocupado. Mas não tenham medo. A turbulência, ainda que muito forte, não significa desastre ou instabilidade"). Surkov descreveu os manifestantes como "a parte mais produtiva da nossa sociedade", e acrescentou: "Não podemos ser arrogantes e ignorar a opinião deles. É claro, poderíamos dizer que são uma minoria. Mas que minoria!".

LINHA SEGURA

O protesto inesperado causou uma impressão não só nos liberais do Kremlin. De repente, tudo ganhou vida. As "células adormecidas" da vida política russa, aquelas pessoas que só pensavam em política na privacidade de seus mundinhos particulares, sentiram que sua hora havia chegado.

O interesse de Mikhail Prokhorov em política foi renovado de repente. Tendo se despedido do Causa Justa e ignorado as eleições da Duma, ele reapareceu, depois de seis meses de ausência, no dia seguinte à manifestação da Praça Bolotnaia e anunciou sua intenção de concorrer à presidência. Em seu novo blog de campanha, criado em 14 de dezembro, ele escreveu: "Tenho certeza de que o Kremlin tentará me usar nas eleições. É claro, eles tentarão explorar Bolotnaia. Eles querem brincar de democracia e mostrar que o povo tem escolha. Está claro que Peskov [secretário de imprensa de Putin], os assessores do Kremlin e as emissoras estatais tentarão nos explorar"[2].

Em dezembro, outra figura inesperada se juntou ao protesto – Alexei Kudrin. O ministro das Finanças da Rússia e assessor mais próximo de Vladimir Putin foi a primeira vítima da mudança anunciada em 24 de setembro.

No dia do congresso do Rússia Unida em que Medvedev e Putin anunciaram sua troca de papéis, Alexei Kudrin estava em Washington, em uma reunião do conselho de governadores do FMI. A notícia foi uma surpresa, inclusive para muitos membros do círculo de Putin. Uma notícia desagradável para Kudrin, especialmente porque, em maio, o novo governo seria liderado por Medvedev, com quem Kudrin tinha um conflito de longa data.

Kudrin há muito observava com inveja o camarada German Gref, que conseguiu sair do cargo de ministro do Desenvolvimento Econômico e se tornar diretor do Sberbank. Kudrin estava cansado do governo e do Ministério das Finanças. As reformas haviam parado. Ele não tinha poder para mudar nada e gastava energia resolvendo brigas internas de departamento. Depois de assistir ao congresso no quarto do hotel em que estava em Washington, ele improvisou uma coletiva de imprensa no saguão. "Eu não me vejo em um novo governo. Não é só que ninguém tenha me oferecido emprego. Acho que minhas desavenças vão me impedir de participar de qualquer governo futuro", disse ele.³

Para Medvedev, foi o mesmo que um tapa na cara. De repente, a declaração de que Kudrin não trabalharia com Medvedev quando este se tornasse primeiro-ministro ocupou as manchetes principais. Medvedev, ainda presidente, decidiu marcar uma reunião de última hora para tratar de questões econômicas – não em Moscou, mas na região de Ulianovsk, para onde ele iria naquele mesmo dia.

Na véspera da reunião, Kudrin recebeu um telefonema de Surkov, que queria confirmar a presença dele e oferecer um assento no avião presidencial. O telefonema seguinte foi de Putin: "Eu vi seu discurso. Você não devia ter dito aquilo".

A reunião se transformou em um confronto público entre Medvedev e Kudrin.

"Alexei Leonidovich [Kudrin], que está presente aqui hoje, recentemente nos deu as boas novas de que não tem planos de trabalhar no futuro governo. Além disso, ele disse que tinha desavenças com o presidente. Você só tem uma opção, e sabe qual é. Vai redigir seu pedido de demissão?", perguntou Medvedev.

"Dimitri Anatolievich [Medvedev], de fato eu tenho desavenças com você, mas só tomarei uma decisão sobre sua proposta depois de consultar o primeiro-ministro", respondeu Kudrin.

"Você pode consultar quem quiser. Mas enquanto eu for presidente, continuarei tomando decisões", retrucou Medvedev.⁴

A discussão aconteceu na frente das câmeras de televisão. Tendo sido humilhado por Putin no congresso do Rússia Unida, Medvedev se vingou no velho amigo do ex-presidente. A reunião terminou com Medvedev pedindo para Kudrin telefonar e se "consultar" com Putin de uma vez. Kudrin juntou suas coisas e saiu, mas não telefonou – não havia linha segura disponível, e Putin nunca fala nada quando suas conversas podem ser interceptadas. Mas Medvedev era persistente e telefonou ele mesmo para Putin assim que encontrou uma linha segura. Naquela noite, a renúncia do ministro das Finanças foi anunciada. Todavia, mesmo sendo demitido ao vivo, Kudrin manteve toda sua influência. Afinal de contas, ele era o conselheiro mais próximo de Putin. Ele nem desocupou sua sala no Ministério das Finanças.

Kudrin começou a mostrar grande interesse pelos protestos desde que haviam começado em dezembro. Na véspera da primeira manifestação da

Praça Bolotnaia, vários membros da equipe de organização se encontraram com ele em um restaurante não muito longe do Ministério das Finanças. Os líderes do protesto queriam saber se poderiam organizar a manifestação sem sofrer nenhuma provocação das autoridades. Kudrin, oficialmente desempregado, ofereceu ajudar. Depois de ouvir as perguntas deles durante o jantar, disse que só precisava dar um telefonema em linha segura e foi direto para o Ministério das Finanças ligar para Putin.

Apesar de continuar se comunicando regularmente com Putin, Kudrin conseguiu ganhar a confiança da oposição. Embora o primeiro-ministro estivesse usando Kudrin para estudar a oposição, a oposição também o usava para descobrir o que se passava na cabeça de Putin. Um dia ele se encontrou com o próprio Alexei Navalni, que lhe perguntou o que Putin realmente queria. Era verdade que ele estava cansado de tudo? Era verdade que ele queria fazer as malas e ir para um lugar tranquilo no sul, onde teria uma vida de oligarca, com iate, mansão à beira-mar e lindas mulheres? Mas Kudrin, segundo Navalni, garantiu que não era nada disso: Putin acreditava que, sem ele, a Rússia desmoronaria. Sua missão era salvar a Rússia, mas "vocês da oposição" estão no meio do caminho – foi assim que o ex-ministro das Finanças resumiu os pensamentos de Putin.

O AUGE DA POLÍTICA

A maior manifestação aconteceria em 24 de dezembro. Mais de 100 mil pessoas se reuniram na Avenida Sakharov em Moscou. "Esse foi o auge da política", diz Navalni. Antes da manifestação, houve discussões sobre quem poderia comparecer, e se os nacionalistas e o pessoal de esquerda deveriam ser convidados. Algumas pessoas eram extremamente hostis com os nacionalistas, enquanto outras se opunham mais a Ksenia Sobchak, a *socialite* filha de Anatoli Sobchak, ex-chefe de Putin em São Petersburgo. Por fim, o evento se tornou livre para todos os públicos. Até Mikhail Prokhorov, que evitou os protestos da Praça Bolotnaia, compareceu. Ele não subiu no palanque – preferiu ficar com a multidão. Apesar disso, o participante mais surpreendente da manifestação não foi Prokhorov ou Ksenia Sobchak, mas Alexei Kudrin, conselheiro econômico de Putin e seu aliado mais próximo. Além disso, a Avenida Sakharov não reuniu apenas as pessoas cujas ambições políticas haviam sido despertadas recentemente, mas também as figuras mais circunspectas da Rússia: banqueiros e representantes das grandes empresas.

A comitiva de Putin começou a ver os protestos da Praça Bolotnaia de um jeito diferente. O primeiro-ministro recebia com frequência a transcrição de conversas entre membros da equipe de Medvedev, que mostravam que muitas pessoas da própria administração presidencial saudavam as manifestações. Além disso, surgiram provas de que os beneficiários de financiamento público através de conexões com Surkov estavam envolvidos de maneira ativa na movimentação do protesto. Um exemplo seria a agência estatal de notícias RIA Novosti, que realizava a cobertura ao vivo de todos os protestos; dois anos depois ela seria fechada efetivamente, depois renomeada e colocada sob nova administração.

Viacheslav Volodin, ex-protegido de Surkov e agora seu adversário direto, mantinha o primeiro-ministro atualizado. Parece que, tendo perdido para Putin na luta por mais um mandato presidencial, Medvedev optou não por se calar, mas por usar Surkov para chacoalhar um pouco as coisas e talvez até atrapalhar as eleições previstas para 2012. Surkov, que tinha feito tudo para reprimir uma "revolução colorida" na Rússia, agora aparentemente orquestrava uma revolução em benefício de seu novo patrono, Dimitri Medvedev.

Putin achava tudo perfeitamente plausível. Em 27 de dezembro, já com um pé de volta ao Kremlin, transferiu Surkov da administração presidencial para um cargo do governo no setor de inovação e novas tecnologias, onde seria mais fácil monitorá-lo. Medvedev não se opôs. O lugar de Surkov como vice-chefe do gabinete presidencial foi assumido pelo novo estrategista político do país, o próprio Viacheslav Volodin. Contudo, membros do círculo de Surkov dizem que ele não encarou a mudança como uma punição. Aparentemente, ele estava cansado de ser o melhor vilão do Kremlin e queria se concentrar em algo mais positivo. Agora ele tinha a chance de entrar para a história como um inovador.

O fim da era Medvedev foi marcado pelo retorno de seu ex-adversário derrotado Serguei Ivanov, que se tornou o novo chefe do gabinete presidencial. Sua candidatura teria sido proposta pelo próprio Medvedev, já que ele e Ivanov estavam pelo menos se falando. As outras opções, Sechin e Volodin, teriam sido muito piores.

A próxima manifestação da oposição foi feita mais uma vez na Praça Bolotnaia, em 4 de fevereiro de 2012. Volodin estava preparado. Ele organizou um "antiprotesto" no Monte Poklonnaia com cerca de cem mil participantes, principalmente servidores públicos, que carregavam cartazes com os dizeres "Não à Revolução Laranja", "Temos tudo a perder" e "Quem se não Putin?". Putin aprovou.

Outro símbolo da luta de Volodin contra os protestos liberais foi Igor Kholmanskikh, chefe da fábrica de vagões Uralvagonzavod. Em 15 de dezembro, pouco depois da primeira manifestação na Praça Bolotnaia, Putin realizou seu pronunciamento anual ao vivo, com a participação do público pelo telefone, e passou quatro horas respondendo perguntas das pessoas. As perguntas, como sempre, haviam sido preparadas de antemão e ensaiadas. O golpe de mestre de Volodin foi a pergunta de um "trabalhador" de Nijni Tagil, na região de Ural – isto é, Kholmanskikh. De pé no meio de sua equipe de operários, Kholmanskikh afirmou que Putin havia dito que apreciava a estabilidade que ele havia produzido e que não queria voltar à péssima situação dos velhos tempos. Ele não fez exatamente uma pergunta, mas afirmou: "Se a polícia não consegue lidar com as manifestações, meus camaradas estão prontos para dar uma mãozinha", acrescentando que, obviamente, eles agiriam "dentro da lei".

Putin expressou sua gratidão e, poucos meses depois, nomeou Kholmanskikh como emissário presidencial para o Distrito Federal dos Urais, apesar de sua falta de experiência política. A nomeação foi extremamente simbólica, pois marcava o fim do flerte de Putin com os intelectuais liberais. Que a "classe criativa" (nas palavras de Vladislav Surkov), que constituía a maior parte do movimento de protesto, fosse para o inferno. Eles haviam traído Putin. Além disso, eram pessoas de Medvedev, não dele. A partir daí, Putin parou de tentar encontrar algo em comum com os intelectuais. Ele concluiu que a classe média, a quem ele havia dado estabilidade e prosperidade, era uma classe de traíras. Eles não gostavam do que Putin fizera e não estavam satisfeitos por terem desfrutado da década mais próspera em toda a história da Rússia. As classes médias, o suposto alicerce do apoio de Putin, como imaginava Surkov, não cumpriram sua parte no acordo. Eles e Surkov pagariam por sua deslealdade.

A MAIDAN RUSSA

As eleições presidenciais foram extraordinariamente tranquilas. Milhares de manifestantes da Praça Bolotnaia e da Avenida Sakharov se inscreveram como observadores, mas não presenciaram nenhuma fraude de grandes proporções. Vladimir Putin recebeu 64% dos votos.

Na noite do dia das eleições, uma multidão se reuniu perto do Kremlin na Praça Manege de Moscou. Os eleitores pró-Putin compareceram eufóricos da mesma maneira que quatro anos antes, quando o mesmo presidente e o mesmo primeiro-ministro trocaram de cargo. A primeira coisa que chamou a atenção foram as lágrimas de Putin. Seu porta-voz Dimitri Peskov disse depois que o vento estava muito forte. Curiosamente, no entanto, a força da natureza não teve nenhum efeito sobre Medvedev, que estava de pé ao lado dele.

"Isso foi mais do que a simples eleição do próximo presidente da Rússia. Foi um teste vital para todos nós, para todo o nosso povo. Foi um teste da nossa maturidade e soberania políticas", disse o marejado Putin. "Nós mostramos que ninguém pode nos impor nada – absolutamente ninguém! Mostramos que o povo russo entende que essas provocações políticas têm apenas um objetivo: destruir o Estado russo e usurpar o poder. Hoje o povo russo rejeitou decisivamente qualquer intenção nesse sentido."

Parece que Putin acreditava de fato ter milagrosamente resgatado a Rússia dos "usurpadores". A quem exatamente ele se referia? Os Estados Unidos? Medvedev? Navalni?

No entanto, o comovente discurso de Putin deixou os manifestantes impassíveis. Nem tudo está perdido, pensaram. "Sabíamos que eles ainda estavam no poder, que Churov [chefe da Comissão Central Eleitoral] não seria demitido, que nossas exigências não seriam atendidas e que eles tentariam aliviar a situação com reformas simbólicas. Mas também sabíamos que os superaríamos, por causa da força atrás de nós", diz Navalni.

O próximo passo da oposição foi marcado para 6 de maio – um dia antes da posse de Putin.

"Antes de cada manifestação, inclusive essa, eu reafirmava nossa estratégia principal – escalada", lembra Navalni. "As pessoas se diziam fartas de protestos pacíficos, queriam algo mais duro. Estavam preparadas para enfrentar a polícia."

Estava claro que a manifestação de 6 de maio não seria diversão. Ksenia Sobchak, que compareceu a todos os protestos, decidiu não participar por medo da reação das autoridades. Navalni diz que soube antecipadamente que 600 pessoas de fora da capital planejavam acampar na Praça Bolotnaia.

Analisando a situação em retrospecto, salta aos olhos que havia um traidor na oposição entre os organizadores do protesto. Konstantin Lebedev, um assistente do ativista de esquerda Serguei Udaltsov, era agente dos serviços de segurança. Navalni acredita que Lebedev descobriu os planos da oposição e os informou ao FSB, embelezando um pouco o que dizia. As autoridades chegaram na Praça Bolotnaia esperando confusão.

Os manifestantes foram pegos numa armadilha. Os policiais fizeram uma barreira dividindo-os em dois grupos, o que desencadeou os confrontos. Foi o primeiro grande conflito entre os manifestantes e a lei. Na manhã seguinte, no entanto, a oposição continuava de bom humor. "'Bom trabalho, deixamos a polícia irritada', foi o que pensamos", diz Navalni.

Por acaso, no dia seguinte aconteceu a posse de Putin. Todo o centro de Moscou foi interditado – do prédio do governo, onde Putin exercera o cargo de primeiro-ministro, até o Kremlin, seu novo (e antigo) local de trabalho. A polícia não se arriscou. Não havia uma alma viva nas ruas. Nenhum transeunte, nenhum espectador aleatório. O centro de Moscou estava deserto, sinistro, como se tivesse ocorrido uma explosão nuclear.

A oposição chegou o mais perto possível. Um protesto simbólico foi feito na Avenida Nikitski, fora do cordão de isolamento. Por mais que os manifestantes não ameaçassem interromper a cerimônia ou serem mostrados na televisão, a tropa de choque dispersou e prendeu os participantes. Eles também invadiram o Café Jean-Jacques nas proximidades, onde muitos simpatizantes da manifestação apreciavam uma xícara de café. Todas as emissoras de TV transmitiam a promissora imagem do comboio de Putin percorrendo as ruas vazias. A única exceção foi a TV Rain, que dividiu a tela em duas – metade mostrava a posse, a outra metade a violência na cafeteria. Essa imagem se tornaria o símbolo do novo mandato de Putin, embora ninguém percebesse na época.

A FORÇA AUMENTA

"Ninguém esperava que Putin fosse tão longe. Ninguém esperava que ele sacrificasse tudo o que tinha feito antes simplesmente por amor ao poder", diz Navalni sobre os eventos de 2012. "A gente achava que o mais importante para ele era o sentido de missão histórica – o desejo de entrar para a história como o novo Pedro, o Grande. Ninguém esperava que ele travaria uma guerra com a nata da sociedade e apelaria ao fundamentalismo de base para voltar ao Kremlin."

Demorou um bom tempo para que Navalni e os manifestantes percebessem que a luta estava de fato perdida. O início do verão russo de 2012 foi marcado por uma rebelião romântica. Havia um clima festivo nas ruas do centro de Moscou, inclusive no Occupy Abai (parte do movimento mundial Occupy), que estava acampado havia vários dias junto da estátua do poeta cazaque Abai Qunanbaiuli, na Tchistie Prudi. A atmosfera era de carnaval. Até mesmo no final de maio, quando começaram as prisões, ainda havia uma sensação de vertigem no ar.

O Comitê de Investigação instaurou o que ficou conhecido como "caso Bolotnaia", seguido da prisão de uma quantidade significativa de manifestantes envolvidos nos protestos de 6 de maio por supostamente brigar com a polícia.

A oposição, enquanto isso, lutava com uma "crise de liderança" – nas palavras de Navalni. Em meados do segundo semestre, os ativistas mais proeminentes e astros do *show business* que apoiavam os protestos foram escolhidos para o Conselho de Coordenação da Oposição (CCO). Navalni foi eleito em primeiro lugar, seguido pelo poeta Dimitri Bikov, o ex-campeão mundial de xadrez Garry Kasparov e Ksenia Sobchak. Mas o CCO logo se atolou em brigas internas. "Ele ficou desatualizado assim que foi eleito. Os tempos e o regime mudaram", diz Navalni. Cerca de seis meses depois, o CCO foi dissolvido.

Em outubro, a NTV exibiu o documentário *Anatomia do protesto 2* (a primeira parte havia passado em março), no qual se afirmava que os protestos em Moscou foram organizados com ajuda internacional. O filme mostrou a gravação clandestina de um encontro entre Serguei Udaltsovo, membro do CCO, e Givi Targamadze, político georgiano. Os dois supostamente discutiram maneiras de financiar os protestos de Moscou. A reunião foi organizada por Konstantin Lebedev, informante do qual já falamos aqui.

Udaltsov acabou acusado de incitação a motim e condenado a quatro anos e meio de prisão. Os outros membros do CCO se distanciaram dele, e não houve nenhuma grande manifestação em sua defesa.

"Hoje as pessoas dizem que os protestos não conseguiram nada", reflete Navalni. "Mas eles derrubaram a Rússia de Putin-Medvedev – assim como a revolução de 1905 provocou uma reação que varreu a Rússia czarista. Infelizmente, os protestos também levaram à guerra na Ucrânia."

Os métodos usados contra a oposição se tornaram cada vez mais autoritários. A partir de meados do segundo semestre, prisões, processos judiciais e sentenças de prisão tornaram-se comuns. Em 2012, três processos criminais foram abertos contra o próprio Navalni, um em maio e dois em dezembro.

"Putin não tinha outra opção. Ele sabia que se não voltasse ao Kremlin, Navalni não seria o único a persegui-lo. Ele seria caçado por membros de sua própria equipe – Ivanov, Kudrin, Medvedev ou Surkov. As pessoas com quem ele trabalhou seriam as primeiras a se voltar contra ele. Se conseguissem enfraquecê-lo, conseguiriam prendê-lo. Ele entendeu o sistema que ele mesmo havia construído – o sistema que o teria devorado. O objetivo de Putin não era assustar a oposição. Ele precisava dar um golpe nos que estavam ao seu redor."

DESMEDVETIZAÇÃO

Depois de tomar posse, Putin manteve a promessa que fizera seis meses antes e nomeou Dimitri Medvedev como primeiro-ministro. Apesar de Putin suspeitar da participação de Medvedev nos protestos de Bolotnaia, o agora primeiro-ministro manteve a palavra e devolveu as chaves do Kremlin.

No entanto, a "parelha" proclamada pela propaganda estatal nos últimos quatro anos não existia mais. Gleb Pavlovski, antigo braço direito de Surkov, que havia sido demitido em 2011 e banido do Kremlin pela lealdade exagerada a Medvedev, cunhou o termo "desmedvetização".

Para começar, a Duma começou a revogar metodicamente as leis aprovadas durante o governo de Medvedev. O próximo passo – e mais humilhante que o anterior – foi dado quando as iniciativas de Medvedev foram descartadas pelo mesmo governo que ele agora liderava. O parlamento teve uma fase hiperativa em meados de 2012, quando aprovou uma série de leis repressoras que restringiam a realização de protestos e reintroduziam a prisão para culpados de ofensa contra a honra (algo que Medvedev havia descriminalizado vários anos antes). Viacheslav Volodin, novo estrategista político de Putin, parece ter escrito as leis, que foram prontamente aprovadas pela Duma. A partir daí, os jornalistas apelidaram a Duma de "impressora maluca" pela simples quantidade de papel que gerava.

O auge do menosprezo da Duma em relação a Medvedev foi seu relatório anual ao parlamento em abril de 2013. Os deputados, até mesmo os membros do Rússia Unida liderado por Medvedev, descreveram o governo como ineficaz. Vladimir Jirinovski, figura da oposição leal ao Kremlin (ou seja, falsa), acusou o primeiro-ministro Medvedev de participação nos protestos de Bolotnaia: "Como é possível que estivessem tão bem organizados? Devem ter tido ajuda externa. Não só do Ocidente, mas daqui, do próprio governo!".

Medvedev também foi desacreditado publicamente. Em agosto de 2012, no aniversário da guerra na Geórgia, foi publicado um documentário na internet chamado *O dia perdido* (cujo slogan era "Como a covardia de Medvedev matou mil pessoas"). O filme era bem feito, nitidamente produzido por uma emissora nacional. Os protagonistas eram generais aposentados; um deles, o ex-chefe do Estado-Maior Iuri Baluievski, que acusou Medvedev de covardia, indecisão e de não responder às provocações de Saakashvili na Ossétia do Sul, "até que Putin lhe deu um pé na bunda". Poucos meses depois, apareceu um segundo filme no qual Medvedev era acusado de entregar a Líbia aos americanos. Um dos entrevistados foi o ex-primeiro-ministro Ievgeni Primakov. Estava aberta a temporada de caça.

O ataque da velha guarda contra Medvedev foi de fato um prelúdio para o próximo passo: a derrubada do ministro da Defesa Anatoli Serdiukov. Para começar, Serdiukov havia sido fiel escudeiro de Sechin. Em 2004, no meio do caso Yukos, Sechin pressionou a candidatura de Serdiukov ao cargo de chefe do Serviço de Impostos. Como Mikhail Khodorkovski era acusado de evasão fiscal, ocupar o principal cargo do fisco era algo significativo. Serdiukov cumpriu a tarefa, o que mais tarde lhe rendeu uma promoção. Em 2007, às vésperas da "Operação Sucessor", Serdiukov assumiu o Ministério da Defesa da Rússia.

Depois do caso do soldado Sichev e dos pedidos do povo para "amputar as pernas de Serguei Ivanov", o papel do ministro da Defesa era considerado um cemitério político. Serdiukov teve de engolir as críticas por erros do passado, concentrar a atenção do público em outros assuntos e realizar reformas militares impopulares – tudo ao mesmo tempo. Ele cumpriu seus deveres com gosto e afastou imediatamente os antigos generais, de quem não gostava, ridicularizando-os como "homenzinhos verdes".

Por serem bem radicais, as reformas do exército realizadas por Serdiukov eram impopulares internamente. Até mesmo o ótimo orçamento que o novo ministro havia conseguido para o rearmamento não empolgou os generais. Eles desprezavam a ele e a sua comitiva – formada principalmente por jovens mulheres, que tomaram conta do Ministério da Defesa e o administravam como uma firma de contabilidade.

Em 2008, Serdiukov teve uma discussão com Alexei Kudrin, ministro das Finanças na época. A relação entre os dois era difícil desde que Serdiukov cuidava do Serviço Federal de Impostos, quando ele era basicamente a principal fonte de renda do Tesouro. Tendo analisado a Guerra dos Cinco Dias com a Geórgia, o novo ministro da Defesa exigiu a alocação de 28 trilhões de rublos (cerca de 1,12 trilhão de dólares) para o rearmamento durante a década seguinte. O Ministério das Finanças ofereceu 9 trilhões de rublos, ao que o Ministério do Desenvolvimento Econômico propôs um acordo de 13 trilhões. Em 2010, o primeiro-ministro Putin aparentemente aprovou o acordo. Mas quando tudo parecia ajustado, Serdiukov procurou pessoalmente o presidente Medvedev e o convenceu de que 13 trilhões de rublos não seriam suficientes. No final de 2010, Medvedev se reuniu para discutir os gastos de defesa e, na frente das câmeras, anunciou que o governo estava pronto para alocar 20 trilhões de rublos.

"Nós já tínhamos acordado um valor", disse Putin, mal contendo a irritação.

Os gastos militares eram a principal queixa de Kudrin sobre Medvedev. Foi o anúncio sobre os gastos da defesa, diz ele, que o levou a dizer que não participaria do futuro governo de Medvedev.

A desorientação não era apenas de Kudrin, mas de todo o aparelho de Estado. Com um orçamento de 20 trilhões de rublos, o ministro da Defesa Serdiukov era agora o *siloviki* mais poderoso e central da nova estrutura de poder. O Kremlin e os membros do governo começaram a cochichar que a generosidade de Medvedev era uma "taxa de lealdade" para que Serdiukov continuasse do seu lado. Posteriormente, Putin recebeu a transcrição de uma conversa que teria ocorrido entre o presidente Medvedev e o ministro da Defesa Serdiukov. "Nós seremos sua zona de influência", teria dito Serdiukov, referindo-se claramente a um possível confronto entre Putin e Medvedev. No entanto, como o confronto nunca aconteceu e Medvedev também não o provocou, é bem provável que a conversa seja um mito forjado para desacreditar Serdiukov.

Serguei Ivanov foi outro dos praguejadores de Serdiukov, seu antecessor como ministro da Defesa e agora chefe do gabinete presidencial. Serdiukov não media palavras para falar de Ivanov: culpava-o por não cumprir as reformas necessárias e, quando se sentia de bom humor e cortês, o descrevia como "ministro ineficaz". Serdiukov não esperava que Ivanov reaparecesse no governo depois de perder para Medvedev, e por isso superestimou sua própria influência.

Em meados do segundo semestre de 2012, o Comitê de Investigação começou a buscar indícios de apropriação indébita dentro do Ministério da Defesa. Havia várias mulheres envolvidas no caso, incluindo Ievgenia Vasilieva, suposta amante de Serdiukov e ex-chefe do Departamento de Relações Imobiliárias do Ministério da Defesa. A história se desdobrou como um conto medieval repleto de intrigas.

Na manhã de 25 de outubro, na região mais cara de Moscou, a chamada Golden Mile, membros do Comitê de Investigação e uma equipe da *spetsnaz* (forças especiais) quase se enfrentaram. O Comitê chegou para fazer uma busca no apartamento de Ievgenia Vasilieva, na Molochni Lane, e encontrou a entrada do prédio interditada pelo comando. Os investigadores se preparavam para uma retirada tática quando o chefe de gabinete Serguei Ivanov interveio, pedindo para que o comando deixasse os investigadores passar. Eles entraram no apartamento de Vasilieva e lá encontraram o ministro da Defesa. A boa notícia vazou rapidamente para os jornais, o que foi notável. A imprensa russa nunca escreve sobre a vida privada dos governantes – de repente, no entanto, jornais e portais de notícia tiveram um dia intenso com o ministro da Defesa. A situação foi piorada pelo fato de Serdiukov ser casado com a filha do ex-primeiro-ministro Viktor Zubkov.

Depois do escândalo da incursão, Putin convocou Serdiukov e o aconselhou a não interferir na investigação. Putin já havia decidido afastar o ministro, mas não faz seu estilo tomar decisões imediatas – ele prefere esperar um pouco para enfraquecer o elo entre causa e efeito.

Quando chegou o momento certo, Serdiukov foi demitido. Ninguém tentou protegê-lo. Medvedev, seu antigo defensor, não tinha nenhum poder para intervir, enquanto todos os outros que porventura teriam alguma influência clamavam pelo sangue de Serdiukov. Em 6 de novembro, Putin anunciou que Serguei Choigu seria o novo ministro da Defesa da Rússia. Ex-ministro das Situações de Emergência, Choigu ajudou Putin a se tornar presidente em 1999 ao concordar em liderar o partido pró-Kremlin Unidade.

A derrota do clã de Medvedev foi concluída em abril. Em meados do primeiro semestre de 2013, o Comitê de Investigação começou a analisar as atividades do Fundo de Inovação Skolkovo, criação de Medvedev, que era supervisionado pessoalmente por Vladislav Surkov, agora vice-primeiro-ministro. O ex-estrategista do Kremlin refutou as acusações contra seus subordinados do

Skolkovo. "O zelo com que o Comitê de Investigação publicou suas hipóteses deu a impressão de que um crime havia sido cometido. Mas isso é um exagero dos investigadores. Se existe alguém culpado, que apareçam as provas", disse Surkov durante uma palestra na London School of Economics.[5] Mas, para o Comitê de Investigação, o outrora todo-poderoso Surkov não era mais motivo de preocupação. No dia seguinte, o secretário de imprensa do Comitê de Investigação, Vladimir Markin, escreveu um artigo para o jornal *Izvestia* intitulado "A visão de Londres: não culpe o espelho por você ser feio", no qual criticava o vice-primeiro-ministro:

> Servidores e "gerentes eficazes" têm uma nova mania. Basta que suas mansões sejam vasculhadas para começarem a vociferar contra as ordens superiores. Hoje em dia é moda ser prisioneiro político: ganha-se a atenção imediata da BBC e o apoio da Anistia Internacional. Talvez seja por isso que os supervisores de gerentes eficazes preferem falar em Londres diante de seu público-alvo. Seus gritos de lamento são música para ouvidos liberais: "O Comitê de Investigação fez acusações apressadas contra o Skolkovo", dizem eles. Surge então uma pergunta retórica: quanto tempo um ministro britânico sobreviveria se, durante uma visita particular a Moscou, condenasse publicamente a Scotland Yard pelo cumprimento de suas funções? Moscou, ao que parece, é leniente demais.[6]

O tom do secretário de imprensa é tão incisivo que ficou claro que o artigo não era dele. Isso significava que os dias de Surkov no governo estavam contados. No dia seguinte, o presidente Putin assinou um decreto destituindo Surkov do cargo.

A limpeza do Kremlin e do governo dos desleais, ou de qualquer pessoa suspeita de deslealdade, estava completa. Dimitri Medvedev, que ainda se considerava líder dos liberais em altos cargos, observou em silêncio. Talvez achasse que seu próprio caráter estava sendo testado. No entanto, ele não se arriscou a interceder em nome de nenhum dos seus ex-aliados.

PARTE QUATRO

—

Putin, O Terrível

CAPÍTULO 14

Em que o patriarca Cirilo dá um conselho paternal ao gabinete de ministros da Rússia

Sua Santidade Cirilo, Patriarca de Moscou e Toda a Rússia, líder da Igreja Ortodoxa Russa, foi considerada durante muito tempo a pessoa mais esclarecida do país. Na "década selvagem" dos anos 1990, ele apresentou um programa de entrevistas no Canal Um chamado Palavra do Pastor, que mostrava seu eloquente comando da língua russa. Seus programas eram ao mesmo tempo lúcidos, filosóficos, profundos e modernos. Na verdade, ele parecia tão modernista e reformista que a hierarquia conservadora da igreja começou a acusá-lo de heresia, simpatia pelo catolicismo e excesso de ocidentalismo e liberalismo. As acusações se intensificaram quando o liberalismo saiu de moda.

Para a Igreja Ortodoxa Russa, "simpatia pelo catolicismo" equivalia a traição. Depois de se tornar patriarca, o chefe da Igreja, Cirilo reuniu uma equipe com os melhores teólogos e intelectuais. Mas nenhuma reforma se originou dali. O Kremlin exigiu que a igreja fosse a guardiã das tradições e dos princípios morais – consequentemente, a retórica do patriarca mudou.

A primeira vez em que vi o futuro patriarca foi em 2008, em Kiev, durante as suntuosas celebrações do 1020º aniversário da Cristianização dos Rus. Na época, a Ucrânia era liderada pelo pró-ocidental Viktor Iushchenko, que convidou o Arcebispo de Constantinopla e o Patriarca Ecumênico Bartolomeu para a festa. O patriarcado de Moscou pressentiu o perigo. Eles temiam que as autoridades ucranianas tentassem invadir o território canônico da Igreja e levassem o rebanho ucraniano para longe da Rússia. Desse modo, a Rússia enviou uma enorme delegação a Kiev, liderada pelo já enfermo patriarca Aleixo II.

No dia principal das celebrações, as duas praças centrais de Kiev, como costuma acontecer na Ucrânia, receberam dois eventos distintos. O presidente Iushchenko e o Patriarca Bartolomeu foram para a Praça Sofia, onde fica a principal catedral da cidade; e na Praça da Independência, seguindo a mesma rua, havia um show de rock organizado pela Igreja. Músicos e membros da hierarquia da igreja se alternavam no palco. A principal atração era a banda de rock russa DDT, que não fazia nenhuma questão de esconder que era da oposição. Durante um intervalo entre canções, o apresentador anunciou ao microfone: "E agora, deem as boas-vindas ao Metropolita de Esmolensco e Caliningrado, Cirilo!". O metropolita Cirilo literalmente correu ao palco, olhou para aquela multidão que devia somar umas 100 mil pessoas, ergueu os braços e gritou no microfone, como fazem os roqueiros: "E aí, Maidan?". A multidão respondeu, gritando: "E aí, metropolita?". Cirilo fez um discurso breve, porém inspirador, levando a multidão a gritar "Metropolita! Metropolita!" durante vários minutos.

O patriarcado de Moscou entendeu que sua influência não havia diminuído na Ucrânia, em grande parte graças à energia de Cirilo. Mas ao se tornar patriarca, ele adotou um tom muito diferente. Os líderes da Igreja começaram a defender a moral e a ética. Durante um incidente em 2015, por exemplo, um sacerdote saiu da igreja com sua congregação para interromper um show que estava ocorrendo na rua, pois a música estava atrapalhando suas orações.

"O PATRIARCA ACREDITA EM PUTIN"

Em 21 de fevereiro de 2012, duas semanas antes das eleições presidenciais, um grupo de mulheres usando balaclavas coloridas entrou na Catedral de Cristo Salvador, no centro de Moscou, a principal catedral do país, para gravar um vídeo de sua nova música: "Mãe de Deus, Livrai-nos de Putin" Dois dias antes, elas tentaram fazer a mesma coisa na Catedral da Epifania, segundo lugar religioso mais importante da capital russa, mas foram expulsas pela segurança. Sua segunda tentativa funcionou até certo ponto – elas conseguiram pular na frente da iconóstase e dançar durante alguns segundos antes de serem expulsas.

A "oração punk" (como ficou conhecida) deu fama a suas realizadoras – a banda Pussy Riot. De repente, a imprensa russa foi inundada de histórias sobre elas. Nenhuma de suas intervenções passadas havia provocado tamanha reação. No mês anterior, por exemplo, elas gravaram na Praça Vermelha um vídeo para outra música: "Rebelião na Rússia – Putin se molhou inteiro". Elas saíram de lá com uma multa e algumas menções na internet.

Dizer que a Pussy Riot é uma banda seria um exagero. A principal preocupação de sua arte sempre foi a performance como ato político.

Durante os dez dias posteriores à oração punk, nada aconteceu. Em 3 de março, no entanto, a polícia acordou. Na véspera das eleições presidenciais, duas integrantes do grupo foram presas: Nadejda Tolokonnikova e Maria Alekhina. No dia seguinte, durante as eleições, uma terceira integrante foi detida: Ekaterina Samutsevich. As duas outras integrantes foram ignoradas.

Segundo boatos (que a Igreja nega), as prisões foram feitas por intervenção do Patriarca Cirilo. Ele teria telefonado para Vladimir Putin e pedido uma punição para as "vadias" por profanarem um templo sagrado. De acordo com membros da comitiva do patriarca, ele ficou completamente chocado com a ação – era a primeira vez que alguém o via naquele estado.

O Patriarca Cirilo, cujo nome de batismo é Vladimir Gundiaev, talvez tenha se ofendido com a letra da música. Em um dos versos, por exemplo, elas cantam: "O Patriarca Gundi acredita em Putin. Melhor seria acreditar em Deus, sua peste".

E assim começou o longo julgamento das Pussy Riot, que as tornou mundialmente famosas. Ninguém naquele momento teria imaginado essa reação. Elas se tornaram ícones globais da pop art no mundo inteiro. A alta hierarquia da igreja, incluindo o padre superior do mosteiro Sretenski, o arquimandrita Tikhon Shevkunov, muitas vezes descrito como confessor de Putin, começou a insinuar que as integrantes da Pussy Riot eram marionetes de uma conspiração contra as autoridades russas. "Eu não gosto de teorias de conspiração, como dizem. Mas acho que logo descobriremos o quanto esse ato foi preparado de forma cínica e quanta preparação cínica e espantosa foi feita neste ato", disse o padre Tikhon.[1]

O escândalo das Pussy Riot foi o mais sensacionalista, mas não foi o único no qual se envolveram o patriarca Cirilo e a Igreja naquela época.

Ironicamente, enquanto ocorriam as manifestações na Praça Bolotnaia, em meados do segundo semestre de 2011, um tribunal de Moscou examinava o caso referente a um apartamento de cinco cômodos, propriedade do patriarca, no famoso edifício Casa do Aterro, com vista para a Praça Bolotnaia e o Kremlin. Nesse apartamento (presente da prefeitura de Moscou na década de 1990) morava uma mulher chamada Lidia Leonova, que, segundo Cirilo, era sua prima em segundo grau. O vizinho era Iuri Shevchenko, ex-ministro da Saúde e ex-médico particular de Liudmila Putin. Durante uma reforma no apartamento de Shevchenko, o sistema de ventilação foi danificado e gerou uma camada densa de poeira dentro do apartamento do patriarca. A prima dele processou o ex-ministro pedindo uma indenização de 20 milhões de rublos (575 mil dólares) para limpar a biblioteca de livros raros que estava cheia de "micropó".

Para se livrar da culpa, o patriarca teve um encontro particular com o bajulador Vladimir Soloviov, apresentador de rádio e TV, e o instruiu a contar a versão de Cirilo sobre o caso durante um de seus programas de rádio. Porém, a intercessão de Soloviov só piorou a situação. Ele lembrou a audiência de outro escândalo esquecido, quando o patriarca foi fotografado aparentemente usando um relógio Breguet. Em uma conversa com Soloviov,

Cirilo disse que a fotografia era falsa, mas admitiu que possuía um Breguet – ele havia ganhado de presente e continuava dentro da caixa.

Uma semana depois, o escândalo atingiu novos patamares. Blogueiros descobriram fotografias no site oficial do patriarca de um encontro entre ele e o ministro da Justiça. Nas fotos, o pulso do patriarca estava sem relógio, enquanto na mesa em que apoiava o braço via-se o reflexo de um Breguet – trabalho malfeito de Photoshop. A Igreja foi obrigada a pedir desculpas, restaurar a imagem original e demitir o assessor de imprensa responsável pela manipulação da fotografia.

Na medida em que os escândalos apareceram e tomaram conta das redes sociais, a Igreja resolveu contra-atacar. Sua hierarquia, inclusive o próprio patriarca, afirmou ser vítima de uma campanha planejada. "Avisaram que seríamos atacados", disse o porta-voz oficial da Igreja, argumentando que a campanha contra o patriarca estava sendo travada por vários membros da elite governante.

A ação parecia mesmo coordenada. E é curioso que os incidentes tenham sido relatados não só pela imprensa liberal, mas também por fontes estatais. À medida que os protestos cresciam e o caso Pussy Riot evoluía, mais e mais montagens do patriarca usando um relógio apareceram na internet. Parecia que o alvo da indignação pública havia mudado de Putin para o patriarca. Isso levou a uma divisão no movimento de protesto.

Antes do escândalo, Cirilo havia praticamente dado a benção aos manifestantes. "Será um péssimo sinal se as autoridades continuarem insensíveis aos protestos, um sinal da sua incapacidade de se ajustar", disse ele em sua mensagem de Natal. "Elas precisam perceber esses sinais externos [...] e alterar o curso." Mas alguns meses depois, sua retórica mudou.

Como resultado, os manifestantes dividiram-se em dois grupos. Quase todos concordaram com o slogan "Por eleições justas"; o slogan "Putin é ladrão" foi mais controverso, enquanto a retórica contra a Igreja foi um exagero para alguns. Uma coisa era se opor ao Kremlin, e nisso o movimento era unânime. Mas atacar a Igreja era outra totalmente diferente. Com isso, alguns manifestantes se afastaram.

A campanha contra a Igreja, que chegou ao fim em meados de 2011, não enfraqueceu a posição do patriarca Cirilo, nem da instituição clerical. Ao contrário, só a fortaleceu. A igreja de fato ajudou Putin a consolidar a sociedade e acabar com os protestos de Bolotnaia.

Após um longo julgamento, as três integrantes da Pussy Riot que já estavam presas foram condenadas a dois anos de prisão. "Só dois anos de mingau", brincou Vladimir Putin ao comentar a cruel sentença. Elas cumpriram 18 meses de pena e receberam anistia em dezembro de 2013 em homenagem ao 20º aniversário da constituição russa.

PALAVRA E AÇÃO

A estreita relação entre Igreja e Estado começou no final do período soviético. No início da década de 1990, quando os arquivos secretos da KGB vieram à tona, uma comissão especial publicou trechos de documentos internos que revelavam que quase todos os altos escalões da Igreja pareciam ter colaborado com a KGB. Entre os possíveis agentes do serviço de inteligência estariam o Patriarca Aleixo II (apelido "Drozdov") e seu sucessor, o Patriarca Cirilo (apelido "Mikhailov"). O patriarca nunca disse nada sobre essas informações, tampouco os representantes da Igreja. O presidente Boris Ieltsin não era muito religioso, embora se sentisse obrigado a comparecer à igreja na Páscoa e no Natal, o que se tornou uma tradição para os líderes da Rússia pós-soviética. O banqueiro Serguei Pugachev, que tinha conexões com a Família, mantinha uma relação próxima com a Igreja. Pugachev ainda tem uma carta que o chefe da Igreja enviou ao presidente Ieltsin propondo que o banqueiro fosse o intermediário nas relações entre Igreja e Estado.

Pugachev foi quem apresentou a hierarquia da Igreja a Vladimir Putin quando este se mudou para Moscou em 1996. Pugachev o levou ao mosteiro Sretenski, localizado perto do edifício do FSB na Praça Lubianca. Em 1998, Putin se tornou chefe do FSB e passou a visitar o mosteiro com mais frequência.

O mosteiro Sretenski se tornou o centro de ação para o funcionalismo, especialmente para os chefes dos serviços de segurança. Na década de 1990, ele havia sido ponto de encontro dos *siloviki*, e já nos anos 2000 se tornou o reduto predileto de quase todo o alto escalão do país. A comitiva de Putin frequentemente era vista lá. Foi quando o padre Tikhon Shevkunov ficou conhecido como "confessor de Putin". Ele se tornou um dos membros mais influentes da hierarquia da Igreja, mantendo um contato íntimo com os chefes dos serviços de segurança, sobretudo o diretor do FSB Nikolai Patrushev. Mais influente ainda era o metropolita Cirilo, chefe das relações exteriores da Igreja – uma espécie de "ministro das Relações Exteriores".[*]

Já o patriarca Aleixo não estreitou laços com Putin, diz Pugachev. Ele não gostava de "KGBistas" e não queria nada com eles. No entanto, outros líderes da Igreja mantinham relações diretas com o Estado.

Pugachev diz que o fascínio de Putin pela Igreja era bem racional. Para o presidente, a Ortodoxia era a pura encarnação da ideia nacional, mas com uma capacidade muito maior de unificar o povo do que a de qualquer

---

[*] O patriarca Cirilo é apaixonado por esqui e muitas vezes se juntava ao presidente (fosse Medvedev ou Putin) no resort presidencial Lunnaia Poliana, perto de Sochi. No entanto, ele geralmente preferia a Suíça.

partido político. De acordo com pesquisas, 80% do povo russo não entendem nada sobre ortodoxia e não leem a Bíblia ou outros textos religiosos, mas se consideram cristãos ortodoxos.

Em seu primeiro mandato como presidente, Vladimir Putin se envolveu muito na política da Igreja. Em 2003, em uma visita a Nova York, Putin iniciou diálogos entre a Igreja e a chamada Igreja Ortodoxa Russa no Exterior, que começou em 1917. O padre Tikhon Shevkunov, que acompanhou o presidente, foi um dos intermediários nas negociações. Em 2007, um ano antes de terminar o segundo mandato de Putin, as negociações tiveram como resultado a unificação das duas igrejas, restaurando o elo canônico entre elas. Na tentativa de fazer história, Putin e sua administração supervisionaram todo o processo.

Poucos meses antes de terminar o mandato de Putin, a televisão estatal (Rossiya One) exibiu um documentário chamado *A queda de um império: a lição bizantina*, de ninguém menos que Tikhon Shevkunov. O filme não passava de um manifesto antiocidental. O pai espiritual do diretor do FSB Nikolai Patrushev (e, possivelmente, do presidente Putin) alertou os telespectadores e o Estado sobre reformas impulsivas e passageiras, e sobre a reconciliação com o Ocidente. A narrativa extremamente distorcida da história do Império Bizantino feita pelo padre Tikhon era esta: um império próspero e grandioso havia sido derrubado por intrigas e maquinações do Ocidente; os oligarcas bizantinos saquearam a riqueza nacional e a levaram para o Oeste Europeu; as reformas militares enfraqueceram o exército; e o próprio Bizâncio foi solapado por simpatizantes ocidentais atraídos pelo vício, pelo consumismo e pelo individualismo. Em suma, uma referência nada sutil à Rússia, que ecoava o tom conspirador tão amado dos *siloviki*, incluindo Patrushev.

As coisas começaram a mudar em 2008, depois da morte do Patriarca Aleixo II. Seu sucessor, o metropolita Cirilo, foi escolhido no que talvez seja a eleição mais democrática já feita na Rússia.

Embora o metropolita Cirilo fosse o candidato predileto e, por direito, o herdeiro legítimo do patriarca Aleixo II, a campanha foi extremamente controversa. Os adversários de Cirilo jogaram sujo com ele, desenterrando histórias da década de 1990 sobre o suposto uso indevido da isenção fiscal da Igreja e o envolvimento no contrabando de álcool e tabaco. Enquanto isso, a administração presidencial (que ainda dançava ao som de Vladislav Surkov) apoiou ativamente o metropolita Cirilo e buscou desacreditar seus rivais.

Mesmo antes de sua ascensão ao patriarcado, Cirilo era considerado um liberal de ideias ocidentais e um pensador progressista e extremamente culto. No entanto, sua eleição coincidiu com um aumento do fundamentalismo ortodoxo. A expressão "fecho espiritual" (usada para descrever o efeito unificador da igreja sobre o povo russo) pode ter sido pensada pela administração presidencial, mas a Igreja a adotou com gosto.

Cirilo era membro de longa data da elite burocrática. Além disso, nas palavras da administração presidencial, ele "demonstrava uma atividade sem precedentes", ou seja, estava pronto para ajudar o Kremlin a alcançar seus objetivos políticos. A ortodoxia estava no caminho certo para se tornar a ideologia oficial do Estado e um meio de consolidar o eleitorado de Putin.

Durante o terceiro mandato de Putin, o patriarca Cirilo adquiriu uma influência política até então inédita. Ele tinha acesso a Putin a qualquer hora e podia nomear quem quisesse para os altos cargos. Em 2015, por exemplo, a pedido dele, o ministro da Cultura demitiu o diretor do Teatro de Ópera e Balé de Novosibirsk por encenar uma versão profana de *Tannhäuser,* de Wagner. O candidato preferido do patriarca foi devidamente nomeado para o cargo.

MUDANÇA DE BANDO

Em janeiro de 2012, pouco antes dos escândalos em torno do patriarca, o chefe da Igreja Ortodoxa Russa recebeu uma carta de Boris Berezovski, que morava em Londres havia muito tempo. Eles não eram íntimos – encontraram-se brevemente na década de 1990. Embora de ascendência judaica, Berezovski era membro batizado da Igreja Ortodoxa Russa, o que o levou a procurar o patriarca. As divagações da carta faziam pouco sentido. "Ajude Putin a recuperar o juízo", escreveu Berezovski. "Diga para ele qual é a vontade do povo. E quando Putin lhe der ouvidos, tire as rédeas do poder das mãos dele e entregue-as ao povo de maneira sábia, pacífica e cristã." A carta era estranha, e a assessoria de imprensa da Igreja anunciou que o patriarca não pretendia responder.

Naquela época, o antigo oligarca havia se separado totalmente da realidade política russa. Em 2010, ele participou de uma manifestação em Londres segurando um cartaz com os dizeres: "Eu criei você e vou deter você" (referindo-se a Putin). Junto com o senso de realidade, Berezovski também perdeu grande parte de sua fortuna. Depois da morte de seu parceiro comercial Badri Patarkatsishvili em 2008, descobriu-se que todos os ativos conjuntos estavam registrados no nome do falecido e que seriam, portanto, devidamente herdados pelos familiares deste. Berezovski tentou recuperar metade dos bens de Patarkatsishvili, avaliados em 11 bilhões de dólares, mas não teve sucesso.

No final de 2011, Berezovski finalmente começou a acompanhar o desfecho de uma ação judicial importante para ele. Ele havia aberto um processo na justiça londrina contra seu ex-sócio Roman Abramovich em 2007, mas o julgamento só aconteceu no final de 2011. Tendo promovido a privatização da Sibneft como parte do regime de empréstimos por ações em meados da década de 1990, bem como a compra de diversos ativos de metalurgia assumidos posteriormente pela Rusal, Berezovski reivindicou a copropriedade desses ativos. Segundo ele, até sua emigração forçada para Londres em 2000, Abramovich lhe pagou os dividendos, além de 1,3 bilhão de dólares por 43% da Sibneft, o que, segundo ele, era uma grave desvalorização. Seu pedido era a compensação de 5,5 bilhões de dólares. Abramovich afirmou que Berezovski nunca foi coproprietário das empresas e que recebia o dinheiro em troca de "proteção política". Alexander Voloshin e Oleg Deripaska também depuseram. Berezovski ficou nervoso e confuso durante o depoimento, enquanto Abramovich estava tranquilo e sereno.

No verão de 2012, a juíza Elizabeth Gloster decidiu o seguinte: "Na minha análise dos eventos como um todo, entendo que o sr. Berezovski é uma testemunha banal, inerentemente duvidosa, que entende a verdade como algo flexível e transitório, por isso passível de manipulação para que servir a propósitos pessoais. Em determinados momentos, as provas apresentadas por ele foram propositalmente desonestas; em outros, ele claramente criava as provas à medida que avançava, uma reação à dificuldade nítida de responder as perguntas de uma maneira mais coerente com o caso. E, em outros momentos, tive a impressão de que ele não estava sendo desonesto de propósito, mas sim que havia se convencido a acreditar na própria versão dos fatos".[2]

Mikhail Khodorkovski diz não ter dúvidas de que Berezovski era sócio de Abramovich: "Eu poderia ter testemunhado que eles foram sócios no final da década de 1990. Além disso, foi Boris quem convidou Roman para ser sócio dele. Quando a fusão entre a Yukos e a Sibneft foi discutida pela primeira vez, eles falaram comigo como sócios. Ninguém falou em 'proteção política'. Eles eram sócios igualitários". Khodorkovski não pôde testemunhar, é claro, porque estava preso na época.

Berezovski perdeu a causa e foi condenado a pagar 100 milhões de libras em custos processuais. Segundo amigos, ele caiu em depressão e tudo o que queria era voltar para a Rússia. Chegou a escrever duas cartas para Putin pedindo perdão, sendo uma delas entregue em mãos por ninguém menos que Abramovich (Putin admitiu publicamente que Abramovich lhe entregara a carta em fevereiro de 2013), e a outra pelo empresário alemão Klaus Mangold. Em março de 2013, Berezovski foi encontrado enforcado no banheiro de uma casa pertencente a sua ex-esposa. Muitos amigos acreditam que foi suicídio.

Em seus últimos meses de vida, Berezovski entrou em contato com outro refugiado político da Rússia, que também se considerava "criador" de Putin. Serguei Pugachev, ex-funcionário do Kremlin, conhecido nos anos 2000 como "banqueiro ortodoxo" graças a suas doações para a igreja russa, mudou-se para Londres em 2012. Um ano depois, seu nome entrou para a lista internacional de procurados da Rússia devido a acusações levantadas contra ele. De acordo com Pugachev, todo o patrimônio que tinha na Rússia – avaliado em mais ou menos 30 bilhões de dólares, incluindo estaleiros, uma jazida de carvão em Tuva e um projeto de desenvolvimento na Praça Vermelha – foram expropriados pelo Estado. As autoridades russas afirmam que o banco de Pugachev desviou 68,5 bilhões de rublos (cerca de 2,75 bilhões de dólares) para o exterior por meio de empréstimos a organizações fantasmas. O plano inicial de Pugachev era derrotar Moscou nos tribunais britânicos, mas ele perdeu uma ação contra a Agência de Seguro de Depósitos da Rússia. Depois de se queixar com a Scotland Yard dizendo que o Kremlin queria matá-lo numa investida típica da KGB, ele se mudou para a França, da qual hoje é cidadão.

A desgraça de Pugachev foi um sinal dos tempos. Ao contrário de Berezovski, Gusinski e Khodorkovski, ele nunca demonstrou ambições políticas e nunca se opôs abertamente ao Kremlin – pelo menos não até ser acusado. Na verdade, ele fazia parte do círculo de Putin.

Mas, no final dos anos 2000, o círculo interno havia sido atualizado. Putin se distanciou dos contatos que fizera antes e durante seu primeiro mandato presidencial e se cercou de amigos antigos, como Arkadi Rotenberg, seu velho parceiro de judô. Nos anos 1990, Rotenberg trabalhou como instrutor de judô antes de entrar para o setor empresarial nos anos 2000, quando ficou conhecido como o "rei das licitações" e se tornou um dos empresários mais influentes da Rússia. Ainda vale citar Vladimir Iakunin e Iuri Kovalchuk, amigos de Putin de meados da década de 1990, que criaram a Ozero, uma cooperativa habitacional de *dachas*. Na primeira década dos anos 2000, Kovalchuk se tornou o maior magnata da mídia russa: ele controlava as principais emissoras privadas (Canal Um, NTV, Ren-TV, Canal Cinco e TNT), além do jornal *Izvestia*. Iakunin, por sua vez, assumiu o comando da Ferrovias Russas, que detém o monopólio estatal das ferrovias no país.

A propósito, Iakunin era ainda mais ortodoxo do que Pugachev. Ele também fez amizade com o padre Tikhon Shevkunov e levou diversas relíquias sagradas para serem exibidas na Catedral de Cristo Salvador em Moscou, em especial o cinto de Teótoco (Maria). A relíquia atraiu inúmeros visitantes, formando filas quilométricas na entrada da catedral. Junto a Georgui Poltavchenko, novo prefeito de São Petersburgo (e também ex-funcionário da KGB), Iakunin estabeleceu as tradicionais peregrinações ao Monte Atos, na Grécia, e ao Mosteiro de Valaam, localizado na maior ilha do Lago Ladoga, no norte da Rússia.

CAPÍTULO 15

Em que o estrategista do Kremlin Viacheslav Volodin inventa uma nova ideia nacional

"Não me imponha sua pauta", diz Viacheslav Volodin ao ouvir uma pergunta da qual não gostou, depois de muito tempo sem responder nada parecido. Então qual seria a pauta de Volodin? O povo, cujas ideias ele escuta e considera. Ele gosta muito de pesquisas de opinião, e olha para elas como se fossem bola de cristal.

Volodin é bem versado na política dos Estados Unidos e pode transformar qualquer conversa em uma discussão sobre os problemas da América. As coisas não estão tão ruins na Rússia, sugere ele; nos Estados Unidos, estão muito piores.

Dizem que ele é considerado um homem decidido, que toma muito cuidado para nunca fazer algo que possa prejudicar sua carreira política. Ele praticamente parou de falar com a imprensa nos últimos anos, por exemplo, e quando concede uma entrevista, pede para que nenhuma pauta lhe seja imposta.

Também dizem que é rancoroso. É como se o acerto de contas antigas nunca saísse de sua lista de tarefas.

Ele se considera um homem de ação e acredita sinceramente ser o único a saber o que as pessoas querem e que só ele é capaz de ouvi-las. Ajudado por pesquisas de opinião encomendadas, que lhe permitem descobrir a verdadeira vontade do povo, é provável que se veja como um verdadeiro democrata.

Além disso, às vezes ele duvida abertamente de si mesmo: e se minha política interna estiver errada? E se eu estiver fazendo mais mal do que bem? Mas ele não dá vazão a esses pensamentos. Não são a pauta.

RESPOSTA DESPROPORCIONAL

Em dezembro de 2012, Viacheslav Volodin, na época vice-chefe do gabinete presidencial, reuniu todos os líderes da Duma Federal em seu escritório, incluindo o próprio presidente da Duma, Serguei Narishkin (chefe do gabinete presidencial até pouco antes) e os líderes das quatro facções partidárias. O propósito da reunião era discutir como responder à Lei Magnitski, aprovada pouco antes pelo Congresso dos Estados Unidos para impor sanções específicas a vários funcionários do governo russo que, segundo o Departamento de Estado dos Estados Unidos, haviam violado os direitos humanos. Volodin começou fazendo uma crítica severa à duplicidade dos Estados Unidos e sobre como eles desprezam os direitos humanos no mundo inteiro, não tendo, portanto, o direito moral de censurar os outros. Os participantes da reunião já estavam acostumados a usar uma retórica contra os Estados Unidos, então começaram a achar que Volodin estava gastando saliva à toa.

A lei poderia enterrar a relação entre os Estados Unidos e a Rússia. Para evitar esse resultado, o governo Obama atenuou um pouco os termos imaginando que o Kremlin apreciaria a leniência. Mas Viacheslav Volodin, a nova eminência parda do Kremlin, ficou furioso. Seu dogma do momento não estipulava nenhuma concessão ao Ocidente, e ele vinha pedindo a Putin que fosse duro e popular sem flertar com a *intelligentsia*. Isso significava que o parlamento russo deveria apresentar uma resposta clara à Lei Magnitski.

No entanto, havia um detalhe para complicar a situação: Volodin não conseguiu obter instruções de Putin, que não era visto no Kremlin havia mais de um mês. O presidente estava doente, e ninguém ousava incomodá-lo. Mas sem a opinião dele, era impossível tomar uma decisão.

Foi por isso que Volodin, depois de redigir uma resposta à Lei Magnitski, decidiu transferir a responsabilidade para o coletivo. Pense na cena do crime em *Assassinato no Expresso Oriente*, de Agatha Christie, em que doze pessoas apunhalam a vítima para a culpa individual. Os líderes das facções da Duma concordaram que a resposta da Rússia à Lei Magnitski deveria ser um gesto combinado. Eles seriam nomeados como coautores, e os membros em geral assinariam como apoiadores. Nenhuma lei na história da Rússia havia contado com uma solidariedade parlamentar dessa magnitude.

O primeiro rascunho da resposta foi bem padronizado, estipulando a deportação de funcionários norte-americanos que trabalhavam em ONGs russas, bem como a proibição da entrada de novos cidadãos norte-americanos no país. Mas, antes da segunda leitura, Volodin acrescentou uma emenda: doravante, os cidadãos dos Estados Unidos não poderão adotar crianças russas. Ele citou os frequentes comentários extraoficiais de Putin sobre a prática deplorável da Rússia de "vender crianças".

QUEM ESTÁ A CARGO DA RÚSSIA?

Volodin não foi o único frustrado com o sumiço de Putin. Ministros, líderes empresariais, velhos amigos – ninguém via mais o líder russo. Um empresário alemão chamado Matthias Warnig, o estrangeiro mais próximo de Putin, não conseguiu se encontrar com ele e tentou várias vezes voltar para a Alemanha a tempo do Natal. Mas toda vez que ele saía para o aeroporto, seu telefone celular tocava e pediam-lhe educadamente para não viajar e se dirigir de imediato ao Kremlin. Todas as vezes, Warnig dava meia-volta e passava horas esperando na recepção do Kremlin. Putin nunca apareceu.

Em termos de influência comercial e política, Warnig provavelmente era mais poderoso do que o primeiro-ministro russo. Warnig trabalhou na diretoria de quase todas as grandes empresas russas, tanto públicas quanto privadas. Fez parte do conselho da Rusal, a maior empresa de metais do mundo. Liderou o conselho da Transneft, estatal que detém o monopólio de dutos da Rússia. Foi membro do conselho fiscal de dois grandes bancos russos: o VTB, estatal, e o Rossiya, privado. Também foi membro do conselho da Rosneft, maior petrolífera estatal da Rússia. Por fim, tinha uma importante função na subsidiária europeia da Gazprom: como diretor-executivo, ele era responsável pelas operações na Europa.

Apesar de toda essa influência, Warnig não tinha escolha exceto se sentar numa poltrona de couro na recepção do Kremlin e esperar durante horas, olhando o piso de parquete, as paredes e o rosto dos funcionários do Serviço Federal de Segurança. Ele percebeu que ninguém sabia onde estava Putin nem por que o presidente não via sequer as pessoas mais próximas. Mas como todo o seu poder e todas as indicações ao conselho das principais empresas da Rússia derivavam unicamente de Putin, Warnig tinha de esperar pacientemente para ver se o chefe por acaso apareceria.

Todos os visitantes do Kremlin naquele período estranho perguntavam a mesma coisa: *Quem está a cargo da Rússia?* No espaço de doze anos, Putin construiu um sistema em que sua palavra era a lei. Como era possível resolver alguma coisa sem Putin no comando? Os subordinados, é claro, aprendem a antecipar o pensamento de seus superiores – aprendem a conjecturar e fazer projeções. Mas Putin estava ausente havia muito tempo. Quem estava no lugar dele? *Havia alguém* no lugar dele? Ou estavam todos de braços cruzados esperando ele voltar?

Dimitri Peskov, porta-voz de Putin, continuava fazendo comentários e declarações em nome de Putin. Era ele que estava no comando? Provavelmente não, pois sua preocupação era nítida. Mais especificamente, preocupava-se em saber como – e se – ele poderia organizar o tradicional programa de linha direta, exibido anualmente em meados do segundo semestre, quando Putin passava horas respondendo perguntas da audiência ao vivo. Em outubro de 2012, Peskov disse a repórteres que o programa não aconteceria – eles não queriam que as pessoas "congelassem" naquele ano, uma vez que vilarejos inteiros se deslocavam no duro inverno russo apenas para fazer uma pergunta ao presidente. Como alternativa, o evento aconteceria num período de clima mais ameno. Mas uma coisa que Peskov não tinha como cancelar era o lugar onde o presidente passaria o Ano-Novo. E o Ano-Novo estava quase chegando.

Seria o chefe de gabinete Serguei Ivanov o governante secreto da Rússia? Improvável, uma vez que toda a administração presidencial sabia que Ivanov se esforçava ao máximo para não governar nada. Todos se lembravam de como ele havia sofrido em 2007 durante a "Operação Sucessor", quando perdeu por excesso de autoconfiança. Quatro anos depois, Ivanov de repente se viu mais uma vez no topo da pirâmide estatal. Depois de Putin, ele era de fato a pessoa mais poderosa da Rússia. Mas não conseguia agir por medo de que fosse um teste. Atormentava-o a ideia de que Putin poderia estar à espreita, pronto para reaparecer a qualquer momento. Portanto, era melhor esperar e não tomar decisões precipitadas.

Depois, havia o próprio Viacheslav Volodin. Ele havia substituído Vladislav Surkov como eminência parda do Kremlin apenas um ano antes. Mas Volodin não era velho conhecido de Putin. Ele era apenas um empregado que obteve a chance de moldar a nova estratégia do Kremlin.

Por fim, é claro, havia o primeiro-ministro Dimitri Medvedev, que na forma, e quiçá na prática, ocupava o segundo lugar no comando do país. Mas as autoridades não o procuravam para tratar de assuntos urgentes. Depois de renunciar à presidência, sua reputação estava tão baixa que ele deixou de ser um verdadeiro centro de poder.

Como resultado, a Rússia passou dois meses sem alguém para governá-la. O povo nem soube disso, uma vez que a mídia nacional não dizia nada. Até mesmo os líderes internacionais não perceberam a complexidade da situação, e sabiam apenas que o presidente russo não estava bem de saúde; eles não faziam ideia de como a elite política russa estava desorientada pela falta de visibilidade de Putin. "Tive que adiar minha visita à Federação Russa porque o presidente Vladimir Putin não está se sentindo muito bem", disse a repórteres o primeiro-ministro japonês Yoshihiko Noda. "Ele machucou as costas durante uma prática de judô", disse o presidente da Bielorrússia, Alexander Lukashenko. Putin, amante de animais e fã de esportes radicais, havia voado em agosto numa asa-delta motorizada, guiando um bando de garças brancas que estavam aprendendo a voar, criadas em cativeiro. Pouco depois, na reunião de cúpula da APEC (Cooperação Econômica Ásia-Pacífico) em Vladivostok, Putin estava visivelmente mancando. Todavia, fontes do convívio de Putin disseram que o presidente havia se machucado antes do voo – no tatame de judô, como dissera Lukashenko. De qualquer modo, foi depois da cúpula que ele desapareceu, e todas as visitas internacionais que faria até o fim do ano foram canceladas.

REBELIÃO PELAS CRIANÇAS

Curiosamente, a ausência de Putin não provocou tanta reação na sociedade russa. O Kremlin não falou nada sobre as visitas canceladas, e os comentários dos líderes estrangeiros sobre a saúde do presidente não preocuparam ninguém.

Mas houve um alvoroço enorme quando Volodin apresentou à Duma a proposta de proibir que estrangeiros adotassem crianças russas. Não se esperava que o governo fosse contra. Muitos deputados acharam que esse confronto aberto e despropositado com os Estados Unidos seria prejudicial, especialmente porque o Departamento de Estado dos Estados Unidos ainda não havia publicado o nome dos russos na lista de sanções, e só o faria em fevereiro. Supondo que Putin não concordaria com a proposta, os ministros começaram a criticá-la publicamente. O projeto de lei foi apelidado de "Lei Dima Iakovlev" em homenagem a um menino russo morto nos Estados Unidos por negligência dos pais adotivos americanos.

Entre os críticos estavam a vice-primeira-ministra Olga Golodets, o ministro da Educação Dimitri Livanov, o ministro das Finanças Anton Siluanov e o ministro sem pasta Mikhail Abizov. Até mesmo o ministro das Relações Exteriores Serguei Lavrov, que nunca havia dado opiniões pessoais em toda a sua carreira, se posicionou contra a lei, dizendo que lamentava pelos colegas do Ministério das Relações Exteriores favoráveis ao acordo bilateral com os Estados Unidos sobre a adoção, uma vez que a nova lei ameaçava acabar com tudo o que eles já tinham realizado. Essa revolta em massa dentro do ministério era algo inédito na história da Rússia sob o governo Putin. Por um lado, os ministros discordavam de Volodin e não queriam se tornar vítimas de possíveis sanções dos Estados Unidos. Por outro, confiavam que a lei amadora de Volodin seria derrubada por Putin, como costumava acontecer sempre que uma ideia excêntrica encontrava resistência dentro da elite.

A elite nunca havia sido tão franca. Mas, na ausência de Putin, essa era a única maneira de entrar em contato com o presidente. Apenas um membro liberal do governo ficou calado: o primeiro-ministro Dimitri Medvedev.

Por fim, a coletiva de imprensa anual de Putin foi agendada para 20 de dezembro. Todos congelaram. Putin ainda não havia se manifestado, e não estava claro de que lado ele ficaria na discussão. Os liberais se convenceram de que o presidente esperava o momento ideal para ter todo o crédito por salvar as crianças. Ao engavetar a lei, ele mostraria para a elite liberal russa e para o mundo como era um homem misericordioso (além de lembrar a todos que era o árbitro supremo da Rússia).

Mas as coisas aconteceram de forma diferente. Quando Putin apareceu na coletiva de imprensa, metade dos jornalistas perguntou sobre a lei antiadoção. Visivelmente irritado, apesar de saber que seria questionado sobre o assunto, Putin deu uma aula contra os Estados Unidos: "Quando nossos representantes tentam cumprir suas obrigações do acordo, eles dizem: 'Essa questão não é federal, mas estatal, e vocês não têm nada acordado com cada um dos estados. Procurem o Departamento de Estado e resolvam com eles, pois o acordo foi assinado com eles'. Mas o governo federal os manda procurar os estados. Então qual é o propósito desse acordo?".

Em seguida, ele deu vazão à sua inimizade contida:

> Quais são as preocupações dos nossos parceiros nos Estados Unidos e de seus legisladores? Eles falam de direitos humanos nas prisões e penitenciárias russas. Até aí, tudo bem, mas eles também têm muitos problemas nessa área.
>
> Já falei sobre isso: a prisão de Abu Ghraib, ou a de Guantánamo, onde as pessoas passam anos presas sem acusação. É incompreensível. Além de serem detidos sem acusação, os prisioneiros andam acorrentados, como na Idade Média. Legalizaram a tortura em seu próprio país.
>
> Já imaginaram se tivéssemos algo parecido aqui? Eles já teriam nos comido vivos há muito tempo. Teria sido um escândalo mundial. Mas no país deles, está tudo tranquilo. Já prometeram muitas vezes que fechariam Guantánamo, mas a prisão continua lá, continua aberta até hoje. Nós não sabemos, mas talvez ainda pratiquem tortura lá. As chamadas prisões secretas da CIA. Quem foi punido por isso? E eles continuam apontando nossos problemas. Pois bem, muito obrigado, estamos cientes deles. Mas é ultrajante usar isso como pretexto para adotar leis antirrussas quando nosso lado não fez nada que justifique esse tipo de resposta.[1]

Putin assinou a lei Dima Iakovlev em 28 de dezembro. Ironicamente, no calendário cristão, comemora-se nessa data o Dia dos Santos Inocentes em memória ao massacre de recém-nascidos a mando do rei Herodes. Internautas russos imediatamente batizaram a nova lei de "Lei de Herodes". E a hashtag "#putindevoracrianças" virou assunto de destaque no Twitter russo.

Depois disso, Putin não recebeu nenhum dos pacientes funcionários do governo. Não deu explicações aos membros do gabinete russo sobre o que o levara a apoiar aquela lei ilógica e aprovar o caminho antiocidental proposto por Volodin.

Os membros do governo ficaram em choque. Para eles, a lei Dima Iakovlev foi uma lição sobre como é inútil tentar se antecipar ao presidente, quanto mais influenciá-lo. Para Volodin, a lei foi uma grande vitória. Ele havia se dado conta da irritação de Putin e descobriu uma maneira de expressá-la – doravante, os estrangeiros não teriam permissão para adotar crianças russas.

Ainda demoraria dois meses para Putin retornar totalmente para a política e o governo. Durante esses dois meses, qualquer crítica, contra-argumento ou protesto, incluindo os protestos em Moscou contra a lei Dima Iakovlev, provocaram apenas irritação.

LAR DOCE LAR

"Em fevereiro de 2013, ficou claro que a política aberta havia acabado", disse um empresário próximo a Putin. O presidente tinha recuperado a força e a desconfiança.

As notícias do exterior intensificaram sua paranoia. Na Venezuela, o presidente Hugo Chávez tinha morrido de câncer. Embora os dois presidentes não fossem amigos íntimos, havia paralelos entre eles: ambos se tornaram presidentes quase ao mesmo tempo, lutaram com os oligarcas e subjugaram a mídia e a indústria do petróleo, criaram organizações juvenis e se opuseram aos Estados Unidos, além de terem lutado contra a "quinta-coluna", apesar de o demagogo Chávez ter iniciado sua campanha alguns anos antes de Putin. Ademais, a Venezuela foi o único país (exceto Nicarágua e Nauru) a reconhecer a independência da Abcásia e da Ossétia do Sul. Chávez fez amizade com Igor Sechin depois que este passou a controlar informalmente a indústria petrolífera russa.

O Kremlin falava não só de Chávez, mas também da "epidemia de câncer" que assolava os presidentes latino-americanos. Dois presidentes brasileiros (Lula da Silva e Dilma Rousseff), a presidenta argentina Cristina Kirchner (cujo diagnóstico foi posteriormente negado), o presidente paraguaio Fernando Lugo, o presidente colombiano Juan Manuel Santos e o presidente boliviano Evo Morales – todos diagnosticados com a doença. Em particular, Chávez afirmou que os americanos o irradiaram durante uma visita à Assembleia Geral das Nações Unidas em Nova York. Também houve casos de câncer entre os altos funcionários do governo russo. Quase todos acreditavam na teoria da conspiração de Chávez.

O funeral do líder venezuelano contou com a presença de uma delegação impressionante, incluindo Valentina Matvienko (presidenta do Conselho da Federação), Serguei Lavrov (ministro das Relações Exteriores), Igor Sechin (amigo de Chávez) e Serguei Chemezov (diretor da Rostec, que detém o monopólio de armas na Rússia).

Depois da morte de Chávez, assessores de Putin dos serviços de segurança recomendaram que o presidente ficasse atento à "quinta-coluna", em especial aos altos funcionários do governo russo que possuíam bens e contas bancárias no exterior; muitos filhos de funcionários do governo estudavam no exterior, e alguns tinham até visto de residência de outros países. Se a situação piorasse, esses funcionários corriam o risco de ser chantageados pelos serviços de inteligência internacionais. Ninguém esperava, mas Putin ouviu o conselho e autorizou Volodin a elaborar um projeto de lei proibindo funcionários de alto escalão e deputados da Duma de manter contas e ativos financeiros no exterior.

Putin assinou a nova lei em maio de 2013, pegando todos de surpresa. Nenhum ministro do governo queria se desfazer de suas inúmeras propriedades. Muitos não guardaram segredo nenhum. O primeiro vice-primeiro-ministro Igor Shuvalov, por exemplo, possuía casas nos Emirados Árabes Unidos, na Áustria e na Grã-Bretanha, e outros membros do governo declararam apartamentos e casas na Bulgária, Espanha, Itália e Suíça. Também não era possível ter imóveis em outros países sem abrir conta bancária no exterior. No entanto, os funcionários do governo estavam confiantes de que a nova lei não se aplicaria a eles. Muitos brincaram dizendo que prefeririam renunciar a fechar suas contas e vender suas propriedades.

Alguns fizeram exatamente isso. Roman Abramovich foi um deles, que usou a lei como desculpa. De 2000 a 2008, Abramovich foi governador de Tchukotka, no extremo nordeste da Rússia, a região mais distante de Moscou. Em 2008, ele pediu permissão para morar definitivamente em Londres. De início, Putin disse que sim, mas depois concluiu que Abramovich não havia gastado o suficiente de sua fortuna na Rússia e exigiu que ele continuasse em sua função nominal de porta-voz do parlamento de Tchukotka. A nova lei de 2013 ajudou Abramovich a escapar do mundo perigoso e nada atraente da política russa – e da própria Rússia.

SNOWDEN VS. OBAMA

A maioria dos funcionários não acreditava na ideia de que a proibição de contas e ativos no exterior seria a prévia de um grande confronto com o Ocidente. Para provar esse argumento, eles salientaram o fato de que Barack Obama pretendia visitar a Rússia em setembro, o que deveria incluir a reunião de cúpula do G20 em São Petersburgo.

E não era uma visita qualquer, mas uma visita de estado. Tudo foi planejado minuciosamente. Obama e Putin teriam reuniões em Moscou e depois viajariam juntos para São Petersburgo, onde se encontrariam com líderes empresariais. Os liberais russos no governo colocaram grandes expectativas nesse encontro presencial e convenceram Putin de que, mesmo na impossibilidade de uma parceria política entre os dois países, talvez fosse viável uma aliança econômica.

A visita aconteceu, mas não como havia sido planejada. Em junho, um contratado da Agência de Segurança Nacional dos Estados Unidos chamado Edward Snowden pegou um avião em Hong Kong para Moscou. Washington exigiu que ele fosse detido no Aeroporto Internacional Sheremetievo e extraditado imediatamente. Moscou se recusou. O alvoroço foi imediato, e Snowden se refugiou em um hotel no aeroporto.

Putin e Obama discutiram pelo telefone. O presidente dos Estados Unidos disse que Moscou subestimava a ameaça representada por Snowden, e que o não cumprimento do pedido prejudicaria a visita de estado. Putin respondeu que a culpa era toda dos Estados Unidos. Por que fizeram tanto alarde quando Snowden pousou em Moscou? Afinal, ele planejava ir para Cuba, onde as autoridades dos Estados Unidos poderiam detê-lo facilmente. Obama implorou dizendo que o *establishment* público e privado dos Estados Unidos ficaria indignado se o fugitivo Snowden não fosse extraditado. Putin respondeu que o povo russo ficaria indignado se ele *fosse* extraditado. A conversa terminou aí.

"Se ele quer ficar aqui, há uma condição: cessar todas as atividades destinadas a prejudicar nossos norte-americanos – por mais estranho que pareça vindo de mim", disse Putin pouco depois, tentando mitigar a suspeita dos Estados Unidos de que Snowden era um agente russo.

A equipe do governo preparada para a visita de Obama ficou horrorizada. Presa nessa atmosfera conspiratória, o grupo liberal do Kremlin e o governo explicaram a Putin que era tudo uma trama chinesa. Os chineses, disseram eles, enviaram Snowden de Hong Kong para a capital russa com o objetivo específico de provocar um conflito entre Moscou e Washington. Mas era tarde demais.

O governo Obama decidiu cancelar a visita de estado, limitando o tempo do presidente na Rússia à reunião de cúpula em São Petersburgo. Em vez de parar em Moscou, ele passou dois dias na Suécia.

É impossível saber se a visita fracassada teria resgatado a relação de Obama e Putin e as relações entre Estados Unidos e Rússia. Em qualquer caso, todas as negociações posteriores entre os dois países se transformaram numa disputa pública de xingamentos. Antes da cúpula do G20, Putin descreveu as alegações dos Estados Unidos de que o governo sírio havia usado armas químicas contra combatentes rebeldes como um "lixo completo", e depois acusou John Kerry, secretário de Estado dos Estados Unidos, de "mentir" sobre não haver militantes da Al Qaeda na Síria.

Se o objetivo dessa retórica foi convencer Obama a não visitar a Rússia e ignorar a cúpula em São Petersburgo, não deu certo. Um encontro entre os dois líderes foi devidamente organizado, durante o qual Obama se manteve tranquilo diante da aspereza de Putin. Nos corredores, os norte-americanos deixavam claro aos outros participantes da cúpula que Putin não jogava em equipe. Ele era tão pouco construtivo que Washington havia desistido dele. Os Estados Unidos lavariam as mãos em relação a Putin, disseram eles.

VALORES DIFERENTES

As relações públicas internas de Volodin eram um sucesso – suas estratégias políticas para o Kremlin o colocavam no caminho oposto ao de Surkov. Ele não tentava construir estruturas complexas, pregar novos valores ou inventar novos sistemas. Acreditava que as pessoas deveriam ter o que queriam. Volodin examinava com cuidado os levantamentos e as pesquisas de opinião, e os dados confirmavam que o governo estava fazendo tudo certo, que Putin era popular e tinha o apoio do povo em suas decisões. Além disso, Volodin gostava de se orientar pelo que o povo considerava importante – por isso buscava estratégias políticas que certamente seriam populares. Este novo populismo significava um retorno aos valores tradicionais conservadores.

"Chateia-me falar sobre isso, mas sinto que é meu dever. A sociedade russa atual carece de um 'fecho espiritual'", disse Putin em seu discurso anual à Assembleia Federal em dezembro de 2012. Essa expressão um tanto arcaica se tornou o conceito-chave para seu terceiro mandato como presidente.

Durante seu primeiro mandato, Putin adorava expor sua visão de mundo para os líderes ocidentais – e falava de tudo: da situação no Cáucaso até o motivo de a Rússia não ser criticada por abusos aos direitos humanos, mas tratada como parceira estratégica e igual. Por não conseguir convencer outras lideranças, ele acabou mudando de estratégia. No segundo mandato ele partiu para a ofensiva, acusando os líderes ocidentais de não serem sinceros e de não cumprir as próprias promessas.

Quando começou seu terceiro mandato, Putin, já cansado do mundo, se transformou num filósofo eslavófilo. "Não fomente ilusões", disse ele numa ocasião ao vice-presidente dos Estados Unidos Joe Biden, de acordo com um funcionário que participou das negociações. "Nós não somos como vocês. Só parecemos com vocês. Mas somos muito diferentes. Os russos e os norte-americanos só se parecem fisicamente, mas nossos valores são muito diferentes". Foi exatamente o oposto do que Putin dissera dez anos antes.

"Imagine que você esteja sentada aqui no Kremlin", disse ele a Angela Merkel. "E você tem eleitores tanto em Kaliningrado quanto em Petropavlovsk-

Kamchatski [no Extremo Oriente Russo]. E todas essas terras, linguagens e estilos de vida precisam estar unidos. As pessoas precisam de algo para se unir. Lembre-se de imaginar que uma de suas compatriotas foi a nossa grande imperatriz Catarina II. No início, ela queria abolir a servidão, mas depois estudou os fundamentos da Rússia mais detalhadamente. Você sabe o que ela fez? Fortaleceu os direitos da nobreza e destruiu os direitos do campesinato. Nada mudou [na Rússia]: basta um passo à direita ou à esquerda para perder o poder."

De acordo com um de seus assessores mais próximos, Putin pensava muito nos valores tradicionais da Rússia. "Putin estava mais preocupado com os valores do que com o próprio caminho da Rússia", diz o assessor. "Ele achava que construir o capitalismo era o destino de todo país." A principal fonte das reflexões de Putin era o filósofo Ivan Ilin. A partir das obras de Ilin, Putin colocava os valores básicos da sociedade russa nesta ordem: Deus, família, propriedade.

"Em face das flutuações externas", diz um dos conselheiros de Putin, parafraseando-o, "os russos devem defender sua agenda conservadora para proteger também outros povos e países. Somos cristãos ortodoxos por um motivo. Nossa identidade foi moldada pela Ortodoxia. Ao adotar a Ortodoxia, de certo modo estamos em oposição ao mundo ocidental".

Outro assessor diz que, em determinado momento, Putin percebeu que ele mesmo havia se tornado o elo mais importante entre o povo russo de Kaliningrado a Kamchatka. Para Putin, tudo desmoronaria sem ele.

Como a defesa dos "valores tradicionais" era popular, Volodin a abraçou com entusiasmo. Como estímulo extra, a consolidação de uma sociedade patriarcal ajudava a combater a oposição liberal. Um dos alvos perfeitos foi a homossexualidade, que em 2013 se tornou uma questão política importante no país. Tratava-se de uma correspondência direta com o papel de "fecho espiritual" desempenhado pela Igreja. Em meados dos anos 2000, várias regiões russas começaram a adotar leis proibindo a "propaganda gay". Em 2012 foi a vez de São Petersburgo. A capital da Rússia sob o governador Georgui Poltavchenko tornou-se capital da Rússia ortodoxa ao adotar sua própria "lei antigay", o que chacoalhou bastante a imprensa.

Em dezembro de 2012, o primeiro-ministro Medvedev, em resposta a uma pergunta direta sobre a aprovação da lei a nível federal, disse: "Não se pode usar a lei para regular o comportamento moral de todas as pessoas, tampouco todas as interações entre as pessoas. Essa é minha posição e também da Rússia".[2]

Um mês depois, no entanto, a lei foi apresentada à Duma e adotada na primeira leitura quase por unanimidade (com apenas um voto contra e uma abstenção). Uma onda de protestos se espalhou pelo mundo inteiro e foi rapidamente encoberta pela imprensa estatal, cuja interpretação dos eventos era inequívoca: o lobby gay ocidental não suportaria a defesa dos valores tradicionais feita por Putin. A emissora estatal Canal Um cunhou o termo "gayropa" ("gay" e "Europa") para definir os oponentes de Putin no Ocidente (e dentro da Rússia), que eram todos vistos como "representantes de minorias sexuais".

DE VOLTA À POLÍTICA

Os protestos de 2011 estremeceram o Kremlin, mas, em 2013, Volodin teve certeza de que os líderes das manifestações da Praça Bolotnaia haviam perdido o crédito e sido derrotados. Quase todos enfrentaram acusações criminais, o que praticamente arruinou suas atividades políticas.

O processo penal mais estranho foi aberto contra Alexei Navalni. Em 2011, o Comitê de Investigação o acusou de fraude ligada à madeireira Kirovles, e em abril de 2012 o caso foi encerrado por falta de provas. Em junho, no entanto, o chefe do Comitê de Investigação Alexander Bastrikin criticou publicamente o investigador encarregado de encerrar o caso e exigiu que ele fosse reaberto.

A resposta de Navalni foi uma investigação própria sobre Bastrikin. Ele publicou informações de que Bastrikin era dono de um escritório de advocacia na República Tcheca, além de ter visto de residência no país e um apartamento em Praga – tudo ilegal para membros dos serviços de segurança. O próprio investigador do Comitê jamais havia mencionado esses fatos. Navalni pediu formalmente tanto ao Comitê de Investigação quanto à administração presidencial que investigassem as atividades de Bastrikin. Mas Bastrikin estava seguro. Ele conhecia Putin desde a universidade. Além disso, Bastrikin tinha sido monitor do grupo de estudos de Putin na universidade, o que lhe rendeu, dentro do Kremlin, o apelido de "superior". O poderoso "superior" tinha acesso quase diário a Putin, e ninguém duvidava que a ordem para reabrir o caso de Navalni tivesse o apoio do presidente.

O julgamento terminou em 18 de julho de 2013. Sua conclusão coincidiu com o início da campanha para as próximas eleições para a prefeitura de Moscou, e Navalni anunciou sua intenção de concorrer. Apesar disso, ele não pôde registrar sua candidatura por ter sido condenado a cinco anos de prisão. Naquela noite, depois do veredicto, um protesto sem aprovação oficial se formou na Praça Manege, no centro de Moscou, em apoio a Navalni. Os manifestantes bloquearam o trânsito na Rua Tverskaia e escalaram o parapeito das janelas do prédio da Duma, colando um monte de panfletos pró-Navalni na fachada.

O veredicto de Navalni, proferido por um juiz em Kirov, certamente havia sido enviado de Moscou. Mas até mesmo as autoridades de Moscou se impressionaram com a severidade. Volodin, por exemplo, tinha certeza de ter recebido a aprovação pessoal de Putin para que Navalni concorresse como prefeito, o que acabaria com a popularidade do titular, Serguei Sobianin, e acrescentaria um elemento de competição, ainda que fosse só para fazer cena. Volodin não entendeu o veredicto e procurou Putin para saber o que fazer com Navalni. Putin, como era típico dele, não deu uma resposta direta. Mesmo quando lida com assessores mais próximos, ele sempre evita a linguagem direta e usa gestos, como piscadelas e acenos de cabeça. "Vamos fazer como combinado?", perguntou Volodin, tentando obter uma resposta.

"Faça o que achar melhor", respondeu Putin, vagamente.

No mesmo dia, o promotor geral entrou em contato com os advogados de Navalni e os aconselhou a recorrer tanto da sentença quanto da prisão provisória. Os advogados disseram que seria inútil, pois nunca aconteceu na prática jurídica russa de um sentenciado receber liberdade provisória durante a apelação. Assim, o próprio Ministério Público apelou da sentença. No dia seguinte, Navalni foi libertado.

Na manhã seguinte, quando Volodin informou a Putin que suas instruções foram seguidas e Navalni estava solto, Putin respondeu com um riso sarcástico: "Que bando de puxa-sacos".

E assim começou uma experiência exótica: as primeiras eleições completamente justas e competitivas na história da Rússia de Putin. Além disso, a administração presidencial fez questão de ajudar Navalni a se registrar a tempo. As assinaturas dos deputados municipais necessárias para o registro foram feitas por membros do Rússia Unida.

Volodin queria provar que a popularidade de Navalni era apenas resultado de sua atividade na internet e que ele seria um fiasco nas eleições reais. Na véspera da votação, ele informou a Putin que Navalni não ganharia mais do que 10% ou 15% dos votos. Mas as pesquisas erraram feio. Navalni ficou com 27%, enquanto Sobianin, candidato à reeleição, garantiu 51%, o suficiente para vencer no primeiro turno.

Mesmo assim, Volodin ficou satisfeito. Ele tinha provado para Putin que tudo estava sob controle. Agora bastava esperar que o movimento de protesto se extinguisse por conta própria. Em qualquer caso, ele sabia que a máquina da mídia do Kremlin logo destruiria a popularidade de Navalni.

CAPÍTULO 16
—

Em que Dimitri Peskov, secretário de Imprensa de Putin, entende como é inútil tentar agradar o Ocidente

Na parede do escritório de Dimitri Peskov, na Praça Staraia, há uma fotografia divertida de Leonid Brejnev, já velhinho, sentado embaixo de um guarda-sol, lendo o jornal Pravda. *A parede teria sido um ótimo cenário para uma entrevista dada por Peskov em 2012 para a TV Rain. Na ocasião, ele disse que Brejnev era subestimado como líder político, que a era Brejnev tinha sido a época de ouro da União Soviética, e que muitas coisas boas surgiram daquele período de "estagnação". Talvez Peskov tivesse outra coisa em mente quando pendurou a fotografia. Talvez não tenha sido ele. Talvez ele nunca a tenha percebido.*

Dimitri Peskov está entediado. Ele é um homem radiante e cheio de energia que parece não ter nada para fazer. Vladimir Putin não precisa de um relações-públicas radiante e cheio de energia. Sua popularidade em casa é acima da média, mas sua imagem no exterior... Bem, quanto menos falar disso, melhor. Os dias em que Peskov contratou a agência de relações públicas Ketchum para promover a imagem internacional da Rússia ficaram no passado. Ele não se ilude: a imagem do país no exterior está em frangalhos, e talvez não valha a pena reconstruí-la.

Peskov viaja o tempo todo, e o tempo todo está fazendo alguma coisa. Diariamente ele usa o aplicativo de mensagens instantâneas Telegram para responder uma série de perguntas de jornalistas ligados ao Kremlin. Ele é muito aberto com a imprensa e tenta ser sincero e direto.

Peskov leva uma vida social ativa e gosta disso. Em agosto de 2015, ele se casou com a campeã olímpica de patinação artística no gelo Tatiana Navka. A cerimônia aconteceu em Sochi – talvez no mesmo lugar onde, quarenta anos antes, Brejnev foi fotografado segurando um exemplar do Pravda *embaixo do guarda-sol.*

"OS JOGOS QUE MERECEMOS"

A saga dos Jogos Olímpicos de Inverno em regiões subtropicais começou em 2005, quando a Rússia não era rica, mas riquíssima, e o dinheiro parecia um recurso inesgotável. E começou sem o envolvimento de Putin.

A Rússia já tinha se candidatado para sediar grandes eventos esportivos, como o Campeonato Europeu de Futebol de 2008 e os Jogos Olímpicos de Verão de 2012. Mas o investimento na candidatura foi pequeno, e, em todo caso, o dinheiro geralmente desaparecia sem deixar rastros. A ideia de realizar a Olimpíada em Sochi foi do esquiador mais empolgado dos oligarcas russos: Vladimir Potanin, proprietário da Norilsk Nickel. Foi o segundo projeto (depois do acordo de empréstimos por ações) a mudar o curso da história russa.

Potanin gostava de esquiar em Krasnaia Poliana, onde tinha uma casa, e começou a construir o resort Rosa Khutor nas proximidades. A ideia chamou a atenção de Viacheslav Fetisov, lendário jogador soviético de hóquei, na época diretor do Rossport, o órgão esportivo do governo. Juntos, eles criaram um comitê de candidatura.

Os dois perceberam que a ideia também poderia atrair Putin, que passava muito tempo em Sochi e também esquiava em Krasnaia Poliana. Potanin conversou com o presidente, que, a princípio, não se empolgou muito. Desse modo, o comitê de candidatura procurou Dimitri Peskov, que, na época, era vice do secretário de imprensa presidencial Alexei Gromov.

Diz-se que Peskov propôs uma campanha publicitária de baixo custo centrada em um único homem: Vladimir Putin. O comitê de candidatura criou outdoors e propagandas de rádio da candidatura de Sochi. Peskov deu pistas do caminho que o presidente pegava para chegar ao Kremlin, bem como das estações de rádio que ouvia quando se deslocava e do horário – com isso, eles puderam direcionar os anúncios. O slogan para o povo (ou seja, para Putin) era "Os jogos que merecemos".

O comitê contratou uma pessoa para se passar como ouvinte do programa anual de TV do qual Putin participava respondendo perguntas do público. Nessa ocasião, a pessoa perguntou quando a Rússia finalmente receberia as Olimpíadas. Putin concluiu que o povo de fato queria receber os Jogos Olímpicos no país, mais especificamente em Sochi, o que o obrigou a autorizar o processo de candidatura. Todas as emissoras estatais de TV embarcaram imediatamente, e o cofre do comitê se transformou num poço sem fundo.

"Para Putin, era uma oportunidade", diz Peskov. "Ele concluiu que a lentidão e a inflexibilidade inatas da Rússia representavam um obstáculo à realização de projetos como esse. Faz muito tempo que não construímos uma cidade nova. Para cumprir o cronograma, fazer tudo conforme o cronograma, a Rússia precisava fixar um prazo internacional."

Peskov explica por que ninguém se opôs à candidatura aos Jogos Olímpicos de Inverno na cidade subtropical de Sochi: "Sochi foi a principal estação de cura da Rússia soviética. Mas lá não havia saneamento nem aeroporto. De onde vamos tirar dinheiro para reconstruir o principal resort do país?".

Eles não economizaram esforços para impressionar os inspetores do Comitê Olímpico Internacional (COI). Até o inacabado Aeroporto de Sochi foi maquiado para parecer em pleno funcionamento. Talvez fosse melhor admitir que o aeroporto não estava pronto, uma vez que o prazo até o início dos jogos era de sete anos. Mas o ministro da Economia German Gref decidiu criar uma cidade cenográfica – uma "aldeia de Potemkin". Estudantes foram chamados para fazer o papel de passageiros, quiosques e restaurantes foram abertos temporariamente, e os painéis de chegada e partida mostravam voos inexistentes. Felizmente para a Rússia, a farsa só foi exposta depois da votação do COI.

Com um orçamento ilimitado, não foi difícil vencer os adversários: Pyeongchang, na Coreia do Sul, e Salzburgo, na Áustria. O segredo era simples, diz um membro do comitê de candidatura: faça o melhor que puder e gaste bem o dinheiro. A Rússia contratou os mesmos consultores que prepararam as candidaturas de Londres e Paris para os Jogos Olímpicos de Verão de 2012, além de manter uma abordagem individual com cada membro do COI.

"É muito mais complicado do que subornar alguém no comitê executivo da FIFA, por exemplo. Na FIFA, há burocratas anônimos; já no COI, há celebridades – e *royalties*", diz um integrante do comitê de candidatura da Rússia. Como era possível convencer os membros do COI, como o príncipe Alberto II de Mônaco? Ele já tinha tudo. Mas a equipe montada justamente para isso descobriu que ele gostava da vida noturna. Foi assim que o príncipe se tornou cliente habitual da Diaghilev, aonde chegava de motorista para as melhores festas. Os outros membros foram mais um desafio: "Descobrimos, por exemplo, que o familiar de um dos membros vendia fogões e estava pensando em expandir os negócios para a Rússia. Oferecemos ajuda, é claro".

Nas vésperas da votação, que seria realizada na Guatemala, as maiores empresas russas foram "encorajadas" a doar alguns milhões de dólares cada uma. Ninguém sabe para onde foi o dinheiro.

O clímax foi a apresentação da candidatura russa. O Ministério de Situações de Emergência fretou um avião particular para levar uma pista de gelo artificial até a América Latina. Os guatemalenses e os membros do COI ficaram impressionados. Em seguida veio Vladimir Putin. Sua conduta foi uma cópia do modo como agiu Tony Blair antes da votação para escolher a cidade-sede de 2012, em que Londres foi selecionada. Putin teve reuniões individuais com cada membro do COI, e as conversas eram bem íntimas. "Como estão os filhos?", perguntou ele a um dos membros, olhando para um dossiê preparado com antecedência. "Leve-os para Moscou, são nossos convidados". Os membros do COI ficaram encantados com tamanha atenção.

Sem esperar o resultado da votação, Putin partiu da Guatemala imediatamente após o discurso. A vitória era certa. Como precaução, no entanto, Peskov comunicou à imprensa que se Sochi perdesse a disputa, só ele estaria disponível para comentar a decisão. Em caso de vitória, todos se pronunciariam.

Enquanto as manobras em torno da oferta foram caras, porém eficazes, as obras foram caríssimas e ineficazes. "Sim, foi tudo muito caro, mas essa é a Rússia", diz Peskov.

Putin admitiu que somente com instalações olímpicas foram gastos 214 bilhões de rublos (cerca de 7,2 bilhões de dólares), dos quais 100 bilhões saíram do Tesouro, e o resto, de investidores privados. No entanto, segundo dados da Olimpstroi, estatal responsável pelo projeto olímpico, o custo total dos Jogos (incluindo ferrovias, estradas, usinas e outras infraestruturas) ascendeu a 1,524 trilhão de rublos, ou 36 bilhões de dólares. Segundo cálculos não oficiais, os valores estabeleceram um novo recorde em termos absolutos e relativos. Em média, o custo total para sediar os Jogos Olímpicos chega a 180% da estimativa inicial; no caso de Sochi, foram 300%.

Para Peskov, no entanto, críticas desse tipo não passavam de picuinhas. "A estrada que liga Sochi a Krasnaia Poliana também era parte do projeto olímpico, eu acho. A Olimpíada foi uma oportunidade para desenvolver a região. Então combinamos os custos. Os pessimistas não gostaram disso", diz Peskov.

Peskov cita exemplos de como os gastos se excederam não por malícia, mas por engano. Por exemplo, o Estádio Fisht, que receberia as cerimônias de abertura e encerramento, foi projetado como estádio aberto, porque também serviria para os jogos da Copa do Mundo da FIFA de 2018, e a grama não cresce muito bem em arenas fechadas. Mas os arquitetos não se atentaram para que lado o vento soprava, literalmente. Quando a construção estava a pleno vapor, eles perceberam que a força do vento do mar para a terra era tão forte que frustraria os espectadores que levassem bandeiras. Sendo assim, eles acrescentaram um telhado a um custo exorbitante.

"DO CONTRÁRIO, VAMOS PERDÊ-LA"

Enquanto a Rússia se preparava para a Olimpíada, a Ucrânia se preparava para assinar um acordo de associação com a União Europeia. Este evento menos significativo acabaria custando à Rússia muito mais do que as Olimpíadas. O acordo foi iniciado pelo presidente ucraniano Victor Ianukovich, sobre o qual o Kremlin tinha pleno controle – pensava Putin.

Viktor Ianukovich e Vladimir Putin tinham uma longa história. Em 2004, Putin se convenceu de que Ianukovich seria o próximo presidente da Ucrânia. Ianukovich não tinha tanta certeza assim. Um funcionário próximo dele diz que Ianukovich pediu a Putin um passaporte russo como precaução – para o caso de ter que fugir do país de repente. Não se sabe o que Putin respondeu.

A Revolução Laranja foi um desastre para Ianukovich. Ele mesmo diz isso. Também se fala que, em 19 de janeiro de 2005 (Dia da Epifania do Senhor para os cristãos ortodoxos russos e ucranianos), ele decidiu se matar. À época, ele morava na residência Mejihiria, perto de Kiev. Naquela noite, pegou um rifle e foi até o lago próximo. De repente, quando parou na beira do lago com a arma na mão, percebeu o luar refletido em forma de cruz na superfície da água. Para ele, foi um sinal. Ele chamou alguns moradores locais para abrir um buraco no gelo em forma de cruz, tirou a roupa e mergulhou. Quando voltou à casa, não havia mais ninguém senão as duas irmãs, uma cozinheira e uma garçonete (todo o resto já fora embora muito antes). Ianukovich pediu o jantar. A empregada acabaria se tornando sua companheira. É difícil dizer se a história é verdadeira, uma vez que só temos acesso às palavras de Ianukovich através das pessoas próximas a ele.*

Por fim, Ianukovich conseguiu não só sobreviver ao primeiro levante de Maidan, como também unir todos os descontentes. Dezoito meses depois da Revolução Laranja, ganhou as eleições parlamentares e se tornou primeiro-ministro. Três anos e meio depois, em 2009, ele finalmente se tornou presidente.

Vladimir Putin nunca foi amigo de Ianukovich. Não confiava totalmente nele, mas lhe deu apoio. Ao longo de 2013, o presidente Ianukovich falou sobre a intenção da Ucrânia de se aproximar da Europa assinando um acordo de associação com a UE. Era um objetivo pragmático, já que contava com o apoio de todos os políticos ucranianos, exceto Viktor Medvedchuk, amigo mais próximo de Putin e porta-voz do presidente russo dentro da Ucrânia. Todos diziam que a Ucrânia era um país europeu, enquanto apenas Medvedchuk insistia que o futuro da Ucrânia estava com a Rússia. Ele criou o movimento pró-Rússia chamado Escolha Ucraniana e afixou cartazes sobre ele nos pontos de ônibus do país inteiro. Mas as esperanças de Putin de que o movimento ganharia apoio local foram prematuras. A popularidade do ex-chefe da administração Kuchma era negativa.

---

* A propósito, ele é conhecido por adorar contar histórias surpreendentes, até mesmo para quem não lhe é próximo.

Em 27 de julho de 2013, Putin chegou a Kiev para celebrar o 1.025º aniversário da Cristianização dos Rus. Durante uma cerimônia de orações no Parque São Vladimir, no centro da cidade, ele se encontrou com Ianukovich. A reunião durou quinze minutos e foi coberta por todos os meios de comunicação ucranianos. Em seguida, ele participou da mesa redonda "Valores eslavos ortodoxos: a base da escolha civilizada na Ucrânia", organizada por Medvedchuk. Seu discurso falou do que seria melhor para a sociedade ucraniana: os valores europeus impostos pelos eurocratas ou as tradições e os princípios espirituais eslavos ortodoxos.

"Nós, Rússia e Ucrânia, sempre fomos unidos, e nosso futuro está nessa unidade", disse Putin em seu discurso. "A Cristianização dos Rus foi um grande acontecimento que definiu o desenvolvimento espiritual e cultural da Rússia e da Ucrânia durante os séculos seguintes. Devemos lembrar essa fraternidade e preservar as tradições dos nossos antepassados. Respeitaremos qualquer escolha que nossos parceiros, amigos e irmãos ucranianos fizerem. A questão é apenas uma: se concordamos em continuar trabalhando juntos sob condições absolutamente iguais, transparentes e claras."[1] Ao contrário de 2004, quando Putin era popular na Ucrânia e suas palavras tinham importância, dessa vez seu discurso não despertou absolutamente nada no povo ucraniano.

Nos dias que antecederam a reunião de cúpula, marcada para meados do segundo semestre em Vilnius, onde Ianukovich deveria assinar o acordo de associação com a UE, Putin deixou cada vez mais claro para o presidente ucraniano qual era a escolha "certa". Para Putin, a Ucrânia não deveria assinar o acordo por uma questão de princípios. Desde o início de seu primeiro mandato, no início dos anos 2000, ele costumava dizer o que havia dito frequentemente nas reuniões: "Precisamos lidar com a Ucrânia; do contrário, vamos perdê-la". Ele era o responsável pelo "vetor ucraniano" dentro do Kremlin, já que ninguém mais era de confiança para conduzir um projeto tão importante. No outono de 2013, começou a pressionar Ianukovich a abandonar o plano da UE. Ianukovich visitou a Rússia três vezes entre o final de outubro e o início de novembro para conversas.

Uma das alavancas de Moscou era o dinheiro: a Rússia prometeu à Ucrânia um empréstimo de 15 bilhões de dólares. A outra alavanca era Iulia Timochenko. Depois de derrotar sua maior inimiga nas eleições presidenciais de 2010, Viktor Ianukovich deu entrada num processo contra ela. Entre as acusações havia os acordos do gás feitos com Putin em 2009; no final de 2011, ela foi presa. Ianukovich tinha medo de Timochenko, e por isso recusou se juntar a ela numa "ampla coalizão" em 2009 – temia que ela o obrigasse a agir conforme o desejo dela. Até a panelinha política de Ianukovich foi contra a condenação de Timochenko, mas ele estava convencido de que era a única maneira de evitar mais uma onda de protestos na Praça Maidan e uma nova revolução. Para Ianukovich, se Timochenko permanecesse em liberdade e conseguisse negociar com Putin, mais cedo ou mais tarde ela o derrubaria.

A condenação de Timochenko gerou um incômodo enorme no Ocidente, em especial em Angela Merkel. Toda reunião que ela tinha com Ianukovich começava e terminava com uma discussão sobre Timochenko e um pedido para que ela fosse transferida para a Alemanha a fim de realizar seu tratamento. Posteriormente, a prisão de Karkiv permitiu que médicos alemães examinassem Timochenko na ala hospitalar. O exame médico não revelou doenças graves, para a surpresa de Merkel. No entanto, Timochenko estava com medo de ser assassinada, especialmente envenenada (um pavor muito comum entre os políticos ucranianos depois do que acontecera com Viktor Iushchenko). No hospital da prisão, Timochenko comia e bebia somente o que a filha levava para ela. As autoridades complicavam a situação ao atrasar a entrega dos alimentos, o que obrigava Timochenko a fazer várias "greves de fome" involuntárias.

Chocada com as circunstâncias, a chanceler Merkel exigiu que a liberdade de Timochenko fosse pré-requisito para qualquer acordo de associação entre União Europeia e Ucrânia. Aproveitando-se da postura de Merkel, Putin disse a Ianukovich que os europeus queriam derrubá-lo e que não o aceitariam no clube, mesmo que ele assinasse um acordo. Em vez disso, eles garantiriam a liberdade de Timochenko e a empossariam como próxima presidenta da Ucrânia. Ianukovich se viu preso num dilema. Por um lado, ele entendia que assinar um acordo com a UE garantiria sua reeleição em 2015; por outro, morria de medo de Timochenko.

É muito provável que o Kremlin tivesse outros meios de influência sobre Ianukovich. Seja como for, ele voltou atrás no último momento. Em 21 de novembro de 2013, uma semana antes da reunião de cúpula em Vilnius, o primeiro-ministro ucraniano Mikola Azarov anunciou que a assinatura do acordo seria adiada. Em questão de minutos, a Praça da Independência se encheu de manifestantes, principalmente estudantes que queriam ver a Ucrânia integrada à Europa.

Em 27 de novembro, escreve Sonia Koshkina, Ianukovich participou da festa de aniversário do oligarca ucraniano Igor Surkis, dono do clube de futebol Dínamo de Kiev, além de sócio e amigo de Medvedchuk. Os maiores empresários da Ucrânia estavam sentados à mesa: membros do "Comitê de Gestão da Ucrânia" criado depois da Revolução Laranja, incluindo Dimitri Firtash e Igor Kolomoiski. Em vez de parabenizar o aniversariante, Ianukovich começou a noite com o anúncio de que o projeto de integração europeia tinha sido cancelado. Ele passou o resto da noite explicando sua decisão puramente em termos econômicos.²

Todos os partidários de Ianukovich ficaram chocados. Ninguém esperava essa decisão, visto que, até aquele instante, os membros do partido governante que questionaram publicamente a ideia da integração e se opuseram ao acordo da UE tinham sido excluídos do partido e expulsos do parlamento. Alguns foram até processados.

Na reunião de cúpula de Vilnius, em 28 de novembro, Ianukovich se recusou a assinar o acordo da UE e propôs que a Rússia se juntasse às negociações – proposta que os líderes da UE rejeitaram. Posteriormente, foi publicado um vídeo na internet mostrando a conversa "privada" entre Ianukovich, Merkel e a presidenta da Lituânia Dalia Grybauskaite, durante a qual Ianukovich disse: "Eu gostaria que vocês me escutassem. Eu passei três anos e meio sozinho. Tive de enfrentar uma Rússia muito forte, e em condições muito desiguais".³

Na noite de 29 de novembro, uma unidade da Berkut, a polícia especial da Ucrânia, tentou esvaziar o campo de protestos em que a praça principal de Kiev havia se transformado. Os manifestantes enfrentaram o espancamento da polícia antes de fugirem e se abrigarem no Mosteiro de São Miguel, onde foram protegidos pelos monges. Isso marcou o início da segunda revolução ucraniana.

QUE COMECEM OS JOGOS

Os Jogos Olímpicos em Sochi foram uma experiência dolorosa, marcada por uma relação crítica com a imprensa internacional. O medo de que acontecesse algum acidente perturbava Putin e sua comitiva. "Havia o receio de que as construções apressadas fossem de péssima qualidade e acabassem ruindo", diz um alto funcionário da administração presidencial. Também havia o temor de panes elétricas e falta de energia – o Kremlin estava certo de que alguma coisa daria errado.

Mas tudo acabou dando certo. Talvez a única peculiaridade tenha sido o estranho design dos banheiros no complexo hoteleiro de luxo construído pela Gazprom. Em vez de um vaso sanitário e um bidê, por algum motivo cada cabine continha dois vasos sanitários – os banheiros se transformaram no principal meme da internet nos primeiros dias dos jogos. As preocupações mais sérias dos organizadores foram em vão.

O ministro da Defesa Serguei Choigu e o ministro das Relações Exteriores Serguei Lavrov estavam entre as pessoas que carregaram a tocha olímpica no último trecho do percurso até Sochi. A cerimônia de abertura foi impressionante, mas uma das principais cenas planejadas pelos organizadores foi cancelada por insistência do COI. Em cada cadeira do estádio seria colocado um envelope com fotografias de alguém que morreu durante a Grande Guerra Patriótica, incluindo o nome e as datas de nascimento e de morte da pessoa. Seria pedido um minuto de silêncio, durante o qual os espectadores levantariam a mão segurando as fotos. Konstantin Ernst, diretor do Canal Um e mestre de cerimônias, queria muito que a intervenção acontecesse. Mas o COI decidiu que a ação política criaria um precedente indesejável. Se Sochi tivesse permissão para isso, todos os organizadores olímpicos posteriores teriam motivo para pedir um minuto de silêncio.

A cerimônia de abertura contou com a participação de aproximadamente quarenta líderes estrangeiros (incluindo os da China, Itália, Japão e Turquia), o que a imprensa estatal russa definiu como sinal de um amplo reconhecimento internacional. Um dos convidados foi o presidente da Ucrânia, Viktor Ianukovich. Sua visita a Sochi foi um passo bem arriscado, já que o impasse entre a oposição e as forças de segurança no centro de Kiev já havia feito suas primeiras vítimas – no final de janeiro, alguns ativistas de Maidan foram mortos por atiradores não identificados. Mas o principal objetivo de Ianukovich foi garantir a segunda parcela de um empréstimo de 15 bilhões prometido em dezembro. No entanto, Putin não tinha pressa de alocar o dinheiro.

Dimitri Peskov diz que mesmo depois de voltar para Kiev, Ianukovich permaneceu em contato constante com Putin. Eles se ligavam várias vezes ao dia. Os acontecimentos em Kiev tinham arruinado o humor festivo de Putin. Ele continuou tentando dar conselhos e oferecer ajuda a Ianukovich, que respondia: "Não se preocupe, Vladimir Vladimirovich, está tudo sob controle". Putin não acreditou nele, e por isso segurou o dinheiro.

Naquele momento, no início dos Jogos Olímpicos, não havia nada sob controle. Voltando um pouco a 16 de janeiro, o Verkhovna Rada, parlamento da Ucrânia, adotou apressadamente várias leis destinadas a prevenir a inquietação civil. A oposição as chamou de "ditatoriais". Na verdade, elas não passavam de uma cópia das leis russas aprovadas logo depois das manifestações da Praça Bolotnaia, incluindo a responsabilidade penal por crimes contra a honra, penas mais duras para o extremismo (pedidos de derrocada do governo foram classificados como tal), a designação de ONGs como "agentes estrangeiros" e a proibição de meios de comunicação de massa pela internet, a não ser que tivessem registro estatal.

Na Rússia, as leis foram implantadas gradualmente e não provocaram nenhum protesto, apenas um burburinho na imprensa liberal. Na atmosfera febril de Kiev, no entanto, elas causaram um terremoto. Ianukovich foi pego desprevenido. A Rua Grushevskogo, que leva ao Verkhovna Rada e aos prédios do governo, foi palco do primeiro derramamento de sangue: as unidades do Berkut e os ativistas da Maidan, incluindo uma ala militar conhecida como Setor da Direita, começaram a atirar uns nos outros.

Uma semana depois, Ianukovich propôs que o líder da oposição, Arsenii Iatseniuk, se tornasse o primeiro-ministro e formasse um governo de "confiança nacional". Mas isso só piorou as coisas. Iatseniuk recusou, e Ianukovich não se preocupou em comunicar sua ideia ao seu próprio partido, incluindo deputados e o atual primeiro-ministro, Mikola Azarov. Eles souberam da proposta pelos jornais. Foi nesse momento que os defensores do presidente começaram a abandoná-lo, e o Partido das Regiões, que até então apoiava Ianukovich, também se afastou.

Em 28 de janeiro de 2014, o primeiro-ministro Azarov renunciou. No mesmo dia, o parlamento aboliu as leis "ditatoriais", e Ianukovich nomeou Serguei Arbuzov, amigo de seu filho Alexandre, como primeiro-ministro em exercício. Isso deixou toda a elite ucraniana ainda mais irritada, inclusive o Partido das Regiões.

O Kremlin não se manteve atualizado sobre o que aconteceu durante os anos da presidência de Ianukovich. Ele havia chegado ao poder com o apoio dos oligarcas ucranianos, mas agora queria acabar com essa dependência. A única maneira de se tornar totalmente independente dos nobres dos negócios ucranianos era se tornar um deles – o maior deles. Essa tarefa foi confiada a seu filho Alexander, formado em medicina e conhecido pelo apelido de "Sasha, o estomatologista". Ele tinha um comportamento tão grosseiro e agressivo que chocava até mesmo os tubarões mais experientes dos negócios. Confiscou não só as empresas pequenas e hostis, mas também as de amigos e financiadores de seu pai. Uma das vítimas de Alexander Ianukovich foi Vladimir Ievtushenkov, um dos grandes empresários russos que se considerava amigo do presidente ucraniano.

Segundo boatos, depois de tomar posse em 2010, Viktor Ianukovich, na companhia de amigos, propôs o seguinte brinde: "Dois anos sem comer! Vamos trabalhar para o bem do país!". Ironicamente, Ianukovich não fez muito além de enriquecer durante esses dois anos. O símbolo de sua riqueza pessoal era Mejihiria, sua residência pessoal – de acordo com a imprensa liberal, a casa era opulenta ao extremo. "Você gosta da sua *dacha* mais do que de seu país", disse-lhe uma vez o oligarca Rinat Akhmetov, da cidade de Donetsk. Akhmetov foi o maior patrocinador das campanhas pré-eleitorais de Ianukovich.

O presidente era muito afeiçoado à sua infame *dacha*. A Mejihiria era a residência governamental desde 1935, e lá viveram líderes da Ucrânia

Soviética, inclusive Nikita Khrushchev. O próprio Ianukovich viveu lá desde 2002, e em 2007 conseguiu privatizar a propriedade. Naquela época, Viktor Iushchenko era presidente e Ianukovich, primeiro-ministro. Iushchenko queria dissolver o parlamento e realizar eleições antecipadas. Para comprar a cumplicidade de Ianukovich e como compensação por sua possível perda de poder, Iushchenko deu para ele a majestosa residência.

O complexo de 140 hectares era protegido por uma cerca de 5 metros de altura. A propriedade continha uma marina, um zoológico, um clube equestre, um campo de arco e flecha, quadras de tênis e área de caça. Em fevereiro, depois da derrocada de Ianukovich, rebeldes da oposição encontraram, no terreno do complexo, uma coleção de carros antigos e um peso de papel de ouro no formato de um pão francês, entre outras coisas.

APOGEU

Vladimir Putin passou em Sochi apenas o primeiro fim de semana dos Jogos, e voltou para Moscou em 11 de fevereiro. Lá ele nomeou um novo comissário para os direitos humanos e se reuniu com Abdul Fattah Al-Sisi, ministro da Defesa do Egito, que havia derrotado a "Primavera Egípcia" seis meses antes ao derrubar o presidente Mohamed Morsi com um golpe militar. Foi no Kremlin, na verdade, que Al-Sisi anunciou oficialmente a intenção de se candidatar à presidência pela primeira vez. Putin defendeu abertamente sua candidatura.

Ainda em constante comunicação com Ianukovich, Putin estava convencido de que a situação em Kiev era resultado de uma operação liderada pelos Estados Unidos. Retrocedendo um pouco a dezembro, a subsecretária de Estado dos Estados Unidos, Victoria Nuland, e o senador John McCain visitaram a Ucrânia. Nuland distribuiu biscoitos e sanduíches na Praça da Independência tanto para os manifestantes quanto para a polícia, enquanto McCain falava de um palco improvisado.

Peskov diz que havia provas convincentes da intervenção dos Estados Unidos. "Foi uma queda incontrolável. Os erros de Ianukovich eram agravados pelas provocações de Washington. As pessoas voavam para lá com dinheiro, enquanto dia e noite havia luzes acesas em todas as janelas. Tudo acontecia de acordo com o planejado. Era um desafio direto à segurança da Rússia."

Em 14 de fevereiro, Putin se reuniu com o Conselho de Segurança em sua residência em Novo-Ogariovo, nos arredores de Moscou, e voltou a Sochi no dia seguinte. Lá, o confronto com os Estados Unidos também estava latente. Em 15 de fevereiro, os dois países se enfrentaram numa partida de hóquei no gelo. O presidente Putin, o primeiro-ministro Medvedev e o chefe de gabinete

Serguei Ivanov estavam na arquibancada. A partida terminou em desgraça: com um em 2 a 2 na prorrogação, o atacante russo Fiodor Tiutin marcou um terceiro gol, anulado pelo árbitro Bradley Mayer (dos Estados Unidos) porque a baliza estava fora do lugar. A Rússia perdeu nos pênaltis.

Putin e os torcedores russos ficaram furiosos. Por que havia um árbitro norte-americano numa partida contra os Estados Unidos? Eles ficaram indignados – só podia ser mais uma conspiração. E ficaram igualmente revoltados com os cumprimentos postados no Twitter da Casa Branca: "Parabéns a T. J. Oshie e à equipe masculina de hóquei pela grande vitória! Nunca deixem de acreditar em milagres. #GoTeamUSA – bo". As iniciais "bo" no final indicavam que o próprio presidente Barack Obama havia escrito o tweet, e não sua assessoria.

"É lastimável que o árbitro não tenha notado a baliza fora do lugar antes do gol, porque o time defensor sempre leva a vantagem nesses casos", comentou Putin. "Porque se o gol é concedido, o adversário tem o direito de contestar; do contrário, pode armar um contra-ataque. Mas árbitros cometem erros, e eu não estou aqui para culpar ninguém – digamos apenas que nossa equipe era a melhor".[4]

Depois do jogo, Putin se reuniu com veteranos de guerra para honrar o 25º aniversário da retirada das tropas soviéticas do Afeganistão, a guerra que efetivamente acabou com a União Soviética. Logo depois, Putin se encontrou com atletas e treinadores da seleção ucraniana. Durante o encontro, um dos treinadores disse a Putin, na frente das câmeras, que a seleção de hóquei da Rússia tinha todo o seu apoio, e que ele estava devastado por causa do gol anulado pelo árbitro dos Estados Unidos. "É muito bom ouvir isso de você", respondeu Putin.

O NOVO AFEGANISTÃO

Por causa da Olimpíada, o 25º aniversário da retirada das tropas soviéticas do Afeganistão passou quase despercebido. Essa fatídica guerra começou em 1979 com uma invasão desencadeada pelo golpe do primeiro-ministro Hafizullah Amin em Cabul, que teve como resultado a derrubada e o assassinato do presidente afegão Nur Mohammad Taraki.

Brejnev reagiu mal à morte de Taraki, que tinha feito uma visita recente a Moscou. Ele chamou Amin de "desonesto". Além disso, após o assassinato de Taraki, a KGB relatou suspeitas de que Amin estava planejando mudar de lado e apoiar os Estados Unidos, se encontrando secretamente com diplomatas e serviços de inteligência dos Estados Unidos, e dando instruções para manter sob vigilância os cidadãos soviéticos que trabalhavam no Afeganistão. Na maioria das vezes, esses comentários não passavam de rumores espalhados pelos adversários de Amin. Mas foram suficientes para que o politburo refletisse sobre a ameaça. O diretor da KGB Iuri Andropov e o ministro da Defesa Dimitri Ustinov afirmaram que o Afeganistão corria o risco de se tornar hostil ao regime soviético. A única ação possível seria enviar as tropas.

O chefe do Estado-Maior Geral Nikolai Ogarkov foi totalmente contra, mas Andropov o silenciou dizendo: "Você não está aqui para dar opinião, mas para anotar e implementar as instruções do politburo". Alexei Kosigin, diretor do Conselho de Ministros, também foi contra a invasão. Mas ele não participou da reunião histórica do politburo em 12 de dezembro de 1979, quando a decisão de invadir foi tomada por unanimidade.

A guerra durou dez anos. Ela ficou conhecida como "Vietnã soviético" e foi de fato o prelúdio da desintegração da União Soviética. Os norte-americanos, é claro, tiveram um papel importante, uma vez que apoiaram ativamente os *mujahidin* contra o exército soviético. Para distribuir fundos e alistar voluntários regionais, eles recrutaram um certo saudita chamado Osama bin Laden.

Em 1989, Mikhail Gorbatchov decidiu retirar as tropas. Três anos depois, o líder afegão pró-soviético Mohammad Najibullah foi derrubado. Durante os quatro anos seguintes, ele viveu dentro do prédio da missão da ONU em Cabul. Em 1996, quando os talibãs tomaram a capital afegã, eles entraram no escritório da ONU, capturaram e mataram Najibullah. O governo talibã nunca foi reconhecido pela comunidade internacional, embora na prática tenha estabelecido um governo em todo o país durante os cinco anos seguintes. Ele só foi derrubado em 2001, dessa vez por uma coalizão internacional, liderada pelos Estados Unidos com o apoio da Rússia. No entanto, esse não foi o fim da guerra no Afeganistão.

Em fevereiro de 2015, um ano depois da Olimpíada de Sochi, no 26º aniversário da retirada das tropas soviéticas do Afeganistão, Putin admitiu que agora entendia o modo de pensar de Brejnev: "À medida que os anos passam e mais fatos são revelados, entendemos melhor o que motivou a União Soviética a invadir o Afeganistão. Muitos erros foram cometidos, é claro, mas havia uma ameaça genuína de que a liderança soviética tentasse fugir ao invadir o Afeganistão".

É simbólico o fato de que os veteranos de guerra afegãos tiveram um papel fundamental nos subsequentes acontecimentos na Crimeia.

DESFECHO

Para a Rússia, o mais importante de qualquer Olimpíada não é a vitória individual, mas os resultados de equipe – vence o país que tiver mais medalhas de ouro. No entanto, as equipes russas não estavam brilhando na maior parte dos jogos. Cinco dias antes do final da Olimpíada, o país anfitrião ficou em quinto lugar, atrás da Alemanha, Noruega, Holanda e Estados Unidos. Putin saiu outra vez de Sochi, mas agora por razões mais importantes do que a classificação de medalhas. Em 18 de fevereiro, Kiev voltou a ser palco de hostilidades. Os ativistas da Praça Maidan atacaram a base do governo em plena luz do dia e, à noite, as forças de segurança tentaram esvaziar a praça central – durante esta ação, pessoas acabaram mortas. Todos os dias Putin telefonava para Victor Ianukovich (que continuava dizendo que estava tudo sob controle) e Angela Merkel, dizendo a ela que a oposição radical era culpada por aquela trágica violência, e não o presidente ucraniano.

Enquanto isso, na medida em que os Jogos se aproximavam do encerramento, a seleção russa avançava na contagem de medalhas. Em 19 de fevereiro, os russos ganharam ouro no *snowboard* masculino; no dia seguinte, levaram mais um ouro na patinação artística feminina.

Mas em Kiev as notícias eram menos otimistas. Em 20 de fevereiro, confrontos no centro da cidade mataram mais de 90 pessoas. Vários atletas ucranianos deixaram Sochi em protesto contra o derramamento de sangue em sua terra natal.

Foi nesse dia que as negociações começaram em Kiev com a participação dos ministros das Relações Exteriores da Alemanha, da França e da Polônia – Frank-Walter Steinmeier, Laurent Fabius e Radoslaw Sikorski –, bem como Vladimir Lukin, que havia se aposentado recentemente como *ombudsman* dos direitos humanos na Rússia.

Vladislav Surkov, assessor de Putin, também chegou a Kiev. A missão dele era diferente da de Lukin. Enquanto Lukin tinha de trabalhar com diplomatas estrangeiros, Surkov tinha de lidar com Ianukovich e sua comitiva e garantir que as autoridades ucranianas estavam enfrentando bem a situação. Depois de dois meses ouvindo Ianukovich dizer "está tudo sob controle", Putin teve sérias dúvidas.

Os ministros europeus deixaram claro para Ianukovich que, como resultado das mortes no confronto, ele era efetivamente um pária; portanto, era do interesse dele fazer tantas concessões quanto possível. Os Estados Unidos impuseram sanções individuais a Ianukovich e suas forças de segurança responsáveis pelo massacre na Praça Maidan, seguidas depois por sanções da União Europeia. O ministro das Relações Exteriores da França, Laurent Fabius, prometeu "atingir o bolso dos responsáveis pela violência".

Enquanto os ministros europeus, os líderes da oposição ucraniana e Ianukovich negociavam, o aeroporto de Kiev passava por um dia muito movimentado. Jatinhos particulares faziam fila para decolar com funcionários do governo e seus familiares a bordo; na bagagem, dinheiro em espécie e objetos de valor. Só do Aeroporto Internacional de Kiev decolaram 64 voos particulares naquele dia.

Ianukovich concordou com tudo durante as negociações, além de prometer reformas constitucionais e o adiantamento das eleições presidenciais para dezembro de 2014. No momento crucial, telefonou de novo para Putin, que insistiu para que Ianukovich assinasse um acordo com a oposição. Putin então ligou para Angela Merkel, Barack Obama, o presidente francês François Hollande e o primeiro-ministro britânico David Cameron.

Mas os ativistas da Praça Maidan não queriam que o acordo fosse assinado. Quando os líderes da oposição ucraniana chegaram à praça principal de Kiev para informar à multidão sobre o acordo com Ianukovich, foram recebidos com vaias. Durante um discurso do campeão de boxe Vitali Klitschko, que se considerava o único líder da oposição, o ativista Volodimir Parasiuk invadiu o palco e gritou: "Nossos líderes apertam a mão de assassinos! Você é uma vergonha! Chega de Ianukovich. Ele tem até as 10 horas de amanhã para deixar o governo!".

A multidão na Praça Maidan começou a entoar "Fora, criminosos!".

Parasiuk continuou: "Se amanhã, até às 10 horas, nossos políticos não pedirem a renúncia imediata de Ianukovich, eu juro que vamos partir para cima do governo!". Nesse momento, caixões com o corpo dos manifestantes mortos foram levados para a praça, e todos os líderes da oposição, incluindo Klitschko, se ajoelharam.

O acontecimento mais inesperado de 21 de fevereiro não foi a assinatura de um acordo, mas o recuo súbito das forças de segurança. As tropas internas que protegiam os prédios do governo e o Verkhovna Rada, bem como as unidades especiais do Berkut em volta do prédio da administração presidencial, também recuaram. A ordem para retirar as tropas foi dada pelo ministro do Interior Vitali Zakharchenko. Foi um golpe para Ianukovich e sua administração, que de repente se viram desprotegidos, cara a cara com os rebeldes.

Ianukovich telefonou para Putin para dizer que havia assinado um acordo e que pretendia ir para Kharkiv. "Você está indo para onde?", gritou Putin. "Trate de ficar quieto aí! Seu país está fora de controle. Kiev está à mercê de gangues e saqueadores. Você ficou maluco?".

"Está tudo sob controle", respondeu Ianukovich.

"Nunca imaginei que ele fosse um covarde de merda", teria dito Putin sobre o antigo colega.

Surkov fracassou em sua missão de evitar que Ianukovich deixasse Kiev e que seu regime entrasse em colapso. Com isso, restou-lhe a inevitável renúncia, que só foi adiada um pouco devido à conhecida aversão de Putin a decisões imediatas. Em março, Surkov passou férias no exterior, e sua esposa começou a postar fotos da viagem no Instagram. Esperando ser demitido, Surkov imaginou que poderia viver como um indivíduo comum, mas acabou involuntariamente resgatado pelo Ocidente ao ser incluído na lista de sanções da União Europeia, publicada em 21 de março. Putin não poderia punir alguém que havia sido punido por seus inimigos. Desse modo, Surkov foi mantido como assessor presidencial para questões da Ucrânia, e pouco depois foi enviado para lá com a tarefa de resolver a situação na região de Donbass.

CAEM AS MÁSCARAS

Na noite de 21 de fevereiro, Ianukovich voltou para sua residência, a Mejihiria, que ele parecia valorizar mais do que o próprio país. Seus assistentes haviam passado os dois dias anteriores esvaziando o imóvel, de onde tiraram baldes de objetos de valor, dinheiro e barras de ouro.

Ianukovich convidou o chefe de sua administração e o presidente do Verkhovna Rada para um jantar de despedida. Aparentemente leais, ainda não tinham renunciado nem deixado o país. Vladimir Ribak, presidente do Verkhovna Rada, no entanto, foi à Mejihiria só para apresentar sua demissão. Ele sabia que estava de saída, assim como a maioria dos deputados do Partido das Regiões, que fizeram a mesma coisa na manhã seguinte. Depois dessa "última ceia", todos subiram nos seus jipes e foram para Kharkiv, no leste da Ucrânia, onde seria realizado um congresso separatista. O "congresso de deputados de todos os níveis" tinha como objetivo desafiar a rebelião de Maidan, exigir a federalização e até promover a separação das províncias a oeste. Ianukovich já havia tentado algo semelhante em 2004 no meio da Revolução Laranja, mas seus esforços não deram em nada.

Aliás, mais uma vez eles não deram em nada. Como descreve Sonia Koshkina, Ianukovich continuava se comportando como se nada tivesse acontecido. Ele ainda pensava em si mesmo como presidente e em todos os outros como subordinados. Mikhail Dobkin, governador de Kharkiv, ficou ofendido e aconselhou Ianukovich a não aparecer no congresso. Além disso, disse que lhe era impossível garantir a segurança pessoal de Ianukovich.[5]

No entanto, Ianukovich considerava seriamente a ideia de dividir a Ucrânia. Naquela noite, ele reuniu os antigos colegas e perguntou: "Como esse novo país poderia se chamar?".

"China", brincou um deles.

"Já existe uma China", disse outro, sem nenhuma ironia.

"Vocês estão rindo da minha cara?", irritou-se Ianukovich.

Na manhã de 22 de fevereiro, Ianukovich soube que sua amada Mejihiria havia sido invadida por uma multidão durante a noite. Ele então gravou um discurso para a TV definindo as ações no país como "gangsterismo, vandalismo e golpe de Estado".

E então, um ponto de virada. O presidente fugido chegou ao Palácio dos Esportes de Kharkiv para o congresso que estava planejado. Desceu do jipe e, enquanto caminhava até a porta, ouviu o telefone tocar. Depois de uma rápida conversa, Ianukovich se virou, voltou para o carro e foi embora. Alguém o alertou de que torcedores de futebol favoráveis aos protestos da Praça Maidan haviam rompido o cordão que isolava o prédio. A elite de Kharkiv fugiu do local imediatamente, e o congresso não aconteceu.

Ianukovich foi para o Aeroporto de Donetsk, mas a polícia de fronteira não autorizou a decolagem de seu Falcon Jet para a Rússia. Foi um choque para ele, que foi de carro para a Crimeia, onde foi apanhado na costa por um helicóptero russo.

Ianukovich só reapareceu publicamente uma semana depois, em 28 de fevereiro, durante uma coletiva de imprensa em Rostov-on-Don, no sul da Rússia. Ele parecia confuso, e continuou reivindicando que era o único presidente legítimo da Ucrânia. Culpou a oposição radical e os "bandidos fascistas" pelo que havia acontecido, bem como os "mediadores internacionais" que o haviam traído.

Apesar do desespero em relação a Ianukovich, o Kremlin concordava com ele quanto aos mediadores ocidentais. "Ele assinou um acordo, ordenou a retirada da polícia e continuou no país. Os mediadores europeus prometeram garantir a implementação do acordo. O que aconteceu foi estarrecedor, algo jamais visto. Era uma ameaça direta à Rússia", conclui Dimitri Peskov.

Em 23 de fevereiro, a Olimpíada de Sochi chegou ao fim. Nos últimos três dias de competição, a Rússia obteve duas medalhas de ouro por dia e acabou liderando a contagem por equipe. Um triunfo nacional.

Todavia, o Kremlin estava concentrado em outra coisa. Putin já estava planejando uma operação na Crimeia.

"O paradoxo dos Jogos de Sochi é terem sido uma das melhores Olimpíadas da história, e, apesar disso, terem habitado a consciência mundial durante poucos dias. O impacto da Ucrânia foi tão grande que encobriu todo o resto", diz Peskov, suspirando.

Ao resumir o que achou da Olimpíada, o próprio Putin disse não ter dúvidas do preconceito enraizado do Ocidente: "Existe uma legião de críticos muito distantes do esporte, cujo campo de batalha é a política internacional.

Eles usaram o projeto olímpico para favorecer sua propaganda antirrussa. Podemos dizer o que for e não convenceremos ninguém, porque todos já têm uma ideia formada".[6]

"O objetivo era se livrar de Putin", diz Peskov, convicto. "Eles [o Ocidente] não gostam dele. A Rússia é muito obstinada sob o governo de Putin, não quer fazer concessões. Eles estão dispostos a fazer qualquer coisa para se livrar dele. Nós já sentíamos isso antes da Ucrânia, mas depois foi diferente. Depois da Ucrânia, as máscaras diplomáticas caíram. É como se antes o confronto estivesse envolvido numa película plástica, que agora não existe mais."

Em 1980, o início da guerra no Afeganistão arruinou a Olimpíada de Moscou na União Soviética. Sessenta e cinco países, incluindo Alemanha, Canadá, Estados Unidos, Grã-Bretanha, Japão, Turquia, e até mesmo a China, boicotaram os jogos. Não houve boicote aos Jogos de Sochi de 2014, já que os eventos na Crimeia começaram depois. Mas a festa do esporte do Kremlin foi arruinada mais uma vez.

CAPÍTULO 17

Em que o ministro de Defesa Serguei se vinga em nome do Afeganistão e de Nicolau I

Serguei Choigu adora contar que seu sonho de infância era ser motorista de caminhão: alguém completamente livre, dependente apenas de si mesmo. O atual ministro da Defesa detém o recorde de maior permanência no poder na Rússia moderna – ele perdeu a liberdade e a independência em 1991.

Mesmo antes de ser nomeado ministro da Defesa, Choigu sempre se comportou como um militar. Adorava disciplina, conversas sérias, rigor e piadas de caserna. E até consegue parecer mais durão do que os outros siloviki *– afinal, ele não é filólogo por formação, como Sechin ou Ivanov, mas construtor.*

A reputação de Choigu como político é impecável, mas ele nunca explora esse fato. É mais soldado que político. Como militar, sua tarefa é executar ordens.

Durante um programa de TV em 2006, quando Choigu era ministro de Situações de Emergência, um adolescente lhe fez a seguinte pergunta: "O que você faria se estivesse voando e o avião caísse?".

Choigu respondeu sem hesitar: "Nada. Ele continuaria caindo de qualquer maneira".

BOSS

Para entender melhor seus potenciais adversários, Vladimir Putin aconselhou Choigu a assistir a duas séries de TV norte-americanas: *Boss* e *House of Cards*. "Vai ser útil para você", recomendou o presidente. Sabemos por que Putin gostava dessas séries: as duas confirmam sua crença de que os políticos ocidentais são cínicos e canalhas, cujas palavras sobre valores e direitos humanos são da boca para fora e só servem para atacar inimigos. Choigu concordava com essa avaliação.

O novo ministro da Defesa sempre foi o aliado mais fiel de Putin, ainda que sua carreira tenha começado muito antes de Putin se mudar para

Moscou. A longevidade de Choigu dentro do círculo de Putin é inigualável. Ele se tornou ministro federal em 1991, quando Putin trabalhava como assessor de Anatoli Sobchak, prefeito de São Petersburgo. Em primeiro lugar, Choigu criou um "corpo de resgate", que depois foi reformulado e recebeu o esplêndido nome de Ministério dos Desastres (que era de fato um poderoso serviço de segurança). Em 1992, Choigu foi mediador na solução do conflito entre Geórgia e Ossétia, e ajudou na evacuação de refugiados russos do Tajiquistão.

Choigu nunca tentou se destacar no meio dos outros – o que era ainda mais notável, uma vez que Putin, até certo ponto, deve a ele a presidência. Em 1999, o popular ministro das Situações de Emergência encabeçou a lista eleitoral do partido pró-Putin Unidade, criado por Boris Berezovski e Alexander Voloshin. O sucesso do Unidade (que ficou em segundo lugar nas eleições da Duma de 1999, perdendo para os comunistas) garantiu efetivamente a vitória de Putin nas eleições presidenciais de 2000, já que seu principal rival, a dupla Primakov-Lujkov, havia sido destruído. No entanto, os criadores do partido não receberam nem dividendos nem a gratidão de Putin. Um ano depois, quando Berezovski se exilou em Londres, quase todos os governadores que apoiaram o Unidade perderam o emprego. Nos primeiros anos da presidência de Putin, Choigu também não estava muito bem.

O líder do Unidade era contra a ideia de Vladislav Surkov de fundir sua "cria" com o partido Pátria-Toda Rússia. O Kremlin ignorou sua objeção, mas, para atenuar as coisas, Shoigu recebeu o cargo simbólico de copresidente do Rússia Unida (junto com o derrotado prefeito de Moscou Iuri Lujkov e o governador do Tartaristão Mintimer Shaimiev).

Ainda mais complexas foram as relações de Choigu com a nova elite, cujos membros eram, em sua maioria, antigos colegas de Putin do FSB, que agora controlavam a administração presidencial. Como *siloviki* da era Ieltsin, Choigu era um inimigo natural. Por esse motivo, ele não foi escolhido para liderar o Rússia Unida nas eleições da Duma de 2003, e cedeu o cargo para o nada simpático, porém servil ministro do Interior Boris Grizlov, ex-colega de classe do diretor do FSB Nikolai Patrushev. Em junho de 2003, seis meses antes da eleição, Grizlov lançou uma poderosa campanha de relações públicas contra a corrupção dentro de seu próprio departamento. O objetivo de projetar a imagem de um policial rígido, porém justo era agradar os eleitores. Ele descobriu uma gangue de "lobisomens de dragona" dentro do Ministério do Interior. No entanto, veio à tona que o chefe desse suposto grupo de criminosos dentro do departamento não era um funcionário da polícia, mas sim um general do Ministério de Situações de Emergência com vínculos estreitos com Serguei Choigu. Com a vantagem obtida antes da eleição, Grizlov conseguiu derrotar seu colega de partido.

As estruturas do partido se abalaram. Segundo rumores, o subordinado de Choigu testemunhou contra o chefe e ainda admitiu durante o interrogatório que aeronaves pertencentes ao ministério foram usadas para importar drogas do Tajiquistão para a Rússia. Os rumores não foram confirmados, mas fizeram Choigu parecer vulnerável.

O que o ajudou foram a lealdade e a paciência. Ele sabia que a chave para a sobrevivência era manter o acesso a Putin. Para isso, Choigu explorava o amor do presidente pela caça e pelos esportes radicais, bem como os recursos exclusivos do Ministério de Situações de Emergência. Choigu se tornou praticamente o agente de turismo particular de Putin, organizando viagens para o presidente por toda a Rússia, incluindo Tuva, por exemplo, a terra natal de Choigu – uma república pequena e pitoresca na fronteira da Mongólia. E se tornou companheiro permanente de caça e pesca de Putin. Foi ele quem organizou uma expedição de pesca em Tuva para Putin e o príncipe Alberto II de Mônaco em 2007, quando o presidente foi fotografado pela primeira vez com o torso nu. Outra fotografia ainda mais famosa, em que Putin aparece em cima de um cavalo, de cabelos curtos e chapéu de caubói, também foi produto de uma viagem inspirada por Choigu em 2009.

Choigu até "dirigiu" a sessão de fotos. Foi ele quem escolheu o chapéu para Putin no guarda-roupa do Ministério de Situações de Emergência, bem como a árvore em que Putin subiu naquele dia. Testemunhas dizem que Putin se esforçou demais. Ele atravessou as águas geladas do Rio Khemchik três vezes para garantir que seu nado borboleta fosse bem capturado pela câmera.

Seis meses depois, aconteceria uma tragédia: um incêndio em uma casa noturna em Perm, no centro da Rússia, matou 156 pessoas. Ficou claro de imediato que a culpa era do serviço de bombeiros. Eles vistoriaram a boate repetidas vezes e autorizaram o funcionamento em todas as visitas – mediante suborno, claro. A imprensa escreveu que era algo típico do Ministério de Situações de Emergência, a pasta responsável pela segurança contra incêndios. Mas a tragédia não chegou a afetar Choigu.

Em 2009, as recreações de Choigu e Putin atingiram um novo patamar quando o primeiro foi nomeado presidente da Sociedade Geográfica Russa, que existia desde meados do século XIX, e Putin se tornou presidente do conselho de administradores (antes dele, ocuparam o cargo os imperadores Nicolau I, Alexandre II, Alexandre III e Nicolau II).

Os assessores de Choigu dizem que ele realmente gosta de esportes radicais e que anualmente participa de expedições em florestas, o que é sempre uma dor de cabeça para seus seguranças, que não podem perdê-lo de vista.

O ministro também é acompanhado através da taiga de Tuva por funcionários do Ministério da Defesa, com uma linha especial de comunicação e uma maleta nuclear.

O teste decisivo de Serguei Choigu aconteceu em 2012, quando Putin retornou ao Kremlin. O insubstituível ministro de Situações de Emergência foi nomeado governador da região de Moscou. Foi um claro rebaixamento, mas Choigu aceitou o golpe estoicamente e cumpriu as instruções de Putin. O presidente percebeu a conformidade de Choigu, o que fez seu exílio em Moscou durar apenas seis meses. Quando Anatoli Serdiukov foi demitido de cargo de ministro da Defesa, Putin o substituiu por Choigu, que era neutro e não tinha nenhuma ligação com as acusações contra Serdiukov por suposta corrupção. Um exemplo típico do sistema tradicional de freios e contrapesos de Putin. Por mais que Putin receba conselhos de sua comitiva, ele só os executa na metade dos casos – quando muito. Se uma pessoa faz *lobby* pedindo a renúncia de outra, ele nunca nomeia a escolha óbvia do lobista. A saída de Serdiukov foi orquestrada pelo chefe de gabinete Serguei Ivanov e pelo "rei das armas" Serguei Chemezov, diretor-executivo da Rostec, o que significava que o novo ministro não poderia ter qualquer conexão com eles.

Uma missão importante de Choigu em seu novo papel era estabelecer relações com os generais. Serdiukov ganhara o desprezo dos generais por ignorar a opinião deles e vê-los como um obstáculo à reforma do exército. Para ajudar em sua missão, Choigu eliminou toda a equipe de contadoras de Serdiukov.

TUDO EM ORDEM

No filme de propaganda *Crimeia: caminho para casa*, feito pela televisão estatal russa, Putin relata que passou a noite de 22 para 23 de fevereiro dirigindo a operação para salvar a vida de Viktor Ianukovich. Telefonou várias vezes para o presidente em fuga, manteve contato com os seguranças dele e instruiu as forças especiais da *spetsnaz* a encontrar o comboio de Ianukovich. Putin disse que as novas autoridades ucranianas pretendiam matar o presidente deposto. A fonte dessa informação provavelmente era o próprio Ianukovich, que em seu último discurso na televisão ucraniana afirmou que o seu carro e de Volodimir Ribak, presidente do Verkhovna Rada, foram alvo de disparos (o que Ribak negou).

Putin passou a noite sem dormir em sua residência de Novo-Ogariovo na companhia de seus conselheiros mais próximos: o ministro da Defesa Serguei Choigu, o secretário do Conselho de Segurança Nikolai Patrushev, o chefe do FSB Alexander Bortnikov e o chefe de gabinete Serguei Ivanov.

"Eu disse aos quatro que os eventos na Ucrânia se desdobraram de tal maneira que agora precisávamos pensar em como trazer a Crimeia de volta para a Rússia. Não poderíamos entregar a região e o povo aos caprichos do destino e ao rolo compressor do nacionalismo", disse Putin, resumindo os acontecimentos daquela noite.[1]

A ideia não foi bem recebida por todo mundo. Patrushev estava empolgado, então insistiu para Putin tomar rapidamente uma atitude. Choigu, no entanto, reagiu com extrema cautela. Ele seria responsável por realizar a operação planejada, então fez uma lista com diversos argumentos contrários. Mas Putin não ouviu.

Um dos planejadores da operação na Crimeia diz que Putin confundiu as datas. As forças especiais russas embarcaram em Novorossisk e foram enviadas para Sevastopol um pouco antes, em 20 de fevereiro – ou seja, *antes* de Ianukovich ser derrubado. Naquele momento, no entanto, seu destino parecia uma conclusão inevitável para o Kremlin, já que o presidente ucraniano havia iniciado negociações com ministros europeus e estava pronto para aceitar seus termos e condições. Isso explica por que Putin instruiu seu representante, Vladimir Lukin, a não assinar um acordo.

Em dezembro de 2013, Vladimir Konstantinov, presidente do Conselho Supremo da Crimeia, visitou Moscou, e foi nessa ocasião que, segundo o Kremlin, discutiu-se pela primeira vez um plano de ação específico em relação à Crimeia. Konstantinov disse ao secretário do Conselho de Segurança Nikolai Patrushev que, no caso da derrubada de Ianukovich, a República Autônoma da Crimeia estaria pronta "para se juntar à Rússia". Uma testemunha diz que Patrushev ficou agradavelmente surpreendido com a determinação.

A ideia de devolver a Crimeia à Rússia não foi espontânea. Em 2008, na reunião de cúpula da OTAN em Bucareste, Putin havia dito que se a Ucrânia se juntasse à OTAN estaria correndo o risco de perder a Crimeia e o Oriente. Com o passar do tempo, a ideia de anexar a Crimeia foi tomando forma. O velho mantra de Putin, "Precisamos lidar com a Ucrânia; do contrário, vamos perdê-la", se transformou em "se a Ucrânia se juntar à OTAN, tomaremos a Crimeia". Afinal, a Frota do Mar Negro russa estava estacionada em Sevastopol, na Crimeia, a "cidade da glória russa". A base havia sido arrendada da Ucrânia em 1991.

Em 2010, Dimitri Medvedev e Viktor Ianukovich assinaram os chamados acordos de Kharkiv: a Rússia baixou o alto preço do gás para a Ucrânia (Iulia Timochenko havia sido processada por isso) em troca de uma prorrogação de 25 anos no contrato da base em Sevastopol, além da autorização para aumentar a quantidade de tropas enviadas para lá.

No final de 2013, quando os protestos da Praça Maidan começaram em Kiev, só se falava da Crimeia dentro do Kremlin, bem como entre os *siloviki* e os empresários patriotas. A expressão "Krim Nash" ("A Crimeia é nossa") era dita o tempo todo. Os maiores fãs do *slogan* eram Igor Sechin, presidente da Rosneft, e Vladimir Iakutin, presidente da Ferrovias Russas.

A decisão de devolver a Crimeia à Rússia (que, de acordo com Putin, foi tomada às 7h de 23 de fevereiro) foi muito arriscada. No entanto, Nikolai Patrushev e Serguei Ivanov, com o apoio de Alexander Bortnikov, diretor do FSB, disseram a Putin que, segundo as pesquisas privadas realizadas pelo próprio FSB, quase toda a população da Crimeia era a favor da junção. Além disso, não haveria resistência: o governo ucraniano estava caótico e não havia ninguém que ordenasse os militares a defender a península. Como resultado, decidiu-se que a operação para "devolver" a Crimeia deveria continuar, mas com muita cautela, e foi confiada a Serguei Choigu. Todos tinham consciência do tamanho da operação. O medo de fracassar era real, pois, apesar dos anos de discussão sobre a necessidade de recuperar a Crimeia, não havia um plano concreto. Eles seriam guiados pelo fluxo dos acontecimentos.

A parte política da operação da Crimeia foi dirigida pelo quase completamente desconhecido Oleg Belaventsev, ex-assistente de Choigu, responsável por tarefas secretas durante muitos anos. Ele liderava a agência Emercom, que cuidava das operações internacionais do Ministério de Situações de Emergência. Quando Choigu foi nomeado governador da região de Moscou, Belaventsev se tornou seu secretário executivo. E quando Choigu passou para o Ministério da Defesa, Belaventsev assumiu a direção da empreiteira suspeita de corrupção no caso Oboronservis, que levou à demissão de Serdikov.

Em 23 de fevereiro, Belaventsev foi para a Crimeia entender um pouco a situação. O plano de tomada da região contou inicialmente com a ajuda de Anatoli Mogilev, primeiro-ministro da república, que era protegido de Viktor Ianukovich. Ele concordou em não atrapalhar a operação de Moscou, mas depois se acovardou e fugiu para Donetsk.

O próximo passo de Belaventsev foi se aproximar de Leonid Grach, de 66 anos, líder comunista e ex-presidente do Conselho Supremo da Crimeia. Em Moscou, ele era o político pró-russo mais conhecido da Crimeia, mas em casa tinha a reputação de ser maluco. Poucos dias depois de conversar com ele, Belaventsev propôs que ele se tornasse o novo primeiro-ministro. Grach chegou a falar pelo telefone com Choigu, que lhe disse que a Rússia estava prestes a reivindicar o controle da Crimeia e lhe pediu que assumisse a responsabilidade. Grach concordou de imediato. Mas Choigu logo percebeu que Grach não tinha nenhuma influência na Crimeia e não era confiável. Então o antigo comunista acabou esquecido.

Em 26 de fevereiro, a agitação começou em Simferopol. Duas manifestações opostas se formaram na entrada do Conselho Supremo – uma de tártaros da Crimeia e outra de russos. Corria a notícia de que o Conselho Supremo pediria a Putin para aceitar a Crimeia na Federação Russa. Os russos saíram às ruas em apoio, e os tártaros, em protesto. Houve um confronto e duas pessoas foram mortas (uma esmagada e outra de ataque cardíaco). Mas os líderes de cada uma das manifestações conseguiram dispersar a multidão. O líder russo era o deputado local Serguei Aksionov, de 41 anos de idade.

Naquela mesma noite, Choigu ordenou o envio de soldados paraquedistas russos da 76ª Divisão de Pskov para a Crimeia. Dez aeronaves pousaram em Sevastopol, iniciando uma operação noturna das tropas para ocupar o Conselho Supremo (governo) e fechar o espaço aéreo da península. Uma bandeira russa foi hasteada sobre o prédio do Conselho Supremo. As tropas usavam uniformes sem identificação, o que lhes rendeu o apelido de "homenzinhos verdes". As autoridades russas não reconheceram as tropas como suas, e os militares russos negaram oficialmente qualquer envolvimento. As tropas que tomaram o controle do Soviete Supremo em Simferopol operavam às cegas – os soldados não sabiam para onde haviam sido despachados, nem por quê. Sua tarefa era estabelecer o controle do prédio, e alguns não sabiam sequer em qual cidade ou país estavam. O novo senhor do terreno – quer dizer, do prédio do Conselho Supremo – era Belaventsev.

Em *Crimeia: caminho para casa*, Putin diz que não precisou de permissão do Conselho Federal (câmara alta do parlamento russo) para enviar tropas à Ucrânia: "Pelo acordo internacional vigente, nós tínhamos o direito de colocar 20 mil soldados em nossa base militar na Crimeia, talvez até um pouco mais. Mesmo com as forças extras que enviamos, não atingimos esse número. Grosso modo, não violamos nada". No entanto, o presidente interino da Ucrânia na época, Aleksander Turchinov, afirmou que havia 46 mil soldados russos na Crimeia. Putin pediu permissão do Conselho da Federação para enviar tropas muito tempo depois, em 1º de março, quando a operação da Crimeia já estava concluída.

Antes do confronto diante do prédio do Conselho Supremo em 26 de fevereiro, chegaram à Crimeia os conselheiros do FSB e do GRU (serviço de inteligência militar russo), incluindo Igor Girkin, que mais tarde ficaria conhecido como Igor Strelkov, líder do movimento de independência da República Popular de Donetsk. Seu objetivo era organizar uma sessão parlamentar de emergência e eleger um novo primeiro-ministro. Os parlamentares da Crimeia se recusaram a comparecer e acabaram levados à força até o prédio por oficiais à paisana.

O presidente do Conselho Supremo da Crimeia nomeou Serguei Aksionov como novo primeiro-ministro. O deputado pouco conhecido era líder do partido russo Unidade na Crimeia e tinha a reputação de ter conexões criminosas. Ele havia incitado o conflito na entrada do Conselho Supremo, e logo em seguida as tropas russas desembarcaram em Sevastopol. "O porta-voz do parlamento da Crimeia me disse que ele é nosso Che Guevara – era justamente disso que precisávamos", diz Putin em *Crimeia: caminho para casa* ao descrever seu primeiro encontro com Aksionov.

"O parlamento foi o órgão representativo absolutamente legítimo das autoridades da Crimeia", disse Putin em entrevista à TV. "As pessoas votaram e elegeram Serguei Valerevich Aksionov como novo primeiro-ministro da Crimeia. O presidente Ianukovich, que ocupa legalmente seu lugar na Ucrânia, aprovou. Do ponto de vista da lei ucraniana, tudo foi satisfatório. Apesar do que possam dizer ou pensar, está tudo em ordem."

Em 23 de fevereiro, depois de sair da Crimeia de helicóptero rumo a um navio de guerra russo, Ianukovich agora estava protegido no resort Barvikha, nos arredores de Moscou. De acordo com Putin, no entanto, ele voltou mais uma vez para a Crimeia no final de fevereiro antes de finalmente perceber que não havia "ninguém com quem negociar".

Na tarde de 27 de fevereiro, o presidente do parlamento da Crimeia abriu uma votação para decidir se o primeiro-ministro Mogilev sairia do cargo para que Serguei Aksionov o assumisse. De acordo com dados oficiais, 61 dos 64 deputados votaram a favor. No entanto, segundo os próprios deputados, os números reais eram 42 de 53, o que era insuficiente para um quórum.

Em 28 de fevereiro, uma aeronave de transporte militar Il-76 levou 170 veteranos do Afeganistão e da Chechênia para a Crimeia, bem como atletas, membros de clubes de motos e de "clubes patrióticos". A pedido de Franz Klintsevich, deputado da Duma e líder da União de Veteranos do Afeganistão, além de amigo de longa data de Choigu, eles foram colocados em um *resort* na Crimeia que era propriedade do Ministério da Defesa. Em 1999, a pedido de Choigu, ele e seus "afegãos" se juntaram ao partido pró-Putin Unidade. Após a nomeação de Choigu como ministro da Defesa, Klintsevich disse: "Choigu e a vitória andam de mãos dadas".

Os "turistas", que haviam recebido instruções de Klintsevich, estavam todos ansiosos para que a Crimeia voltasse a fazer parte da Rússia e sentiam forte nostalgia pelo passado imperial soviético. Estavam dispostos a lutar, mas seu papel era simplesmente fazer parte do povo crimeano e exigir com protestos que a Rússia retomasse o controle da península. Parecia uma manifestação de Maidan improvisada, tão sincera quanto a de Kiev, mas com uma diferença crucial: a maioria dos ativistas era russa – ou seja, estrangeiros (na época), ainda que nada os diferenciasse dos nativos em termos físicos e linguísticos.

Em questão de dias, as tropas russas, com o apoio das milícias locais, assumiram o controle de todas as bases militares ucranianas na Crimeia. Não houve resistência, já que quase todas estavam ocupadas por soldados contratados na comunidade local. E quase todos eram favoráveis à Rússia.

O FANTASMA DE NICOLAU I

A Crimeia tem uma história longa e complicada. Ela se tornou parte do Império Russo sob o comando de Catarina, a Grande, em 1783. Mas os acontecimentos mais impressionantes na península se deram 70 anos depois, durante o reinado do czar Nicolau I.

Nicolau I deveria ter sido o maior imperador russo do século XIX. Seu irmão mais velho, Alexandre I, derrotou Napoleão, mas ficou na memória das futuras gerações como um governante "fraco e perverso". Nicolau I não era assim. Em 1825 ele refreou a Revolta Dezembrista, e o conde Serguei Uvarov, ideólogo da corte e ministro da Educação, formulou o lema nacional da Rússia: "Ortodoxia, autocracia, nacionalidade". Com punho de ferro, o imperador refreou o separatismo na Polônia. A Polônia era para ele o que a Chechênia é hoje para Putin. Nicolau ajudou a Áustria a esmagar a revolução na Hungria – o que lhe rendeu o apelido de "*Gendarme* da Europa". Por fim, Nicolau, que se considerava um grande monarca ortodoxo, acreditou na sua missão de libertar os povos eslavos sob o domínio otomano. Além disso, ele pretendia tomar Constantinopla mesmo sabendo dos perigos de fazê-lo.

Putin foi muitas vezes comparado a Nicolau I, sobretudo pelo ex-ministro das Relações Exteriores da Tchecoslováquia Karel Schwarzenberg: "Foi durante o governo de Nicolau I que grande parte da Ásia Central foi conquistada pelos russos. Putin está indo muito bem colocando-os sob o controle da Rússia mais uma vez, e o Oeste está perdendo", opinou.[2]

A queda de Nicolau I foi a Guerra da Crimeia – o primeiro e único momento da história em que a Rússia se viu sozinha contra o resto do mundo. No período 1853-1856, a Rússia enfrentou uma aliança formada por França, Grã-Bretanha, Turquia e Sardenha. Nos anos pós-soviéticos, jornalistas russos antiocidentais ressuscitariam o estereótipo de que toda a história russa é um longo confronto com o Ocidente. Na verdade, a Rússia só teve um confronto desse tipo: a Guerra da Crimeia.

A guerra foi provocada pelas ambições cada vez maiores da Rússia e pela decisão da França e da Grã-Bretanha de salvar a Turquia da investida russa. O pretexto para a Guerra da Crimeia foi um conflito diplomático a respeito da Igreja da Natividade em Belém, na época sob o domínio otomano. Para pressionar a Turquia, a Rússia enviou tropas para a Moldávia e a Valáquia (também sob o controle do Império Otomano). Em resposta, a França e a Grã-Bretanha enviaram suas frotas para o Mar de Mámara. Quando as tropas russas atravessaram o Danúbio, os britânicos e os franceses declararam guerra à Rússia.

A imprensa europeia estava repleta de propaganda contra a Rússia. Nicolau I foi chamado de "Ditador do Norte", e os jornais britânicos alegaram que os cristãos do Império Otomano tinham uma liberdade religiosa maior do que a dos católicos e protestantes na Rússia Ortodoxa (muito embora Nicolau I tenha visitado Londres em 1844 como convidado pessoal da rainha Victoria). Ao mesmo tempo, a Rússia iniciou sua primeira propaganda em larga escala contra o Ocidente.

Durante a Guerra da Crimeia, ficou nítido que existia um abismo tecnológico entre a Rússia, de um lado, e a Grã-Bretanha e a França, do outro. A guerra acabou com uma derrota humilhante e a morte de Nicolau I. Segundo uma versão dos fatos, o czar cometeu suicídio depois do fracasso de um ataque à cidade de Eupatória, na Crimeia, e à condenada defesa de Sevastopol.

A defesa de Sevastopol foi glorificada graças principalmente às memórias de uma pessoa que participou dela – Leo Tolstoi. Sevastopol acabou sendo santificada como "a cidade da glória russa" no centésimo aniversário da sua defesa.

Foi durante o evento centenário que a liderança soviética decidiu transferir a Crimeia da Rússia para a Ucrânia. Em 2014, depois que a operação reassumiu o controle da Crimeia, Putin disse que a decisão original havia sido tomada por Nikita Khrushchev. Em 1954, no entanto, quando a ação se concretizou, Khrushchev não tinha poder suficiente para tomar essas decisões sozinho. Um ano depois da morte de Stalin, o país foi governado por uma equipe de herdeiros do ditador. Khrushchev, que era o primeiro-secretário do Comitê Central do Partido Comunista, teve de lidar com cada um deles, em particular o primeiro-ministro Georgui Malenkov, que era primeiro entre iguais. Khrushchev só conseguiu a liderança suprema em 1957. Até hoje não existe uma explicação totalmente plausível para o fato de a Crimeia ter sido entregue à RSS da Ucrânia. A teoria mais convincente parece ser de cunho agrícola: Khrushchev queria irrigar a estepe da Crimeia com água do Rio Diniepre, que atravessa a Ucrânia, e planejava colocar a agricultura da península sob a responsabilidade da liderança ucraniana.

"A CRIMEIA É NOSSA"

Ao eleger Aksionov como novo primeiro-ministro no final de fevereiro de 2014, o parlamento da Crimeia decidiu realizar um referendo no dia 25 de maio, que coincidiria com as eleições presidenciais da Ucrânia para substituir Ianukovich. Aksionov afirmou que as autoridades da Crimeia ainda consideravam Ianukovich o presidente legítimo do país e que seguiriam as ordens dele. As palavras exatas da pergunta do referendo não foram divulgadas. Inicialmente, as autoridades da Crimeia disseram que a pergunta não tinha a ver com a adesão à Rússia, mas que seria para esclarecer o *status* autônomo da república.

O problema estava no fato de Moscou ainda não ter decidido o que fazer com a Crimeia. Os liberais do Kremlin e o governo eram contra anexar a Crimeia à Rússia, e citavam o exemplo da Abcásia e da Ossétia do Sul, cuja independência foi reconhecida pelo presidente Dimitri Medvedev em 2008, mas que não se tornara parte da Rússia para não violar o direito internacional. Da mesma forma, eles diziam que era preciso reconhecer a independência da Crimeia, que formalmente se tornaria um Estado independente, mas na prática estaria sob o controle da Rússia.

Em 28 de fevereiro, um dia depois de anunciado o referendo da Crimeia, surgiu um projeto de lei na Duma para facilitar a adesão de novos territórios à Federação Russa. De acordo com a legislação vigente, uma entidade só poderia se juntar à Rússia se chegasse a um acordo internacional com o governo do país do qual pretendia se separar. A nova lei não exigia tal acordo – bastaria realizar um referendo e enviar um pedido a Moscou. O projeto de lei foi apresentado por Serguei Mironov, líder do partido Rússia Justa, embora tenha sido escrito nos bastidores pelo Kremlin. Vladimir Putin queria sondar o terreno para ver como a ideia seria recebida. Era importante que a iniciativa fosse vista como da oposição (que era amigável), e não do próprio Kremlin.

Iniciou-se então uma dura negociação. Na noite de 1º de março, Putin conversou com Obama pelo telefone durante uma hora e meia. O presidente dos Estados Unidos ameaçou isolar a Rússia, dizendo que não participaria da reunião de cúpula do G8 em Sochi, prevista para junho. No dia seguinte, em uma coletiva de imprensa da Casa Branca, ele disse: "É inadmissível que a Rússia coloque seus soldados em campo e viole princípios básicos que são reconhecidos no mundo todo", acrescentando que os Estados Unidos estavam se preparando para tomar medidas diplomáticas e isolar a Rússia. A palavra "sanções" não foi mencionada.[3]

A nova redação do referendo sobre a adesão à Rússia foi oficialmente aprovada pelo Conselho Supremo da Crimeia em 6 de março. De acordo com envolvidos no processo, a nova frase foi proposta por volta de 3 e 4 de março.

Em 4 de março, Putin participou de uma coletiva de imprensa e disse que os planos da Rússia não eram anexar a Crimeia, embora ele tenha feito questão de mencionar Kosovo, dizendo que "ninguém descartou o direito das nações à autodeterminação".⁴ Mas a decisão de anexar a Crimeia já havia sido tomada. Apesar da intensa pressão de Obama e Merkel, Putin concluiu que não poderia ceder; além disso, ele não acreditava que sanções graves seriam impostas. Ele acreditava que a punição máxima seria um boicote à reunião de cúpula do G8 em Sochi. Isso teria sido um insulto muito forte, mas Putin estava pronto para sacrificar a reunião de cúpula por causa da Crimeia. Ele tinha certeza de que o Ocidente não se atreveria a ir mais longe, e se fosse, não seria por muito tempo. A Rússia já tinha sido ameaçada de isolamento depois da guerra na Geórgia, mas logo todos se esqueceram.

No entanto, a lei de Mironov foi considerada desnecessária e não foi aprovada. Então, na noite de 5 de março, o parlamento da Crimeia anunciou a mudança nas palavras do referendo ("Você é a favor da reunificação da Crimeia com a Rússia como entidade constituinte da Federação Russa?") e a alteração na data. Em vez de 30 de março ou 25 de maio, como inicialmente havia sido sugerido, ele seria realizado ainda mais cedo, em 16 de março, deixando pouquíssimo tempo para a preparação.

Em 7 de março, realizou-se uma manifestação na entrada do Kremlin em Moscou sob a bandeira "Pelo nosso povo fraternal", quando o slogan "A Crimeia é nossa" foi ouvido pela primeira vez em público.

A Crimeia se juntou à Rússia em 16 de março. De acordo com dados oficiais, 96,77% dos eleitores votaram a favor. Um referendo semelhante foi realizado em Sevastopol, onde o resultado foi ainda mais decisivo, uma vez que a cidade era povoada principalmente por militares russos e vivia e respirava o sentimento pró-russo. Numa cerimônia do Kremlin em 18 de março, Vladimir Putin assinou um acordo sobre a adesão da Crimeia e de Sevastopol à Federação Russa.

O apogeu aconteceu em 9 de maio de 2014, Dia da Vitória. Putin e Choigu chegaram a Sevastopol para uma triunfante parada da vitória. A cidade tremia aos gritos de "Rússia, Rússia!". De fato, parecia uma vitória. Depois da parada, Putin foi comemorar na *dacha* de seu velho amigo Viktor Medvedchuk em Ialta.

A PRIMAVERA RUSSA

Imediatamente após o referendo, a maioria dos "rebeldes" de Klintsevich deixaram a Crimeia, juntamente com os paraquedistas e oficiais do FSB. Os paraquedistas voltaram à sua base permanente, enquanto os voluntários russos foram para o leste da Ucrânia continuar a implementação da ideia de Putin de que "a Ucrânia vai entrar para a OTAN sem a Crimeia e as regiões do Leste".

A próxima operação não foi dirigida por Choigu (Belaventsev permaneceu na Crimeia e foi nomeado como emissário presidencial russo para a república). Inicialmente, a operação na região de Donbass, na parte mais ao leste da Ucrânia, não tinha um órgão central para tomada de decisões. O Kremlin juntou informações e incentivou o sentimento separatista, mas não deu instruções específicas.

O sentimento geral dentro do Kremlin era de que a Ucrânia não existia mais como Estado. O governo central não existia mais, e as regiões do Leste seguiriam a Crimeia para também serem abraçadas pela Rússia. Os habitantes locais apoiariam e não haveria resistência militar.

O defensor mais fervoroso das ações da Rússia no leste da Ucrânia foi o economista Serguei Glaziev, conselheiro de Putin. Um ano antes, ele havia sido nomeado chefe do Banco Central, mas Alexei Kudrin se opôs e Putin concordou. Naquela época, quem definia o tom dos conselhos dados a Putin eram os liberais, e Glaziev acabou sendo retirado do jogo. Glaziev, que havia nascido na Zaporijia, no sudoeste da Ucrânia, ficou sem ter o que fazer na Rússia, então concentrou toda a sua energia na luta pelo leste da Ucrânia.

Glaziev contou para Putin que naquela região havia um forte sentimento favorável à Rússia, e que os moradores de Donetsk continuavam se manifestando pela separação de Kiev. Glaziev, mais do que qualquer pessoa, promoveu o conceito de recriar a Nova Rússia ("Novorossia"), termo czarista que se referia à região norte da Crimeia. Ele defendia que a Nova Rússia se juntasse à Rússia, como a Crimeia.

Mas Putin não queria tomar uma atitude decisiva. Ele disse diversas vezes a Glaziev que os habitantes do leste da Ucrânia deveriam ser os únicos a dar o primeiro passo, que seria seguido do apoio de Moscou. Mas o próprio Putin começou a falar abertamente sobre a Nova Rússia. "O que se chamava de Nova Rússia em tempos czaristas – Carcóvia, Lugansk, Donetsk, Kherson, Mikolaiv e Odessa – não fazia parte da Ucrânia naquela época. Esses territórios foram entregues à Ucrânia na década de 1920 pelo governo soviético", disse Putin em 17 de abril.[5]

Várias regiões do sudeste da Ucrânia (a saber, Odessa, Donetsk, Lugansk, Carcóvia e Dnipropetrovsk) continuavam agitadas com as chamadas manifestações anti-Maidan. Na maioria das vezes, as manifestações eram genuínas, e não encenadas. As pessoas ressentiam o fato de que as autoridades de Kiev, tanto antigas quanto novas, não as ouviam. As manifestações, bem organizadas em sua maioria, foram patrocinadas principalmente pelos oligarcas pró-Ianukovich, que temiam que o novo governo em Kiev pudesse dificultar ainda mais as coisas. Por causa disso, eles precisaram se antecipar exercendo sua influência nas regiões.

Em Donetsk, por exemplo, o protesto contra o movimento da Praça Maidan foi financiado por Rinat Akhmetov, o homem mais rico da Ucrânia, que havia patrocinado Viktor Ianukovich durante toda a sua carreira política. Na década anterior, Akhmetov havia reconstruído e transformado Donetsk numa cidade mais europeia. Em 2011, o reformado aeroporto da cidade foi rebatizado como Aeroporto de Prokofiev em homenagem ao compositor nascido em Donetsk. Um estádio de futebol gigantesco foi construído para o Shakhtar FC, onde foram realizados jogos da Liga dos Campeões da UEFA de 2012. Tudo isso seria destruído dois anos depois, num intervalo de seis meses.

O ATIRADOR

"Fui eu quem provocou a guerra", disse o coronel Igor Strelkov (batizado Igor Girkin, e cujo apelido adotado por ele significa "atirador") em entrevista ao jornal nacionalista *Zavtra* em novembro de 2014. "Se nossa unidade não tivesse atravessado a fronteira, a Carcóvia teria acabado como Odessa. Dezenas de pessoas seriam presas, assassinadas, queimadas vivas. Teria sido o fim. Mas o volante da guerra foi impulsionado pela nossa divisão. Nós reembaralhamos as cartas."[6]

Na verdade, a operação relâmpago na Crimeia não se repetiu em nenhuma outra região. Na Carcóvia e em Donetsk, os manifestantes simplesmente tomaram o controle da administração regional, mas nada aconteceu além disso. Não houve exigência a cumprir.

Em 12 de abril, um grupo de homens armados invadiu uma delegacia de polícia em Slaviansk, na região de Donetsk. O líder era Igor Strelkov. Esse foi o início do conflito armado no leste da Ucrânia.

"Eu era conselheiro de Aksionov na Crimeia", disse Strelkov posteriormente.

> Comandei a única unidade de milícia da Crimeia: uma empresa cujo único fim era cumprir missões de combate. Mas depois da batalha pelo centro de cartografia militar, que resultou na morte de duas pessoas (eu era o comandante da operação), a empresa foi dissolvida e cada um seguiu o próprio caminho. Ficou claro que a Crimeia não seria a única região afetada. Juntas, a Crimeia e a Nova Rússia eram as joias da coroa do Império Russo. Mas a Crimeia, ligada por conta própria a um Estado hostil, separado do continente, não é a mesma. À medida que o governo ucraniano desmoronava, emissários da área da Nova Rússia faziam visitas frequentes à Crimeia na tentativa de levar o processo para suas próprias

regiões. Pediram ajuda para começar uma rebelião. Aksionov trabalhava 20 horas por dia para fazer dar certo, então me pediu para me encarregar das regiões do Norte. Ele me fez aconselhá-lo nessa questão. Eu me reuni com todos os emissários de Odessa, Mikolaiv, Carcóvia, Lugansk e Donetsk. Todos achavam que se o levante ganhasse força, a Rússia ajudaria. Então reuni 52 combatentes e voluntários que ainda não tinham partido. Fomos para Slaviansk porque precisávamos de uma cidade de tamanho médio, onde 52 pessoas seriam uma força. E soube que Slaviansk tinha recursos locais mais fortes. Parecia a melhor opção.[7]

A administração municipal de Slaviansk foi eliminada e substituída pela "guarda de defesa", como costumavam se definir as pessoas ligadas a Strelkov. Inicialmente, as autoridades centrais de Kiev não responderam. A Rússia também não se envolveu no assunto; Putin não estava certo de que aquilo daria certo, por isso não deu instruções. No entanto, Strelkov foi financiado por seu antigo empregador Konstantin Malofeev, um dos principais empresários russos.

As autoridades ucranianas se preparavam para as eleições presidenciais, programadas para o dia 25 de maio. A agitação na Carcóvia foi interrompida depois que a polícia dispersou as forças separatistas que ocupavam o edifício da administração regional. Temendo uma matança, as autoridades de Kiev não atacaram Donetsk ou Lugansk. Durante todo esse tempo, a luta em torno de Slaviansk só piorava. De um lado, a "guarda de defesa" liderada por Strelkov; de outro, o grupo nacionalista ucraniano Setor de Direita, formado durante os protestos de Maidan e liderado por Dmitro Iarosh.

Não demorou para que Strelkov se tornasse uma figura pública, dando entrevistas coletivas e gravando mensagens em vídeo. Nelas, ele pedia que as autoridades russas o ajudassem e enviassem tropas para o leste da Ucrânia. Coordenava suas ações com Moscou, sobretudo com Glaziev. Mas a ajuda não chegou. Moscou já precisava lidar com sanções contra a Crimeia, e Putin não tinha intenção alguma de anexar o leste da Ucrânia.

"Eu tinha ordens explícitas para não desistir de Slaviansk", disse Strelkov. "Quando eu disse que planejava recuar, ouvi repetidas vezes para defender a cidade até o final. Me diziam para continuar defendendo Slaviansk, que eu teria apoio. 'Mas como vocês vão me ajudar?', eu perguntava. Silêncio. Naquela altura, eu tinha mil pessoas e milhares de seus familiares. Eu não tinha o direito de colocar o fardo sobre eles. Então decidi ultrapassar a linha."

Em 5 de julho de 2014, quando Slaviansk estava quase cercado por forças ucranianas, Strelkov e seus homens romperam o cerco e seguiram para Donetsk. Era o início de mais uma fase da guerra.

"Quando entramos em Donetsk, tudo estava tranquilo", lembra Strelkov. "Kiev ainda tinha jurisdição sobre a polícia. Era o típico acordo de duplo poder. A cidade não estava preparada para se defender. Os postos de controle estavam praticamente abandonados, todas as estradas estavam abertas, era possível ir para qualquer lugar. [...] Estava pacífico. As pessoas todas na rua ao sol, nadando, caminhando, tomando café na área externa das cafeterias. Era como o verão em Moscou."

Dali a alguns meses, Donetsk, uma cidade de um milhão de pessoas, foi transformada num inferno militar, do qual Strelkov realmente se orgulhava. Ao chegar, ele sugeriu que alguns prédios residenciais mais altos e mais afastados fossem implodidos para facilitar a defesa. Em seguida, veículos particulares foram confiscados para fins militares. Um "imposto de guerra" de 5% foi instituído às empresas locais.

Rinat Akhmetov deixou a cidade em maio. Em agosto, sua casa foi incendiada. Ele decidiu mudar seu clube de futebol, Shakhtar FC, para Lviv, no oeste da Ucrânia.

Enquanto isso, o Kremlin começava a se envolver com a região leste da Ucrânia, que tinha uma população muito mais densa. Serguei Glaziev se juntou a Vladislav Surkov, e o plano era que Glaziev comandasse a economia da região, e Surkov, a política. Surkov foi quem criou os órgãos governamentais da chamada República Popular de Donetsk. O ex-relações-públicas de Moscou Alexander Borodai foi nomeado primeiro-ministro regional, enquanto Strelkov se tornou ministro da Defesa.

Glaziev inicialmente brincou com a ideia de criar um sistema monetário e financeiro diferente em Donetsk. Mas Surkov tinha outras intenções. Putin não queria construir um novo Estado não reconhecido, mas sim mantê-lo como uma vantagem sobre a Ucrânia. A missão de Surkov era integrar Donetsk e Lugansk de volta à ordem política da Ucrânia e usá-los para influenciar a política desta – por exemplo, para evitar a adesão da Ucrânia à OTAN e a outras alianças.

Glaziev não entendeu esse objetivo, nem queria entendê-lo. Então começou a reconstruir as áreas que lhe foram confiadas. Como resultado, ele foi retirado rapidamente do processo. Surkov, entretanto, transitava o tempo todo entre Kiev e Moscou para se encontrar com Petro Poroshenko, o novo presidente do país. Os dois discutiam novas formas de resolver o conflito no leste da Ucrânia.

Surkov conhecia Poroshenko de longa data. Poroshenko havia se reunido com o Kremlin em 2004, antes da Revolução Laranja. Além disso, o magnata da indústria de chocolates tinha uma fábrica na Rússia e ativos na Crimeia. Moscou poderia negociar com ele. No entanto, Surkov havia feito uma exigência: a anistia plena para todos os milicianos ou a federalização da Ucrânia e o reconhecimento do status especial de Donetsk e Lugansk – o que era inaceitável para Poroshenko, uma vez que seus eleitores o acusariam de traição.

O "IMPÉRIO DO MAL" RETORNA

Na noite de 17 de julho, Igor Strelkov postou o seguinte comentário numa rede social: "Uma aeronave An-26 acaba de ser abatida na região de Torez. Os destroços estão localizados em algum lugar perto da mina de carvão Progress. Vocês foram avisados: não trafeguem no nosso espaço aéreo. Este é o vídeo que confirma a derrubada. O avião caiu atrás de uma pilha de lixo. Não atingiu nenhuma área residencial. Pessoas pacíficas não sofreram. Também há notícias de um segundo avião derrubado, talvez um Su".[8] Uma hora depois surgiu o relato de que um Boeing-777, que transportava 280 passageiros e 15 tripulantes, havia sido derrubado no espaço aéreo de Donetsk.

A queda do Boeing foi um choque no mundo todo. De uma hora para a outra, o conflito que poucos conheciam ocupou as principais manchetes. Foi um choque enorme especialmente para Putin, bem como um ponto de virada. Agora era impossível cogitar a retirada das sanções – na verdade, elas só piorariam.

Em 1983, um Boeing comercial da Coreia do Sul havia entrado por engano no espaço aéreo soviético e fora derrubado por um caça. Foi um golpe terrível para a imagem de Moscou. Na época, o presidente dos Estados Unidos Ronald Reagan apelidou a União Soviética de "império do mal". Agora, Vladimir Putin se viu numa situação semelhante. A estrada que levaria à retomada de boas relações com o Ocidente tinha acabado de ser fechada.

Os separatistas não assumiram a derrubada do avião, preferindo culpar o lado ucraniano. Mas eles foram desmoralizados. A ofensiva do exército rapidamente progrediu. Strelkov continuou ativo na internet, exigindo abertamente que Putin enviasse tropas para apoiá-lo. Enquanto isso, os soldados ucranianos foram cercando Donetsk dos dois lados, preparando-se para retirar a milícia da fronteira russa.

No final de julho, as forças de segurança ucranianas publicaram na internet a gravação de uma conversa grampeada entre Alexander Borodai, primeiro-ministro da República Popular de Donetsk (RPD), e o empresário Konstantin Malofeev, principal patrocinador da milícia (de início, ele foi confundido com Aleksei Chesnakov, assistente de Surkov, porque os dois estavam na França quando a conversa foi gravada – um em Biarritz, o outro na Normandia). "Se nada mudar em termos militares, não vamos durar duas semanas", disse

Borodai, confirmando a dificuldade das tropas da RPD. Depois de reclamar que estava ficando sem dinheiro, seu patrocinador prometeu enviar mais.

Malofeev também disse que estava "viajando com o padre Tikhon [Shevkunov]" e pediu, em nome do sacerdote, que Strelkov declarasse publicamente sua lealdade a Putin. "É muito importante para o lendário Strelkov declarar abertamente sua lealdade", disse Malofeev. "Ele deve dizer, diante das câmeras, que, embora opere num país diferente, ele respeita e apoia plenamente o comandante supremo [Putin], que retirou a Rússia de sua posição servil. Precisamos olhar para ele sem esperar ajuda, mas acreditando que ele é o nosso ideal e que obedeceremos a quaisquer decisões que ele tome, porque Putin é o líder onisciente do mundo russo.".[9]

Tanto o padre Tikhon quanto o próprio Putin estavam preocupados com a crescente popularidade de Strelkov na internet. A opinião pública, que havia pouco aplaudira a investida de Putin na Crimeia, agora estava com sede de novas vitórias. Os pedidos de novas tropas na Ucrânia feitos por Strelkov foram bem aceitos, e o povo começava a ficar insatisfeito com a indecisão de Putin.

A situação ficou crítica em agosto. Estava claro que o exército ucraniano estava a ponto de cercar os separatistas, retirando-os da fronteira russa. Se isso acontecesse, Moscou perderia seu instrumento de influência sobre a Ucrânia. Poroshenko acabaria vitorioso, e Surkov seria obrigado a se retirar. Então Putin decidiu acionar seus soldados – em segredo, como havia feito na Crimeia.

UMA VELA PARA OS MORTOS

Para ajudar Strelkov, Serguei Choigu enviou os mesmos paraquedistas que tomaram o controle da Crimeia alguns meses antes, uma ação que lhes rendeu medalhas comemorativas. Os soldados então partiram para uma inesperada contraofensiva na RPD. Em uma entrevista concedida ao jornal *Zavtra*, Strelkov descreveu os soldados russos como "voluntários de férias", já que oficialmente se ofereceram para lutar pela Nova Rússia.

"Defendemos Donetsk durante 40 dias antes de os voluntários chegarem. Os últimos dias foram um verdadeiro desespero", lembrou Strelkov.

Os soldados russos seguiram em contraofensiva na direção da cidade costeira de Mariupol, a segunda maior área urbana da região, para onde a administração regional de Donetsk, apoiada por Kiev, havia sido transferida. E eles quase a tomaram.

"Mariupol foi atacada principalmente pelos soldados voluntários. A cidade estava vazia. Como o exército ucraniano levou dois dias para chegar, eles poderiam ter tomado a cidade sem qualquer luta. Mas não receberam ordem para isso. A ordem não era simplesmente interromper a ofensiva, mas sim não ocupar a cidade sob circunstância alguma."[10]

A ofensiva russa chegou ao fim com a Batalha de Ilovaisk – a maior derrota que o exército ucraniano sofreu durante o conflito, quando a tentativa de cercar os separatistas fracassou, e o resultado foi a morte de mil pessoas.

O lado russo também sofreu suas primeiras perdas. Os corpos dos paraquedistas mortos no leste da Ucrânia começaram a chegar de repente na região de Pskov, na Rússia, onde seriam enterrados em sepulturas cavadas às pressas. Já era impossível esconder o envolvimento do exército russo, embora Putin continuasse negando o óbvio. Em conversa telefônica com Angela Merkel, ele afirmou que os soldados de Donetsk eram de fato voluntários de férias.

"Os soldados russos costumam carregar armas e equipamento militar quando saem de férias?", perguntou a chanceler alemã.

"Ah, você sabe como existe corrupção na Rússia. Eles devem ter roubado de algum depósito no meio do caminho", Putin respondeu impassível.

Merkel desligou.

Putin não achava que estivesse enganando ninguém. Na opinião dele, os soldados sabiam muito bem o que estavam fazendo e apoiaram totalmente a missão. Em 10 de setembro, uma semana após a Batalha de Ilovaisk, ele entrou numa igreja e, nas palavras dele, "acendeu uma vela para aqueles que sofreram defendendo o povo de Nova Rússia".[11] Foi seu tributo à memória dos participantes de uma guerra que a Rússia ainda não tinha reconhecido. As famílias dos mortos foram indenizadas sob a condição de não falarem com jornalistas.

Quanto a Igor Strelkov, ele foi enviado de Donetsk para Moscou pouco depois de a Batalha de Ilovaisk ter começado. Sua língua solta e as supostas críticas a Putin lhe custaram o cargo, e o comando da operação passou para a alta patente em Moscou sob o comando de Serguei Choigu. Borodai, primeiro-ministro da RPD, também voltou para Moscou, e o controle operacional da RPD foi assumido por pessoas de Donetsk.

Strelkov voltou decepcionado para Moscou. "Eu achei que seria uma repetição da Crimeia", disse ele. "Teria sido o melhor resultado. Era o que o povo também queria. Ninguém sairia em defesa das repúblicas de Lugansk e Donetsk. Todos eram pró-Rússia. Eles realizaram um referendo em apoio à Rússia e foram à luta pela Rússia. As pessoas queriam se juntar à Rússia e colocavam bandeiras em todo canto. Havia uma no topo do meu centro de operações. Nós achávamos que a administração russa se instituiria e mais uma república se juntaria à Rússia. Eu não pensava em construir um Estado. Foi um choque descobrir que a Rússia não nos acolheria."[12]

POLÍTICA EXTERNA DENTRO DO PAÍS

Ao retornar a Moscou, Strelkov começou a criticar Vladislav Surkov, estrategista político do Kremlin na região de Donbass. Ele o chamou de "grande manipulador", que "jogou a Nova Rússia de volta nos braços da Ucrânia em troca do reconhecimento da Crimeia como russa", e ainda acusou de roubo a equipe de Surkov. "O dinheiro será alocado, mas devo enfatizar que, com essa gente no controle, ele não vai chegar até as pessoas comuns. [...] O sistema vai garantir isso. Será uma pilhagem generalizada e cada um deles levará um quinhão."[13]

Mas essa pequena alteração não afetou o processo político. Strelkov, um herói em Donetsk, não era sequer uma figura política na capital russa, mas um proscrito praticamente esquecido. Já Surkov continuou negociando com Kiev e administrando as repúblicas não reconhecidas no leste da Ucrânia. Seu fracasso recente foi esquecido. Diz-se que Borodai fez um brinde ao chefe dizendo que somente o genial Vladislav Surkov, agora encarregado da política externa em vez de interna, poderia transformar a política externa russa numa questão interna.

Surkov (junto com Viktor Medvedchuk, velho amigo de Putin) se tornou o principal arquiteto do acordo de Minsk, cujo objetivo era interromper a guerra. Seu objetivo era sempre o mesmo: garantir uma vantagem permanente sobre a Ucrânia, mantendo o controle total da RPD.

Os militares russos também estiveram envolvidos em um segundo conflito pouco antes da assinatura do segundo acordo de Minsk. Separatistas assumiram o controle da cidade de Debaltsevo, um importante centro de transporte que conecta Donetsk e Lugansk, provocando a morte de mais de 250 militares ucranianos durante a ação. Poucos meses depois, a Rússia restaurou as linhas férreas entre Donetsk e Lugansk, e os trens de passageiros voltaram a operar.

A guerra no leste da Ucrânia começou a se assemelhar a um conflito frio, como os da Abcásia, Ossétia do Sul e Transnístria. Todo mês, 7 bilhões de rublos (cerca de 185 milhões de dólares) em dinheiro eram enviados da Rússia para Donbass (não havia sistema bancário na região), enquanto a Gazprom e a InterRAO forneciam gás e eletricidade gratuitos.

O conflito de pequena intensidade continuou normalmente, sem qualquer oposição do povo russo – aliás, a guerra estava mais popular do que nunca. A onda patriótica que começou com as Olimpíadas de Sochi e com a reunificação da Crimeia não parava de crescer. Vladislav Surkov, que uma década antes havia simulado uma guerra para proteger a Rússia de uma "revolução colorida", agora guerreava de verdade. No conflito militar com a Ucrânia, a Rússia estava convicta de que era a vítima, e não o agressor. Ela teria sido obrigada a se defender contra as provocações e os ataques dos Estados Unidos e de seus aliados.

O símbolo do isolamento recente da Rússia foi o septuagésimo aniversário do Dia da Vitória, em 9 de maio de 2015. Todos os líderes do G7 boicotaram o evento (a Rússia havia sido suspensa do G8). Participaram o presidente chinês Xi Jinping, o líder cubano Raúl Castro e o presidente do Zimbábue Robert Mugabe. Mas o herói foi o ministro da Defesa Serguei Choigu. Os espectadores o viram tirar o boné militar e fazer o sinal da cruz antes de começar o desfile: no governo Putin, tradição comunista e tradição ortodoxa se fundiram em um novo ritual.

CAPÍTULO 18

Em que Alexei Kudrin perde a batalha para o coração e a mente do presidente

Alexei Kudrin talvez seja o funcionário ideal. Depois de deixar o governo e passar para a oposição moderada, ele se tornou diretor da Faculdade de Ciências e Artes Liberais da Universidade de São Petersburgo. Nada mais apropriado para Kudrin. Ele tem alma de professor de economia, apesar de ter passado toda a sua vida profissional no serviço público. E foi justamente no funcionalismo público que ele adquiriu seu conhecimento acadêmico de economia. Na época, ele foi apelidado de "contador-chefe da Rússia".

Após sua renúncia, as pessoas que antes o ridicularizavam agora começaram a descrevê-lo como o ministro mais honesto e profissional da Rússia. Mas mesmo em seu novo papel, Kudrin se comporta como funcionário público, ainda que muito liberal, educado e inteligente. Conseguir uma reunião com ele é tarefa árdua. Ele adiou nossa entrevista (alegando sobrecarga de trabalho, reuniões inesperadas, viagens urgentes, etc.) pelo menos dez vezes, e enviou uma mensagem educada em todas as ocasiões.

Kudrin tem um escritório adorável em Moscou, uma espécie de palácio pequeno e modesto, localizado fora da Avenida do Anel dos Jardins, no Oliympisky Prospect. É bem semelhante às salas do prédio do governo na época em que ele era vice-primeiro-ministro. Kudrin não se considera uma figura da oposição. Ele acha que está no "banco de reservas" e que sua hora vai chegar. Afinal, ao contrário do resto dos liberais, ele continua se falando com Putin e dando-lhe conselhos de vez em quando. Será que ele se arrepende de ter deixado o governo durante a disputa com o ex-presidente Medvedev, restringindo assim o acesso a Putin? Em resposta, Kudrin sorri graciosamente. "Muita gente me faz essa pergunta, e a resposta é não, não me arrependo", diz ele. "Não posso dizer o motivo, mas não é que eu tenha arranjos secretos com Putin ou com qualquer outra pessoa no poder. Tenho minhas próprias razões." Ele fala como um professor que lutasse para explicar a essência de sua pesquisa aos alunos.

ADEUS, GABINETE

Em março de 2014 ficou claro que os liberais do Kremlin haviam perdido. Vladimir Putin praticamente não os ouvia mais. Ele se encontrava basicamente uma vez por semana com Anton Siluanov, o novo ministro das Finanças, e ouvia as opiniões de Alexei Kudrin, antecessor de Siluanov, cerca de uma vez por mês. Mas os conselhos de Kudrin e Siluanov diziam respeito apenas à esfera financeira. Putin achava que conhecia os demais aspectos da política melhor do que ninguém, e por isso não consultava os liberais.

Mas Kudrin ainda era uma autoridade. Ele participava de muitas reuniões e costumava ter a palavra final. Conta-se que, no final de 2013, Putin convocou-o para uma reunião sobre questões econômicas. Quando começaram a falar sobre as mudanças no imposto de renda, o ministro da Economia, o ministro das Finanças, o presidente do Banco Central e o assessor econômico do presidente foram todos unânimes. Somente Kudrin se opôs às mudanças, e a importância dele na reunião não estava muito clara. Depois de um debate acalorado, no entanto, o presidente endossou a posição de Kudrin e deu a reunião por encerrada.

Após sua saída do governo em 2011, Kudrin demorou alguns meses para desocupar seu gabinete no Ministério das Finanças. Apesar de participar dos protestos da oposição na Avenida Sakharov, ele mantinha sua mesa dentro da antiga mansão ministerial na Rua Ilinka. O novo ministro Anton Siluanov, por respeito ao seu predecessor, não se mudou imediatamente para o gabinete. Durante os primeiros meses depois de sua saída, Kudrin era como o fantasma do pai de Hamlet. Ele não ocupou outro cargo público, mas continuou dando as caras de vez em quando.

Nenhum dos liberais do governo, incluindo Siluanov, tinha algo contra Kudrin. Ele era, quando não o patriarca dos liberais, pelo menos o primeiro entre iguais: além de experiência, ele tinha a grande vantagem de ser amigo de Putin. Kudrin tinha acesso direto ao "corpo", como Putin era chamado às vezes. Eles trabalhavam juntos desde o início dos anos 1990, e Kudrin, ao contrário das outras pessoas na burocracia atual, não era subordinado de Putin naquela época. Eles estavam no mesmo nível. No gabinete do prefeito em São Petersburgo, Putin cuidava do departamento internacional, enquanto Kudrin ficava a cargo das finanças e da economia. Kudrin não se mudou para Moscou com o amparo de Putin, mas por conta própria, atendendo ao pedido de Anatoli Chubais, arquiteto das reformas econômicas de Ieltsin. Kudrin e Putin se conheciam muito bem, e o presidente o chamava "Lesha", forma amigável de se referir a "Alexei". Em suma, Alexei Kudrin talvez fosse o mais influente (e último) democrata liberal na Rússia.

No início de 2014, Kudrin se viu no estranho papel de mensageiro, pois era a única pessoa no país que ousava dar más notícias ao Kremlin. Mas Putin já não o ouvia mais. Toda a comitiva de Putin lhe dizia que ele estava conduzindo o país na direção certa, e isso era tudo que o presidente queria ouvir.

Vale destacar que Kudrin não acreditava na ideia de que os Estados Unidos haviam desencadeado uma suposta guerra contra a Rússia. Putin podia apresentar quantos relatórios dos serviços de inteligência ele quisesse, incluindo dados e números – nada convencia Kudrin. No entanto, toda vez que ele tentava falar das consequências econômicas do que estava acontecendo, Putin perdia a paciência. O que a economia tinha a ver com aquilo? Os Estados Unidos queriam aniquilar a Rússia. Tentavam derrubar Putin, como fizeram em 2003 com a ajuda de Khodorkovski. Mas Putin prometeu que, assim como antes, eles não conseguiriam.

Em uma atmosfera de guerra, Kudrin não tinha chance. Apesar dos privilégios burocráticos e do acesso direto ao presidente, ele não conseguia mais se fazer entender – consequentemente, não precisava mais carregar o fardo desses privilégios. Em seu novo escritório, ele nem mesmo solicitou uma linha telefônica segura para falar com o Kremlin.

A VINGANÇA DO SISTEMA

Primeiro de março de 2014 foi um dia muito importante. Vladimir Putin pediu formalmente ao Conselho da Federação, a câmara alta do parlamento russo, permissão para mobilizar as forças armadas fora do país. Embora necessário segundo a constituição, o pedido era uma mera formalidade, e nenhum presidente havia recorrido ao Conselho solicitando essa permissão. Boris Ieltsin não pediu permissão para invadir a Chechênia, e Dimitri Medvedev não foi ao parlamento antes de despachar seus tanques para a Geórgia. Nas duas ocasiões, no entanto, o presidente descreveu a intervenção russa como uma operação de "contraterrorismo" ou de "pacificação", não uma guerra. O apelo de Putin ao Conselho da Federação foi simbólico: desta vez, tratava-se mesmo de uma guerra.

O mundo todo levou um susto. Mas o susto maior foi da porta-voz do Conselho da Federação, Valentina Matvienko, que teve de convocar o parlamento num sábado para aprovar por unanimidade a decisão do presidente. Não havia dúvidas quanto ao resultado da votação – os senadores sempre aprovavam tudo por unanimidade. O problema era convencê-los a participar de uma sessão no fim de semana.

Quando Matvienko, ex-líder de uma colônia de férias infantil promovida pelo movimento Jovens Pioneiros Soviéticos, descobriu que precisava reunir pelo menos metade dos senadores, ela começou a rir. A tarefa era ridiculamente impossível. O Conselho da Federação não pode ser convocado de uma hora para a outra. Oficialmente, a câmara alta do parlamento russo se reúne em Moscou duas vezes por mês, exceto durante os recessos de inverno e verão. E ainda que os senadores efetivamente trabalhem apenas de quinze a vinte dias por ano, nem todos se preocupam em comparecer às sessões parlamentares. A participação costuma ser de uns 50%, o suficiente para formar quórum. Eles recebem o mesmo salário que os ministros federais, mas a maioria dos senadores não precisa dele. O Conselho da Federação é um lugar para bilionários que precisam de reconhecimento público e para ex-chefes do crime (também bilionários, a propósito) que precisam de imunidade parlamentar. Somente em casos raros, os membros do Conselho da Federação são aposentados honoráveis vindo do mundo da política.

A sessão de primavera ainda não havia começado, as Olimpíadas de Sochi tinham acabado de terminar, e todos os senadores estavam de férias: alguns nos Alpes, outros numa ilha remota qualquer. Não era possível sequer entrar em contato com alguns deles, muito menos fazê-los voltar para Moscou. A própria Matvienko e seus auxiliares, chefes de comitê e governadores telefonaram para todo mundo. Quem tinha avião particular recebeu a incumbência de buscar o máximo de senadores possível.

A reunião estava agendada para as seis horas do sábado à noite. Quando chegou a hora, não havia quórum. Mas Matvienko começou a sessão mesmo assim, dizendo que vários senadores prometeram chegar um pouco mais tarde. Os retardatários realmente começaram a aparecer, e, em pouco tempo, 90 lugares foram ocupados.

Apesar das férias interrompidas, os senadores foram unânimes em aprovar a ação de Putin, conforme esperado. Para quem não está acostumado, os discursos daquele dia no Conselho da Federação podem ter parecido justificativas de uma declaração de guerra contra os Estados Unidos, e não uma votação para enviar tropas para a Ucrânia.

"Barack Obama ultrapassou a linha vermelha. Ele insultou todo o povo russo!", esbravejou Iuri Vorobiov, melhor amigo e vice do ministro da Defesa Serguei Choigu. Ao deixar o cargo de governador da região de Moscou, Choigu o transmitiu ao filho de seu melhor amigo (e seu próprio afilhado), Andrei Vorobiov. "A Rússia devia trazer de volta o embaixador que está em Washington", continuou Iuri Vorobiov.

Mas ninguém conseguiu superar o senador de 84 anos Nikolai Rijkov no discurso emotivo. Em sua fala, ele mencionou o "golpe" na Ucrânia e a "praga marrom" (ou seja, o fascismo) que haviam infectado o governo como resultado da "conspiração" dos americanos, que já haviam "destruído a Iugoslávia, o Egito, a Líbia, o Iraque etc." Uma velha retórica para esse velho comunista. Mas, naquela ocasião, o discurso de Rijkov e o voto em si representaram uma libertação pessoal triunfante.[1]

Nikolai Rijkov tinha sido o penúltimo primeiro-ministro da União Soviética. Foi ele quem implementou as reformas econômicas da perestroika, que acabaram sendo um fracasso. Em 1990, ele se desentendeu com Gorbatchov, teve um ataque cardíaco e renunciou – depois disso, criticou Gorbatchov implacavelmente, acusando-o de destruir a grande União Soviética. Em 1991, Rijkov tentou retornar à política como principal rival de Boris Ieltsin na histórica primeira eleição presidencial da Rússia. Ieltsin venceu com grande margem no primeiro turno, e Rijkov ficou em segundo lugar com apenas 16% dos votos. Sua carreira política parecia ter acabado. Todos se esqueceram de Rijkov, embora ele continuasse ocupando vários cargos cerimoniais. Depois, em 2003, aos 74 anos de idade, ele foi nomeado senador.

A ruptura da União Soviética e o colapso da economia planejada do país assustaram Rijkov. Ao longo das duas décadas que se seguiram, ele castigou os "liberais" do Kremlin, sobretudo Alexei Kudrin, e fez questão de manifestar sua alegria quando Kudrin renunciou.

Rijkov e Kudrin tinham pontos de vista totalmente opostos em relação à política. Rijkov liderou o setor de economia do Comitê Central do Partido Comunista da União Soviética e era o típico marxista-leninista, enquanto Kudrin defendia fortemente uma economia de mercado. No final dos anos 1980, época do auge da perestroika e das primeiras sessões do recém-formado Congresso dos Deputados do Povo, Rijkov talvez tenha sido o principal inimigo de Anatoli Sobchak, o futuro prefeito de São Petersburgo e mentor de Kudrin e Putin. Em seu livro de memórias *Khozhdenia v vlast'* (Chegando ao poder), Sobchak dedicou um capítulo inteiro a Rijkov chamado "Nikolai Ivanovich, o bolchevique chorão". No texto, Sobchak descreve o ex-primeiro-ministro como uma engrenagem da máquina soviética e um membro da nomenclatura, pronto para defender o Partido até o final.

Ironicamente, 23 anos depois de sua derrota política, o "bolchevique chorão" teve seu momento de vingança. Era impossível restabelecer a União Soviética, é claro – mas de repente a velha retórica de Rijkov começou a vibrar na mesma frequência do sentimento geral. Além disso, a reunião do Conselho da Federação foi convocada para aprovar a entrada de tropas russas na Ucrânia, e a naturalidade de Rijkov era ucraniana – ele nasceu na região de Donetsk, na família de um mineiro. O "bolchevique chorão" agora sorria.

Rijkov, é preciso dizer, não foi o único senador "ucraniano" favorável à mobilização das tropas. Valentina Matvienko também nasceu na Ucrânia, embora tenha saído de lá para estudar em São Petersburgo, a cidade natal de Putin, Kudrin e Sobchak.

No final, todos os membros do Conselho da Federação presentes naquele dia votaram a favor. No dia seguinte, Valentina Matvienko foi repreendida pela administração presidencial (e depois pelo próprio Putin) pela baixa participação em uma sessão tão importante. Dos 168 senadores, apenas 90 compareceram.

Em 16 de março, a Crimeia realizou um referendo sobre a sua adesão à Federação Russa. No mesmo dia, os Estados Unidos e a União Europeia publicaram suas primeiras listas de sanções. Valentina Matvienko estava na lista, bem como os senadores que defenderam fortemente a mobilização das tropas para a Ucrânia, incluindo Rijkov. De uma hora para a outra, Rijkov se tornou herói nacional. Documentários e entrevistas impressas o enalteceram como "o último primeiro-ministro do Império". O mais novo patriarca da política russa estigmatizou mais uma vez Gorbatchov e Ieltsin como "traidores" e elogiou Putin por renovar o país.

CONFISSÃO NO KREMLIN

Em 18 de março, um dia após o referendo da Crimeia, a Praça Vermelha foi isolada pela tropa de choque da polícia de Novosibirsk, que havia viajado 3 mil quilômetros para reforçar a segurança na capital. As providências complementares foram tomadas porque Putin estava se preparando para encontrar os membros da Duma, do Conselho da Federação, do governo e alguns convidados de honra num único prédio. Desse modo, a cidade recebeu contingentes de policiais de todo o país, inclusive da Sibéria.

Fazia frio em Moscou quando os deputados fizeram uma longa fila na entrada do Grande Palácio do Kremlin. Todos se vestiam de forma parecida: casaco preto e gorros de pele, como membros do politburo. A única pessoa que se destacava entre as outras era Nikolai Valuev, deputado da Duma, que estava vestido de cinza (e é um ex-boxeador profissional que mede 2,13 m). Os outros deputados, cuja altura mal atingia o peito de Valuev, tiraram selfies com ele. Para disfarçar o nervosismo, todos brincavam com as possíveis sanções que o Ocidente poderia impor à Rússia, comentando se o nome deles seria ou não incluído na lista. A elite política estava inquieta. Eles sentiam que alguma coisa importante estava prestes a acontecer: "Contarei para os meus netos que estive no Kremlin neste dia histórico".

O discurso de Putin foi realmente histórico, e não apenas porque ele o usou para declarar Sevastopol e a Crimeia como parte da Federação Russa. Durante meia hora, ele resumiu toda a história de sua presidência e falou de como sua visão de mundo mudou: de início, sua vontade era ser um presidente liberal estilo europeu, mas foi traído por aliados ocidentais e nunca mais acreditaria na sinceridade deles. O presidente russo nunca havia sido tão sincero. Ele não fez um discurso, mas sim uma confissão pública de suas queixas pessoais:

> A Rússia fez de tudo para dialogar com nossos colegas do Ocidente. O tempo todo propomos cooperar nas principais questões; queremos fortalecer a confiança que depositam em nós para que nossas relações sejam iguais, abertas e justas. Mas nada disso foi recíproco.
> Pelo contrário, eles mentiram para nós muitas vezes, tomaram decisões pelas nossas costas, trouxeram para nós o fato já consumado. Isso aconteceu com a expansão da OTAN para o Leste, e também com a implantação de infraestrutura militar nas nossas fronteiras. E continuaram dizendo a mesma coisa: "Isso não é da conta de vocês". É fácil dizer isso.[2]

Os psicanalistas devem ter adorado.

Quatorze anos antes, o tom de Putin tinha sido muito diferente. A Rússia poderia se tornar membro de pleno direito da OTAN "se os interesses da Rússia forem levados em conta e ela tiver direitos plenos e iguais", disse ele à BBC em março de 2000, quando ainda era candidato presidencial. É difícil dizer se ele realmente acreditava no que disse, mas é certo que queria agradar seus colegas ocidentais.

Como mencionado anteriormente, Putin logo se tornou amigo de George W. Bush. O presidente dos Estados Unidos, como é sabido, dissera que olhou nos olhos do "amigo Vladimir" e viu a alma dele. Mas Putin se sentiu pessoalmente traído em 2014, quando Bush e Tony Blair, seu outro amigo, aceitaram sete países do Leste Europeu na OTAN, incluindo os Países Bálticos. "Vladimir colocou na cabeça que os americanos não lhe deram o devido lugar. Pior ainda, ele achou que os americanos estavam circundando a Rússia com 'democracias' favoráveis ao Ocidente, mas que seriam hostis aos interesses russos", recorda Blair em suas memórias.[3]

Um golpe ainda mais duro veio quando um tribunal de Londres decidiu recusar a extradição de Zakaev e Berezovski. Putin achava inconcebível que Blair não tivesse influência no sistema judiciário britânico. Para Putin, tratava-se de um comportamento hipócrita, e foi exatamente o que disse para sua audiência: "Nossos parceiros ocidentais, liderados pelos Estados Unidos da América, preferem não guiar sua prática política pelo direito internacional, mas sim pela lei do mais forte. Eles acreditam que são únicos e excepcionais, que podem decidir o destino do mundo, que só eles estão certos".[4]

O fato de os americanos e os europeus nunca terem reconhecido a Rússia como igual sempre enfureceu Putin – o que ele admitia com total franqueza. Ele expressou seus sentimentos numa entrevista para a *Time* em 2007, quando foi escolhido como personalidade do ano pela revista: "Às vezes temos a impressão de que os Estados Unidos não precisam de amigos, mas sim de mais súditos para poderem controlar. [...] É por isso que ninguém vê problema em pressionar a Rússia de vez em quando. Parece que são um pouco selvagens ou que acabaram de descer da árvore e precisam pentear o cabelo e aparar a barba. Tirar a sujeira da barba e do cabelo".[5] Talvez nenhum outro líder no mundo tenha expressado um ressentimento tão abertamente.

Putin era amigo de Hugo Chávez, que também tinha a mesma franqueza extravagante. A retórica predileta dos dois era aproveitar discursos no próprio país para dar lição de moral nos Estados Unidos. Uma vez por semana, Chávez apresentava o *Aló Presidente*, um programa de TV improvisado, com horas de duração, no qual Chávez sempre se dirigia aos Estados Unidos na esperança de que algum norte-americano estivesse assistindo à televisão venezuelana. Putin fez o mesmo em seu discurso: "Eles tentam nos encurralar o tempo todo porque temos uma posição independente, porque a sustentamos, porque encaramos a realidade e não promovemos a hipocrisia".[6] Em 2006, durante um discurso para as Nações Unidas, Chávez pediu para os americanos acordarem e entenderem que Bush era a encarnação do demônio. Em seu discurso na Crimeia, Putin falou diretamente ao povo norte-americano, bem como aos europeus e ucranianos. Ele nunca havia feito isso antes.

A atitude de Putin em relação à União Soviética durante a década anterior não mudou. Em 2005, em sua mensagem à Assembleia Federal, ele descreveu o colapso da União Soviética como "a maior catástrofe geopolítica do século XX", "o maior dos dramas para o povo russo". Agora, nove anos depois, ele reiterou a mesma ideia, mas de maneira menos formal: nas palavras dele, o povo russo era a maior nação dividida do mundo, e a população russa da Crimeia havia sido negociada como um "saco de batatas".

Apenas um aspecto da atitude de Putin mudara radicalmente. Ao falar sobre jornalistas independentes durante uma entrevista para a *Time* em 2007, ele disse: "Existem pessoas que são verdadeiros combatentes da corrupção, que lutam contra a base do crime. O Estado devia dar a máxima atenção a isso, e as perdas que houve nesse sentido são perdas que considero como minhas. Essas pessoas trabalham necessariamente para a consolidação interna da Rússia. Fazemos o que é preciso para protegê-las, para garantir sua segurança e que trabalhem profissionalmente como deveriam".[7] No discurso da Crimeia ele não mencionou os dissidentes, mas fez referência aos "traidores nacionais "e à "quinta-coluna" – esta, a propósito, sempre foi uma das metáforas prediletas de Chávez para definir figuras da oposição e jornalistas liberais, e para privá-los de qualquer imagem de sinceridade e boa-fé.

A desilusão de Putin só fez se aprofundar ao longo do tempo. Tendo concluído que seus parceiros ocidentais o haviam traído, ele jamais os perdoaria e só reforçaria sua posição. Da mesma forma, tendo definido os "liberais" e os "dissidentes" como "traidores", Putin deixou claro que nunca mais ouviria a opinião deles.

O público do Kremlin entrou em polvorosa. Uma explosão de aplausos ecoava ao fim de cada parágrafo do discurso, como se uma mão invisível conduzisse a atuação. Foram 27 salvas de palmas – as duas últimas, de pé. Todo o público do Grande Palácio do Kremlin se levantou e começou a entoar: "Rússia! Rússia!" e "Putin! Putin!".

Em seguida, Putin e os líderes da Crimeia assinaram simbolicamente um Instrumento de Adesão para a península se juntar à Rússia. O hino nacional começou a tocar. Quando terminou, as pessoas começaram a sair, se abraçando e cumprimentando umas às outras. Mas não havia ninguém mais radiante do que o presidente checheno, Ramzan Kadirov. Ele se dirigiu à porta cantando a plenos pulmões os versos do hino nacional. Na saída, ele notou um conhecido e brincou: "E então, qual vai ser o próximo? Alasca?". E caiu na gargalhada.

Os outros também estavam alegres, mas, nos corredores, só se falava em sanções. Eles disseram à imprensa que ser incluído na lista de sanções era "motivo de orgulho". "É como ser nomeado para um Oscar político", disse Vladislav Surkov, ex-estrategista do Kremlin, sobre a inclusão de seu nome na lista de sanções dos Estados Unidos. "É uma grande honra para mim. Não tenho conta bancária no exterior. As únicas coisas que me interessam nos Estados Unidos são Tupac Shakur, Allen Ginsberg e Jackson Pollock. Não preciso de visto para ter acesso à obra deles. Não estou perdendo nada." Além disso, quando perguntaram a Surkov, esse intelectual e amante da arte europeia, se ele tinha medo de também ser incluído na lista de sanções da União Europeia, ele exalou autoconfiança: "Toda a Europa está bem aqui na minha cabeça. Isso basta".[8]

A resposta de Surkov era sua certeza de ser incluído na lista, o que doravante o impediria de entrar na Europa – daí a necessidade de armazenar na cabeça o continente inteiro. Sendo assim, ele não perdeu tempo. No dia seguinte (19 de março), ele fez as malas e partiu com a família e os amigos numa viagem de despedida à sua amada Estocolmo. Ele não estava errado. Em 21 de março, a União Europeia publicou a lista com o nome de Surkov. Sua viagem a Estocolmo foi realmente uma despedida.

AMIGOS NECESSITADOS

Se para Nikolai Rijkov a inclusão nas listas de sanções foi motivo de alegria e reconhecimento, para Surkov foi um problema. Apesar de ter a Europa na cabeça, ele sentiu falta de viajar para lá. E para outros aliados íntimos de Putin, as sanções foram uma verdadeira tragédia. Alguns viviam no exterior havia muitos anos. Seus filhos estudavam em outros países. Eles tinham imóveis e negócios para administrar.

Apesar disso, eles não tentaram argumentar com Putin. Essa tarefa coube a Alexei Kudrin, o desonrado ex-ministro das Finanças. Curiosamente, Kudrin foi o único a falar. Por que as próprias vítimas eram tão reticentes? Por que continuavam elogiando juntas a infalibilidade das políticas de Putin? Por que os velhos amigos de Putin, como Arkadi e Boris Rotenberg (ambos finlandeses), Iuri Kovalchuk ou Guennadi Timchenko (finlandês naturalizado na Suíça) não tentavam fazê-lo mudar de opinião?

"Ponha-se no meu lugar", diz um amigo de Iuri Kovalchuk, parafraseando-o. "Se eu deixar Putin irritado como Kudrin o deixa, dizendo-lhe o que ele não quer ouvir, o que vai acontecer? Terei menos acesso ao 'corpo'. E vou acabar me punindo mais do que já fui punido pelos europeus. Por que eu faria isso?"

Nenhuma pessoa ligada a Putin ousava discutir com ele, pois sabiam que o presidente era o manancial da riqueza que tinham. A boa vontade de Putin é o que lhes garantia legitimidade. A prosperidade não vinha do trabalho árduo ou da sagacidade para os negócios, mas da familiaridade que tinham com o presidente. Condenar o presidente era o mesmo que prejudicar o próprio bem-estar. A raiva de Putin era muito mais perigosa para eles do que quaisquer sanções ocidentais. Além disso, em uma série de entrevistas arranjadas, os oligarcas de Putin se gabavam publicamente da disposição de sacrificar suas fortunas em prol de seu líder. "Se necessário for, amanhã eu doo todos os meus bens para o Estado ou para a caridade. Faço qualquer coisa para ajudar", disse Guennadi Timchenko em entrevista à agência estatal de notícias ITAR-TASS. "Minha esposa e eu conversamos várias vezes sobre isso. Pessoalmente, não precisamos de bilhões de dólares."

Não foi sem motivo que Timchenko mencionou a esposa. Elena Timchenko, uma figura ambiciosa da sociedade, tinha uma grande influência sobre o marido. Ela morava na Suíça, numa mansão da família no Lago Léman, e levava a vida de uma verdadeira benfeitora europeia. Considerando-se uma patrona das artes, ela organizava os próprios festivais de cinema em Genebra, que contavam com a presença de estrelas do cinema russo e internacional.

Elena Timchenko sofreu um golpe violento com as sanções. Ela perdeu o acesso à luxuosa mansão e ao seu tranquilo estilo de vida. Como seu marido relatou, ela havia acabado de fazer uma cirurgia e descobriu, na hora de pagar, que sua conta bancária estava bloqueada. O próprio Putin tocou no assunto em 2014 durante o programa de linha direta com o povo russo que fazia anualmente na TV, e citou o acontecimento para demonstrar como as sanções eram desumanas, porque afetavam tanto as pessoas listadas quanto seus familiares.

"DOIS JUDEUS E UM COSSACO"

O Fórum Econômico Internacional de São Petersburgo era um dos preferidos de Putin. Na década de 1990, os oligarcas de Ieltsin promoveram um fórum econômico russo em Londres para atrair investimentos estrangeiros. Saltemos agora para 2007, quando Putin decidiu que a Grã-Bretanha não era o melhor lugar para mostrar as conquistas econômicas da Rússia e recomendou que o fórum fosse unificado ao de São Petersburgo, realizado anualmente desde 1997. Todos acharam que 2014 seria um ano excepcional. Putin tinha decidido combinar o fórum econômico com a reunião de cúpula do G8, cuja presidência era da Rússia naquele ano. Para conciliar as duas coisas, o fórum foi antecipado de junho para maio.

Mas a anexação da Crimeia e as sanções subsequentes destruíram todos esses planos. A Rússia foi suspensa do G8 (que se tornou o G7 mais uma vez) e a reunião de cúpula foi cancelada. O fórum de São Petersburgo se transformou num casamento fracassado: a noiva não apareceu, enquanto o noivo se consolava dizendo que não faria diferença – afinal, ele nem queria se casar.

Quase todos os participantes mais influentes do fórum haviam sofrido sanções, e cada um deles repetia o mesmo argumento: em vez de obstáculos, as punições eram convenientes. Para alguns, elas foram realmente úteis. Vladimir Iakunin, por exemplo, presidente da Ferrovias Russas, foi salvo por elas. Havia uma tempestade se formando em volta dele, fortalecida pelos rumores de que ele logo seria "aposentado", mas as sanções ocidentais puseram um fim nisso tudo. Putin não poderia abandonar um servo fiel que havia sido castigado pelo Ocidente. Sendo assim, Iakunin continuou no cargo, mas acabou demitido um ano depois, em agosto de 2015.

Vladimir Putin estava bem animado no fórum. Como de costume, ele discursou para os líderes empresariais, repetiu a mesma fala numa sessão plenária subsequente, e mais uma vez numa coletiva de imprensa. Em todos os lugares, o assunto do momento era que a Rússia havia estendido a mão para selar a paz com o Ocidente, mas foi ignorada. Putin disse várias vezes que o ministro do Desenvolvimento Econômico Alexei Uliukaiev ("um liberal típico", dissera Putin com grande desdém) tentara negociar com a União Europeia, mas ninguém – absolutamente ninguém – quis falar com ele.

Putin também fez piada com seus velhos amigos: "Qual era o alvo dessas sanções? De propósito, eles escolheram dois judeus e um cossaco", brincou ele, referindo-se aos irmãos Rotenberg e a Timchenko.

No último dia do fórum, Putin se reuniu com jornalistas estrangeiros em sua residência fora da cidade. Durante as duas primeiras horas, ele relaxou e jogou conversa fora. Mas, no final da reunião, quando um repórter da Associated Press perguntou sobre a liberdade de expressão na Rússia, o presidente ficou furioso: "Vocês, americanos, não têm direito nenhum de nos dar sermão! Suas emissoras de TV mentiram descaradamente sobre os acontecimentos em Kiev. Vocês não têm autoridade moral para dizer nada sobre liberdade de expressão", gritou Putin, de acordo com alguém que estava presente.

A maioria dos convidados estrangeiros do fórum não apareceu. E apesar dos esforços de Putin, o tema das sanções predominou no evento. A única coisa que não sofreu alteração foi o entretenimento. O bilionário Mikhail Prokhorov ofereceu uma recepção tradicional numa boate cheia de strippers dançando no balcão, como acontecia no início dos anos 2000 durante a década da abundância.

A LUTA POR PUTIN

Em junho de 2014, o presidente Putin recebeu um relatório analítico que mostrava que a Rússia poderia correr novamente o risco de perder o controle sobre uma parte significativa das reservas de petróleo do país. Onze anos antes, os conselheiros de Putin haviam feito o mesmo alerta, advertindo que o dono de Yukos, Mikhail Khodorkovski, na época o homem mais rico da Rússia, pretendia vender ativos de petróleo russos a uma empresa dos Estados Unidos. Putin ainda era grato a eles, e sobretudo a Igor Sechin, por impedir a venda da maior companhia de petróleo da Rússia a um comprador estrangeiro.

Agora a mesma coisa se repetia, e Sechin o alertou de novo. Desta vez, o rumor era de que a empresa russa de petróleo Bashneft poderia ser vendida para estrangeiros. Era preciso evitar essa possibilidade a todo custo, especialmente num momento em que os Estados Unidos impunham sanções contra a Rússia e faziam de tudo para enfraquecer o país. Apesar de ser apenas a sexta maior empresa de petróleo da Rússia, a Bashneft estava bem estabelecida e tinha excelentes reservas de hidrocarbonetos. Em setembro, a empresa lançaria suas ações na Bolsa de Valores de Londres, e Sechin deixou claro para Putin que esse passo tiraria a empresa do controle do Kremlin.

Igor Sechin, assim como Alexei Kudrin, trabalhava com Putin desde o início dos anos 1990. A diferença entre os dois é que Kudrin e Putin estavam no mesmo nível, e Sechin sempre foi subordinado. Ele entendia a mentalidade de Putin mais do que ninguém. Ele sabia que, para Putin, não havia nada pior do que a traição – a lealdade ao presidente e a lealdade à Rússia eram a mesma coisa. Desse modo, Sechin foi convencendo Putin paulatinamente de que Vladimir Ievtushenkov, dono da Bashneft, não passava de um traidor. Com medo de enfrentar alguma sanção, Ievtushenkov não queria apenas vender a empresa para estrangeiros: ele planejava trair seus camaradas, seus concidadãos e o próprio presidente.

Ievtushenkov devia sua fortuna e seu prestígio a Iuri Lujkov, ex-prefeito de Moscou e líder informal da comunidade empresarial da cidade. Na verdade, eles eram parentes por afinidade: Ievtushenkov era casado com a irmã da esposa de Lujkov, Helena Baturina. Mas quando Lujkov teve uma discussão com o presidente Medvedev e foi difamado pela TV nacional pouco antes de ser demitido, Ievtushenkov não só não defendeu seu patrono, como começou a se distanciar, dizendo que não tinha qualquer ligação com Lujkov e que nunca sequer tinha jantado com ele.

Ievtushenkov era um grande investidor no setor de tecnologia e adorava ser chamado de Bill Gates Russo". A empresa dele, AFK Sistema, foi a contratada para lançar o Glonass, concorrente russo do sistema de navegação por GPS dos Estados Unidos. A supervisão do projeto estava a cargo de Serguei Ivanov, que em 2007 havia sido considerado um possível sucessor de Vladimir Putin, mas perdeu a corrida para Dimitri Medvedev. Quando ficou claro que Ivanov não seria o próximo presidente da Rússia, o entusiasmo de Ievtushenkov pelo projeto diminuiu. Sua atenção foi capturada por outra inovação – o MTS 945, também conhecido como "iPhone russo", o primeiro smartphone compatível com Glonass, fabricado pela ZTE da China e lançado com grande pompa e cerimônia. Mas quando Dimitri Medvedev saiu do Kremlin, Ievtushenkov novamente perdeu o interesse pelo novo brinquedinho.

Sechin montou um dossiê com esses episódios da biografia de Ievtushenkov e entregou para Putin. Ele queria provar que Ievtushenkov era inconstante e possivelmente um traidor. Mas o principal alvo, é claro, era a Bashneft. Ievtushenkov havia adquirido a maior parte da empresa em 2009 com a aprovação da Medvedev. Putin sabia do negócio, é claro, mas Sechin contou para o chefe detalhes pouco conhecidos sobre os acionistas da empresa, dizendo apenas que eram "latentes".

Sechin tinha motivos pessoais para conspirar contra Ievtushenkov. A Rosneft, maior petrolífera da Rússia e liderada por Sechin, estava com sérios problemas. A produção estava baixa, o que gerou a necessidade de subsídios governamentais. A absorção da Bashneft, empresa pequena, porém próspera, resolveria os problemas da Rosneft e de Sechin.

Além disso, tendo se distanciado de Lujkov, Ievtushenkov fez amizade com os liberais mais destacados da comitiva de Putin, quais sejam: German Gref, presidente da Sberbank, e Anatoli Chubais, mentor das reformas da era Ieltsin. Os liberais eram adversários ideológicos de Sechin, então atacá-los era uma questão de princípio.

Sechin não tinha dúvida de que lançar as ações da Bashneft na Bolsa de Valores de Londres seria um golpe para a segurança energética da Rússia, ou o mesmo que uma apunhalada nas costas, pois naquele momento o Ocidente travava uma guerra econômica e psicológica contra a Rússia. Sechin, então, fez tudo o que podia para que a empresa entrasse na Bolsa de Londres e a arrancou das mãos de Ievtushenkov.

Os líderes empresariais que conviviam com Sechin dizem que ele tem uma idiossincrasia: quando há uma negociação a caminho, ele rapidamente providencia para que seja aberto um processo penal contra o possível parceiro, para facilitar o processo de negociação. Na maioria das vezes, os processos não dão em nada e são encerrados. É apenas um hábito antigo seu.

Em meados de julho, os acionistas da Bashneft souberam de repente que suas ações haviam sido bloqueadas por ordem do tribunal regional de Basmanni, Moscou, o mesmo órgão que autorizara a prisão de Khodorkovski onze anos antes. De acordo com o comitê que investigava a privatização de Bashneft, a compra da empresa pelos antigos proprietários violara a lei russa, o que tornava Ievtushenkov um revendedor de bens roubados.

O bloqueio das ações impossibilitou o lançamento das ações na Bolsa de Valores de Londres. Mas não parou por aí. Ievtushenkov disse à imprensa que sua empresa havia sido invadida; dois meses depois, o mesmo tribunal de Basmanni decretou a prisão domiciliar de Ievtushenkov, sob a acusação de "apropriação indébita e lavagem" do capital da Bashneft.

A prisão de Ievtushenkov foi um choque para as grandes empresas russas tanto quanto a anexação da Crimeia e a guerra na Ucrânia. "É muito pior do que qualquer sanção", disse um bilionário, falando em nome de muitos outros. "Significa que não há mais regras. Vale tudo."

Na verdade, do ponto de vista dos empresários, que conheciam muito bem a lógica de Putin, a prisão de Ievtushenkov era fundamentalmente diferente do caso Yukos. Mikhail Khodorkovski violou as regras do jogo. Ele interferiu na política e foi devidamente punido. Ievtushenkov era o exato oposto de Khodorkovski – era prudente e cuidadoso, atento a todas as coisas e nunca assumia compromissos em excesso ou corria riscos. A compra da Bashneft foi realizada por um acordo mútuo.

Ievtushenkov teve ajuda das pessoas, em especial de seus camaradas Chubais e Gref. Mas os dois logo perceberam que seu envolvimento era tanto desproposidado quanto perigoso. O dossiê de Ievtushenkov dizia que Chubais e Gref eram "acionistas latentes" da Bashneft, e a intervenção dos dois serviu para confirmar a informação. Putin não queria ouvir os argumentos deles. Todos os liberais do círculo de Putin foram efetivamente isolados e deixaram de ter qualquer influência sobre o presidente.

Para chegar a Putin, eles recorriam a medidas desesperadas. Incapazes de conseguir uma reunião particular, eles tinham de falar em público para que Putin ouvisse e talvez entendesse.

O primeiro a fazer isso foi German Gref. Ele fez um discurso não programado no fórum de investimentos Russia Calling! e falou de repente sobre os motivos do colapso da União Soviética. "A liderança soviética foi extraordinariamente incompetente. Eles não entendiam as leis da economia. Eles viviam no mundo da lua", criticou Gref. Ele ainda falou sobre a falta de concorrência e que as pessoas não podem ser "motivadas pelo Gulag".[9]

O discurso de Gref foi uma bomba tão forte que ofuscou todos os outros eventos do fórum. A imprensa só falava numa "rebelião Gref". Mas Putin não estava presente durante o discurso, e também não o mencionou durante sua fala. Em vez disso, fez várias piadas (que arrancaram risadas altas da plateia) e afirmou que a economia russa era forte, mas precisava de um "empurrão", para o qual o Estado tinha os recursos necessários. Mas os "kreminologistas" e os analistas políticos notaram um detalhe no discurso de Putin. Ao dizer a frase "o diabo não é tão feio quanto se pinta", o presidente parou, fez o sinal da cruz sobre a boca e completou: "Senhor, tenha piedade". Se fosse no século XIX, ninguém daria a mínima. Mas na Rússia do século XXI, fora da clausura em que vivem os monges, a expressão soava bem estranha. Putin estava convivendo muito com padres e confessores, concluíram os liberais.

Três dias depois, Alexei Kudrin tentou conversar com ele. A única maneira de contatar o presidente foi por meio de uma entrevista no Canal Um com o famoso apresentador russo Vladimir Pozner. "Para mim, a melhor forma de proteger os interesses nacionais da Rússia é fortalecer seu poder econômico. Sem isso, o país jamais será uma potência militar ou de qualquer tipo. Nossa economia está perdendo a força, e não conseguimos atingir nossos objetivos políticos internos e externos. Estou ficando cada vez mais preocupado", disse Kudrin numa linguagem bem putinista.[10]

Kudrin esperava lembrar o presidente de sua existência e trazer o velho Putin de volta à vida. Além disso, ele estava preocupado com os discursos de Putin, que continham dados estatísticos incorretos, entre outras coisas. O presidente continuou afirmando que não havia nada de errado com a economia do país, e reiterava o tempo todo que a Rússia não buscava o isolamento internacional, pelo contrário: a Rússia queria dialogar, mas seus colegas ocidentais eram surdos.

Para os colegas de Kudrin, renunciar ao Ministério das Finanças tinha sido um erro. "Infelizmente, os liberais perderam a luta por Putin", diziam os principais empresários quase em completo consenso. O desânimo era geral. "Não há o que fazer quando o trem cai no precipício. A única alternativa é correr para o último vagão", disse um dos maiores empregadores da Rússia. O clima era de derrota. A batalha por Putin estava perdida.

Menos de um mês depois, em um encontro do Clube Valdai em Sochi, o novo estrategista político do Kremlin, Viacheslav Volodin, resumiu: "A Rússia é Putin. A Rússia só existe se existe Putin. Não há Rússia sem Putin".

CAPÍTULO 19

Em que Ramzan Kadirov faz uma viagem de ida e volta para Dubai

No Fórum Econômico Internacional de São Petersburgo de 2015, *Ramzan Kadirov parecia um monarca visitante. Ele caminhava cheio de pompa pelo pavilhão, seguido por uma grande comitiva. Comparado a ministros, governadores e vice-primeiros-ministros (que andavam sozinhos, se sentavam nas cafeterias ou conversavam com repórteres), Kadirov parecia exoticamente oriental.*

Esse jovem, vestido com um colete astracã, estava cercado por uns vinte assistentes sombrios, todos de preto. Durante dez anos, os jornalistas escreveram sobre a prática de tortura e sequestro em seu "regime feudal". Alguns dos seus assessores mais próximos eram procurados pela Interpol. Como um chefe guerreiro medieval, ele nunca se livrava dos rumores de ter executado diversos inimigos. Os ministros, sentados tranquilamente no pavilhão do fórum, tinham medo dele.

É a comitiva que confere o ar de realeza a esse promotor de horrores. Numa ocasião, quando a apresentadora Ksenia Sobchak tentou perguntar algo para Kadirov, um grupo de assistentes dele a empurrou para o lado contra uma parede de vidro do estúdio. O rei da Chechênia passou sem sequer diminuir os passos.

Os jornalistas que conhecem Kadirov há muito tempo ficam surpresos com essa nova imagem. Eles o descrevem como um jovem sem educação formal, com dificuldade para manter uma conversa. Ele também é sensível. Por exemplo, ele nunca perdoou um agente de publicidade que lhe disse as seguintes palavras: "A gente já se conheceu. Não lembra? Eu me hospedei na casa do seu pai e você me serviu chá". Ele não se parece em nada com veteranos das guerras chechenas — homens grisalhos capazes de matar se acharem que a pessoa sorriu de um jeito estranho.

Kadirov perdeu o pai e o irmão mais velho relativamente cedo, e adora a companhia dos amigos próximos e do círculo de seu pai. Sua palavra favorita é "euforia". Ele a usa, por exemplo, para descrever a sensação de dançar dhikr, *uma dança* sufi *que induz ao transe. A mesma palavra é usada para descrever a sensação que ele teve ao visitar a Caaba, em Meca. Uma vez ele contou um sonho numa entrevista – ele entrava na Caaba com todos os amigos.*[1] *E em 2013 ele o realizou junto de quinze amigos íntimos, ou "irmãos", como ele os chama. Eles tiraram selfies dentro da Caaba e postaram no Instagram. Sem dúvida, ele experimentou "euforia".*

MORRE UMA FIGURA DA OPOSIÇÃO, O PRESIDENTE DESAPARECE

Durante as negociações de Minsk em busca de uma solução para o conflito da Ucrânia, Vladimir Putin disse publicamente a Petro Poroshenko, presidente ucraniano, que não repetisse os erros que ele mesmo havia cometido. "Encha a região de Donbass de dinheiro, não de sangue", disse ele.

Chegado 2014, o problema da Chechênia, que tanto preocupou Putin em seu primeiro mandato, parecia resolvido. Em 1999, como primeiro-ministro, ele disse numa entrevista à televisão: "Falando em sentido figurado, a Chechênia está em toda parte. Não só na Ciscaucásia". Ele queria dizer que a Rússia tinha muitos problemas: "Essa busca constante de uma fonte externa para todos os nossos males é errada. [...] Todos os nossos problemas estão dentro de nós. A origem deles é o nosso descuido, a nossa fraqueza. [...] Veja a nossa economia – é puro sofrimento. E há um grande buraco nas nossas relações internacionais, tanto com países próximos quanto com os distantes".[2]

Em 2014, Putin poderia ter repetido a frase "a Chechênia está em toda parte", mas com uma conotação diferente. Desta vez, ela era um símbolo de estabilidade nacional. Em 28 de dezembro de 2014, Ramzan Kadirov, presidente da Chechênia, reuniu todos os membros de sua força policial dentro de um estádio e os fez jurar lealdade a Vladimir Putin. "Está na hora de fazer uma escolha consciente e dizer ao mundo que somos soldados de infantaria de Vladimir Putin. Se a ordem chegar, vamos provar o que somos", disse Kadirov. "Vladimir Putin ajudou o nosso povo durante quinze anos. Agora nós, dezenas de milhares de soldados especialmente treinados, pedimos ao líder nacional e comandante supremo russo que nos aceite como sua divisão especial voluntária, pronta para defender a Rússia".[3] Vinte mil homens de uniforme camuflado responderam em coro: "Allahu Akbar!". Um vídeo um pouco intimidante gravado dentro do estádio se espalhou rapidamente na internet – mais uma prova de que era Ramzan Kadirov quem tinha um exército devoto, e não Vladimir Putin.

No entanto, esse tipo de juramento medieval havia se tornado comum naquela época. Em janeiro de 2015, grupos de veteranos afegãos e gangues de motoqueiros disputavam o título de servos mais devotos de Putin.

Franz Klintsevich, deputado da Duma que um ano antes havia liderado um destacamento de voluntários para retomar a Crimeia, tomou a frente do movimento "anti-Maidan", cujo objetivo era se opor às manifestações do movimento Euromaidan de 2013-2014 e combater a "quinta-coluna" pró-ocidental. Outro líder do movimento foi o ex-médico Alexander Zaldostanov, conhecido como "Cirurgião", chefe do grupo de motociclistas Lobos da Noite. "A única coisa que fará com que eles [a oposição] desistam é o medo. Eles vão trair e matar seus patrocinadores por dinheiro, mas não estão dispostos a morrer por dinheiro!", disse ele.[4]

Em 21 de fevereiro, houve uma manifestação pró-Kremlin e anti-Maiden na Tverskaia, a principal rua de Moscou, amplamente coberta pela TV nacional. Os manifestantes carregavam cartazes com fotos de seus inimigos – os potenciais organizadores de uma "Maidan russa". Um desses inimigos era Boris Nemtsov, líder da oposição liberal, que na década de 1990 trabalhara como vice-primeiro-ministro no governo de Ieltsin.

Uma semana depois, em 27 de fevereiro de 2015, Nemtsov foi morto a tiros na Ponte Bolshoi Moskvoretski, bem perto das muralhas do Kremlin. O assassinato causou choque em muita gente, inclusive no próprio Kremlin. Naquela noite, Vladimir Putin se reuniu com autoridades de segurança e ordenou que o Comitê de Investigação, o FSB e o Ministério do Interior investigassem o assassinato, cometido praticamente na porta de sua residência oficial.

Na manhã seguinte, de acordo com relatórios publicados no site do Kremlin, Putin falou ao telefone com o rei Abdullah II da Jordânia e com Mohammed Al Nahyan, príncipe herdeiro de Abu Dhabi. Abdullah e Al Nahyan eram conhecidos na Rússia por seus laços estreitos com Ramzan Kadirov, que viajava várias vezes ao ano para a Jordânia e os Emirados Árabes Unidos. Do mesmo modo, eles eram convidados frequentes na Chechênia. Kadirov chegou a nomear uma escola islâmica na cidade chechena de Gudermes em homenagem ao pai do príncipe Mohammed, e um parque em Grozny em homenagem ao rei Abdullah. E em Amã, capital da Jordânia, há uma rua chamada Ramzan Kadirov. Putin decidiu discutir o assassinato de Boris Nemtsov com os amigos estrangeiros de Kadirov. Depois disso, enviou um telegrama dando os pêsames à mãe de Boris Nemtsov.

Em uma reunião do Ministério do Interior em 4 de março, Putin exigiu que o caso fosse resolvido rapidamente: "Precisamos livrar a Rússia de tragédias vergonhosas como essa que vimos recentemente. Eu me refiro, é claro, ao assassinato descarado de Boris Nemtsov no centro da nossa capital".

No dia seguinte, ele se encontrou com o primeiro-ministro italiano Matteo Renzi. Depois disso, Putin ficou um tempo sem aparecer em público. Talvez ninguém teria notado se o Kremlin não tivesse publicado na internet relatórios de reuniões entre o presidente e governadores regionais, ocorridas uma semana antes e que já haviam sido cobertas pela imprensa regional. Funcionários do Kremlin depois explicaram que o presidente pegou uma gripe e se recolheu em sua residência em Valdai, nos arredores de Novgorod, para se recuperar. Entre as autoridades, no entanto, surgiu o rumor de que Putin, na verdade, havia se afastado para refletir sobre seu próximo passo. Ele teria se escondido por medo pela própria vida – seria melhor esperar tudo acabar.

"TELHADO" NOVO

Assim que o presidente deixou Moscou, o FSB começou a trabalhar. Dois suspeitos foram detidos no dia 7 de março na Inguchétia, e outro morreu durante uma tentativa de prisão na Chechênia, supostamente usando uma granada para explodir a si mesmo. O principal criminoso foi apontado como Zaur Dadaiev, um membro do batalhão Sever, parte da guarda nacional chechena. Um juiz autorizou a prisão em 8 de março. No mesmo dia, Ramzan Kadirov postou uma mensagem de apoio no Instagram:

> Conheço Zaur como um verdadeiro patriota da Rússia. [...] Zaur era um dos homens mais corajosos do regimento. [...] Foi condecorado com a Ordem de Coragem e com medalhas por bravura e pelos serviços prestados à República da Chechênia. Tenho certeza de que ele se dedica com sinceridade à Rússia e que está preparado para dar a vida pela pátria. [...] A imprensa diz que Zaur admitiu no tribunal seu envolvimento no assassinato de Boris Nemtsov. Qualquer pessoa que conheça Zaur pode afirmar que ele é um homem profundamente religioso e, como todos os muçulmanos, ficou chocado com as charges do *Charlie Hebdo*. [...] Beslan Shavanov, que foi morto enquanto estava preso, também era um soldado de coragem. Esperamos que seja feita uma investigação aprofundada para descobrir se Dadaiev é realmente culpado e, se for, qual a verdadeira razão por trás de suas ações.[5]

Kadirov também tentou entrar em contato com o presidente, mas sem sucesso. Putin não estava disponível e não tinha aparecido nos noticiários naquele dia.

No dia seguinte, 9 de março, Kadirov recebeu um estranho sinal de Putin. O presidente ausente concedeu-lhe a Medalha de Honra, um nível muito alto de reconhecimento. O líder checheno tentou falar com Putin de novo, mas ninguém transferiu seu telefonema. Então ele tentou via Instagram:

> Estou infinitamente grato ao presidente russo e Comandante Supremo das Forças Armadas da Federação Russa, Vladimir Putin, por um prêmio tão alto e pela apreciação do meu modesto trabalho. Declaro categoricamente que todo o crédito pela paz e pela estabilidade na República da Chechênia pertence a Vladimir Vladimirovich [Putin]. Sua política sábia, além da assistência e do apoio, trouxeram uma paz duradoura e restabeleceram a economia, a cultura e a espiritualidade da república. Somos a infantaria do presidente russo! Eu sempre serei grato a Vladimir Vladimirovich por tudo o que ele fez para mim e para o meu povo. Sempre serei seu fiel colega soldado. Entregar a vida para uma pessoa assim é a mais simples das tarefas. Prometo cumprir qualquer ordem e realizar qualquer tarefa para ele, seja qual for a complexidade, custe o que me custar. Eu sirvo à Rússia! Eu sirvo ao povo![6]

É improvável que Kadirov publique as próprias mensagens no Instagram, mas o texto era claramente dele – naquele momento, não havia outra maneira de contatar Putin.

Enquanto isso, no bairro Krilatskoie, em Moscou, um dos arredores mais prestigiados da capital (conhecido como "Ilha da Fantasia"), houve alguns acontecimentos preocupantes. Na noite de 10 de março, na vizinhança em que moram ministros e bilionários, houve uma briga entre os seguranças do empresário Umar Djabrailov, ex-senador da Chechênia e ex-candidato presidencial russo, e motociclistas do clube Lobos da Noite, que se denominavam defensores da Rússia contra a "quinta-coluna" liberal.

Mas os Lobos da Noite não foram à mansão do bilionário checheno para discutir a "quinta-coluna". Os vizinhos de Djabrailov dizem que os motociclistas foram comunicar ao empresário que seu protetor (*krisha* em russo, literalmente "telhado"), Ramzan Kadirov, não era mais o figurão da cidade, e que, dali em diante, Djabrailov ficaria sob a "proteção" deles – ou seja, eles garantiriam a de Djabrailov, desde que fossem pagos para isso. O Cirurgião e Djabrailov decidiram resolver suas diferenças pessoalmente.

O conflito em Krilatskoie sugeria que as agências de segurança já não consideravam Kadirov uma força poderosa, apesar de muitos empresários em Moscou ainda estarem sob a proteção da chamada máfia chechena. Havia centenas de policiais chechenos trabalhando semioficialmente em Moscou sob o comando de Adam Delimkhanov, braço direito de Kadirov e deputado da Duma pela Chechênia. A "polícia" ficava hospedada no President, um hotel cinco estrelas relativamente perto da Praça Bolotnaia. Ironicamente, o hotel tinha sido a sede da campanha paralela de Boris Ieltsin em 1996. A partir daí, uma equipe de assessores dos Estados Unidos surgiu com o slogan

"Vote ou Perca" (inspirado no slogan da MTV "Escolha ou Perca"), o que ajudou Ieltsin a ser reeleito naquele ano.

Segundo rumores, a proteção dos Lobos da Noite era ainda mais poderosa do que a dos chechenos no hotel President, já que os Lobos da Noite tinham o suporte do FSB. Desse modo, eles resolveram explorar a fraqueza momentânea de seu adversário Kadirov (a falta de contato com Putin) para assumirem o controle do fluxo de caixa.

Em 11 de março, Ramzan Kadirov foi convocado para uma reunião do Conselho de Segurança na cidade de Piatigorsk, na Ciscaucásia, presidida pelo secretário do Conselho de Segurança Nikolai Patrushev, ex-diretor do FSB e "agente" ou *silovik* mais influente da Rússia. Ele falou para Kadirov da investigação sobre o assassinato de Nemtsov e sobre a descoberta de provas contra membros do círculo do líder checheno.

Quando voltou para casa em 13 de março, Kadirov se reuniu novamente com o Ministério do Interior da Chechênia. Pouco depois, a seguinte mensagem foi publicada em seu Instagram:

> Os Estados Unidos e o Ocidente estão tentando prejudicar a Rússia, enfraquecer sua economia e causar caos e instabilidade. Os inimigos da Rússia tentaram usar a Geórgia e a Chechênia para arruinar nosso país. Nas duas vezes, foram rechaçados. Então provocaram um verdadeiro incêndio na Ucrânia. Portanto, é importante que todos os povos da Rússia sejam solidários e se unam em apoio ao líder nacional russo, o presidente Vladimir Putin. Os serviços de inteligência ocidentais estão tentando atacar quem apoia Vladimir Vladimirovich [Putin]. Estimulados pelos meios de comunicação em massa e por outras organizações, eles estão usando qualquer desculpa para macular a reputação do líder da República da Chechênia. Se um pedestre é atropelado ao atravessar a rua, a culpa é de Kadirov. Se alguém é suspeito de um crime, a culpa é de Kadirov. Há uma campanha em andamento ligada à detenção de Zaur Dadaiev, ex-funcionário do Ministério do Interior da Chechênia. [...] Gostaria de reiterar o seguinte: não importa onde eu estiver, não importa o que eu fizer, serei sempre leal a Vladimir Putin e estou pronto para me opor aos inimigos da Rússia. Declaro que devo a minha vida a Vladimir Putin e que sou fiel a ele como pessoa, independentemente de sua posição. Se alguém tentar prejudicar o presidente da Rússia e a própria Rússia, tenha certeza de que não medirei esforços para impedir.[7]

Os sites mantidos pela resistência chechena começaram a falar que o silêncio de Putin deixara Kadirov desesperado. Além disso, eles publicaram rumores de que o presidente russo estava negociando com os governantes da Jordânia e dos Emirados Árabes Unidos um asilo político para Kadirov, o que daria a Putin um pretexto para obrigá-lo a sair do país.

ARMAS DE OURO

"A relação de Putin e Kadirov é especial", diz um funcionário do Kremlin próximo do presidente. "É uma coisa mesmo estranha. Um líder regional não deveria ter Putin como única fonte de autoridade e legitimidade. Mas foi assim que se configurou o tortuoso sistema". As postagens no Instagram de Kadirov só confirmavam isso, com afirmações de que a carreira política dele dependia inteiramente de Vladimir Putin.

Em 2011, numa entrevista à televisão chechena, Putin se abriu inesperadamente sobre sua relação com a família Kadirov. "Quando conheci Kadirov, a primeira coisa que pensei foi: será que ele consegue conversar? Ele grunhia algo ininteligível toda vez que respondia a alguma pergunta", disse Putin, lembrando seu primeiro encontro com o pai de Ramzan, Akhmad Kadirov, o mufti (jurisconsulto supremo, referência máxima no Alcorão) da Chechênia em quem Putin havia apostado para colocar ordem na região no início de sua presidência.

Com o intuito de parar a Segunda Guerra da Chechênia, Putin tentou "concentrá-la" em nível local como parte de um processo conhecido como "chechenização". O plano era obscurecer a separação entre "amigos" e "inimigos" e transformar o conflito russo-checheno em uma questão interna da Chechênia. Akhmad Kadirov concordou em liderar um governo checheno pró-Rússia e, de modo geral, fez um bom trabalho.

"Quando ele assumiu o governo", prosseguiu Putin na conversa com a televisão chechena, "prestei atenção, admirado, ao que ele disse e na forma como disse. Ele explicou a essência do que estava acontecendo e deu sua opinião de forma clara e direta. Foi uma revelação para mim".

Akhmad Kadirov só falou coisas boas do filho Ramzan, disse Putin. "Akhmad me disse o seguinte: 'Putin, Ramzan é um bom rapaz, com perspectivas brilhantes'. Mas ele nunca pediu ou insistiu para que filho assumisse a república". Ramzan Kadirov, que trabalhou como diretor do serviço de segurança de seu pai, também surpreendeu Putin: "Ramzan é do tipo que faz as coisas acontecerem. Sinceramente, eu não esperava que ele fosse tão prático. Eu estava em Grozny e vi o estado da cidade depois que o conflito acabou. Parecia Stalingrado. Eu caminhava entre as ruínas e pensava: 'Quando isso tudo será reconstruído? Será possível reconstruir?'. Ramzan assumiu o controle e fez acontecer. Eu me surpreendi. Que rapaz! Eu achava que ele só sabia perambular pelas montanhas com uma metralhadora na mão", disse Putin, elogiando Ramzan Kadirov, que de fato se tornou o líder, e depois presidente da Chechênia quando o pai foi assassinado.[8]

Em 2004 Vladimir Putin e Ramzan Kadirov efetivamente assinaram um pacto. O jovem líder checheno disse ao presidente russo que o considerava seu pai e que estava pronto para morrer por ele. Essas palavras aqueceram a alma de Putin, que retribuiu a lealdade dando carta branca total para Kadirov. Para começar, a Chechênia recebeu altos subsídios para se reerguer (15-20 bilhões de rublos – cerca de 600-800 milhões de dólares – por ano, de acordo com dados oficiais). No entanto, no "dossiê checheno" (escrito por William Burns, ex-embaixador dos Estados Unidos na Rússia, e divulgado pela WikiLeaks) havia a informação de que aproximadamente um terço do dinheiro ia diretamente para Kadirov. Além disso, Kadirov teve a oportunidade de se livrar de todos os seus adversários políticos, que cometeram o erro de não jurar aliança pessoal a Putin.

Os dois adversários mais perigosos de Kadirov eram os irmãos Iamadaiev, embora não durante muito tempo. De maneira emblemática, o irmão mais velho, Ruslan, ex-deputado da Duma na Chechênia, foi morto a tiros em setembro de 2008 na frente do prédio do governo em Moscou – isto é, na frente do gabinete de Putin, que na época era primeiro-ministro da Rússia. Quando o carro de Iamadaiev parou num sinal, o assassino se aproximou tranquilamente e atirou nele à queima-roupa. O outro ocupante do carro sobreviveu. Vários meses depois, o assassino foi preso.* Até hoje o mandante do crime não foi identificado.

Seis meses depois, o irmão mais novo de Ruslan Iamadaiev, Sulim, foi assassinado em Dubai. A investigação dos Emirados Árabes Unidos teve mais sucesso que a dos russos: eles prenderam os assassinos (um deles cuidava dos cavalos de Kadirov) e identificaram o mandante, Adam Delimkhanov, deputado da Duma na Chechênia e braço direito de Kadirov. Os assassinos foram condenados à prisão perpétua. Dois anos depois, no entanto, a sentença foi convertida para 27 meses, e eles conseguiram retornar de Dubai para a Chechênia.

Apesar do envolvimento suspeito de Ramzan Kadirov e sua comitiva, os assassinatos repercutiram pouco na Rússia, com uma única exceção: o assassinato da jornalista Anna Politkovskaia, conhecida pelas investigações de tortura, assassinatos e sequestros na Chechênia de Kadirov. Ela foi morta a tiros em 7 de outubro de 2006, dia do aniversário de Putin. Demorou oito

---

* Por uma estranha coincidência, o sobrenome dele era o mesmo do homem que teria matado Boris Nemtsov sete anos depois – Dadaiev. Apenas um homônimo, no entanto.

anos para as autoridades condenarem cinco pessoas envolvidas no crime, e o mandante mais uma vez não foi descoberto. A imprensa pró-governo declarou que provavelmente se tratava de uma provocação do Ocidente ou da oposição russa para desacreditar Putin e Kadirov.

A consciência da população acabou associando Kadirov ao crime, mas isso não afetou seu pacto com o Kremlin. Ele permaneceu leal a Moscou e se comprometeu a manter a Chechênia sob controle, e para isso continuou recebendo financiamento ilimitado e carta branca para impor sua própria interpretação da lei.

O assassinato de Nemtsov foi o primeiro evento a não se encaixar nesse quadro. Para a comitiva de Kadirov, o consagrado líder da oposição liberal era um inimigo à margem da sociedade. Eles não o associam ao poder e provavelmente não sabiam nada do passado de seu governo. A luta contra os liberais e defensores de uma "revolução colorida" russa foi vista como uma parte das obrigações de Kadirov com Putin.

Mas a classe dominante em Moscou, incluindo o Kremlin, reagiu ao assassinato de forma bastante diferente. Nemtsov era mais ligado a essa classe do que Kadirov. Até aquele momento, os assassinatos não eram motivo de preocupação, nem mesmo para quem estava em Moscou, pois quase todas as vítimas eram chechenas – políticos, jornalistas e defensores dos direitos humanos. Mas o caso de Nemtsov era outra questão: a vítima havia sido primeiro vice-primeiro-ministro, ex-chefe de Putin e potencial sucessor de Boris Ieltsin.

FUGA PARA OS EMIRADOS

Enquanto isso, Putin continuava ausente. Até a imprensa de outros países começou a procurar por ele. Um site russo colocou no ar um cronômetro contando os segundos, minutos e dias decorridos desde sua última aparição pública.

Membros da comitiva de Putin dizem que o presidente tem uma saúde muito sensível e não gosta que sua assessoria de imprensa fale do assunto. Convicto de que o czar nunca deve ficar doente, Putin sempre evita marcar reuniões com pessoas que possam infectá-lo com alguma doença. Se um funcionário ou ministro de repente espirra na presença dele, pode ser que o encontro termine naquele exato minuto. "Muito bem, pode ir embora. Eu não posso ficar doente!", diz Putin nesses casos. Ele também é obcecado por esportes: todos os dias ele passa duas horas nadando ou malhando na academia, além de praticar hóquei no gelo várias vezes por semana, normalmente à noite.

Mas durante a ausência de Putin, que durou dez dias, ele não apenas praticou vários esportes; segundo testemunhas, ele estava pensando no que fazer com Ramzan Kadirov. Por fim, Putin apareceu diante das câmeras em São Petersburgo no dia 16 de março, durante uma reunião com o presidente do Quirguistão. Mas continuou sem atender aos telefonemas de Kadirov.

"Os últimos dias serão lembrados como uma semana de mentiras generalizadas", apareceu escrito numa publicação no Instagram de Kadirov.

> Talvez nunca na história da Rússia as pessoas tenham ouvido tanta fofoca, hipocrisia e desinformação descarada num período tão curto. Os chamados cientistas políticos, analistas e especialistas, mantidos por patrocinadores ocidentais, disseram que o presidente Vladimir Putin está gravemente doente e não pode governar o país. Alguns impetuosos declararam que um golpe está a caminho. Os inimigos da Rússia estão lutando para que a imprensa retrate esses devaneios como realidade. Nosso líder nacional Vladimir Putin e sua equipe estão acima de tudo isso! Eles fizeram o certo ao ignorar esses vira-latas que só sabem latir. Os fatalistas ficaram todos impressionados quando Putin apareceu em São Petersburgo com toda a sua saúde! A Rússia é uma grande potência, com um líder forte e resoluto. O presidente Vladimir Putin jamais permitirá que os Estados Unidos e seus capangas ocidentais atinjam o nosso país – *jamais*![9]

Mesmo depois da aparição pública de Putin, Kadirov continuou sem conseguir falar com ele. Em 26 de março, Putin participou de uma reunião do FSB em Lubianca, no centro de Moscou, marcada simbolicamente para coincidir com o 15º aniversário de sua primeira eleição como presidente. A comitiva de Putin se surpreendeu ao perceber que, depois de sua ausência de dez dias, ele havia dobrado a quantidade de seguranças.

No mesmo dia, Ramzan Kadirov voou para os Emirados Árabes Unidos, levando consigo todos os seus assessores. O motivo alegado era participar das corridas em que seus cavalos competiam. Mas ele não teve pressa de voltar para a Chechênia. Kadirov e sua equipe passaram dez dias nos Emirados Árabes Unidos. Em Dubai e Abu Dhabi, Kadirov continuou jurando lealdade a Putin:

> A hipocrisia dos inimigos da Rússia não conhece limites! Depois de ler essa declaração, talvez vocês pensem que me refiro a capitais ocidentais que apontam mísseis para nossas barragens e usinas nucleares. Não! Eles entendem que a resposta da Rússia será instantânea, por isso nunca apertarão o botão. Estou falando de quem tem dupla cidadania (sendo a russa uma delas) e faz tudo para enfraquecer internamente a estabilidade do país – estou falando de quem recebe patrocínios generosos de fundações dos Estados Unidos e o apoio de alguns jornais. Seus métodos não

são originais. Eles foram implementados por um conhecido ideólogo nas décadas de 1930 e 1940, que dizia que quanto mais descarada é a mentira, mais fácil é acreditar nela. [...] Eles querem criar a aparência de que existe um conflito entre políticos, chefes regionais e líderes nacionais. Alguns jornais chegaram a escrever manchetes como "Estaria o Kremlin com medo da Chechênia?" Isso é uma provocação clara e leviana. [...] O Kremlin não tem nada a temer. Não tem medo da Chechênia, de Moscou, de Rostov, de Magadan, e não tem medo de vocês. Além disso, o Kremlin não tem medo de seus amados de Londres, Washington e Berlim. E o Kremlin não tem medo dos Estados Unidos, da OTAN, ou de outras organizações semelhantes, porque o Kremlin é a Rússia. O Kremlin é Chechênia, Moscou, Tcheliabinsk, Rostov e milhares de outras cidades! Eu sempre disse e agora reitero: sou soldado de infantaria de Vladimir Putin, presidente e comandante supremo da Rússia![10]

Kadirov e sua equipe só retornaram a Grózni em 6 de abril. No mesmo dia, Putin emitiu um decreto atribuindo à capital chechena o título de "Cidade da Glória Militar" – geralmente reservado para cidades que exerceram uma resistência heroica durante a Grande Guerra Patriótica.

Um dia depois, Kadirov foi a Moscou a convite do vice-chefe de gabinete Viacheslav Volodin. Kadirov não considerava o encarregado da política interna russa como uma autoridade – para ele, as únicas autoridades do país eram Vladimir Putin e Vladislav Surkov (que era metade checheno). Mas Volodin, sentado no antigo gabinete de Surkov, estendeu a mão para o líder checheno.

"Viacheslav Viktorovich [Volodin], um estadista sábio e experiente, sempre deu conselhos importantes e apoiou projetos para ajudar a República da Chechênia. É muito bom que nosso líder nacional, Vladimir Putin, tenha camaradas tão dedicados em sua equipe. Isso nos faz confiar no futuro da Rússia!", postou Kadirov em sua conta no Instagram, entusiasmado, depois de se reunir com Volodin.[11]

O LOBO E O URSO

"Ele é como um filho para mim", disse Putin em entrevista à televisão chechena em 2011. "Somos todos humanos, com nossos pontos fracos e fortes. Ele não é exceção. Mas é um sujeito honesto, e eu respeito muito isso."

O fato de Putin estar falando para uma audiência chechena provavelmente o levou a descrever Kadirov como um filho. "Para ele, Ramzan sempre foi um jovem lobo que precisa de abrigo", diz um membro do Kremlin, interpretando os sentimentos de Putin.

Para Kadirov, Putin sempre foi um modelo a seguir. Ele adotou o estilo que Putin usava para falar com dignitários estrangeiros, ativistas de direitos humanos e líderes empresariais, além do hábito de se cercar de estrelas de Hollywood. Em dezembro de 2010, os amigos de Putin organizaram uma noite de "caridade" com a participação de Sharon Stone, Mickey Rourke, Kevin Costner, Alain Delon, Gerard Depardieu, Monica Bellucci, Vincent Cassel, Kurt Russell e Ornella Muti. Em determinado momento, os astros e as estrelas assistiram a Putin tocar no piano e cantar uma versão de "Blueberry Hill". Ramzan Kadirov quis repetir o episódio. Um ano depois, ele convidou Hilary Swank, Jean-Claude Van Damme, Seal e Vanessa-Mae para comemorar seu aniversário de 35 anos em Grózni. Os cachês não foram revelados.[*]

Quando perguntavam de onde a República da Chechênia havia tirado o dinheiro para uma extravagância desse tipo, Kadirov sempre respondia: "Alá o envia". Uma vez ele chegou a discutir com um jornalista insistente: "Prove que não é de Alá", desafiou.

Segundo jornalistas que entrevistaram o líder checheno durante sua presidência, ele trocou de palácio várias vezes, cada um mais dourado e luxuoso que o anterior. Em 2006, quando se tornou primeiro-ministro da república, Kadirov mudou-se do povoado rural de Tsentaroi para a cidade de Gudermes, a quarta maior da Chechênia, que sofreu menos do que Grozny durante as duas guerras da Chechênia. Ali, Kadirov montou um zoológico particular. Os convidados o presenteavam com filhotes de animais exóticos, que Kadirov adorava exibir aos jornalistas para mostrar como eles o obedeceram. Ele apertava a pata de filhotes de tigre e enfiava os dedos na boca de um filhote de urso para mostrar como eram mansos. Alguns anos depois, era possível ouvir uivos e rugidos ameaçadores por toda Gudermes durante a noite – era o barulho dos predadores de Kadirov, agora crescidos.

A GUERRA CONTINUA

Apenas duas semanas depois de voltar dos Emirados Árabes Unidos, Kadirov aprendeu uma lição. Em 19 de abril de 2015, o líder checheno assistia a uma partida de futebol de seu time favorito, o Terek, contra o Dínamo de Moscou (que na época soviética era afiliado ao Ministério do Interior). Enquanto ele estava ausente, a polícia federal entrou em Grózni, vindo da região vizinha de Stavropol, e matou um empresário chamado Dadaiev não

---

[*] Depois que o evento foi exibido no canal Euronews, organizações de direitos humanos criticaram as celebridades por aceitarem o convite, mas apenas Hilary Swank respondeu, dizendo que havia doado todo o cachê para a caridade e demitido seus empresários.

muito longe da residência oficial de Kadirov.* Aparentemente, ele resistiu à prisão e a polícia foi obrigada a agir. O incidente enfureceu Kadirov. No dia seguinte, ele disse às suas forças de segurança: "A próxima vez em que a polícia federal entrar no nosso território sem aviso prévio, seja ela de Moscou ou de Stavropol, minha ordem é que atirem".

Ele recebeu uma resposta oficial do Ministério do Interior da Rússia: "Para o Ministério do Interior da Rússia, é inaceitável que o presidente da República da Chechênia ordene que suas forças atirem contra policiais simplesmente porque as autoridades locais não foram informadas com antecedência sobre quaisquer operações". Em seguida, Dimitri Peskov, secretário de imprensa de Putin, disse que Kadirov precisava se lembrar do sistema hierárquico e entender que a polícia da Chechênia respondia não a ele, mas ao Ministério Federal do Interior em Moscou.

Curiosamente, o próprio Kadirov é general nas forças policiais russas. Retrocedendo a 28 de dezembro de 2014, quando as forças de segurança chechenas se reuniram dentro de um estádio para jurar lealdade a Putin, eles foram obrigados a reforçar seu juramento verbal de lealdade com uma declaração escrita, se comprometendo a servir a Putin, ao ministro do Interior Vladimir Kolokoltsov e ao líder checheno Ramzan Kadirov (nesta ordem). Quatro meses depois, no entanto, as coisas mudaram a ponto de não serem mais reconhecidas.

A briga pública entre Kadirov e o Ministério do Interior era uma prova clara de que o líder checheno não tinha mais abertura para se queixar diretamente com Putin sobre o aborrecimento que lhe causavam as autoridades de Moscou. Mas ele não tinha perdido sua relevância política. Um mês depois, o Comitê de Investigação anunciou uma mudança na equipe que investigava o assassinato de Boris Nemtsov. O inquérito passaria para as mãos do mesmo detetive que investigou o assassinato de Ruslan Iamadaiev em 2008 e que não identificou (ou se recusou a identificar) os mentores do crime.

Constatou-se que, depois de quinze anos de governo, o problema que Putin prometera enfrentar ao assumir o cargo em 2000 continuava sem solução. Durante a década da abundância, Putin conseguiu fazer a sociedade russa esquecer os horrores da Chechênia. Sob o novo contrato social, a palavra "Chechênia" era um tabu. O acordo caiu bem para todos. A república caucasiana foi apagada da consciência geral, embora isso não tenha impedido várias tragédias relacionadas com a Chechênia, como os ataques em Beslan e no espetáculo *Nord-Ost* ou de homens-bomba em aviões. Como que numa hipnose em massa, a sociedade russa colocou em prática o ditado "não mexa

---

* Mais um homônimo do suposto assassino de Nemtsov. (Não, Dadaiev não é um nome comum na Chechênia.)

em casa de marimbondo": se não incomodarmos a Chechênia, talvez ela não nos incomode.

Naquela época, também havia um consenso entre os jornalistas de que exercer a profissão era seguro, desde que não escrevessem sobre a Chechênia. Nenhum assunto era problema, exceto a Chechênia. A verdade é que os jornalistas que escreviam sobre a Chechênia sempre corriam o risco de acabar numa cova qualquer. Compreendida a regra, praticamente todos acreditavam que o jornalismo era a única área em que o sacrifício da verdade servia a um bem maior.

A Chechênia deu um salto milagroso: passou das manchetes criminais e militares para o brilho superficial da alta sociedade. Ramzan Kadirov começou a aparecer na capa das revistas e a dar entrevistas melosas na televisão, além de comparecer ao Fórum Econômico de São Petersburgo. Figuras da cultura e dos esportes, formadores de opinião e intelectuais de todos os tipos sorriam para as câmeras ao lado de Kadirov e de políticos chechenos suspeitos de assassinato. Esse era o contrato social.

Quem não está acostumado à psicologia da sociedade russa talvez pense que toda essa conjuntura serviu para a Rússia se expiar da culpa pelo sofrimento do povo checheno na década de 1940 (quando os chechenos foram deportados por Stalin) ou na década de 1990 (durante as duas guerras com Moscou), algo semelhante ao arrependimento pela escravidão por parte dos brancos americanos, ou ao remorso dos alemães devido ao Holocausto. Mas não era nada disso. Na Rússia, o sentimento parece mais uma mistura de medo e ignorância, que resulta em apatia política: a atitude geral é "não tenho interesse em política e não sei ou não me importo com o que acontece na Chechênia".

A coisa mais curiosa nessa brincadeira infantil de "Cadê? Achou!" foi o fato de Vladimir Putin ter se juntado a ela. Ele também achava que todos os problemas com a Chechênia acabariam se ele mantivesse a cabeça erguida e fechasse os olhos durante um tempo. Em termos mais práticos, Putin acreditava que poderia acalmar a Chechênia com alguns sacos de dinheiro. Em 2015, no entanto, a ilusão terminou.

A comitiva de Putin de repente parou de discutir sobre a Ucrânia – ou melhor, começou a dizer que a Ucrânia não era o problema mais urgente da Rússia. Os funcionários do governo, desse modo, começaram a assustar uns aos outros com uma nova frase: "Terceira Guerra da Chechênia".

CAPÍTULO 20

Em que Bashar al-Assad se torna a imagem de Putin

Conheci Bashar al-Assad em 2008. Embora não fosse rejeitado mundialmente na época, ele sabia que corria esse risco. Nunca gostou de falar com jornalistas, mas em setembro daquele ano teve o desejo repentino de conversar com a imprensa russa – ou seja, eu, como correspondente internacional do Kommersant.

Esse desejo súbito de conversar tinha uma motivação clara: sua forte empolgação com a Guerra de Agosto na Geórgia. "Antigamente, alguns russos pensavam que os Estados Unidos poderiam ser nossos amigos, mas não acho que essas pessoas ainda existam", disse-me ele, alegremente.

O pensamento de Assad que mais predominou durante a entrevista pode ser resumido da seguinte forma: "Finalmente!". Ele esperava havia muito tempo que a Rússia parasse de fingir ser uma democracia ocidental e voltasse para o grupo do despotismo oriental. A Rússia, acreditava ele, não podia ter vergonha de vender mísseis para o seu país, a Síria, e seu aliado, o Irã. Para ele, a guerra com a Geórgia representava o Rio Rubicão. O Ocidente jamais perdoaria a Rússia por tê-lo atravessado.

"A Rússia está passando pelo mesmo que passamos. A Geórgia provocou a crise, mas o Ocidente culpou Moscou", disse Assad, indignado. "É uma desinformação completa. Os fatos são distorcidos para isolar a Rússia internacionalmente. O processo começou há anos. Eles queriam cercar a Rússia com um cinturão de governos hostis, depois atacar sua economia, interferir nos assuntos internos e implantar um sistema antimísseis nas suas fronteiras. O que vemos na Geórgia é o resultado disso. É o apogeu das tentativas de cercar e isolar a Rússia."[1]

Ele me pareceu um tanto ingênuo: doce e inseguro demais para um ditador, muito franco e falante para um político experiente. Também senti uma leve falta de expressividade. Não havia nada de especial em sua aparência, em seu jeito de conversar, nem mesmo no interior de sua residência. O rei da Jordânia, por exemplo, que eu entrevistara no ano anterior, que é contemporâneo de Assad e a quem Assad costuma ser comparado, me surpreendeu com sua enorme coleção de tanques de brinquedo encontrados pela casa inteira. Em contraste, para mim era difícil imaginar Assad com qualquer tipo de hobby.

Logo após a entrevista, Assad viajou para Sochi, onde deveria se encontrar com o presidente russo Dimitri Medvedev. Ele reafirmou seus argumentos ao chegar lá, mas escolheu o ouvinte errado. Ou talvez tenha se precipitado. Medvedev não compareceu à reunião, e, dois anos depois, votaria na ONU junto com os Estados Unidos a favor de sanções contra o Irã, e em seguida apoiaria a operação contra a Líbia a que Putin descreveu posteriormente como "uma cruzada".

Nos próximos sete anos, a política externa russa sofreu uma transformação radical. Se em 2008 as palavras de Assad pareciam paranoicas e delirantes, em 2015 elas se consolidaram como parte importante da política externa.

NOSSO CANALHA

Na época da União Soviética, o Oriente Médio sempre despertou o interesse de Moscou. Nenhuma outra região recebia uma cobertura tão grande da televisão soviética. Nenhum líder estrangeiro (fora do bloco soviético) visitava a União Soviética com tanta frequência quanto Yasser Arafat, presidente da Organização para a Libertação da Palestina. E nenhum país (incluindo os Estados Unidos) era tão atacado pela propaganda soviética quanto o "grupinho militar de Israel".

O Oriente Médio havia sido um dos "quintais" da União Soviética, mas depois do colapso soviético isso teve um fim abrupto. O novo governo russo imediatamente estabeleceu relações com Israel, e o novo grupo de oligarcas judeus manteve ativamente essas relações.

Putin nunca levou o mundo árabe a sério. Ele era bem versado em relações exteriores, mas não quando se tratava dos árabes. A região estava basicamente deixada à mercê dos oportunistas. Uma série de acordos duvidosos foi fechada, mesmo não tendo nada a ver com política – afinal, o mundo árabe era, e ainda é, tão corrupto quanto a Rússia. Nos primeiros anos de Putin, a atividade de Moscou no Oriente Médio limitava-se unicamente aos interesses comerciais das petrolíferas russas. O Iraque pré-guerra é um exemplo. As empresas russas subornaram Saddam Hussein em troca de uma fatia dos campos de petróleo do país, e acabaram as perdendo depois que ele foi derrubado em 2003.

As relações com outros países árabes, especialmente por causa da União Soviética, seguiram um padrão semelhante. Durante negociações nada sofisticadas com vários regimes árabes, diplomatas russos concordaram em perdoar dívidas em troca de contratos com petrolíferas ou fabricantes de armas da Rússia. A rigor, o benefício desses acordos para o orçamento estatal era bem questionável, mas muito lucrativo para as empresas privadas.

A extensão geográfica aumentou gradualmente: Jordânia e Argélia começaram a comprar armas russas, a família de Rafic Hariri, primeiro-ministro libanês, fechou contratos para construções no sul da Rússia, e a Ferrovias Russas tinha planos de construir uma estrada de ferro na Líbia. As dívidas foram perdoadas, mas os ativos árabes da antiga União Soviética evaporaram. Somente a Síria continuou mantendo uma base militar russa fora do espaço pós-soviético, mas ninguém estava interessado naquilo. Por que haveriam de estar?

A Primavera Árabe virou tudo de ponta-cabeça. Durante as revoltas de 2011 contra Hosni Mubarak e Muammar Gaddafi, Vladimir Putin se colocou no lugar deles. O que aconteceu em seguida com Bashar al-Assad levou o líder russo a uma autocrítica ainda maior.

Putin não tinha nenhuma afinidade particular com o líder sírio, já que seus antecedentes eram muito diferentes. Em 1991, o oftalmologista Bashar al-Assad, de 26 anos, trocou Damasco por Londres. Tendo completado sua residência, ele entrou para a equipe do Western Eye Hospital em Paddington. Levava uma vida modesta em Londres e usava um pseudônimo, para que as pessoas não notassem que seu oftalmologista na verdade era filho do presidente sírio Hafez al-Assad. Sua permanência em Londres terminou em 1994, quando Bassel, seu irmão mais velho que deveria herdar a presidência, morreu num acidente de carro. Bashar foi chamado imediatamente e enviado para uma academia militar para se preparar para o cargo.

Quando Hafez morreu, em 2000, e seu filho Bashar assumiu a liderança, todos esperavam que a Síria se tornasse um país normal, parecido com o que o jovem monarca Abdullah fizera na Síria ao restabelecer a dignidade do reino após a morte de seu pai em 1999. Mas a máquina de Estado opera de acordo com suas próprias leis. Os muitos generais e parentes da era Hafez, todos mais velhos e mais experientes do que Bashar, eram resistentes à mudança. O novo presidente não tinha nada de tirano, mas tampouco parecia um reformador. O exército sírio continuou ocupando o Líbano, e Bashar al-Assad manteve contato com o Irã e até começou a vender armas para o Iraque de Saddam.

Em certo sentido, Assad era o Vladimir Putin do Oriente Médio: como resultado de circunstâncias imprevistas, ele se tornou governante de seu país por acidente, e provavelmente teria escolhido um destino diferente se tivesse tido a oportunidade. Ele não planejou se opor ao Ocidente. Mais do que isso, ele *não queria* ser contra o Ocidente. Ele simplesmente não tomou as medidas necessárias para se reaproximar da comunidade internacional – em vez disso, preferiu esperar que o mundo lhe mostrasse respeito.

Em muitos aspectos, ele acabou se tornando refém do ambiente, da família, dos amigos e de um paradigma político estabelecido há muito tempo na região: se algo der errado, culpe o Ocidente. Não havia dissimulação na abordagem de Assad. Sua única esperança era que a determinação vencesse seus oponentes. Ele não os levava a sério e acreditava que, com o passar do tempo, acabariam aceitando seu modo de pensar.

A principal diferença entre Assad e os outros ditadores árabes era seu medo visceral de uma "revolução colorida". Com o surgimento da Primavera Árabe, quando uma onda de protestos derrubou os líderes da Tunísia, da Líbia e do Egito, Assad decidiu resistir a todo custo. De janeiro a março de 2011, quando milhares de sírios tomaram as ruas, o exército imediatamente respondeu com a força. Várias pessoas foram mortas e milhares foram presas durante os confrontos, mas o caso mais conhecido é o do renomado cartunista político Ali Farzat, que foi espancado e cujas mãos foram quebradas supostamente (e talvez simbolicamente) de propósito.

Apesar da violenta repressão das autoridades, a inquietação das pessoas cresceu até se tornar uma guerra civil. Na verdade, ela foi desencadeada em 2011, quando os rebeldes sírios começaram a receber ajuda de países estrangeiros, como Estados Unidos, França, Grã-Bretanha, Catar e Turquia. Assad teimou em guerrear, apesar das perdas cada vez maiores – só no primeiro ano morreram 5 mil pessoas. Assad provou que a resistência cega e obstinada pode ser eficaz para manter o poder, qualquer que seja o custo. Na verdade, a falta de estratégia pode ser uma estratégia.

Como mencionado anteriormente ao falarmos de Mikheil Saakashvili, Putin gosta de lembrar uma frase atribuída ao presidente dos Estados Unidos Franklin D. Roosevelt, que supostamente teria dito as seguintes palavras a respeito de Anastasio Somoza, ditador da Nicarágua: "Ele pode até ser canalha, mas é o nosso canalha". Putin sempre citava essa frase como prova clara da dupla moral dos americanos. Para Putin, a política externa é uma questão pessoal. E já que ele considera cada evento como um ensaio liderado pelos Estados Unidos para retirá-lo do poder, Assad podia até ser um canalha, mas agora era o canalha dele.

Um assessor próximo de Putin assim descreve o raciocínio do presidente sobre a Síria: Bashar al-Assad era o típico líder árabe, nem pior nem melhor do que os monarcas da Arábia Saudita, do Marrocos e da Jordânia, ou do que os presidentes dos Emirados Árabes Unidos, do Sudão e da Argélia. Por que o Ocidente age gentilmente com uns e tanto demoniza outros? Por que a Arábia Saudita pode enforcar e decapitar as pessoas sem ouvir uma reclamação sequer por parte de ativistas dos direitos humanos no Ocidente, enquanto a Síria é vilipendiada por muito menos? Só existe uma explicação, pensava Putin. A Síria é aliada da Rússia. É o único país fora do espaço pós-soviético que mantém em seu território uma base militar russa. O regime sírio compra armas russas e contrata conselheiros militares russos.

Putin justificou o fato de Assad usar armas contra seu próprio povo definindo-o como uma resposta à Primavera Árabe, à qual o líder sírio havia resistido sozinho. Putin lembrou a onda de "revoluções coloridas" ocorrida em 2004 e 2005 em toda a antiga União Soviética. Naquela época, o primeiro líder que se atreveu a abrir fogo contra os manifestantes foi o presidente uzbeque Islam Karimov. Putin ofereceu apoio imediato a ele e prometeu assistência militar da Rússia se as inquietações civis começassem de novo. Isso pôs um fim na reação em cadeia.

Quando a guerra civil eclodiu na Síria em 2011, Putin experimentou um déjà vu. Mais uma vez ele se sentiu cercado, e mais uma vez teve um ditador tenaz a quem agradecer por protegê-lo. Para Putin, a Primavera Árabe foi o ensaio para uma revolução na Rússia, e Assad efetivamente o protegeu de uma conspiração dos Estados Unidos contra a Rússia — a conspiração mais recente, no caso, pois a lista era longa.

INDIFERENÇA NA AUSTRÁLIA

A reunião de cúpula do G20 foi realizada em 15 e 16 de novembro de 2014 em Brisbane. Na véspera da reunião, os jornalistas torturaram os líderes ocidentais perguntando o que eles diriam a Putin e como o receberiam depois de tudo o que havia acontecido. Tony Abbott, primeiro-ministro australiano, respondeu da forma mais desajeitada, prometendo dar um "*shirtfront*" no líder russo. O termo deriva do futebol australiano, e significa "chocar-se ilegalmente contra o peito do adversário com bastante força". E Abbott era nada menos que o líder anfitrião.

Apesar da sua nova condição de proscrito, Putin fez a viagem. Ao contrário do que se esperava, não houve conflitos verbais ou físicos, mas o que aconteceu talvez tenha sido pior. Quando os líderes foram posar para a fotografia oficial, Putin não foi colocado no centro, ao lado do presidente dos Estados Unidos Barack Obama e do líder chinês Xi Jinping, mas em uma das pontas, ao lado do presidente sul-africano Jacob Zuma. Ele nunca havia ficado na ponta das fotografias. A isso somou-se o comportamento incisivo de seus colegas durante o almoço. O garçom conduziu Putin a uma mesa, onde ele jantou sozinho. Somente a presidenta do Brasil Dilma Rousseff estava na mesma mesa, mas do outro lado, a certa distância. Os outros líderes estavam sentados em outros lugares.

Putin deixou Brisbane na manhã de 16 de novembro, sem nem comparecer ao restaurante para tomar café. Disse aos jornalistas no aeroporto que estava saindo às pressas porque precisava descansar antes de retomar o trabalho no Kremlin.

Putin foi humilhado pela recepção australiana. O evento também marcou o início de uma nova etapa na política externa russa. Acostumado aos louvores que recebia no exterior, Putin agora tinha menos interesse em viajar, por medo de ser tratado como um excluído. Outras autoridades do Estado russo, inclusive os liberais, seguiram o exemplo dele, e não demorou para que o contato público com o Ocidente fosse reduzido ao mínimo absoluto. O vice-primeiro-ministro Igor Shuvalov, convidado para o Fórum Econômico Mundial de Davos, decidiu participar apenas de um dia e voltou para a Rússia sem participar da maioria das sessões.

O sentimento desagradável de isolamento internacional continuou piorando. A Conferência de Segurança de Munique em fevereiro de 2015 foi outro ponto baixo. Durante o discurso de Serguei Lavrov, ministro das Relações Exteriores da Rússia, o público caiu no riso duas vezes. A política externa russa não foi recebida aos gritos ou vaias, mas às gargalhadas. Lavrov mal conseguiu manter a calma, e terminou seu discurso com as seguintes palavras: "Podem rir se quiserem. O riso faz o mundo girar".

As primeiras risadas começaram quando Lavrov afirmou que a adesão da Crimeia tinha acontecido de acordo com o princípio fundador da Carta das Nações Unidas, "o direito das nações à autodeterminação". A Carta das Nações Unidas é famosa por ser contraditória e conter dois princípios mutuamente excludentes: "o direito das nações à autodeterminação" e "a inviolabilidade das fronteiras". A "autodeterminação" da Crimeia divergia totalmente quanto ao segundo princípio da Carta das Nações Unidas. A Ucrânia era contra, e até a Rússia reconheceu repetidas vezes a inviolabilidade das fronteiras do país vizinho; Putin havia assinado um tratado nesse sentido em 2003.

As risadas se tornaram gargalhadas quando Lavrov afirmou que a Alemanha Ocidental havia anexado a Alemanha Oriental em 1989, uma vez que não havia referendo no lado oriental. Quando Serguei Narishkin, presidente da Duma, fez esse comentário em Moscou, ninguém riu. Já no Ocidente, foi saudado com uivos de escárnio.

O fato de a conferência ser realizada em Munique – no país ocupante, de acordo com Lavrov – foi um elemento a mais. A chanceler alemã Angela Merkel nasceu na antiga Alemanha Oriental, e por isso podia falar em nome do território anexado ilegalmente. Talvez Lavrov quisesse fazer piada com seus comentários, mas a maioria dos membros ali presentes teve a sensação de que ele estava fazendo troça. Todos os argumentos se referiam a normas legais que o Ocidente havia violado em algum momento: o Tratado Adaptado sobre as Forças Armadas Convencionais na Europa, o Tratado de Forças Nucleares de Alcance Intermediário, o Tratado sobre Mísseis Antibalísticos. O que havia de tão engraçado?

O motivo da reação do público fica claro quando ouvimos atentamente o que foi dito antes e depois do discurso de Lavrov por seus colegas da Europa e dos Estados Unidos. Nenhum dos políticos e diplomatas no salão de conferências de Munique tinha dúvidas de que a Rússia estava derramando sangue no leste da Ucrânia. Quando o senador americano Lindsey Graham perguntou à audiência quem achava que havia tropas russas na Ucrânia, todos levantaram a mão.

Todos os argumentos de Lavrov pareciam pretextos ridículos, além de minuciosos demais. "Muito bem, talvez alguém tenha violado alguma regra em algum momento, mas vocês acabam de enviar tropas para um país vizinho", disse um diplomata dos Estados Unidos.

Os membros da delegação russa ficaram impressionados porque absolutamente ninguém acreditou na versão que eles deram dos acontecimentos. Todos os representantes em Munique disseram isso abertamente. As autoridades russas se espantaram com a falta de diplomacia e a franqueza das pessoas discutindo a política externa russa diante do próprio ministro das Relações Exteriores da Rússia, como se ele não estivesse presente.

O riso humilhante foi uma nova fase na evolução das relações da Rússia com o Ocidente. Também havia sido em Munique que, oito anos antes, em 2007, Vladimir Putin fizera sua famosa crítica que deixou os ouvintes chocados (algo parecido ao discurso de Hugh Grant como primeiro-ministro britânico no filme *Simplesmente amor*): Putin acusou os Estados Unidos de quase todos os pecados mortais, incluindo o desprezo ao direito internacional. Grande parte do que ele dizia era verdade, e naquela época ele estava relativamente livre de culpa. A guerra na Ossétia do Sul ainda não havia começado, e a Crimeia estava muito distante. Putin descreveu os Estados Unidos como a polícia do mundo, e a audiência o ouviu atentamente. Eles podem até não ter confiado em Putin, mas tiveram de concordar com ele, pelo menos em parte.

Dois anos depois, em 2009, o vice-presidente dos Estados Unidos Joseph Biden fez seu próprio discurso em Munique. Ele não disse que Putin estava certo em 2007, é claro, mas admitiu que o governo americano anterior estava errado. Ele foi o primeiro a mencionar a palavra "recomeço" e propôs virar mais uma página na relação entre Estados Unidos e Rússia.

Mas as coisas haviam mudado muito em 2015, quando Biden deixou clara sua surpresa no discurso de Munique. A possibilidade de um "recomeço" havia sido enterrada. Ou pior, as palavras de Biden sugeriram que a Rússia nem sequer existia. "A Rússia que perdemos" poderia ter sido o título do discurso, pois ele se referiu ao país apenas no passado: "Todos nós investimos em um tipo de Rússia que esperávamos – e ainda esperamos – surgir um dia:

uma Rússia integrada à economia mundial; mais próspera, mais dedicada à ordem internacional".²

Merkel falou sobre Putin com a mesma franqueza em Munique: "O problema é que não consigo imaginar uma situação em que o aprimoramento do armamento ucraniano possa impressionar tanto o presidente Putin a ponto de ele achar que terá perdas militares", disse ela, dizendo claramente que a guerra na Ucrânia era travada por Putin, e não por uma ralé de separatistas.³

Moscou sentiu toda a força do isolamento. No entanto, a resposta do Kremlin foi estranha e ligeiramente irracional. Ela falou do "sofrimento comum" que unia o país. As autoridades que acreditavam no caráter passageiro do isolamento da Rússia começaram a filosofar sobre as condições para uma reconciliação entre a Rússia e o Ocidente. "Vocês vão ver. Vai acontecer algo ainda mais terrível, tão terrível que a gente nem imagina. Como uma terceira guerra mundial", disse uma alta autoridade russa numa conversa privada. "Isso vai nos conciliar com os americanos."

CONSELHO DO "WORLD INC."

Em maio de 2015, um evento histórico aconteceu em Viena – a assinatura de um acordo nuclear iraniano, que pôs fim ao isolamento do Irã. O mundo inteiro se alegrou, exceto a Rússia. O Kremlin teve o péssimo pressentimento de que aquela seria a última negociação que envolveria a Rússia como superpotência.

O novo conceito da política externa russa havia sido formulado por Putin no discurso proferido em Munique em 2007: o mundo precisa de um novo tratado sobre segurança global. Nos anos posteriores, essa ideia se tornou uma obsessão. Alguns membros do Kremlin apelidaram o tratado teórico de "Ialta 2" (em homenagem à Conferência de Ialta de 1945), enquanto outros o chamaram de "Helsinki 2" (depois dos Acordos de Helsinki sobre a segurança europeia em 1975, no auge da Guerra Fria). O acordo pretendia ser uma prova positiva do prestígio internacional da Rússia como um dos centros do novo mundo multipolar. O antigo conselho de administração do "World Inc." – ou seja, o Conselho de Segurança da ONU – estava obsoleto. Putin insistiu na necessidade de uma nova forma de governo global em que a Rússia desempenhasse um papel importante.

Mas quase ninguém prestou atenção na proposta de Putin, nem em 2007 e nem depois. E não foi por falta de respeito. A ideia de um "conselho diretivo global" provou-se duas vezes ineficaz. A Liga das Nações fracassou na década de 1930, e sua sucessora, as Nações Unidas, apesar de sobreviver à Guerra Fria, passou as décadas seguintes adormecida. Ela foi incapaz de estancar o derramamento de sangue nos Bálcás e em Ruanda, e de interromper as operações no Afeganistão e no Iraque. Até os idealistas deixaram de acreditar na possibilidade de conseguir alguma coisa por intermédio das Nações Unidas.

O Kremlin tinha certeza de que o novo "conselho diretivo" responsável por enfrentar os problemas do mundo seria a OTAN, daí a aversão da Rússia para com o acentuado crescimento da aliança nos anos 2000. Em seus primeiros anos de presidência, Vladimir Putin aproveitou todas as oportunidades para perguntar a George W. Bush quando a Rússia seria convidada para a Organização, mas acabou se cansando de esperar uma resposta e propôs sua própria configuração global.

Mas ninguém respondeu ao chamado de Putin, já que o conceito de "conselho diretivo" foi substituído pela ideia de "arbitragem independente". Em outras palavras, sempre que surgia um problema, as partes envolvidas apelavam a intermediários confiáveis, que podem ou não estar ligados a organizações internacionais existentes. Por exemplo, os árbitros na resolução do problema nuclear iraniano foram inicialmente a "Eurotroika" (Grã-Bretanha, França e Alemanha) e a Agência Internacional de Energia Atômica.

A Eurotroika não resolveu nada, e o problema iraniano se agravou ainda mais. Assim, em 2006, o "dossiê iraniano" foi entregue a um novo grupo de árbitros chamado P5 + 1: Grã-Bretanha, França, Estados Unidos, Rússia e China, além da Alemanha (a União Europeia também teve algum papel). Depois de completar sua missão em 2015, esse órgão de arbitragem *ad hoc* se dissolveu, privando a Rússia de um lugar em um dos "conselhos diretivos" globais. Ainda havia, é claro, o processo de Minsk – a resolução da crise no leste da Ucrânia. Mas, nesse caso, a maior parte da comunidade internacional via a Rússia não como um árbitro, mas como parte do conflito. O envolvimento de Putin nas negociações foi um sinal não da grandeza da Rússia, mas de seus problemas crescentes.

O Kremlin os deixou pensativos. Além da Ucrânia, que outro assunto o mundo estaria disposto a discutir com a Rússia?

TERCEIRA GUERRA MUNDIAL

Em meados do segundo semestre de 2015, a assessoria de imprensa do Kremlin anunciou que Vladimir Putin acabaria com sua autoimposta moratória de viagens a países ocidentais e participaria do encontro da Assembleia Geral das Nações Unidas em Nova York, onde apresentaria um plano para unir a Rússia e os Estados Unidos contra seu inimigo comum, o ISIS (também conhecido como Estado Islâmico).

Os assessores do Kremlin haviam sugerido a nova tática de política externa em maio, quando a Rússia comemorava cerimoniosamente o 70º aniversário da vitória na Grande Guerra Patriótica. A ideia comum que se repetia na época era como o mundo civilizado havia formado uma coalizão contra Hitler, na qual a União Soviética tivera um papel decisivo. Os responsáveis por formatar o discurso do Kremlin precisavam rotular o ISIS como o novo Terceiro Reich (em discursos anteriores, Putin havia insinuado que esse rótulo pertencia aos Estados Unidos). Ao derrotar o terrorismo islâmico, os russos e os americanos finalmente criariam uma nova ordem mundial e um novo Conselho de Segurança da ONU (o "conselho diretivo" global), como em 1945 em Ialta. Este foi o conceito que Vladimir Putin apresentou em Nova York.

Putin editou seu discurso até o último momento. E preferiu lê-lo direto no papel, em vez de usar o *teleprompter*. Segundo seus assessores, ele tinha medo de que os americanos mudassem o texto de alguma maneira.

Uma semana depois, Putin completou 63 anos de idade. A comemoração foi em Sochi, onde ele jogou hóquei no gelo com um time de antigos campeões olímpicos soviéticos. Marcou oito gols e garantiu a vitória contra um time de amigos de oligarcas.

Em seguida houve a festa de comemoração. Serguei Lavrov, ministro das Relações Exteriores, presenteou o presidente com uma estátua de bronze de Mahatma Gandhi em tamanho real – uma alusão a uma entrevista dada por Putin em 2005 na véspera da reunião de cúpula do G8 em São Petersburgo. Respondendo a uma pergunta de jornalistas do Ocidente sobre suas credenciais democráticas, Putin brincou dizendo que era o único verdadeiro democrata do mundo, e que "depois da morte de Mahatma Gandhi, não há ninguém com quem falar".

Naquela época, todos tomaram isso como piada. Mas em 2015, a piada acabou esculpida em bronze. Putin se convenceu de que era um pacificador, uma figura histórica comparável a Gandhi, que tentava sozinho salvar o mundo. E ninguém o ajudava. Na verdade, não havia mais ninguém com quem falar.

A proposta de Putin de travar uma guerra conjunta contra o ISIS teve um retorno positivo, até mesmo de diplomatas dos Estados Unidos. Mas a cordialidade não durou muito. Poucos dias depois, a Rússia iniciou uma campanha de bombardeio na Síria. Os primeiros ataques não foram contra o ISIS, mas contra a oposição síria – os inimigos de Bashar al-Assad. Semanas se passaram sem que os russos parassem de bombardear a oposição síria. Enquanto isso, a televisão russa afirmava que Putin estava enfraquecendo o ISIS. Já o Departamento de Estado dos Estados Unidos experimentava um déjà vu: a repetição de afirmações russas de que suas forças não estavam envolvidas no conflito no leste da Ucrânia. Ninguém mais aceitava ao pé da letra as declarações de Putin.

Em 15 de novembro de 2015, os líderes do G20 (o único grupo de "grandes potências" mundiais que ainda tinham a Rússia como membro) fizeram uma reunião de cúpula em Antália, na Turquia. O presidente turco, Recep Tayyip Erdogan, ficou extremamente irritado com a operação russa na Síria, especialmente porque seu velho amigo Putin não se consultara com ele antes de tomar uma decisão. Ele tentou argumentar pessoalmente com Putin, mas o presidente russo não deu ouvidos.

"Vladimir, a gente não gosta quando seu avião entra no nosso espaço aéreo sem avisar", começou Erdogan com uma falsa cordialidade e pediu para os militares russos coordenarem suas viagens com a Turquia. Putin respondeu que o comando central da Rússia estava em contato com a OTAN para tratar dos trajetos aéreos, e que se Erdogan quisesse, ele poderia solicitar todas as informações de Bruxelas. Em seguida, disse brincando: "Podemos lhe fazer uma visita".

"Não gostamos de receber visitantes indesejados", replicou Erdogan com raiva.

Em 1º de dezembro de 2015, uma aeronave russa com a missão de atacar a oposição síria foi derrubada pela força aérea turca. Membros do Kremlin disseram, em tom sarcástico, que a derrubada do bombardeiro russo era como o assassinato do arquiduque austríaco Franz Ferdinand, que havia provocado a Primeira Guerra Mundial.

Os economistas liberais do governo e das grandes empresas, cuja influência no Kremlin aumentava ligeiramente após a crescente crise, ficaram horrorizados. Eles tinham começado a convencer Putin de que a política de poder estava prejudicando a economia russa. O avião derrubado destruiu todos os planos deles.

Eles tentaram explicar a Putin que Erdogan era emotivo e impulsivo. Ele havia tomado a decisão sozinho, sem consultar Washington ou a OTAN, porque estava preocupadíssimo com a intervenção da Rússia no conflito sírio. A ideologia "neo-otomana" de Erdogan significava que, para o líder turco, todos os territórios do antigo Império Otomano eram o "quintal" da Turquia – a mesma opinião da Rússia em relação aos países da antiga União Soviética. E do mesmo modo que Putin considerava desagradável a intervenção ocidental em Kiev, Erdogan considerava hostil a presença de aeronaves russas na Síria. Os cortesãos liberais de Putin disseram-lhe que os riscos da operação russa na Síria não tinham sido avaliados adequadamente, que deveriam ter sido discutidos com Erdogan e que as forças de segurança russas haviam destruído a fase de planejamento.

Mas Putin não concordou com nada disso. Ele estava recebendo informações das próprias forças de segurança. A decisão de derrubar o avião teria vindo de Bruxelas e de Washington. Foi uma tentativa deliberada de provocar uma terceira guerra mundial. Os Estados Unidos queriam testar a reação de Putin.

A hipotética Terceira Guerra Mundial começou a adquirir contornos reais. O que antes parecia papo furado agora era assunto de discussões sérias. Os estrategistas da política externa começaram a dizer que um conflito militar de grandes proporções seria a oportunidade para a Rússia mudar totalmente o mundo. Eles achavam que somente um forte abalo nas estruturas do sistema global mudaria a sorte do país, pois os acontecimentos dos últimos anos haviam deixado a Rússia para trás.

Os economistas do governo começaram a incluir a Terceira Guerra Mundial em suas previsões para os próximos anos. Enquanto Alexei Kudrin e German Gref, mentores das reformas de Putin no início dos anos 2000, se agarravam à descrença e diziam publicamente que a Rússia beirava o desastre, seus "pupilos" se reinventavam como seminacionalistas. Em janeiro de 2016, o ministro da economia Alexei Uliukaiev afirmou em uma conferência de economia liberal que todas as previsões econômicas ocidentais estavam incorretas, que os anos 2000 tinham acabado para o bem de todos, que o conservadorismo do "*business as usual*" era coisa do passado, e que a "nova normalidade", ou "*new normal*", havia chegado para ficar. Ele também lembrou que, quando criança, acordava todo dia de manhã pensando "Que sorte a minha viver na União Soviética!". Ele queria que todo mundo recuperasse essa sensação.

Os especialistas em política interna que participavam do ciclo de Viacheslav Volodin dentro do Kremlin começaram a fazer piada (com alguma seriedade) com as possíveis medidas repressoras que seriam tomadas contra a intelligentsia se uma guerra fosse travada. A "quinta-coluna" poderia até ser tolerada em tempos de paz, mas logo se fariam necessárias as restrições em tempos de guerra – do contrário, a guerra seria perdida. A hora da brincadeira tinha acabado. E, em 2016, havia muita coisa em jogo, pois era ano de eleições da Duma.

Bashar al-Assad foi recebido calorosamente no Kremlin em outubro de 2015 – sua primeira visita a Moscou desde o início da guerra civil na Síria. "Finalmente, vocês entenderam", disse ele a diplomatas russos. Mas nem ele conseguiu perceber a que ponto a nova Rússia havia satisfeito suas tão estimadas esperanças.

CONCLUSÃO
—
Putin IV, O Santo

Em 11 de maio de 2000, quatro dias depois da posse do primeiro mandato de Vladimir Putin, o filme *Brat 2* (Irmão 2) foi lançado. Sequência do filme policial *Brat*, de 1997, *Brat 2* conta a história de um veterano da Guerra da Chechênia que viaja aos Estados Unidos para ajudar o irmão de um amigo morto. Lá ele compra briga com a máfia ucraniana ("Vocês vão pagar por Sevastopol, seus canalhas!", grita ele), discute com a polícia de Chicago ("Vocês são gângsteres?" "Não, somos russos") e resgata os compatriotas que precisam ("Na guerra, os russos não abandonam seu povo"). Em seu momento mais filosófico, o protagonista pergunta retoricamente: "Então me diga, americano, o que é poder? É dinheiro? Bro falava que era dinheiro. Você ganhou muito dinheiro, mas e daí? Para mim, a verdade é poder. Quem tem a verdade consigo é mais forte".

O cinema russo atravessava uma péssima fase na época. Poucos filmes eram feitos, e o público não tinha interesse. Mas *Brat 2* foi um sucesso de bilheteria. Em 2015, o que predominava na política era uma mistura de antiamericanismo com patriotismo descarado, mas quinze anos antes isso era novidade. Diretrizes estaduais não eram necessárias naquela época. É como se pessoas tivessem "pedido" *Brat 2*, pois ele capturava o espírito do país em crise.

O filme teve um impacto profundo em muitos espectadores, incluindo o presidente Putin e o diretor do FSP Nikolai Patrushev. Os dois adoravam citar o filme em entrevistas: "Então me diga, americano, o que é poder?". O antiamericanismo arraigado que *Brat 2* simbolizou combinava com a visão de mundo e com os interesses políticos de Patrushev.

Membros do círculo interno de Putin dizem que Nikolai Patrushev é a figura pública mais subestimada da Rússia. Ele tem sido uma peça central na maioria das operações especiais de Putin – como na anexação da Crimeia, por exemplo.

Patrushev de modo algum era servo de Putin, mesmo tendo sido seu vice no FSB. Dizem que Putin não queria que Patrushev o sucedesse como chefe da organização. Mas Patrushev se esforçou para isso. Era ele quem passava horas contando para Putin as histórias de seus inimigos secretos, e dizia que os americanos não eram confiáveis e que o FSB era a única base de poder real do presidente.

Nos anos 2000, Patrushev era uma das figuras públicas menos conhecidas do governo russo. Em uma entrevista, ele descreveu o FSB como a "nova nobreza" da Rússia, mas suas opiniões políticas pouco apareciam.[1] Ele mantinha um silêncio penetrante sobre os atos terroristas cometidos em solo russo, mesmo que seu departamento fosse responsável por lidar com eles.

Em 2008, o presidente Dimitri Medvedev, que havia acabado de tomar posse, demitiu Nikolai Patrushev do cargo de diretor do FSB (supostamente devido a uma doença grave) e o transferiu para um cargo de menos responsabilidades: secretário do Conselho de Segurança. Mas Patrushev logo superou sua "enfermidade", e quando Putin voltou ao Kremlin, ele retomou sua impetuosa atividade política. Logo depois da anexação da Crimeia, ele começou a falar sobre segurança e política externa, assuntos que, até então, eram prerrogativa do presidente Putin e do ministro das Relações Exteriores Lavrov. Ele se tornou o político mais radical da Rússia, defendendo o antiamericanismo e o antiocidentalismo dentro da liderança russa. Somente ele podia expor publicamente a conspiração global.

Em 15 de outubro de 2014, o jornal estatal *Rossiyskaya Gazeta* publicou uma entrevista com ele – um manifesto intitulado "Segunda Guerra Fria". Justamente nessa época, o que antes era uma conversa informal sobre o antiamericanismo se tornou assunto acadêmico e foi apresentado como a nova ideologia oficial da Rússia.

Nessa entrevista, Patrushev expôs sua própria versão da história moderna da Rússia. Segundo ele, o colapso da União Soviética teria sido causado por uma conspiração executada por Zbigniew Brzezinski e pela CIA para enfraquecer a economia soviética. Mas o colapso da União Soviética não marcou o fim da Guerra Fria. Sendo assim, os Estados Unidos estabeleceram como objetivo desmembrar a Rússia: o Ocidente provocou propositalmente a guerra na Chechênia ("os extremistas e seus defensores tinham apoio dos serviços de inteligência dos Estados Unidos e da Inglaterra, bem como de aliados na Europa e no mundo islâmico"), e Washington passou todo o período pós-soviético assentando as bases para a crise na Ucrânia ("A próxima geração da Ucrânia surgirá envenenada pelo ódio contra a Rússia e pela mitologia dos "valores europeus"). Mas o verdadeiro propósito do Ocidente era derrotar a

Rússia ("Mesmo sem a catástrofe na Ucrânia, eles teriam encontrado outro pretexto para intensificar sua política de 'conter' a Rússia").[2]

Em entrevistas posteriores, Patrushev acrescentou mais elementos às acusações contra os Estados Unidos – da criação do ISIS até o ressurgimento do nazismo nos Países Bálticos e na Ucrânia. Ele citou várias vezes a ex-secretária de Estado dos Estados Unidos Madeleine Albright, que teria dito que era "injusto" que áreas tão vastas e com recursos tão ricos, como a Sibéria e o Extremo Oriente Russo, estivessem "sob o domínio de Moscou".[3] No entanto, não há provas de que Albright tinha feito essa declaração, e ela mesma nega ter dito essas coisas. Em julho de 2015, os jornalistas descobriram a fonte do boato: um ex-funcionário dos serviços secretos russos alegou em 2007 que o Serviço Federal de Proteção da Federação Russa usava médiuns para ler o pensamento dos políticos ocidentais. Um de seus alvos era Albright, que aparentemente *pensava* que as riquezas da Sibéria não deveriam pertencer à Rússia.

Parece que a liderança russa foi enganada por sua própria propaganda. Fofocas insignificantes não eram mais exclusividade das senhoras ou do canal de televisão RT (antes Russia Today), que seduz os telespectadores com teorias da conspiração de todo o mundo. O alto escalão do governo russo agora também se entregava ao falatório.

Mas essa não foi a primeira vez que um mito histórico influenciou a política interna. No final do século XIX, por exemplo, apareceu no Império Russo um documento falso intitulado *Protocolos dos Sábios de Sião*, que teria sido roubado dos arquivos pessoais de Theodor Herzl, fundador do sionismo político, e que supostamente delineava uma conspiração judaica para dominar o mundo. A falsificação contribuiu para o surgimento dos pogroms na Rússia, além de ser impressa nos Estados Unidos e (em grandes quantidades) na Alemanha nazista. Da mesma forma, relatos de que Allen Dulles, ex-diretor da CIA, teria planejado "corromper moralmente a sociedade soviética" se espalharam por toda a Rússia na década de 1990, tornando-se o princípio do antiamericanismo e do neoimperialismo pós-soviéticos.

Um importante estadista (não falo de um *silovik*, mas de um liberal) me contou uma história sobre o tratado de 1972 entre a União Soviética e os Estados Unidos para proibir armas biológicas. Apesar de assinar o tratado, a União Soviética continuou produzindo armas biológicas. No final da perestroika, Gorbatchov encerrou os programas e deu acesso a inspetores dos Estados Unidos, ao mesmo tempo em que especialistas russos faziam inspeções nos Estados Unidos. Os americanos descobriram de imediato que a União Soviética havia violado o tratado, enquanto os russos não encontraram nada.

Qual foi a conclusão do estadista? "Os americanos nos enganaram", afirmou categoricamente. "É claro que eles tinham armas biológicas. A gente só não conseguiu encontrá-las."

"Como você tem tanta certeza?", perguntei. "Não podemos simplesmente presumir que os americanos foram honestos e cumpriram o acordo?"

"É claro que não", retrucou ele. "Se nós o violamos em segredo, eles devem ter feito a mesma coisa. Você acha que eles são melhores do que nós?"

Talvez o antiocidentalismo dos políticos russos não tenha a ver com paranoia, mas com perspicácia. Eles conhecem seu eleitorado e querem encontrar uma linguagem comum. Eles começaram a ter as grandes massas como foco desde os protestos de Bolotnaia em 2011 e 2012, pois as massas adoram teorias de conspiração e não gostam dos Estados Unidos. Além disso, os líderes russos sabem que se não oferecerem aos telespectadores uma resposta simples e plausível para questões geopolíticas urgentes, as pessoas acabam tirando suas próprias (e muito piores) conclusões.

Mas essa análise em si já é uma teoria da conspiração. Não há nenhuma prova de que as autoridades russas sejam tão astutas. É mais provável que realmente acreditem em suas ficções.

AMIGOS PARA SEMPRE

Se eu continuasse escrevendo este livro, o protagonista do próximo capítulo seria Nikolai Patrushev. E quem viria depois dele? Vladimir Putin tem muitos amigos: Iuri Kovalchuk, Arkadi Rotenberg, Guennadi Timchenko e o violoncelista Serguei Roldugin – este último, uma figura central no escândalo dos Panama Papers, em meados do primeiro semestre de 2016, o chamado guardião secreto da riqueza de Putin. Cada um deles espera uma oportunidade. Mas não há dúvida de que os amigos de Putin nunca o influenciaram em termos políticos. Eles vão para a sauna juntos, jogam hóquei juntos, ou até cuidam da propriedade de Putin, mas ele jamais pedirá que o aconselhem sobre a política mundial.

Entre as pessoas que conheceram Putin durante seu primeiro mandato presidencial corre o boato de que ele não queria concorrer à reeleição, mas sim se livrar do peso da presidência. Dizem que as pessoas mais próximas dele no governo gastaram um tempo e um empenho consideráveis para convencê-lo a não desistir. "Volodia [Vladimir] nunca vai prejudicar a si mesmo" é uma frase atribuída a Iuri Kovalchuk, um amigo de Putin que, com a ajuda de outros, teria convencido o presidente a se reeleger. Eles explicaram para Putin que deixar o governo seria perigoso. Algumas pessoas dizem que Nikolai Patrushev foi quem convenceu Putin de que sua partida provocaria revoltas gigantescas.

O círculo de amigos e colegas de Putin se fechou ainda mais durante seus mandatos como presidente e primeiro-ministro, criando em volta dele um escudo de proteção contra a realidade – para o bem dele e dos amigos. Eles tentaram convencer Putin de que ele era Atlas: se fosse embora, o céu desabaria sobre a terra.

E eles acreditam nisso. O que mais garantia o bem-estar dos amigos de Putin era a proximidade que tinham com ele. "Se não Putin, quem?" foi o slogan dos comícios pró-governo em 2012, apelidados de "Putings" – junção de "Putin" com "meetings" [encontros], em inglês. Ao longo dos últimos quinze anos, talvez a maioria da população russa tenha se perguntado a mesma coisa.

Muitas pessoas desse círculo foram alvo de sanções ocidentais e perderam a possibilidade de viajar para o exterior, onde tinham família e negócios. Os cortesãos de Putin, no entanto, preferiram calar os próprios resmungos.

PARA SEMPRE REI

Enquanto eu escrevia este livro, a economia russa continuou encolhendo – e de maneira tão certa quanto a pele mágica de *A pele de onagro*, de Balzac. Enquanto isso, as grandes empresas irradiavam calma e serenidade. Teoricamente, o dinheiro dos cofres da Rússia duraria muito tempo. Se o preço do petróleo subisse de repente, a situação voltaria ao normal. Do contrário, os benefícios sociais podem ser cortados, ou os impostos poderiam subir (particularmente na indústria petrolífera). Em último caso, ainda seria possível confiscar a renda das grandes empresas exploradoras de recursos. De modo geral, os líderes empresariais sabem que, para o bem do Estado, alguns ou todos os seus bens podem ser expropriados em algum momento, e já aceitaram esse fato há muito tempo. Costuma-se dizer que os maiores empresários da Rússia não são bilionários, mas que simplesmente trabalham com bilhões de dólares em ativos. Eles gerenciam o que Vladimir Putin permite que gerenciem.

Nenhuma das pessoas que entrevistei vê qualquer perspectiva de mudança. Ou melhor, elas veem essa perspectiva em apenas uma circunstância que não ousam nomear, e por isso recorrem a eufemismos: "quando o cisne negro voar", "quando o presidente visitar Alpha Centauri", "quando o céu desabar". Todos se referem ao momento em que Putin não for mais... Putin.

Estão todos errados, é claro. Não passa de um mito peculiar dizer que tudo na Rússia depende de Putin, e que sem ele tudo vai mudar.

Este livro demonstra que o Putin que imaginamos na verdade não existe. Não foi Putin quem conduziu a Rússia ao seu estado atual. Durante muito tempo ele resistiu à metamorfose, mas acabou sucumbindo quando percebeu que seria mais fácil assim.

No início, Putin não acreditava que a Rússia fosse cercada por inimigos de todos os lados. Ele não planejava fechar emissoras de TV independentes. Não tinha intenção alguma de apoiar Viktor Ianukovich. Ele não queria nem realizar as Olimpíadas em Sochi. Mas ao tentar adivinhar as intenções do líder, seus colegas acabaram materializando os próprios desejos.

A imagem atual de Putin como um formidável czar foi construída por sua comitiva, por seus parceiros ocidentais e pelos jornalistas, muitas vezes sem a palavra dele. Em uma das fotografias mais famosas de Putin, ele transparece ser um governante esnobe, o "imperador militar do mundo". Mas esse não é Putin, é apenas a Pessoa do Ano de 2007 estampada na capa da revista *Time*, olhando para a câmera.

Cada um de nós inventou nosso próprio Putin. E ainda vamos criar muitos outros.

LISTA DE PERSONAGENS

Abramovich, Roman. Magnata empresarial russo e dono do clube inglês de futebol Chelsea; fez fortuna com uma série de acordos controversos de exportação de petróleo no início da década de 1990, quando era próximo de Boris Ieltsin; juntou-se ao ex-bilionário Boris Berezovski para assumir a Sibneft pagando uma ninharia de seu valor de mercado; tornou-se governador da isolada região siberiana de Tchukotka, depois presidente do parlamento regional, antes de sua transferência permanente para Londres.

Akhmetov, Rinat. Magnata da indústria de aço e minério de ferro da Ucrânia; costumava ser a figura comercial mais influente em Donbass (leste da Ucrânia); foi o principal patrocinador das campanhas presidenciais de Viktor Ianukovich em 2004 e 2010.

Aksionov, Serguei. Primeiro-ministro da República da Crimeia; organizou a anexação da Crimeia pela Rússia.

Alekperov, Vaguit. Oligarca russo; dono da petrolífera Lukoil.

Aleixo II. Patriarca de Moscou e Toda a Rússia, de 1990 até sua morte em 2008; acredita-se que foi agente da KGB.

Aven, Piotr. Presidente do Grupo Alfa, que possui o maior banco privado da Rússia, o Banco Alfa; ministro das Relações Econômicas Internacionais no início da década de 1990; primeiro oligarca a fazer amizade com Vladimir Putin, apresentando-o a Boris Berezovski e muitas outras figuras influentes.

Azarov, Mikola. Como primeiro-ministro ucraniano (2010-2014), suspendeu as negociações do Acordo de Associação entre Ucrânia e União Europeia, o que desencadeou a inquietação civil; renunciou em meio a uma série de motins e conseguiu asilo político na Rússia.

Bagapsh, Serguei. Presidente da Abcásia de 2005 até sua morte em 2011; foi durante seu mandato que a Rússia reconheceu a independência da Abcásia.

Bastrikin, Alexander. Estudou com Vladimir Putin na Universidade Estadual de São Petersburgo; em 2011, foi nomeado presidente do Comitê de Investigação da Rússia, que responde ao presidente da Rússia e tem a função de investigar autoridades locais e órgãos do governo federal; em 2012, foi acusado pelo ativista anticorrupção Alexei Navalni de ter empresas e imóveis na República Tcheca.

Baturina, Helena. Esposa do ex-prefeito de Moscou Iuri Lujkov (1992-2010); em 2011 tornou-se a mulher mais rica da Rússia depois de vender seu principal bem, a empresa de construção Inteco.

Belaventsev, Oleg. Ministro da Defesa da Rússia, amigo íntimo de Serguei Choigu; responsável pela operação de anexação da Crimeia; depois da anexação, foi nomeado emissário presidencial do Distrito Federal da Crimeia.

Berezovski, Boris. Em 1999, teve papel fundamental na promoção de Vladimir Putin como sucessor de Boris Ieltsin e ajudou a fundar o Unidade; em 2000, mudou-se da Rússia para o Reino Unido e obteve asilo político em 2003; em 2012, perdeu um processo movido contra Roman Abramovich a respeito da propriedade da Sibneft, pelo qual reivindicava uma indenização de mais de 3 bilhões de libras; morreu misteriosamente em 2013 no Reino Unido.

Borodai, Alexander. De maio a agosto de 2014, foi primeiro-ministro da autoproclamada República Popular de Donetsk; antes, trabalhou como conselheiro político de Serguei Aksionov, primeiro-ministro da República da Crimeia.

Bortnikov, Alexander. Diretor do Serviço Federal de Segurança da Federação Russa desde 2008; foi submetido a sanções da União Europeia e do Canadá (mas não dos Estados Unidos) em 2014.

Chaika, Iuri. Foi ministro da Justiça entre 1999 e 2006; em seguida, trocou de cargo com seu antecessor, Vladimir Ustinov, e desde então tem atuado como procurador-geral da Federação Russa; foi objeto de investigação em 2015 pela Fundação Anticorrupção de Alexei Navalni.

Chemezov, Serguei. Diretor-executivo da Rostec, empresa estatal russa fundada no final de 2007 para promover o desenvolvimento, a produção e a exportação de produtos industriais de alta tecnologia para os setores civil e de defesa; amigo antigo de Vladimir Putin; em 2014, recebeu sanções da União Europeia e dos Estados Unidos.

Cherkesov, Viktor. Ex-oficial da KGB; primeiro vice-diretor do FSB (Serviço Federal de Segurança) sob o governo de Vladimir Putin e Nikolai Patrushev; liderou o Serviço Federal de Controle de Drogas de 2003 a 2008; em 2007 pronunciou-se publicamente sobre o conflito entre as agências de segurança russas; em 2010 foi excluído do grupo de altos cargos de Putin.

Choigu, Serguei. Ministro da Defesa desde 2012; ex-ministro de Situações de Emergência (1991-2012); membro do círculo interno de Putin; em 2014, foi acusado pela Ucrânia de formar "grupos militares ilegais" no leste da Ucrânia.

Chubais, Anatoli. Presidente da Empresa Russa de Nanotecnologia, Rusnano; como membro influente da administração de Boris Ieltsin na década de 1990, foi responsável pelas privatizações na Rússia, além de ser uma figura central na introdução da economia de mercado e dos princípios de propriedade privada após a queda da União Soviética.

Churov, Vladimir. Presidente da Comissão Central Eleitoral da Rússia (2007-2016); conhecido pela expressão "A lei número 1 de Churov é 'Putin tem sempre razão'"; foi acusado de fraude eleitoral durante os protestos de 2011 e 2012.

Cirilo. Patriarca de Moscou e Toda a Rússia; foi acusado de lavagem de dinheiro e de servir como agente da KGB.

Delimkhanov, Adam. Político checheno; primo e parceiro do líder checheno Ramzan Kadirov; foi acusado repetidas vezes de envolvimento em crimes famosos; membro da Duma Federal no partido Rússia Unida desde 2007.

Deripaska, Oleg. Proprietário de um dos maiores grupos industriais russos, o Basic Element, e presidente do Grupo En+ e da Rusal, maior empresa de alumínio do mundo; em 2001, casou-se com Polina Deripaska, parente do ex-presidente russo Boris Ieltsin, entrando, assim, para a família.

Dvorkovich, Arkadi. Conselheiro íntimo de Dimitri Medvedev; forte defensor do liberalismo; principal lobista da campanha de adesão da Rússia à OMC, do aumento da idade de aposentadoria e da rápida privatização dos ativos estatais restantes.

Diachenko (Iumasheva), Tatiana "Tania" Borisovna. Filha mais nova do ex-presidente russo Boris Ieltsin; com Alexander Voloshin e Valentin Iumashev, participou de um pequeno grupo de conselheiros de Ieltsin conhecido como "A Família".

Ernst, Konstantin. Diretor geral do canal de TV mais popular da Rússia, o ORT (antes de 2005), posteriormente First Channel; ajudou a colocar o canal sob controle do Estado em 2000; foi responsável pelas cerimônias de abertura e encerramento das Olimpíadas de Sochi; recebeu sanções da Ucrânia em 2016 como um dos planejadores da propaganda russa.

Firtash, Dimitri. Investidor e empresário ucraniano; antiga figura central no comércio de gás entre Rússia e Ucrânia; foi preso na Áustria em 2014 por suborno e outras acusações a pedido de autoridades dos Estados Unidos (Firtash acredita que essas ações tiveram motivação política); supostamente ligado ao mafioso Semion Mogilevich.

Fradkov, Mikhail. Primeiro-ministro da Rússia (2004-2007); suspeito de fazer parte da "Gangue dos Quatro"; foi diretor do Serviço de Inteligência Estrangeiro (2007-2016).

Fridman, Mikhail. Oligarca russo; fundador do Grupo Alfa; foi coproprietário da petrolífera TNK-BP antes de vender sua participação para a estatal Rosneft.

Fiodorov, Ievgeni. Legislador linha-dura, membro do partido Rússia Unida; apoiador de sanções contra a Rússia e defensor de teorias da conspiração; quer reescrever a constituição russa e estabelecer uma ideologia nacional dominante.

Gerashchenko, Viktor. Presidente do Banco Central Soviético, posteriormente Banco Central da Rússia; após a prisão de Khodorkovski em 2003, tornou-se diretor-executivo da Yukos e foi o último a ocupar o cargo.

Girkin, Igor (posteriormente Strelkov). Figura importante na ocupação russa da Crimeia e na Guerra Civil no Leste da Ucrânia; foi acusado de terrorismo pelas autoridades ucranianas e recebeu sanções da União Europeia; hoje enfrenta um processo movido por familiares das vítimas do voo 17 da Malaysia Airlines, supostamente derrubado por milícias que ele controlava.

Glaziev, Serguei. Ministro das Relações Econômicas Externas (1992-1993); atualmente é conselheiro de Vladimir Putin sobre integração econômica regional; em 2014, afirmou que o novo presidente da Ucrânia, Petro Poroshenko, havia sido eleito ilegitimamente; tornou-se uma das primeiras pessoas a receber sanção dos Estados Unidos.

Golodets, Olga. Vice-primeira-ministra da Federação Russa, encarregada de questões e políticas sociais; supostamente tem uma ligação comercial com Mikhail Prokhorov, empresário que virou político e a indicou para o cargo.

Gorbenko, Alexander. Vice-prefeito de Moscou; é responsável desde 2011 por autorizar manifestações e protestos civis em Moscou.

Gref, German. Um dos principais reformistas liberais no governo de Vladimir Putin em meados da década de 2000; principal defensor da adesão da Rússia à Organização Mundial do Comércio; responsável pela criação do Fundo de Estabilização em 2004; atualmente é diretor-executivo da Sberbank, empresa russa de serviços bancários e financeiros.

Grizlov, Boris. Ministro do Interior (2001-2003); ex-líder do partido Rússia Unida; colega de classe do ex-diretor do FSB Nikolai Patrushev.

Gusinski, Vladimir "Goosy". Magnata da mídia russa e ex-proprietário da NTV, cujos ativos foram assumidos pela Gazprom; em 2000 foi acusado de lavagem de dinheiro e se mudou para a Espanha.

Iakimenko, Vasili. Político e empresário russo; criador e líder dos movimentos juvenis Walking Together e Nashi, ambos pró-Putin.

Iakunin, Vladimir. Ex-presidente da Ferrovias Russas (2005-2015); fundador e presidente do Fórum Público Mundial "Diálogo de Civilizações"; parece ser do círculo interno de Vladimir Putin há muito tempo; sancionado pelos Estados Unidos após a anexação da Crimeia em 2014.

Ianukovich, Alexander. Empresário e filho do ex-presidente da Ucrânia Viktor Ianukovich; durante a presidência de seu pai, tornou-se um dos homens mais ricos do país; suas empresas ganharam quase metade de toda a arrecadação estatal em janeiro de 2014.

Ianukovich, Viktor. Presidente da Ucrânia (2010-2014); destituído do poder durante a crise na Ucrânia, em parte por rejeitar um acordo de associação da União Europeia; no lugar do acordo, ele preferiu estreitar seus laços com a Rússia e fazer com ela um empréstimo emergencial; vive na Rússia.

Ievtushenkov, Vladimir. Bilionário russo; principal acionista e presidente da holding russa Sistema; proprietário da empresa russa Sitronics; aliado antigo de Iuri Lujkov, até que passou a apoiar Dimitri Medvedev; colocado em prisão domiciliar em 2014 depois de ser acusado de lavagem de dinheiro relacionada à aquisição de ações na petrolífera Bashneft.

Illarionov, Andrei. Consultor de política econômica do presidente da Rússia (2000-2005); posteriormente, tornou-se crítico voraz de Vladimir Putin e de suas políticas.

Iumashev, Valentin "Valia". Ex-jornalista; diretor do Gabinete Executivo do Presidente (1997-1998); era membro do círculo de Boris Ieltsin e se casou com a filha dele, Tatiana Diachenko (Iumasheva), em 2001.

Ivanov, Igor. Ex-ministro das Relações Exteriores da Rússia (1998-2004); desempenhou um papel fundamental na mediação do acordo entre o presidente da Geórgia, Eduard Shevardnadze, e os partidos de oposição durante a Revolução Rosa, em 2003, na Geórgia.

Ivanov, Serguei. Ex-agente da KGB; amigo de longa data de Vladimir Putin; ministro da Defesa (2001-2007); considerado um dos possíveis sucessores de Vladimir Putin em 2007, mas foi preterido por Dimitri Medvedev; hoje é chefe de gabinete do Kremlin; recebeu sanção dos Estados Unidos.

Ivanov, Viktor. Ex-agente da KGB; amigo de longa data de Vladimir Putin; liderou o Serviço Federal de Controle de Drogas da Rússia (2008-2016); atualmente sofre sanção dos Estados Unidos.

Jirinovski, Vladimir. Fundador e líder do Partido Liberal Democrata da Rússia; concorreu à presidência em 1991, 1996, 2000, 2008 e 2012; considerado o *showman* da política russa, além de servo do Kremlin.

Kadirov, Akhmad. Supremo mufti da República da Chechênia da Ichkeria na década de 1990; no início da Segunda Guerra da Chechênia, ofereceu seus serviços ao governo russo; tornou-se chefe da administração chechena pró-Moscou em 2003; morreu em um ataque terrorista em 2004.

Kadirov, Ramzan. Filho de Akhmad Kadirov; presidente da República da Chechênia desde 2007; fortemente criticado pela imprensa internacional devido a supostas violações de direitos humanos, corrupção, roubo de recursos públicos e proteção de criminosos de origem chechena; de acordo com investigações da mídia independente, Kadirov esteve envolvido em vários assassinatos políticos, incluindo o da jornalista Anna Politkovskaia e do líder da oposição, Boris Nemtsov.

Kasianov, Mikhail. Primeiro-ministro da Rússia (2000-2004); atualmente é líder do Partido Liberdade do Povo (PARNAS) e um dos críticos mais ferrenhos do Kremlin.

Khodorkovski, Mikhail. Diretor-executivo da Yukos (1997-2004); no início dos anos 2000, financiou partidos de oposição e tornou-se um crítico sincero do regime Putin; em 2003 foi acusado de fraude e evasão fiscal e condenado à prisão; foi perdoado em 2013, e depois disso deixou a Rússia e lançou o movimento da Rússia Aberta, para defender a democracia e os direitos humanos.

Klintsevich, Franz. Político russo e membro do Partido Rússia Unida; uma das figuras centrais na anexação da Crimeia.

Konstantinov, Vladimir. Presidente do Conselho Supremo da República Autônoma da Crimeia (2010-2014); um dos organizadores da anexação da Crimeia; atualmente sancionado pela UE.

Kovalchuk, Iuri. "Banqueiro pessoal" de Vladimir Putin; maior acionista do Banco Rossiya; um dos fundadores do National Media Group; possui ações em seis emissoras federais de TV; sancionado pelos Estados Unidos.

Kuchma, Leonid. Primeiro-ministro ucraniano (1992-1993); segundo presidente da Ucrânia independente (1994-2005); sua presidência foi marcada por vários escândalos de corrupção e pela diminuição da liberdade de imprensa; forte aliado de Vladimir Putin; escolheu Viktor Ianukovich como seu sucessor, mas se rendeu à Revolução Laranja em 2004.

Kudrin, Alexei. Velho amigo de Vladimir Putin; ministro das Finanças da Rússia (2000-2011); amplamente reconhecido pela prudência na administração fiscal, pelo compromisso com a reforma fiscal e orçamentária e pela defesa do livre mercado; sob seu mandato, a Rússia pagou a maior parte da sua enorme dívida externa; é considerado o criador do Fundo de Estabilização, que salvou a Rússia da crise econômica de 2008.

Lavrov, Serguei. Ministro das Relações Exteriores da Rússia desde 2004; é visto como um funcionário público leal, mas sem influência real sobre a política externa russa.

Lesin, Mikhail. Executivo de mídia e assessor de Vladimir Putin (2004-2009); ministro da Imprensa, Televisão e Rádio da Federação Russa (1999-2004); cofundador da emissora Russia Today; presidente da Gazprom Media (2013-2015); lançou as bases para que o Kremlin assumisse aos poucos o controle da imprensa russa independente; morreu misteriosamente em 2015.

Lukashenko, Alexander. Presidente da Bielorrússia desde 1994; é chamado de último ditador da Europa, pois controla todos os ramos do governo e censura a imprensa; sancionado pela União Europeia e pelos Estados Unidos por supostas violações aos direitos humanos.

Lukin, Vladimir. Comissário dos direitos humanos (2004-2014); em 2014 foi enviado a Kiev como mediador das negociações entre partidos opostos na Ucrânia; se recusou a assinar um tratado de paz entre Ianukovich e seus oponentes.

Lujkov, Iuri. Prefeito de Moscou (1992-2010); demitido pelo presidente Dimitri Medvedev por "perda de confiança"; criticado por corrupção generalizada (incluindo a concessão de acordos preferenciais à construtora de sua esposa, Helena Baturina, que se tornou bilionária durante o mandato do marido), pelo mau gosto em relação a arte, pelos problemas de trânsito em Moscou e pela repressão aos protestos da oposição.

Malofeev, Konstantin. Bilionário ortodoxo russo; figura central de ligação entre as forças pró-Rússia na Ucrânia e o *establishment* político em Moscou durante a crise ucraniana; intimamente ligado aos separatistas russos no leste da Ucrânia e da Crimeia, em particular Alexander Borodai e Igor Girkin, que haviam sido seus funcionários.

Mamut, Alexander. Empresário e investidor bilionário russo conhecido no final dos anos 1990 como "banqueiro da família Ieltsin"; hoje é diretor-executivo da Rambler and Co. e dono da rede britânica de livrarias Waterstone's.

Markin, Vladimir. Secretário de imprensa do Comitê de Investigação Russo; conhecido por suas declarações sensacionalistas e pelos ataques a figuras proeminentes.

Matvienko, Valentina. Governadora de São Petersburgo (2003-2011); atualmente é presidenta do Conselho da Federação (câmara alta do parlamento russo); foi sancionada por Austrália, Canadá, Estados Unidos, Suíça e União Europeia.

Medvedchuk, Viktor. Político ucraniano; presidente da organização política pró-Rússia Escolha Ucraniana, que é contra a entrada da Ucrânia na União Europeia; sua filha Darina é afilhada de Vladimir Putin.

Medvedev, Dimitri. Primeiro-ministro da Rússia; escolhido a dedo como sucessor de Putin à presidência no mandato de 2008 a 2012.

Miller, Alexei. Diretor-executivo da Gazprom; amigo antigo de Vladimir Putin.

Mironov, Serguei. Político russo; líder do bloco Rússia Justa no Parlamento; presidente do Conselho da Federação (câmara alta) (2001-2011); candidato fantoche quase de oposição nas eleições presidenciais de 2004 e 2012; sancionado devido ao envolvimento na crise da Crimeia de 2014.

Mogilevich, Semion. Chefe do crime organizado, é considerado o "chefe dos chefes" da maior parte dos grupos da máfia russa em todo o mundo; costumava controlar grandes gasodutos de gás natural na Rússia e no Leste Europeu; é provável que tenha alguma relação de trabalho com Vladimir Putin.

Narishkin, Serguei. Diretor do Kremlin, 2008-2011; presidente da Duma Federal desde 2011; sancionado em 2014 após a anexação da Crimeia.

Navalni, Alexei. Político da oposição russa; criador da Fundação Anticorrupção, que investiga o governo; ganhou notoriedade internacional como crítico da corrupção russa e de Vladimir Putin; atualmente cumpre duas penas com suspensão condicional – uma por roubo e outra por apropriação indébita (considerada uma punição por suas atividades de oposição).

Navka, Tatiana. Patinadora de gelo olímpico russo; esposa de Dimitri Peskov, secretário de imprensa presidencial; de acordo com os Panama Papers, Navka foi proprietária beneficiária da Carina Global Assets, Ltd., uma empresa *offshore* nas Ilhas Virgens Britânicas.

Nemtsov, Boris. Promissor político e estadista russo e crítico franco de Vladimir Putin; uma de seus últimos trabalhos foi um relatório sobre o envolvimento dos militares russos na crise ucraniana (que o Kremlin negou); foi assassinado no início de 2015, supostamente por pessoas ligadas ao círculo interno de Ramzan Kadirov.

Patarkatsishvili, Badri. Empresário e político georgiano; antigo parceiro comercial de Boris Berezovski; fez fortuna com a privatização de indústrias estatais durante a era Ieltsin; juntamente com Boris Berezovski, fundou a Sibneft, a Rusal, a Avtovaz, a ORT e muitas outras; morreu em 2008.

Patrushev, Nikolai. Ex-diretor do FSB; atualmente secretário do Conselho de Segurança da Rússia; um dos principais engenheiros da política externa russa; de acordo com Robert Owen, juiz aposentado do Tribunal Superior britânico, é provável que tenha aprovado, junto com Putin, o assassinato de Alexander Litvinenko.

Pavlovski, Gleb. Cientista político e relações-públicas russo; estrategista político das campanhas eleitorais de Boris Ieltsin (1996), Vladimir Putin (2000, 2004) e Rússia Unida (2003); conselheiro da administração presidencial da Rússia até ser demitido em 2011.

Peskov, Dimitri. Porta-voz do presidente Vladimir Putin; em seu casamento com Tatiana Navka (suposta proprietária da empresa *offshore* Carina Global Assets Ltd.), foi fotografado usando um relógio suíço de 400 mil libras, quase quatro vezes mais que seu salário no Kremlin.

Poltavchenko, Georgui. Amigo antigo de Vladimir Putin e atual governador de São Petersburgo; em 2012, Poltavchenko assinou uma lei controversa que proibia na cidade o apoio a atividades consideradas homossexuais e pedófilas.

Poroshenko, Petro. Presidente da Ucrânia desde 2014; famoso oligarca dono da confeitaria Roshen e da emissora de TV 5 Kanal; tem amplas conexões com o setor empresarial russo e é mencionado na investigação Panama Papers.

Potanin, Vladimir. Empresário russo bilionário; fundador da Interros, que detém 30% da Norilsk Nickel, a gigante russa do níquel, uma das patrocinadoras dos Jogos Olímpicos de Inverno de Sochi; ex-sócio de Mikhail Prokhorov; na década de 1990, foi vice-primeiro-ministro da Rússia e supostamente criou o esquema de empréstimos por ações.

Primakov, Ievgeni. Ministro das Relações Exteriores da Rússia (1996-1998); primeiro-ministro da Rússia (1998-1999); principal candidato para suceder Boris Ieltsin como presidente da Rússia em 1999, mas decidiu não concorrer depois de uma grande campanha difamatória feita pelo Kremlin.

Prokhorov, Mikhail. Bilionário e político russo; proprietário do grupo Onexim e da Brooklyn Nets; em 2012, participou da corrida presidencial contra Vladimir Putin e obteve 7,94% dos votos com seu próprio partido, mas abandonou a política no ano seguinte.

Pugachev, Serguei. Empresário, figura pública e político; amigo de longa data de Vladimir Putin; acusado pelo Kremlin de se apropriar de milhões de dólares de empréstimos concedidos pelo Banco Central da Rússia em 2008 e desviá-los para o Mejprombank, do qual foi cofundador na década de 1990; em 2016 foi condenado à revelia a dois anos de prisão pelo Tribunal Superior em Londres; mora na França.

Putina, Liudmila. Ex-esposa de Vladimir Putin; casou-se de novo e mudou o sobrenome para Ocheretnaia.

Resina, Vladimir. Deputado da Duma Federal Russa; conselheiro do Patriarca Cirilo de Moscou sobre construção; foi o primeiro vice-prefeito de Moscou no mandato de Iuri Lujkov e prefeito interino após a demissão de Lujkov em 2010.

Roldugin, Serguei. Violoncelista e empresário russo; amigo de Vladimir Putin desde o final da década de 1970 e padrinho da filha dele, Maria; de acordo com a Panama Papers, obtinha a fortuna de 6,5 milhões de libras por ano e tinha quase 19 milhões de libras em dinheiro oriundos de sua participação secreta na agência de publicidade Video International; cinco empresas *offshore* ligadas a Roldugin estão conectadas ao Banco Rossia.

Rotenberg, Arkadi. Influente empresário russo; coproprietário (com o irmão Boris Rotenberg) do SGM Group e do SMP Bank; em 2015, as empresas que ele controlava conseguiram vários contratos estatais, incluindo um para a construção de um gasoduto siberiano para a Gazprom; amigo íntimo de Vladimir Putin e seu antigo parceiro de treinamento de judô.

Rotenberg, Boris. Influente empresário russo; coproprietário (com o irmão Arkadi Rotenberg) do SGM Group e do SMP Bank; premiado com milhões de dólares em contratos com a Gazprom, bem como em contratos autorizados por Vladimir Putin para atividades relacionadas aos Jogos Olímpicos de Inverno de Sochi; amigo íntimo de Vladimir Putin, que havia sido seu parceiro de treinamento de judô.

Rushailo, Vladimir. Ministro do Interior (1999-2001); em 1999, liderou soldados federais em operações militares contra grupos armados na Chechênia e no Daguestão.

Sechin, Igor. Diretor-executivo da Rosneft, gigante estatal russa do petróleo; assessor de longa data de Vladimir Putin; considerado líder dos *siloviki* do Kremlin e a segunda pessoa mais poderosa da Rússia.

Serdiukov, Anatoli. Político russo e ex-ministro da Defesa; demitido em 2012 depois de investigações por suspeitas de fraude na venda de bens do Ministério da Defesa, mas acabou recebendo anistia.

Shevkunov, Tikhon. Hierarca da Igreja Ortodoxa Russa; escritor; há rumores de que seja confessor pessoal de Vladimir Putin.

Shuvalov, Igor. Primeiro vice-primeiro-ministro da Rússia desde 2008; um dos assessores econômicos de Vladimir Putin; atualmente coordena os preparativos para a Copa do Mundo de 2018.

Siluanov, Anton. Ministro das Finanças da Federação Russa desde 2011; leal ao seu antecessor, Alexei Kudrin.

Sobchak, Anatoli. Primeiro prefeito democraticamente eleito de São Petersburgo (1991-1996); coautor da constituição da Federação Russa; professor e mentor de Vladimir Putin e Dimitri Medvedev; apoiador ativo de Putin durante a corrida presidencial.

Sobianin, Serguei. Prefeito de Moscou desde 2010; ex-chefe da administração do Kremlin.

Strjalkovski, Vladimir. Ex-diretor-executivo da Norilsk Nickel (2008-2012); ex-vice-presidente do conselho diretivo do Banco de Chipre; colega de Vladimir Putin na KGB em São Petersburgo.

Surkov, Vladislav. Empresário e político russo de ascendência chechena; conselheiro pessoal de Vladimir Putin sobre relações com a Abcásia, a Ossétia do Sul e a Ucrânia; considerado o principal arquiteto da "democracia gerenciada", além de "eminência parda" da política russa (2003-2011).

Timakova, Natalia. Jornalista russa e porta-voz do primeiro-ministro russo Dimitri Medvedev.

Timchenko, Guennadi. Bilionário russo; fundador e proprietário do Grupo Volga, principal acionista da empresa de gás Novatek; membro do círculo interno de Putin; cofundador do Grupo Gunvor (registrado no Chipre), mas vendeu sua participação um dia antes de ser sancionado pelos Estados Unidos depois da anexação da Crimeia pela Rússia.

Udaltsov, Serguei. Ativista político russo; líder do movimento Frente de Esquerda; um dos líderes do movimento de protesto entre 2011 e 2013; foi réu no caso Bolotnaia e em 2014 foi condenado a quatro a cinco anos de prisão numa colônia penal.

Uliukaiev, Alexei. Ministro do Desenvolvimento Econômico da Federação Russa desde 2013; vice-presidente do Banco Central da Rússia (2004-2013); de acordo com documentos da Panama Papers, seu filho, Dimitri, foi chefe da empresa *offshore* Ronnieville, Ltd. e depois transferiu o poder para Iulia Khriapina, supostamente esposa de Uliukaev.

Ustinov, Vladimir. Ministro plenipotenciário do Distrito Federal do Sul; procurador-geral da Rússia (2000-2006); ministro da Justiça (2006-2008) – durante esse período, os casos de maior destaque foram investigações criminais sobre o terrorismo na Ciscaucásia e sobre as empresas daqueles que eram desleais para com as autoridades.

Volodin, Viacheslav. Primeiro vice-chefe de gabinete da Administração Presidencial desde 2011; considerado um dos mentores políticos mais influentes do país, bem como a pessoa por trás da campanha presidencial de Vladimir Putin.

Voloshin, Alexander. Político russo; chefe da Administração Presidencial (1999-2003) e membro central da equipe de Putin; principal estrategista político do primeiro mandato de Putin; presidente do conselho diretivo da RAO (1998-2008), da MMC Norilsk Nickel (2008-2010) e da Uralkali (2010-2014); diretor não executivo da Yandex desde 2010.

Warnig, Matthias. Ex-membro da Stasi; atualmente é diretor geral da Nord Stream AG; em 2012 foi nomeado presidente da Rusal, maior produtora de alumínio do mundo; supostamente trabalhou com Putin quando este estava na KGB.

Zaldostanov, Alexander. Líder do clube de motociclistas Lobos da Noite; ativista político; amigo de Vladimir Putin; recebeu a medalha "Pelo Retorno da Crimeia", do Ministério da Defesa.

Zolotov, Viktor. Comandante-em-chefe da Guarda Nacional da Rússia, criada em 2016 para combater o terrorismo e o crime organizado; antigo segurança de Vladimir Putin; na década de 1990 trabalhou como segurança de Anatoli Sobchak, prefeito de São Petersburgo.

Zubkov, Viktor. Presidente do conselho diretivo da Gazprom; primeiro-ministro (2007-2008); sua filha se casou com Anatoli Serdiukov, ex-ministro da Defesa da Rússia.

Ziuganov, Guennadi. Primeiro-secretário do Comitê Central do Partido Comunista da Federação Russa desde 1993; concorreu à presidência em 1996, 2000, 2008 e 2012; atualmente considerado o líder de uma pseudo-oposição devido à sua lealdade a Putin; em 2014 foi acusado de "financiar ações destinadas a mudar os limites territoriais e a fronteira estatal da Ucrânia" pelo Ministério do Interior da Ucrânia.

NOTAS

CAPÍTULO 1

[1] V. Borodulin, "15.000.000.000 долларов потеряла Россия благодаря Примакову" [15 bilhões perdidos na Rússia graças a Primakov], *Kommersant*, 24 mar. 1999.
[2] E. Tregubova, "Опера на высшем уровне: В Мариинке разыграли дипломатический" [Ópera ao mais alto nível], *Kommersant*, 14 mar. 2000.
[3] Tony Blair, *A Journey: My Political Life*. Nova York: Knopf, 2010, p. 484.
[4] Amelia Gentleman, "Putin Aims to Bridge the Gap", *The Guardian*, 26 abr. 2000.
[5] Grupo de Conselheiros do Presidente da Câmara dos Deputados dos Estados Unidos sobre questões da Rússia, *Russia's Road to Corruption: How the Clinton Administration Exported Government Instead of Free Enterprise and Failed the Russian People* (Washington, DC: US House of Representatives, 2000). Disponível também em: <http://fas.org/irp/congress/2000_rpt/russias-road.pdf>.
[6] Peter Baker, "Blunt Political Assessments in Bill Clinton Transcripts", *New York Times*, 7 jan. 2016.
[7] Caroline Wyatt, "Bush and Putin: Best of Friends", *BBC News*, 16 jun. 2001.
[8] "Выступление министра иностранных дел Российской Федерации И. С. Иванова в программе 'Народ и Власть' радиостанции 'Маяк'" [Entrevista do ministro das Relações Exteriores da Federação Russa, Igor Ivanov], Radio Mayak, 16 mar. 2002.

CAPÍTULO 2

[1] "Стенограмма встречи президента России В. Путина с родственниками экипажа подводной лодки Курск 22 августа" [Transcrição da reunião de Vladimir Putin, presidente da Rússia, com parentes da tripulação do submarino *Kursk* em 22 de agosto]. Disponível em: <www.gazeta.ru/stenogram.shtml>.
[2] B. Berezovski, "Президенту Российской Федерации Владимиру Путину: О свободе слова и акциях ОРТ" [Ao presidente da Federação Russa, Vladimir Putin, sobre a liberdade de expressão e as ações da ORT], *Kommersant*, 5 set. 2000.
[3] "Десять секунд Путина" [Putin: dez segundos], publicado em 19 out. 2012 [discurso sobre o Dia de Cheka, dezembro de 1999]. Disponível em: <https://youtu.be/T76KhRl0IJw>.
[4] Nikolai Patrushev, "Тайна Андропова" [O mistério de Andropov], *Rossiyskaya Gazeta*, 15 jun. 2004.

[5] Independent Inquiry Committee into the United Nations Oil-for-Food Programme, *Manipulation of the Oil-for-Food Programme by the Iraqi Regime*, 27 out. 2005. Disponível em: <https://web.archive.org/web/20130823070841/http://www.iic-offp.org/documents/IIC%20Final%20Report%2027Oct2005.pdf>.

[6] Anna Politkovskaia, "Один Из Группы Террористов Уцелел. Мы Его Нашли" [Um dos grupos de terroristas escapou; nós o encontramos], *Novaya Gazeta*, 28 abr. 2003.

[7] "Мы не думали, что так скоро" [Não achamos que isso aconteceria tão cedo], *Kommersant*, 20 jan. 2003.

[8] Renat Abdullin e Alexander Korzun, "Тони Блэр: столь хороших отношений у нас еще не было" [Tony Blair: nossa relação nunca foi tão boa assim], *Kommersant*. 24 jun. 2003.

[9] "Meeting with Scientists, Public Figures and Businessmen of Scotland", 25 jun. 2003, Disponível em: <http://en.kremlin.ru/events/president/transcripts/22037>.

CAPÍTULO 3

[1] John Browne, *Beyond Business: An Inspirational Memoir from a Visionary Leader*. Londres: Weidenfeld and Nicolson, 2010, p. 145.

[2] Arkady Ostrovsky, "Father to the Oligarchs", *Financial Times*, 13 nov. 2004.

[3] T. Lysova, "Ну вы понимаете, что я не буду сидеть тихо?" [Então, você sabe, não vou ficar sentado aqui quietinho], entrevista com Mikhail Khodorkovski, *Vedomosti*, 22 set. 2014.

[4] M. Kasianov, Без Путина. Политические диалоги с Евгением Киселевым [Sem Putin: diálogos políticos com Ievgeni Kiseliov]. Moscou: *Novaya Gazeta*, 2009.

[5] Conselho Estratégico Nacional, "В России готовится олигархический переворот" [Rússia prepara golpe oligárquico], *Utro.ru*, 26 maio 2003.

[6] Gleb Pavlovski, "О негативных последствиях 'летнего наступления' оппозиционного курсу президента РФ меньшинства" [Consequências negativas do "ataque de verão" da minoria contrária à política do presidente], *Novaya Gazeta*, 2 set. 2013.

CAPÍTULO 4

[1] Vladimir Putin (entrevista a Nataliya Gevorkyan, Natalya Timakova e Andrei Kolesnikov), *First Person: An Astonishingly Frank Self-Portrait by Russia's President*. Tradução para o inglês de Catherine A. Fitzpatrick. Nova York: PublicAffairs, 2000, p. 202-203.

[2] P. Netreba, "Отставка Волошина совпала с концом эпохи Ельцина" [Renúncia de Voloshin coincidiu com o fim da era Ieltsin], *Kommersant*, 3 nov. 2003.

[3] A. Kolesnikov, "Кремлевские измельчали" [Membros do Kremlin perdem força], *Kommersant*, 26 mar. 2004.

[4] Y. Savelyev, "Беслан: правда заложников" [Beslan: a verdade dos reféns], relatório da Comissão Parlamentar de Inquérito. Disponível em: <http://pravdabeslana.ru/doklad/oglavlenie.htm>.

[5] "Address by President Vladimir Putin," September 4, 2004. Disponível em: <http://en.kremlin.ru/events/president/transcripts/22589>.

CAPÍTULO 5

1 "Лужков готов пожертвовать кепкой ради Януковича" [Lujkov diz que tira o chapéu para Ianukovich], *RIA Novosty*, 8 nov. 2004.
2 A. Stepanov. "Съезд в Северодонецке – предвестник новой Переяславской Рады?" [Conferência em Severodonetsk: um novo Conselho de Pereiaslav?]. *Russkaya Liniya*, 30 nov. 2004. Disponível em: <http://rusk.ru/st.php?idar=102763>.

CAPÍTULO 6

1 Mikhail Shevchuk e Dimitri Kamishev, "Обыкновенный 'Нашизм'. Кремль создает новое молодежное движение" [Ordinário "nashismo": Kremlin cria novo movimento jovem], *Kommersant*, 21 fev. 2005.
2 *Ibidem*.
3 Oleg Kashin, "Знать 'Наших'" [Conheça o Nashi], *Kommersant*, 28 fev. 2005.
4 Oleg Kashin, "Отряд властоногих" [Ordem do imperioso], *Kommersant*, 25 jul. 2005.
5 Oleg Kashin, "Владимир Путин позажигал со своими" [Vladimir Putin se divertiu com os seus], *Kommersant*, 27 jul. 2005.
6 "Стенограмма выступления В.Ю. Суркова на закрытом заседании Генерального совета объединения Деловая Россия" [Transcrição do discurso de V. Surkov na Conferência Comercial da Rússia], 17 maio 2005.
7 Angus Roxburgh, *The Strongman: Vladimir Putin and the Struggle for Russia*. Londres: I. B. Tauris, 2012, p. 108.
8 *Ibidem*, p. 112.
9 George W. Bush, Segundo discurso de posse, 20 jan. 2005.
10 Vladimir Putin, "Annual Address to the Federal Assembly of the Russian Federation", 25 abr. 2005. Disponível em: <http://en.kremlin.ru/events/president/transcripts/22931>.

CAPÍTULO 7

1 Igor Tomberg, "Baltic Gas Pipeline: Moscow Turns the Tables", *RIA Novosti*, 15 set. 2005. Disponível em: <http://sptnkne.ws/bcBq>.
2 "Лукашенко назвал 'самый дурацкий проект России'" [Lukashenko define projeto da Rússia como o "mais estúpido da história"], *Lenta.ru*, 14 jan. 2007.
3 "Владимиру Путину вручили засекреченный подарок" [Vladimir Putin ganha presente secreto], *VZ.ru*, 8 out. 2005.
4 Entrevista à imprensa espanhola, 7 fev. Disponível em: <http://en.kremlin.ru/events/president/transcripts/23419>.

CAPÍTULO 8

1 P. Stoliarov, "Владимир Путин выбирает преемника: пока только Владимиру Устинову" [Vladimir Putin escolhe sucessor para Vladimir Ustinov], *Kommersant*, 5 de junho de 2006.
2 "Putin's Prepared Remarks at 43rd Munich Conference on Security Policy", *Washington Post*, 12 fev. 2007.

³ "I'm the World's Only True Democrat, Says Putin", *Reuters*, 4 jun. 2007.
⁴ "Speech at the Military Parade Celebrating the 62nd Anniversary of Victory in the Great Patriotic War", 9 maio 2007. Disponível em: <http://en.kremlin.ru/events/president/transcripts/24238>.
⁵ Ekaterina Savina e Andrew Kozenko, "Эстафета поклонений: Сергей Иванов провел встречу с молодежными движениями" [Uma adoração por outra: Sergei Ivanov encontra movimentos juvenis], *Kommersant*, 7 jun. 2007.

CAPÍTULO 9

¹ "Interview by Dmitry Medvedev: Dmitry Medvedev Gave an Interview to Russia Today and First Informational Caucasus Television (Kanal PIK) Channels and the Ekho Moskvy Radio Station", 5 ago. 2011. Disponível em: <http://en.kremlin.ru/events/president/news/12204>.
² Condoleezza Rice, *No Higher Honor*. Nova York: Crown, 2011, p. 685.
³ *Ibid.*, p. 686.
⁴ *Ibid.*, p. 688.
⁵ *Ibid.*
⁶ Mikhail Zygar, "На Михаила Саакашвили накладывают вето: Москва предложит Западу сменить режим в Тбилиси" [Mikheil Saakashvili é vetado], *Kommersant*, 12 ago. 2008.
⁷ Rice, *No Higher Honor*, p. 688.
⁸ "Interview by Dmitry Medvedev."
⁹ "Presidential Statement on Georgia", 11 ago. 2008. Disponível em: <www.c-span.org/video/?280408-1/presidental-statement-georgia>.
¹⁰ Vladimir Solovyov, "Демарш-бросок. Российские танки вышли на подступы к Тбилиси" [Manobra final: tanques russos chegam a Tbilisi], *Kommersant*, 12 ago. 2008.
¹¹ "Владимир Путин: 'Иначе придется послать доктора и зачистить проблемы'" [Vladimir Putin: "Do contrário, vamos mandar um 'médico' resolver o problema dele"], *Komsomolskaya Pravda*, 25 jul. 2008.
¹² A. Kolesnikov, "Россия нашла стратегическую партнершу: Это Юлия Тимошенко" [Rússia encontra parceira estratégica: Iulia Timochenko], *Kommersant*, 3 out. 2008.
¹³ "Газовая проблема связана с политической борьбой на Украине—Путин" [Problema do gás está relacionado à luta política na Ucrânia: Putin], *RIA Novosti*, 8 jan. 2009.

CAPÍTULO 11

¹ M. Chizhikov and O.Vandysheva, "Президент Венесуэлы Уго ЧАВЕС: Россия освободила нас от блокады" [Presidente Chávez: A Rússia nos libertou do bloqueio], *Komsomolskaya Pravda*, 28 jul. 2006.
² M. Kvasha, "Партию для нас олицетворяет силовой блок, который возглавляет Игорь Иванович Сечин" [Nosso símbolo de partido é representado por Igor Ivanovich Sechin], *Kommersant*, 30 nov. 2007.
³ Viktor Cherkesov, "Черкесов В. Нельзя допустить, чтобы воины превратились в торговцев" [Não podemos permitir que guerreiros se transformem em investidores], *Kommersant*, 9 out. 2007.

CAPÍTULO 12

[1] Polina Romanova, "'Так проходит мирская слава': Полковник Каддафи погиб" ["Toda glória do mundo é passageira": coronel Gaddafi é assassinado], *Kommersant*, 21 out. 2011.
[2] "United Russia Party Congress", 24 set. 2011. Disponível em: <http://en.kremlin.ru/events/president/news/12802>.

CAPÍTULO 13

[1] "Выступление Алексея Навального на Чистых Прудах" [Discurso de Alexei Navalni, Tchistie Prudi], YouTube, 5 dez. 2011. Disponível em: <https://youtu.be/WkgEonmQ34k>.
[2] M. D. Prokhorov, "Спасибо всем, кто поддержал" [Obrigado a todos que apoiaram], *LiveJournal post*, 14 dez. 2011. Disponível em: <http://md-prokhorov.livejournal.com/84523.html?mode=reply#add_comment>.
[3] E. Pismennaya, Письменная Е. Система Кудрина [O sistema de Kudrin (Moscou: Mann, Ivanov e Ferber, 2013), p. 216.
[4] *Ibid*.
[5] Maria Tabak e Denis Voroshilov, "СК торопится, громко заявляя о злоупотреблениях в 'Сколково'—Сурков" [Comitê de Investigação se apressa ao falar em crimes ligados a Skolvovo e Surkov], *RIA Novosti*, 5 jan. 2013.
[6] Vladimir Markin, "Глядя из Лондона, на зеркало неча пенять" [A visão de Londres: não culpe o espelho por você ser feio], *Izvestia*, 7 maio 2013.

CAPÍTULO 14

[1] "РПЦ попросит за Pussy Riot" [ROC asks for Pussy Riot], interview with Tikhon Shevkunov, Here and Now, TV Rain, August 17, 2012.
[2] Luke Harding and Owen Bowcott, "Roman Abramovich Wins Court Battle with Boris Berezovsky," *The Guardian*, August 31, 2012.

CAPÍTULO 15

[1] "News Conference of Vladimir Putin", 20 dez. 2012. Disponível em: <http://en.kremlin.ru/events/president/news/17173>.
[2] "A Conversation with Dmitry Medvedev: Prime Minister Dmitry Medvedev Interviewed by Five TV Channels," December 7, 2012. Disponível em: <http://government.ru/en/news/6550>.

CAPÍTULO 16

[1] "Orthodox-Slavic Values: The Foundation of Ukraine's Civilisational Choice Conference," July 27, 2013. Disponível em: http://en.kremlin.ru/events/president/news/18961.
[2] Sonia Koshkina, Кошкина С. Майдан. Нерассказанная история [Maidan: the untold story]. Kiev: Bright Star, 2015.

³ "Вся правда о страшном секрете Януковича расказаный Ангеле Меркель" [The whole truth about the terrible secret Yanukovych told Angela Merkel], YouTube, posted December 1, 2013. Disponível em: <https://youtu.be/1QNFDPcPm3U>.
⁴ "Answers to Journalists' Questions," February 17, 2014. Disponível em: <http://en.kremlin.ru/events/president/news/20268>.
⁵ Koshkina, [Maidan: the untold story].
⁶ "Interview to Channel One, Rossiya-1, NTV and RBC TV Channels," February 25, 2014. Disponível em: <http://en.kremlin.ru/events/president/transcripts/20336>.

CAPÍTULO 17

¹ *Crimea: The Way Home*, Rossiya 1 TV film, 2015. Disponível em: <https://russia.tv/brand/show/brand_id/59195>.
² Emma Reynolds, "Putin Is Becoming Like Tsar Nicholas and the West Is Losing Out, Warns Czech Foreign Minister", *Daily Mail*, 27 set. 2012.
³ Gabinete do Secretário de Imprensa da Casa Branca. "Remarks by President Obama and Prime Minister Netanyahu Before Bilateral Meeting", 3 mar. 2014.
⁴ "Vladimir Putin Answered Journalists' Questions on the Situation in Ukraine", 4 mar. 2014. Disponível em: <http://en.kremlin.ru/events/president/news/20366>.
⁵ "Direct Line with Vladimir Putin", 17 abr. 2014. Disponível em: <http://en.kremlin.ru/events/president/news/20796>.
⁶ A. Prokhanov, "Кто ты, 'Стрелок'?" [Quem é você, "Atirador"?], Entrevista com o ex-ministro da Defesa da República Popular de Donetsk, *Zavtra*, 20 nov. 2014.
⁷ *Ibid.*
⁸ "Террорист Гиркин: Предупреждали же - не летайте в нашем небе" [Terrorista Girkin alertou: "Não sobrevoem no nosso espaço aéreo"], *Charter 97*, 17 jul. 2014. Disponível em: <https://charter97.org/ru/news/2014/7/17/107391>.
⁹ "СБУ перехватила переговоры Пушилина, Бородая, Пургина о Стрелкове" [Serviço de segurança da Ucrânia grampeou conversas telefônicas entre Pushilin, Boroday e Purgin sobre Strelkov], YouTube, postado em 27 jul. 2014. Disponível em: <https://youtu.be/WbUP88finuA>.
¹⁰ Prokhanov [Quem é você, "Atirador"?].
¹¹ "Путин поставил в храме на Воробьевых горах свечку за погибших на Украине" [Putin acendeu uma vela na catedral em Vorobiovi para mortos na Ucrânia], *Rossiyskaya Gazeta*, 9 out. 2014.
¹² Prokhanov [Quem é você, "Atirador"?].
¹³ Anna Samelyuk, "'Сражаясь за Новороссию, мы сражаемся за Россию'—эксклюзивное интервью Игоря Стрелкова" ["Ao lutar pela Nova Rússia, lutamos pela Rússia": entrevista com Igor Strelkov], *Russkiy Vysna*, 10 set. 2014. Disponível em: <http://rg.ru/2014/09/10/svechka-anons.html>.

CAPÍTULO 18

¹ Transcrição do encontro do Conselho da Federação, 3 jan. 2014.
² "Address by President of the Russian Federation", 18 mar. 2014. Disponível em: <http://en.kremlin.ru/events/president/news/20603>.

³ Tony Blair, *A Journey: My Political Life*. Nova York: Vintage, 2011, p. 484.
⁴ "Address by President of the Russian Federation".
⁵ "Putin Q&A: Full Transcript", *Time* (edição especial "Pessoa do Ano"), 19 dez. 2007.
⁶ "Address by President of the Russian Federation".
⁷ "Putin Q&A: Full Transcript".
⁸ "Сурков расценивает санкции США как признание своих заслуг перед РФ" [Surkov considera sanções dos Estados Unidos um reconhecimento de seus serviços à Federação Russa], *RIA Novosti*, 17 mar. 2014.
⁹ Grigory Naberezhnov e Natalia Starostina, "Герман Греф призвал не мотивировать людей ГУЛАГом" [Gref pede para o povo não se motivar pelo Gulag], *RBC*, 2 de outubro de 2014.
¹⁰ [Entrevista de Alexei Kudrin a Vladimir Posner], *Posner*, Canal 1, 7 out. 2014. Disponível em: <http://www.1tv.ru/shows/pozner/vypuski/gost-aleksey-kudrin-pozner-vypusk-ot-07-10-2014>.

CAPÍTULO 19

¹ A. Nemtsova, "Ramzan Kadyrov Talks About Chechnya's Future", *Newsweek*, 24 out. 2010.
² "Путин: все наши беды—в нас самих (1999 г.)" [Putin: nós somos a razão dos nossos problemas], YouTube, postado em 21 dez. 2015. Disponível em: <https://youtu.be/Pc7LMbIGqb4>.
³ "Клятва Кадырова. Размещено в Сообществе 'Поговорим?!'" [juramento de Kadirov], YouTube, postado em 28 dez. 2014. Disponível em: <https://youtu.be/rjLw7OEGmmc>.
⁴ "Кадыров заявил о готовности чеченских добровольцев выполнять приказы президента России" [Kadirov diz que voluntários chechenos estão prontos para cumprir ordens do presidente russo], *Interfax*, 28 dez. 2014.
⁵ <https://www.instagram.com/p/z-dKqICRua>.
⁶ <https://www.instagram.com/p/0C36UgiRh_>.
⁷ <https://www.instagram.com/p/0LN4VWCRuj>.
⁸ "Интервью Владимира Путина чеченскому ТВ 23.08.2011 г. (Альви Каримов-пресс-секретарь Р.Кадырова)" [Entrevista de Vladimir Putin à TV chechena], publicada em 18 set. 2011. Disponível em: <http://my.mail.ru/mail/fira70/video/8/771.html>.
⁹ Disponível em: <https://www.instagram.com/p/0Syp22CRi6>.
¹⁰ Disponível em: <https://www.instagram.com/p/02roHhCRly>.
¹¹ Disponível em: <https://www.instagram.com/p/1L4_u6iRh1>.

CAPÍTULO 20

¹ Mikhail Zygar, "'Мы заранее знали, что Запад стремится блокировать Россию'", entrevista com Bashar al-Assad ["A gente já sabia que o Ocidente queria bloquear a Rússia"], *Kommersant*, 20 ago. 2008.
² White House, Office of the Vice President, "Remarks by the Vice President at the Munich Security Conference", 7 fev. 2015. Disponível em: <http://1.usa.gov/1RZqJKN>.

³ "Merkel Says 'Weapons Won't Help' Resolve Eastern Ukraine Crisis", *Deutsche Welle*, 7 fev. 015; Tom Parfitt e Justin Huggler, "Ukraine Crisis: Do Not Try to Scare Putin, Warns Merkel", *Telegraph*, 7 fev. 2015.

CONCLUSÃO

¹ Andrei Soldatov e Irina Borogan, *The New Nobility: The Restoration of Russia's Security State and the Enduring Legacy of the KGB*. Nova York: PublicAffairs, 2011.

² I. Egorov, "Вторая 'холодная': 'Отрезвление' украинцев будет жестким и болезненным—интервью с Николаем Патрушевым" [A segunda "guerra fria": entrevista com Nikolai Patrushev], *Rossiyskaya Gazeta*, 15 out. 2014.

³ I. Egorov, "'Кто управляет хаосом': США пытаются одолеть кризис за счет других, разрушая целые страны—интервью с Николаем Патрушевым" ["Quem controla o caos" – entrevista com Nikolai Patrushev], *Rossiyskaya Gazeta*, 10 fev. 2015.

Este livro foi composto com tipografia Adobe Garamond Pro e impresso em papel Off White 70 g/m² na Gráfica Rede.